计量经济学简明教程

JILIANG JINGJIXUE JIANMING JIAOCHENG

（第三版）

廖明球 李雪 等 编著

首都经济贸易大学出版社
Capital University of Economics and Business Press
·北 京·

图书在版编目(CIP)数据

计量经济学简明教程/廖明球,李雪等编著.—3版.
--北京:首都经济贸易大学出版社,2018.1
ISBN 978-7-5638-2728-2

Ⅰ.①计… Ⅱ.①廖… ②李… Ⅲ.①计量经济学—高等学校—教材 Ⅳ.①F224.0

中国版本图书馆CIP数据核字(2017)第277819号

计量经济学简明教程(第三版)
廖明球 李 雪 等 编著

责任编辑 晓 地
封面设计 风得信·阿东 FondesyDesign
出版发行 首都经济贸易大学出版社
地 址 北京市朝阳区红庙(邮编100026)
电 话 (010)65976483 65065761 65071505(传真)
网 址 http://www.sjmcb.com
E-mail publish@cueb.edu.cn
经 销 全国新华书店
照 排 北京砚祥志远激光照排技术有限公司
印 刷 北京九州迅驰传媒文化有限公司
开 本 710毫米×1000毫米 1/16
字 数 379千字
印 张 19.75
版 次 2007年8月第1版 2010年8月第2版
2018年1月第3版 2021年3月总第7次印刷
书 号 ISBN 978-7-5638-2728-2/F·1521
定 价 38.00元

前言

计量经济学为高等院校经济学类核心课程,是经济学和管理学专业本科生的学科基础课。它将经济学、统计学和数学结合在一起,定量化研究经济现象,并透过经济现象揭示经济活动的本质,以发现经济规律。它在现代经济学中属于主流经济学,在培养复合型经济管理人才中起着其他课程不可替代的作用。

早在1978年,首都经济贸易大学(原北京经济学院)设立之初,经济数学系就开设有计量经济学课程。后来在经济数学系的基础上成立了经济信息管理系,即现在的信息学院,也一直开设计量经济学课程。随着经济学科的发展和培养复合型人才的需要,这门课程除了在信息管理专业开设外,还在经济学专业开设。特别是数量经济专业由信息学院调整到经济学院以后,在全校经济管理类专业普遍开设了这门课程。

2005年,首都经济贸易大学将计量经济学作为重点建设课程。为了适应课程建设的需要,我们决定编写一本新的教材。新教材《计量经济学简明教程》力图改变过去先理论后应用的教学传统,强调案例分析的重要性。教学组织的基本顺序为:(1)经济背景和理论的介绍;(2)典型计量经济学案例的分析;(3)计量经济学的理论和方法;(4)计量经济学的应用;(5)现代计量经济学方法介绍。努力缩小所授知识和实证研究需求之间的距离,尽可能达到学以致用的目的。

本书共分7章,主要内容包括:绪论、一元线性回归模型、多元线性回归模型、放宽基本假定的回归模型、专门问题、联立方程模型和计量经济学应用模型。书后有附录,各章配有习题。本书适宜作为高等院校经济管理类专业本科生的教材,也可作为广大经济管理人员的学习参考书。

参加本书编写的有:王利教授(第一章)、胡晖副教授(第二章)、张桂喜副教授(第三章)、陈江副教授(第四章)、李雪教授(第五章)、廖明球教授(第六、七章)。廖明球与李雪负责统稿。本次修订对第二版中的内容进行了订正。参加修订的有四位青年教师：蒋雪梅(第一、二章)、王俏(第三章)、贺小丹(第四、五章)、任光宇(第六、七章)。本教材在编写过程中得到田新民教授、周华副教授的大力支持，首都经济贸易大学出版社的薛捷老师为本书的出版付出了大量的精力，在此一并感谢。

廖明球

2017 年 1 月

目 录

1 绪论

教学内容：介绍计量经济学的学科性质、内容体系及其与其他学科的关系，强调计量经济学是一门经济学科，及其在经济学科中的地位和作用；介绍建立与应用计量经济模型的步骤，包括计量经济模型的工作原理、计量经济模型的工作程序；给出计量经济模型的应用实例.

教学目的：本章既是计量经济学入门的基础，又是整个教材的总纲.要求学生通过本章的学习达到以下目的：了解计量经济学的基本概念，理解计量经济学是一门经济学科以及在经济学科中的地位；了解建立和应用经典计量经济模型的工作程序及应注意的关键问题；了解计量经济学模型的主要应用.

重点及难点：重点使学生了解计量经济学的有关基本概念、研究对象，以及在整个经济学科中的地位和应用领域，从而对本课程的全貌有一个基本的认识.具体包括：

计量经济学的内涵与外延（定义、特点、性质及与其他学科的区别）；

建立与应用计量经济学模型的步骤（理论模型的设计、样本数据的收集、模型参数的估计和模型的检验）；

计量经济学模型的应用范畴（结构分析、经济预测、政策评价、检验与发展经济理论）.

1.1 计量经济学

社会经济现象具有质和量两方面的特征，人们认识和研究经济现象需要从这两个方面出发来揭示经济现象的客观本质.计量经济学就是以揭示经济活动中客观存在的数量关系为内容的经济学分支学科.计量经济学是现代经济与管理中最主要的分析工具之一，在经济与管理的实际工作与实证研究中不可或缺.

1.1.1 一个实例

首先从一个简单的例子出发，说明什么是计量经济学及其应用. 该实例用于检验凯恩斯(Keynes)的边际消费倾向理论，并尝试利用该理论进行经济分析或经济政策制定.

1.1.1.1 理论模型

在宏观经济学中，用消费函数表示在其他条件不变的条件下，消费与可支配收入之间的关系. 凯恩斯消费理论认为，消费是由收入唯一决定的，人们的消费支出随着收入的增加而增加，但消费支出的增加小于收入的增加. 边际消费倾向(MPC)，即收入每变化一个单位的消费变化率，介于0和1之间. 当消费函数是线性时，消费与收入之间的关系表示为：

$$C = \alpha + \beta \mathrm{PDI}.$$

其中，C 表示消费支出，PDI 表示居民的可支配收入. 通常用希腊字母表示未知参数的真值. α 为自发消费；β 为边际消费倾向；βPDI 则为引致消费. 凯恩斯根据消费者的行为规律设定了消费与收入之间的关系，是一种定性的描述.

1.1.1.2 计量模型

由于在不同的国家或地区，不同人群的收入不同，消费习惯迥异，需要根据特定人群的收入和消费的实际数据来估算出消费和收入之间准确的函数关系，也就是估计出方程中各个参数的实际数值.

在以上消费函数中，即使给定了收入，支出仍受到许多其他因素的影响，例如，家庭大小，家庭成员的年龄，家庭所处地区等因素. 在计量经济模型中需要引进一个随机扰动项或称为随机误差项，用来代表所有未在模型中独立列出的对消费产生影响的那些因素. 本例设定的消费函数计量模型为：

$$C = \alpha + \beta \mathrm{PDI} + \mu.$$

这是一个线性回归模型，模型参数 α 和 β 分别代表截距和斜率系数. 式中，μ 是一个随机变量，代表了影响变量间非确定关系的诸多其他因素和数据统计的误差. 方程右边的自变量 PDI 称为解释变量，方程左边的因变量 C 称为被解释变量. 如果收集到了具体的统计数据，则认为解释变量是确定的非随机变量，而被解释变量是随机变量. 因为被解释变量是方程右边各项相加的结果，其中包括随机变量 μ.

在任何实际应用中，需要知道参数的数值，参数的真值一般是得不到的，但可以对它进行估计. 应用统计技术，可以得到参数的合理估计值. 我们利用2003年全国31个省、市、自治区城镇人口扣除了个人所得税之后的人均可支配收入和城镇居民家庭平均每人全年消费性支出的数据，对上述消费函数的计量模型采用加权最小二乘法进行参数估计，得到：

$$C = 412.82 + 0.725\text{PDI}.$$

参数的估计结果通过了各项检验，并且在统计意义上，参数β的估计值符合理论模型中待估参数的理论期望值区间$0<\beta<1$，说明结果是可以接受的. 斜率参数β的估计量就是2003年我国城镇居民的边际消费倾向，即城镇居民收入每增加1元，平均而言，消费支出将增加0.725元.

1.1.1.3 模型应用

其他研究也表明，凯恩斯消费函数得到短期经验研究的证明. 在此例中，对模型的估计使用的是2003年的截面数据，只能用于研究在这个时点上的变化情况. 当年，我国城镇人均可支配收入的均值为8 294.82元，人均消费性支出的均值是6 433.18元. 可计算出平均消费倾向，即平均每个单位收入中消费所占的比重为6 433.18/8 294.82 =0.775. 也可以通过下式计算：

$$C/\text{PDI} = \alpha/\text{PDI} + \beta = 412.82/8\,294.82 + 0.725 = 0.775(\text{元}).$$

下面尝试着利用该模型对被解释变量进行预测性估计. 如果我国城镇人均可支配收入从8 294.82元提高到9 400元，以2003年的价格计算，城镇居民人均全年消费性支出将为：

$$C = 412.82 + 0.724\,7 \times 9\,400 = 7\,225(\text{元}).$$

Eviews软件计算出该模型预测的平均绝对百分比误差为4.68%. 实际上，统计资料表明，2004年我国城镇人均可支配收入达到9 421.6元，城镇居民实际平均每人全年消费性支出为7 182.1元. 即使考虑到2004年物价上涨因素的影响，预测结果仍在误差范围之内.

假设国家希望全国城镇居民的人均消费支出达到1万元，在边际消费倾向不变的情况下，政府则必须通过政策来保证城镇人均可支配收入水平达到：

$$10\,000 = 412.82 + 0.724\,7 \times \text{PDI} \Rightarrow \text{PDI} = (10\,000 - 412.82)/0.724\,7 = 13\,229.17(\text{元}).$$

1.1.2 什么是计量经济学

简言之，计量经济学是以揭示经济活动中客观存在的数量关系为内容的经济学的一个分支学科.

经济理论所研究的内容主要是寻求经济现象的规律性. 经济学家常发现，经济行为所涉及的经济变量之间存在某种相互依存的关系，这种相互依存的关系达到一定程度的稳定状态时，便可认为它反映了经济现象的规律，将这种规律性解释清楚便是经济理论的职责.

一个学科发展的三个层次通常为：描述性⇒形式化⇒精确化. 同样，经济学发展的三个层次可以简单地描述为：经济学⇒数理经济学⇒计量经济学.

1.1.2.1 计量经济学的学科性质

计量经济学是以经济理论为指导,以实际统计资料为依据,运用数学、统计学方法,以计算机技术为工具,对具有随机特征的经济关系与经济活动的数量规律进行定量分析研究的一门经济学学科. 它以计量经济模型的建立和应用为核心内容.

很多著名经济学家都给出过计量经济学的描述,下面列出其中几个:

"计量经济学的范围,包括用数学表示那些从统计检验观点所做的经济假设和对这些假设进行统计检验的实际过程"——丁伯根:《计量经济学》,1951 年.

"计量经济学可定义为实际经济现象的数量分析. 这种分析乃基于理论与观测的并行发展,而理论与观测又通过适当的推断方法而得以联系"——萨缪尔森:《计量经济学刊》,1954 年.

"计量经济学是经济理论和经济统计学的结合,并运用数学的和统计的方法对经济学理论所确定的一般规律给予具体的和数量上的表示"——兰格:《经济计量学导论》,1962 年.

"计量经济学是数学方法、统计技术和经济分析的综合. 就其字义来讲,计量经济学不仅是指对经济现象加以测量,而且包含根据一定的经济理论进行计算的意思"——克莱茵:《计量经济学讲义》,1990 年.

被誉为计量经济学奠基人的挪威经济学家拉格纳 · 弗里希(Ragnar Frish)在《计量经济学杂志》(Econometrica)创刊号的社论中有一段话,明确地阐明了计量经济学的研究范围和方法:"用数学方法探讨经济学可以从好几个方面着手,但任何一方面都不能和计量经济学混为一谈. 计量经济学与经济统计学绝非一码事;它也不同于我们所说的一般经济理论,尽管经济理论大部分都具有一定的数量特征;计量经济学也不应视为数学应用于经济学的同义语.""经验表明,统计学、经济理论和数学这三者对于真正了解现代经济生活中的数量关系来说,都是必要的,但本身并非是充分条件. 三者结合起来,就是力量,这种结合便构成了计量经济学."

由以上定义可见,计量经济学的学科基础包括经济理论、数学和统计学,这三个学科之间的关系如图 1.1 所示. 数理经济学(Mathematical Economics)是一门数学与经济学的交叉学科,主要运用运筹学、泛函分析、拓扑学、代数学等数学知识,研究经济范畴内的数量特征、数量关系和数量变动规律,是运用数学方法对经济学理论进行陈述和定性研究的一个分支学科. 数理统计学是从数学的角度去研究统计学,主要是以概率论为基础,研究随机现象的规律性,为各种应用统计学提供理论支持. 经济统计学是统计学最重要的分支,是以经济数量为

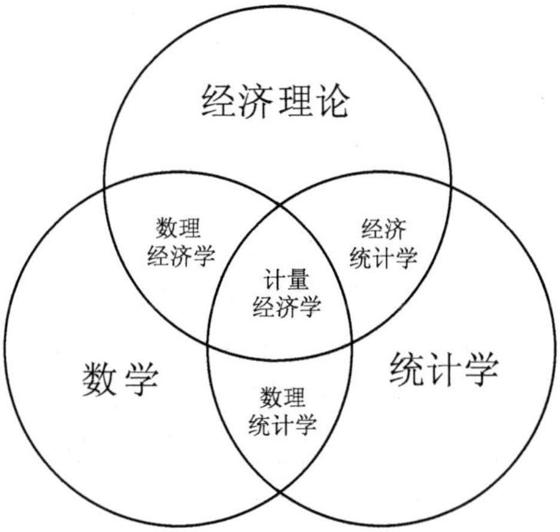

图 1.1 计量经济学与经济理论、统计学和数学的关系

对象的方法论科学. 它不仅包括对经济资料的收集、加工、整理的一般的统计方法,而且还包括指标体系、核算方法、综合评价等独特的方法.

计量经济学是经济理论、统计学和数学三者的结合,属于应用经济学的一个分支. 其研究的对象是经济现象和经济现象中的具体数量规律. 因此,计量经济学是定量化的经济学或经济学的定量化.

计量经济学与经济理论的关系表现为:经济理论是对经济规律的定性描述,而计量经济学是运用数学模型来进行定量的经济分析. 然而,离开了计量经济方法提出的经济背景、方法本身的经济学解释、方法应用的经济对象,计量经济学方法本身便无用武之地.

计量经济学与数理经济学的关系表现为:数理经济学以数学形式表述经济理论,揭示经济活动中各个因素之间的理论关系,用确定性的数学方程加以描述. 它并不涉及理论的可度量性和经验方面的可论证性,而计量经济学则揭示经济活动中各个因素之间的定量关系,用随机性的数学方程加以描述.

计量经济学与经济统计学的关系表现为:经济统计偏重经济数据的收集、加工,用事实说话,让经济资料本身提出统计结论,并不利用数据来检验经济理论,但它是进行计量分析的前提. 计量经济学以经济统计数据为原始资料进行分析,其根本任务是估计、检验、运用计量经济模型.

计量经济学与数理统计学的关系表现为:数理统计学作为一门数学学科,它可以应用于经济领域,也可以应用于其他领域. 数理统计是计量经济学的基本工具,但由于经济数据的特殊性,计量经济学需要一些特殊的处理方法.

向事实逼近是经济学发展的必然趋势,这就决定了必须发展一套能够科学估计参数并能处理随机变量的方法. 数理统计学不仅为参数估计提供了科学的方法,而且为处理随机变量提供了坚实的理论基础和完整的方法论. 数理经济学与统计学相结合,便产生了统计学、数学与经济学综合的计量经济学.

1.1.2.2 计量经济学的产生与发展

计量经济学产生的背景是:西方世界在 20 世纪 30 年代的经济危机使传统的经济理论陷入绝境,垄断资本及其政府迫切需要研究用于预测经济波动和防止经济危机的理论方法;在市场经济中市场主体之间存在错综复杂的关系,企业要在激烈的竞争中生存、发展,必须依靠可靠的市场预测;政府要干预国民经济运行,更需要及时分析经济动态. 因此,企业和政府都十分重视基于计量经济学关于经济景气、循环周期的研究,并用于政策模拟、预测分析. 于是,计量经济学应运而生.

计量经济学英文一词“Econometrics”是拉格纳 · 弗里希仿效生物计量学(Biometrics)于 1926 年首次提出来的. 弗里希与荷兰的简 · 丁伯根(Jan Tinbergen)共同获得了 1969 年首届诺贝尔经济学奖. 人们一般认为,1930 年 12 月 29 日世界计量经济学会的成立和 1933 年由它创办的学术刊物《Econometrica》的出版,才标志着计量经济学作为一个独立的学科正式诞生.

“Econometrics”的中文译名有两种:经济计量学与计量经济学. 前者是由英文直译得到的,它强调该学科的主要内容是经济计量的方法,是估计经济模型和检验经济模型. 后者“计量经济学”则强调它是一门经济学科,强调它的经济学内涵与外延.

计量经济学发展初期的十几年中,主要研究微观经济问题,20 世纪 40 ~ 70 年代,重点研究宏观经济问题. 其主要部分是经济增长、生产函数、需求和消费分析等. 计算机的出现和广泛使用,极大地促进了计量经济学理论及应用的发展,使之成为定量分析的主要工具.

计量经济学自诞生之日起,就显示出强大的生命力,经过 40、50 年代的大发展和 60 年代的大扩张,已在经济学中占有极其重要的地位. 1970 年诺贝尔经济学奖得主保罗 · 安 · 萨缪尔森(Paul Anthony Samuelson)曾指出:“第二次世界大战后的经济学是计量经济学的时代. ”在西方国家,计量经济学是经济类专业三门核心课程之一(宏观经济学、微观经济学、计量经济学). 在诺贝尔经济学奖的获奖成果中,有 3/4 都与计量经济学密切相关,反映出计量经济学的重要地位. 目前,经验分析(empirical analysis)、实证研究已成为经济研究的主流方法.

由于认识上的原因,我国对计量经济学的广泛研究和应用起步较晚,始于

20 世纪 70 年代后期. 1980 年,应中国社会科学院的邀请,美国著名经济学家克莱因教授带领由 7 位著名计量经济学家组成的访华讲学团,在北京颐和园讲授了计量经济学,为我国培训了一批计量经济学学者,这批人后来成为计量经济学的学术骨干和学术带头人,随后,各高校相继开设了计量经济学课程. 1995 年,国家教委审核通过了计量经济学教学大纲,1998 年 7 月,教育部确定了高等学校经济学门类各专业的 8 门共同的核心课程(政治经济学、西方经济学、计量经济学、货币银行学、财政学、统计学、会计学和国际经济学),首次将计量经济学列入核心课程.

经过这些年的发展,计量经济学在我国已经取得了长足的进步,大大缩小了与先进国家的差距,计量经济模型正日益成为一个重要的经济管理决策工具. 很多政府部门和学术机构都通过建立计量经济模型进行经济预测和政策分析. 可以预见,计量经济学在促进我国国民经济的发展中将发挥越来越大的作用.

1.1.3 计量经济学模型

模型是对现实的描述和模拟. 模型对现实进行描述是一个抓住本质的抽象与简化过程,通过去粗取精、去伪存真,更深刻地揭示出经济现象的本质与规律. 人们可以利用各种各样的模型来揭示、阐明自然现象和社会经济现象的本质与发展规律. 因此,模型可分为语义模型、物理模型、几何模型、数学模型和计算机模拟模型等多种类型.

计量经济学模型包括单方程模型和联立方程模型两大类. 单方程模型的研究对象是单一的经济现象,揭示存在其中的单向因果关系. 联立方程模型的研究对象是一个经济系统,揭示存在其中的复杂的因果关系.

计量经济学模型由方程组成,方程由变量和系数组成. 经济计量模型包括一个或一个以上的随机方程式,它简洁有效地描述、概括某个真实经济系统的数量特征,更深刻地揭示出该经济系统的数量变化规律. 计量经济学的核心内容是模型参数的估计方法,即利用统计资料提供的数据,得出模型中参数的具体估计值. 计量经济学方法及其应用都是围绕建立、估计、检验和运用经济计量模型这一核心任务进行的.

1.1.3.1 经济理论与经济数学模型

经济现象错综复杂,为便于研究往往舍去一些次要因素,专门研究具有普遍性、决定性因素之间的因果关系,形成系统的经济理论. 经济理论是实践的高度概括,经济模型则是经济理论的简明描述. 文字模型比较细腻,几何模型比较简明. 数理经济学中的经济数学模型揭示经济活动中各个因素之间的理论关系,用确定性的数学方程加以描述.经济数学模型不仅严谨,而且还便于运用数学定理进行推理.

1.1.3.2 计量经济模型

计量经济模型用数学语言揭示经济活动中各个因素之间的定量关系,由随机性的数学方程或方程组构成.计量经济学模型研究的经济关系有两个基本特征,一是随机关系,二是因果关系.下面通过一个例子来说明计量经济模型的特点,以及它与其他经济模型的区别与联系.

计量经济模型是基于某种经济理论的.在经济学中,生产理论研究的问题是在一定的技术条件限制下,如何合理地配置各种生产要素,生产出尽可能多的适合人们需要的商品.首先考察如下经济理论语义模型:

对供给不足下的生产活动,可以用"产出量是由资本、劳动、技术等投入要素决定的.在一般情况下,随着各投入要素的增加,产出量也会增加,但要素的边际产出是递减的"来描述.边际产量是指在其他条件不变时,某一种投入要素增加一个单位时所导致的产出量的增加量.

本例的数理经济模型用生产函数描述.生产过程中投入的生产要素的某种组合同它可能的最大产出量之间的依存关系的数学表达式如下:

$$Q = f(T, K, L).$$

其中,Q 表示产出量;T,K,L 分别表示技术、资本、劳动的投入要素.生产函数描述了技术、资本、劳动投入要素与产出量之间的理论关系,并假设生产函数具有以下特性:

$Q = f(0, K, L) = f(T, 0, L) = f(T, K, 0) = 0$,表明任何一种生产要素都是必不可少的;$\partial Q/\partial K > 0$,$\partial Q/\partial L > 0$,满足边际产量大于0的条件,表示随着各投入要素的增加,产出量也随之增加;$\partial^2 Q/\partial K^2 < 0$,$\partial^2 Q/\partial L^2 < 0$,二阶偏导数小于0,表示等产量线有适当的曲率,反映要素的边际产出是递减的.

或者将生产函数具体描述为:

$$Q = A K^{\alpha} L^{\beta} = (A_0 e^{\gamma t}) K^{\alpha} L^{\beta}.$$

公式用乘积表示出缺少任何一种要素,生产就不可能进行.其中,$A > 0$ 表示生产技术水平,或称之为效率参数,并假设 A 是时间的指数函数;反映技术进步的比率用 γ 表示,$0 < \gamma < 1$ 并接近0.

式中:$\alpha = \eta_K = (\partial Q/Q)/(\partial K/K)$,$\beta = \eta_L = (\partial Q/Q)/(\partial L/L)$,分别表示资本和劳动要素投入的弹性.即当其他投入要素不变时,该要素增加1%所引起的产出量的变化率.一般情况下,$0 < \alpha < 1$,$0 < \beta < 1$,$\alpha + \beta \approx 1$.

数理经济模型的特点是用公式描述经济变量之间的理论关系,通过模型可以分析经济活动中各种因素之间的相互影响,为控制经济活动提供理论指导.

但是,它并没有揭示各个经济因素之间的定量关系,其中的参数均是未知数.

本例的计量经济模型用随机性的数学方程描述,引入随机干扰项μ,表示未在模型中独立列出的影响产出量的其他因素,以保证模型在理论上的科学性.

$$Q = f(T, K, L, \mu) = A_0 e^{\gamma t} K^{\alpha} L^{\beta} \mu.$$

清华大学的李子奈教授曾根据 1963 ~ 1984 年中国全民所有制工业总产值,全民所有制工业固定资产原值,全民所有制工业职工人数,并将价格分别平减到 1970 年的不变价格,对以上计量经济生产函数模型的参数进行估计,得到:

$$Q = 0.647\,9 e^{0.012\,8t} K^{0.360\,8} L^{0.675\,6}, \alpha = 0.360\,8, \beta = 0.675\,6.$$

结果符合 $A>0$,$0<\gamma<1$ 并接近 0 ,$0<\alpha<1$,$0<\beta<1$,$\alpha+\beta\approx 1$ 的假设.

计量经济模型揭示了经济活动中各因素之间的定量关系.通过计量经济模型可以对研究对象进行深入的研究,例如,1963 ~ 1984 年中国全民所有制工业企业中的资本投入增加 1%,工业生产总产值则增长 0.360 8%,劳动要素投入的弹性是 0.675 6.还可以进一步分析出劳动的密集程度为 $\beta/\alpha = 0.675\,6/0.360\,8$、资本的密集程度为 $\alpha/\beta = 0.360\,8/0.675\,6$ 等.

由此可见,计量经济模型可以从数据出发来进行具体分析和预测,计量经济学是一门严谨与实用的经济学学科,是定量化的实证经济学.这正是计量经济模型受到高度重视和得以广泛应用,并成为经验分析和实证研究重要手段的原因所在.

1.1.4 计量经济学的内容体系

计量经济学内容丰富,体系庞大,包含众多的理论、模型和分析技术.

1.1.4.1 广义计量经济学和狭义计量经济学

广义计量经济学是利用经济理论、数学和统计学定量研究经济现象的经济计量方法的统称,包括回归分析方法、投入产出分析方法和时间序列分析方法等.

通常所说的计量经济学是指狭义计量经济学,它是以揭示经济现象中的因果关系为目的的经济计量方法,在数学上主要运用回归分析方法.本课程主要讨论狭义计量经济学意义上的经济数学模型.

1.1.4.2 理论计量经济学和应用计量经济学

计量经济学根据研究对象和内容的侧重面不同,可以分为理论计量经济学和应用计量经济学.理论计量经济学以研究计量经济学的理论与方法为主要内容,侧重于理论与方法的数学证明与推导.它研究如何运用、改进和发展数理统计方法,使之成为适合测定具有随机性特征的经济关系的特殊方法——计量经济学方法. 这部分研究内容也称经济计量方法,与数理统计联系极为密切. 除了介绍计量经济模型的数学理论基础、普遍应用的计量经济模型的参数估计方法与检验方法外,还研究特殊模型的估计方法与检验方法,应用广泛的数学知识.

应用计量经济学则以建立与应用计量经济学模型为主要内容,强调应用模型的经济学和经济统计学基础,侧重于对建立与应用模型过程中实际问题的处理. 它是在一定的经济理论指导下,以反映事实的统计数据为依据,以经济计量方法研究经济数学模型,探索实证经济规律.

1.1.4.3　经典计量经济学和非经典计量经济学

经典计量经济学(Classical Econometrics)一般指 20 世纪 70 年代以前发展并广泛应用的计量经济学. 经典计量经济学的主导方法论是结构模型法. 它以先验给定的经济理论模型为基点,以测量估计模型的参数值为重心,以参数值呼应理论预测值域为估计标准. 图 1.2 描述了经典计量经济学的发展历程,以及为它的发展做出里程碑贡献的经济学家.

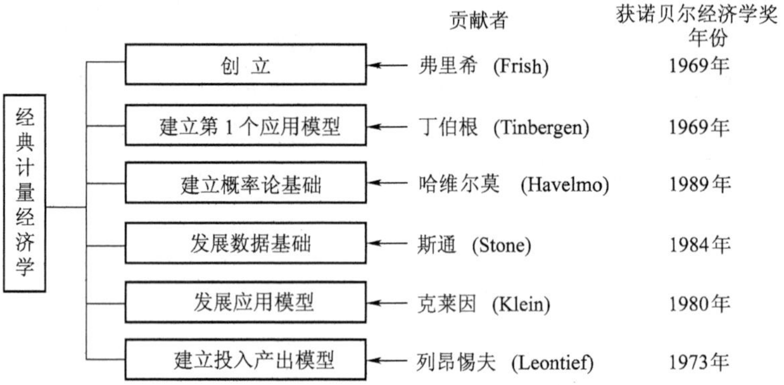

图 1.2　经典计量经济学的发展

经典计量经济学在理论方法方面的特征是:①模型类型是随机模型;②模型导向是理论导向;③模型结构是线性或者可以化为线性,属于因果分析模型,解释变量具有同等地位,模型具有明确的形式和参数;④数据类型以时间序列数据或者截面数据为样本,被解释变量为服从正态分布的连续随机变量;⑤估计方法仅利用样本信息,采用最小二乘法或者最大似然法估计模型.

经典计量经济学在应用方面的特征是:①应用模型方法论基础是实证分析、经验分析和归纳;②应用模型的功能包括结构分析、政策评价、经济预测、理论检验与发展;③应用模型的领域为传统的应用领域,例如,生产、需求、消费、投资、货币需求,以及宏观经济等.

非经典计量经济学一般指20世纪70年代以来发展的计量经济学理论、方法及应用模型,也称为现代计量经济学. 主要包括:微观计量经济学、非参数计量经济学、时间序列计量经济学和动态计量经济学等. 图1.3描述了非经典计量经济学的发展历程,以及为它的发展做出里程碑贡献的经济学家.

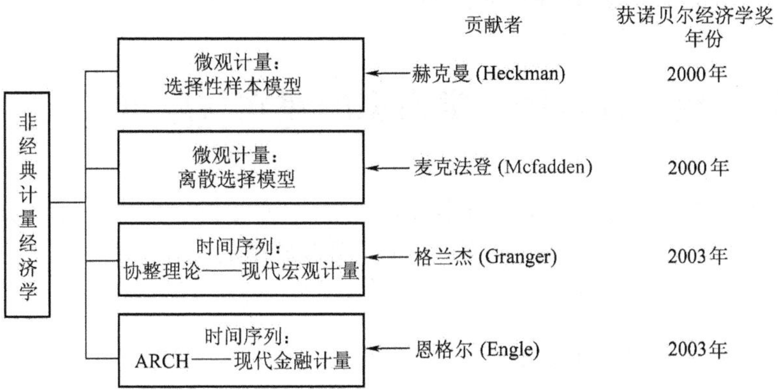

图1.3 非经典计量经济学的发展

本课程主要介绍经典计量经济学,一方面由于经典计量经济学理论方法是非经典计量经济学理论方法的基础;另一方面,经典计量经济学模型仍然是目前应用最为普遍的计量经济学模型.

1.1.4.4 *微观计量经济学和宏观计量经济学*

微观计量经济学于2000年诺贝尔经济学奖公报中被正式提出. 该年度诺贝尔经济学奖获得者詹姆斯·赫克曼(Jams J. Heckman)和丹尼尔·麦克法登(Daniel L. Mcfadden)对微观计量经济学做出了原创性贡献,发展了广泛应用于个人和家庭行为的实证分析的理论和方法. 微观计量经济学的研究内容集中于对个人和家庭的经济行为进行经验分析. 其原材料是微观数据,微观数据表现为截面数据和面板数据(panel data). 微观计量经济学的主要内容包括:面板数据模型的理论方法、离散选择模型的理论方法、选择性样本模型的理论方法.

宏观计量经济学的名称由来已久,但是它的主要内容和研究方向已发生了变化. 经典宏观计量经济学利用计量经济学理论方法建立宏观经济模型,对宏观经济进行分析、评价和预测. 现代宏观计量经济学的主要研究方向为单位根检验、协整理论以及动态计量经济学.

1.1.4.5 *计量经济学的层次*

随着研究对象的日趋复杂和建模理论、建模方法的迅速发展,计量经济学也在不断地发展着,一般可以分为初级、中级、高级三个层次.

初级计量经济学以计量经济学的数理统计学基础知识和经典的线性单方程模型理论与方法为主要内容；中级计量经济学以用矩阵描述的经典的线性单方程模型理论与方法、经典的线性联立方程模型理论与方法，以及传统的应用模型为主要内容；高级计量经济学以非经典的、现代的计量经济学模型理论、方法与应用为主要内容. 本课程的大部分内容属于初级水平.

1.2 经典计量经济学模型的建立与应用

本节以经典单方程计量经济学模型为对象，介绍建立计量经济学模型的过程. 其中包括四个步骤：理论模型的设计、样本数据的收集、模型参数的估计和模型的检验.

1.2.1 理论模型的设计

理论模型的设计是依据一定的经济理论，先验地用一个或一组数学方程式表示被研究系统内经济变量之间的关系. 在建立与应用计量经济学模型的过程中，理论模型的设定、样本数据的收集，必须以对经济理论、对所研究的经济现象的透彻认识为基础. 首先确定模型所包含的变量，再确定模型的数学形式，然后拟定理论模型中待估参数的理论期望值区间. 单方程计量模型由四个要素组成，如图 1.4 所示.

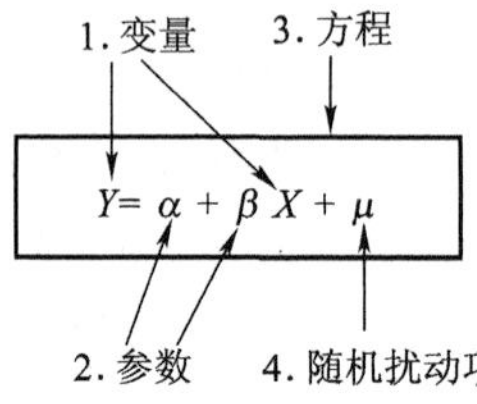

图 1.4　计量模型的四个要素

1.2.1.1　确定模型所包含的变量

变量就是数据集合的名称，通过对变量名的引用，可以简便地对数据集合进行处理. 计量经济学中使用的变量的概念与统计学中指标的概念一样，包括变量名及其对应的数据. 由于变量所处的地位和作用不同，会涉及不同的名词术语，下面分别给予简要的解释.

◆ **解释变量与被解释变量**

在单方程模型中，变量分为两类. 作为研究对象的变量，也就是因果关系中的“果”，在方程中处于左端，称为被解释变量. 被解释变量是由研究目的确定的，例如，生产函数中的产出量. 作为“原因”的变量是模型中的解释变量，在方程中处于右端，例如，生产函数中的资本、劳动和技术. 确定模型所包含的变量主要是指确定解释变量. 可以作为解释变量的有外生经济变量、外生条件变量、外生政策变量和滞后被解释变量等.

◆ **内生变量与外生变量**

内生变量是指由所研究的经济系统模型本身确定的，是具有一定概率分布的随机变量. 它是该模型求解的结果，属于因变量. 外生变量的数值是在研究的模型之外确定的，不受模型内部因素的影响. 它在模型求解之前事先规定，是“给定的”或“已知的”非随机变量，属于自变量.

在设定模型时，通常将以下两类变量设定为外生变量：一是政策变量，即决策者可以控制的变量，如货币供应量、税率、利率和政府支出等；二是短期内很大程度上是在经济系统之外决定的，或变化规律稳定的非政策变量，如人口、劳动力供给、国外利率和世界贸易水平等.

◆ **滞后变量和前定变量**

如果把内生变量的前期值用做解释变量，我们称之为滞后变量. 滞后变量和外生变量统称为前定变量.

◆ **虚拟变量和政策变量**

虚拟变量又称为定性变量，也称为二进制数据，一般取 0 或 1. 它根据事物的性质或属性把一个样本划分为若干个不同的子类. 在计量模型中，引入虚拟变量用以表征政策或条件等因素. 虚拟变量组合起来可以表征多种状态. 使用的虚拟变量的个数等于要表征的状态数减 1，如 3 种状态只需用 2 个虚拟变量. 政策变量是特殊的一类虚拟变量.

变量分类具有相对性，某个变量是内生变量还是外生变量，是目标变量还是工具变量，并不是先验确定的，应根据分析的目的，考虑它们在模型中的地位和作用. 要正确地选择解释变量需要注意以下三个方面：

首先，需要正确理解和把握所研究的经济现象中暗含的经济学理论和经济行为规律. 解释变量是用以说明被解释变量的，即被解释变量的变动是由解释变量的变动引起的，这是正确选择解释变量的基础. 例如，在上述生产问题中，已经明确指出属于供给不足的情况，那么，影响产出量的因素就应该在投入要素方面，在当前，投入要素主要是技术、资本与劳动. 如果属于需求不足的情况，那么影响产出量的因素就应该放在需求方面，而不在投入要素方面. 这时，如果研究的对象是消费品生产，应该选择居民收入等变量作为解释变量. 如果研究的对象是生产资料的生产，则应该选择固定资产投资总额等变量作为解释变量.

其次，选择变量要考虑数据的可得性. 计量经济学模型是在样本数据，即变量的样本观测值的支持下，采用一定的数学方法估计参数，以揭示变量之间的定量关系. 因此，所选择的变量必须是在统计指标体系中存在的、有可靠的数据来源的. 一般说来，收集的数据都还需要经过统计分组，整理加工，使之系统化，并为模型所用，形成反映问题特征的综合资料.

最后，选择变量时要考虑所有入选变量之间的关系，使得每一个解释变量都是独立的. 这是计量经济学模型技术所要求的，如果其间有两个解释变量完全相关，将导致多重共线，不能估计出模型参数，也就无法建立计量经济学模型. 当然，在开始时要做到这一点比较困难. 如果在所有入选变量中出现相关的变量，可以在建模过程中检验出来并予以剔除.

必须注意，选择变量绝不能以数据拟合的好坏作为主要标准. 在通常情况下，选择变量不可能一次完成，往往需要经过多次反复筛选.

1.2.1.2　确定模型的数学形式

选择模型数学形式的主要依据是经济行为理论. 在数理经济学中，已经对常用的生产函数、需求函数、消费函数和投资函数等模型的数学形式进行了广泛的研究，可以借鉴这些研究成果. 例如，在 1.1.1 的实例中，凯恩斯消费函数中的参数 $\beta = \mathrm{d}C/\mathrm{d}PDI$ 为边际消费倾向，μ 为随机项，表明消费的随机性，按照凯恩斯的观点，$0 < \beta < 1$.

现代经济学尤其注重实证研究，任何建立在一定经济学理论假设基础上的理论模型，如果不能很好地解释过去，尤其是历史统计数据，将不能被接受. 理论模型的建立要在参数估计、模型检验的全过程中反复修改，以得到一种既能有较好的经济学解释，又能较好地反映历史上已经发生的诸变量之间关系的数学模型.

常用方法是根据变量的样本数据作出解释变量与被解释变量之间关系的散点图，由散点图显示的变量之间的函数关系作为理论模型的数学形式. 如果无法事先确定模型的数学形式，应反复采用多种可能函数形式对样本进行拟合，然后选择其中一种拟合较好的函数形式作为模型的数学形式.

1.2.1.3　拟定待估参数的理论期望值区间

理论模型中的待估参数一般都具有特定的经济含义，参数的具体数值只有在模型完成以后才能确定. 但它们的取值范围，即理论期望值区间却必须根据其经济含义，在理论模型设计阶段拟定. 可以用这些根据经济理论拟定的理论期望值来检验模型的估计结果.

拟定理论模型中待估参数的理论期望值，关键在于理解待估参数的经济含义. 例如,在生产函数理论模型中有 4 个待估参数 α,β,γ 和 A. 其中,α 是资本的产出弹性,β 是劳动的产出弹性,γ 近似为技术进步速度,A 是效率系数. 根据这些经济含义,它们的数值范围应该是:$0<\alpha<1$,$0<\beta<1$,$\alpha+\beta\approx 1$,$0<\gamma<1$ 并接近 0,$A>0$.

又如,ln(人均食品需求量) $=\alpha+\beta\ln$(人均收入) $+\gamma\ln$(食品价格) $+\delta\ln$(其他商品价格)$+\mu$,其中 $\alpha,\beta,\gamma,\delta$ 的符号、大小、关系应为:

$$\alpha\geqslant 0,0<\beta<1,-1<\gamma<0,-1<\delta<0,\beta+\gamma+\delta\approx 0.$$

1.2.2 样本数据的收集

在开始一项研究工作时,最基本的工作之一就是收集数据. 在计量经济学研究中采用的是非实验数据,也称为观测数据. 自然科学中的实验数据,通常是在可控条件下通过实验手段获得的. 但是在社会科学中,数据不能通过对个人、企业或经济系统中的某些部分实行可控实验来获得. 研究者只是被动地收集数据,因此称为观测数据. 数据收集工作是一个费时、费力的过程. 然后,将数据用于计量经济学模型的参数估计,采用统计学方法通过样本数据来推断总体规律.

1.2.2.1 数据的分类

常用的样本数据主要有三大类:截面数据、时间序列数据和面板数据.

截面数据(cross section data)俗称横向数据,是一批发生在同一时间截面上的调查数据. 这类数据在时间上是凝固的,用于研究某个时点上的变化情况. 例如,经济普查数据、人口普查数据、2009 年各省级行政区的就业人数. 截面数据在统计学上称之为时点数. 采纳截面数据时应注意的事项包括:注意样本点间的同质性,即样本与母体的一致性;截面数据很难用于总量估计;一般存在误差项的异方差(误差方差不是一个常数).

时间序列数据(time series data)又俗称为纵向数据,是一批按照时间先后顺序排列的统计数据. 常用的时间频率有年、季度、月、周、日. 例如,我国自改革开放的 1978—2009 年国内生产总值 GDP 数据;股市的每日收盘价等. 时间序列数据在统计学上称为时期数. 采纳时间序列数据时应注意的事项包括以下几个方面:其一,应注意样本区间内经济行为的一致性. 例如,20 世纪 80 年代后期以来为供大于求,建立生产模型时应选择反映市场需求因素的变量,如居民收入和出口额作为解释变量. 80 年代中期以前为供不应求,应选择资本、劳动等投入要素. 其二,应保证样本点之间数据具有可比性,以价值形态出现的数据往往是不可比的,应当消除物价因素的影响. 其三,如果样本观察值过于集中,不能反映经济变量间的结构关系,应增大观测区间. 其四,时间序列数据通常存在季节变动和序列相关,即自相关(误差的协方差不等于0,前期误差与后期误差之间存在相关).

面板数据(panel data),也称为平行数据、合成数据.面板数据是时间序列数据与截面数据的合成体,是对相同的横截面单元在时间轴上进行跟踪调查的数据.面板数据有时间和截面两个维度,例如,1978~2009年我国各省市城镇居民消费结构的调查资料.

1.2.2.2 样本数据的质量

计量经济学方法是从样本数据中寻找经济活动本身客观存在的规律性,样本数据的质量直接影响到计量经济模型的估计质量.因此,无论研究方法多高明,研究结果不可能比数据的质量更好.数据的质量需要从完整性、准确性、可比性和一致性四个方面来把握.

数据的完整性是指模型中包含的所有变量都必须得到相同容量的样本观测值,不能有遗失数据.必要时,对于无法获得的个别数据需要采用插值技术补上.

数据的准确性有两方面的含义,其一是指所得到的数据必须准确地反映它所描述的经济因素的状态,即统计数据或调查数据本身是准确的;其二是数据必须是模型研究中所准确需要的,即满足模型对变量口径的要求.例如,在生产函数模型中,作为解释变量的资本、劳动等必须是投入到生产过程中的、对产出量起作用的那部分生产要素.以劳动为例,应该收集生产性职工人数,而不能以全体职工人数作为样本数据.

数据的可比性也就是通常所说的数据口径问题.经济变量的时间序列数据往往是以价值形态出现的,包含了价格因素,而同一件实物在不同年份的价格不同,造成样本数据在不同样本点不可比.统计范围口径的变化和价格口径的变化后的数据,必须进行预处理才能用于模型参数的估计.通常做法是将数据平减到特定的某个基期.如果数据是不可比的,得到的规律性就难以反映实际.

数据的一致性,即同质性,母体与样本的一致性.如果用企业的数据作为行业生产函数模型的样本数据,用人均收入与消费的数据作为总量消费函数模型的样本数据,用某些省市的数据作为全国总量模型的数据均违反了数据的一致性.

1.2.3 模型参数的估计

参数是模型中表示变量之间数量关系的常系数.它把各种变量连接在方程之中,具体说明解释变量的变化对被解释变量变化的影响程度.在未经实际资料估计之前，参数是未知的. 在建立了理论模型并收集整理了符合模型要求的样本数据之后，需要选择适当的方法对模型中的参数进行估计. 参数一经确定，因果函数关系便随之确定下来了.

模型参数的估计方法是计量经济学的核心内容. 主要估计方法包括普通最小二乘法、加权最小二乘法、广义最小二乘法、二阶段最小二乘法、非线性最小二乘法、最大似然估计和工具变量法等. 参数估计为经济理论提供了实际经验的内容，并验证经济理论. 如前述凯恩斯消费模型，参数β的估计值为0.725，它不仅说明了当期边际消费倾向的实际内容，同时也证实了凯恩斯消费理论关于β介于0与1之间假定的正确性.

参数估计是一个纯技术过程. 包括估计方法的选择，对模型进行识别（仅联立方程模型需要），计算软件的应用. 在后续章节中我们将陆续介绍具体的参数估计方法，并在教学中结合 Eviews 软件的使用.

1.2.4 模型的检验

参数估计以后模型便已确定. 但模型是否符合实际，能否解释实际经济过程，在提交使用之前还必须进行检验. 模型需要通过四级检验才能用于实际. 这四级检验依次是：经济意义检验、统计检验、计量经济学检验和模型预测能力检验.

1.2.4.1 经济意义检验

主要检验模型参数估计量在经济意义上的合理性. 方法是将模型参数的估计量与预先拟定的理论期望值进行比较，包括参数估计量的符号、大小、相互之间的关系，以判断其合理性. 如果参数估计值与理论期望值明显不符，例如，符号相反，则可以认为模型的设定有误或需要选择另外的估计方法. 例如，对生产函数模型的估计结果若出现某个弹性系数估计量大于1的情况，与理论期望值0与1之间不符，从经济行为上无法解释. 模型则不能通过检验.

1.2.4.2 统计检验

统计检验是由统计理论决定的，俗称一级检验. 统计检验的目的在于检验模型的统计学性质，即检验实际数据是否支持建立计量经济模型的理论假设. 最广泛应用的统计检验准则有：拟合优度检验、变量显著性检验（t 检验）、方程的显著性检验（F 检验）.

1.2.4.3 计量经济学检验

计量经济学检验是在统计检验基础上进行的，俗称二级检验. 检验目的在于检验模型的计量经济学性质，由计量经济学理论决定. 主要检验在建立模型时限定的一些基本假设是否满足；以及关于模型总体结构预测能力的检验. 通常最主要的检验准则有:随机误差项的序列相关检验和异方差性检验,解释变量的多重共线性检验和随机解释变量检验.

1.2.4.4 模型预测能力检验

预测能力检验主要是检验模型参数估计量的稳定性,以及相对样本容量变化时的灵敏度.以此确定所建立的模型是否可以用于样本观测值以外的范围,即模型的所谓超样本特性.具体检验方法为:利用扩大了的样本重新估计模型参数,将新的估计值与原来的估计值进行比较,并检验二者之间差距的显著性;将所建立的模型用于样本以外某一时期的实际预测,并将该预测值与实际观测值进行比较,并检验二者之间差距的显著性.

计量经济学研究是一个动态的过程,模型通过了上述各项检验之后才能应用于实际.如果某一级的检验不能通过,则需修整模型,再设定、再估计、再检验.如此往复,直至模型通过了所有检验才能应用.

1.2.4.5 计量经济学模型成功的关键因素

计量经济学模型成功的关键因素包括三个方面:理论、方法和数据,三者缺一不可.理论,即经济理论,所研究的经济现象的行为理论,是计量经济学研究的基础.方法,主要包括模型方法和计算方法,是计量经济学研究的工具与手段,也是计量经济学不同于其他经济学分支学科的主要特征.数据,反映研究对象的活动水平、相互间联系以及外部环境的数据,这些信息是计量经济学研究的原料.

所以,计量经济学家首先应当是经济学家,方法的水平固然是衡量成果水平的主要依据,但必须重视数据的质量问题,数据已经成为目前制约我国计量经济学发展的重要问题.

1.2.5 计量经济学模型的应用

计量经济方法几乎在应用经济学的每一个分支中都相当重要.计量经济学模型主要用于分析经济结构、预测经济发展、评价经济政策以及检验与发展经济理论等几个方面.

1.2.5.1 结构分析

结构分析是计量经济学模型应用的主要方面.这里的经济结构分析是指对经济现象中变量之间相互关系的研究.不同于通常所说的诸如产业结构和产品结构等.它是将估计好的计量经济模型用于经济关系的数量研究,即当一个或几个变量发生变化时会对其他变量乃至整个经济系统产生什么样的影响.结构分析所采用的主要方法包括弹性分析、乘数分析与比较静力分析.

弹性是某一变量的相对变化引起另一变量的相对变化的度量,即变量变化率的比较. 例如,双对数模型中的解释变量参数.

乘数是某一变量的绝对变化引起另一变量绝对变化的度量,即变量的变化量之比,也称为倍数. 乘数分析主要用于有滞后变量的动态模型,用来研究外生变量对内生变量的影响,对于实现经济系统的调控有重要作用. 例如,政策变量对内生变量的影响,可以从计量经济模型的简化式中直接求出.

比较静力分析是比较经济系统的不同平衡位置之间的联系,探索经济系统从一个平衡点到另一平衡点时变量的变化,研究系统中某个变量或参数的变化对另外变量或参数的影响. 弹性分析和乘数分析都是比较静力分析的形式,计量经济模型为比较静力学分析提供了基础.

结构分析代表的是计量经济学的"科学"目的,即通过用模型和数据检验来理解现实世界的经济关系. 结构分析的结果可能对理论产生"反馈"影响,例如,对菲立普斯曲线,即通货膨胀率和失业率之间关系的数量研究已经引致了失业理论的发展.

1.2.5.2 经济预测

预测往往是决策和行动的基础,市场预测和宏观经济预测都是如此. 计量经济学模型作为一类经济数学模型,是从用于经济预测,特别是短期预测而发展起来的. 计量经济学模型本身就是模拟历史,从已经发生的经济活动中找出变化规律为主要技术手段的. 预测是用估计好的计量经济模型去预测一些变量在实际观测的样本之外的数量值. 例如,根据财政支出、货币供给量、人口的增长、外资的条件等外生变量的未来值来计算内生变量的未来值.

预测包括微观和宏观两个方面. 微观预测主要是产品需求预测等;宏观经济预测又可以分为短期、中期和长期的预测. 应用宏观计量经济模型进行经济预测,是经济预测的主要手段之一. 西方发达国家主要宏观经济模型定期发布预测报告,预测结果往往得到政府、企业和公众的重视,还有专门机构对各主要模型的预测功能进行定期评估. 但是,对于非稳定发展的经济过程,对于缺乏规范行为理论的经济活动,计量经济学模型预测功能往往失效. 为了适应预测的需要,模型理论方法和技术在不断发展. 将计量经济学模型与其他经济数学模型相结合是一个主要发展方向.

1.2.5.3 政策评价

政策评价,也叫政策分析或政策模拟,是用估计好的计量经济模型在不同政策方案之间进行选择. 在计量经济学模型中,将经济目标作为被解释变量,经济政策作为解释变量,可以很方便地评价各种不同的政策对目标的影响. 通常做法是先用模型做一个基准运行,也就是现行政策不变的情况下,经济系统的运行结果,然后作一些政策假设,如利率提高一个百分点,再运行模型,比较前后两次运行的结果，如比较 GDP、通货膨胀率等宏观经济变量值的变化，从而模拟出某项政策或政策组合的效果.

经济政策具有不可试验性，而计量经济学模型可以承担“经济政策实验室”的功能. 计量经济学模型用于政策评价主要有三种方法：一是工具 - 目标法；二是政策模拟；三是最优控制方法. 工具 - 目标法是给定目标变量的预期值，通过求解模型来确定政策变量的值. 政策模拟方法是利用数量经济模型对不同的政策方案进行模拟计算，对计算结果进行评价，比较各自目标值，决定取舍. 例如，对于信贷政策，如果过于放宽，则会造成总需求的膨胀，从而引起物价上涨；但如果过紧，则会造成需求不足，企业流动资金不足，使经济增长减慢. 因此，可通过模拟计算找出“适当”的信贷规模. 最优控制法是将计量经济学模型与最优化方法结合起来，选择使目标达到最优，或次优的政策或政策组合.

1.2.5.4　检验与发展经济理论

实践是检验真理的唯一标准. 任何经济学理论，只有当它成功地解释了过去，才能为人们所接受. 计量经济学模型提供了一种检验经济理论的好方法. 对理论假设的检验可以发现和发展理论. 从建立计量经济学模型的步骤中可以发现，一个成功的模型，必须很好地拟合样本数据，而样本数据则是已经发生的经济活动的客观再现，所以在模型中表现出来的经济活动的数量关系，则是经济活动所遵循的经济规律，即理论的客观再现.

检验理论就是依照某种经济理论去建立模型，然后用已经发生的经济活动的样本数据去拟合，如果拟合很好，则这种经济理论便得到了检验. 如果用已经发生的经济活动的样本数据去拟合各种模型，拟合得最好的模型所表现出来的数量关系，则是经济活动所遵循的经济规律. 上升为理论就是发现和发展理论. 例如，生产函数就是经验的产物，是对生产过程中量的关系的经验描述. 生产函数虽然与特定的生产理论相联系，但它并不是生产理论直接推导的结果，而是用样本数据反复拟合、检验、修正后得到的.

通过本章介绍可以了解到，计量经济学方法从模型的建立到模型的应用是一个复杂的过程，模型的应用过程也是检验模型和理论的过程. 如果预测误差小，表明模型精度高，质量好，对现实解释能力强，理论符合实际；反之，则要对模型以及对建模所依据的经济理论进行修正. 经济计量的工作过程，是一个不断修改、信息反馈的过程. 图 1.5 概括地描述了建立与应用计量经济学模型的步骤与过程.

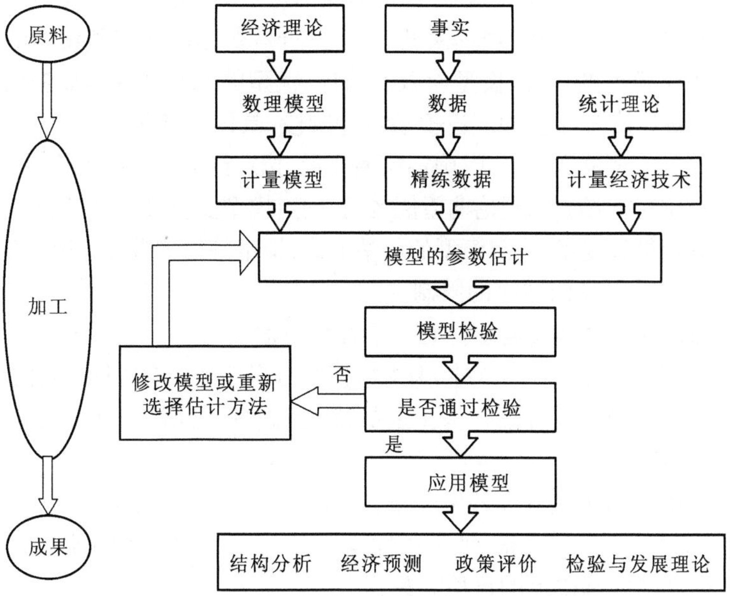

图 1.5 建立与应用计量经济学模型的步骤

练习题

一、选择题

1. 计量经济学是以下三者的结合：

   A. 经济学、统计学、数学　　B. 数理统计、经济统计、数理经济学

   C. 数理经济学、经济学、数学　　D. 经济统计、数学、统计学

2. 在固定资产折旧方程 $D_t = ak_t$ 中，折旧系数 a 是：

   A. 控制变量　　B. 政策变量

   C. 内生参数　　D. 外生参数

3. 下列有关解释变量和被解释变量的说法中正确的是：

   A. 被解释变量和解释变量均为随机变量

   B. 解释变量和被解释变量均为非随机变量

   C. 被解释变量为随机变量，解释变量为非随机变量

   D. 解释变量为随机变量，被解释变量为非随机变量

4. 建立计量经济学模型的过程包括：

A. 样本数据的收集、理论模型的设计、模型参数的估计和模型的检验
B. 理论模型的设计、样本数据的收集、模型参数的估计和模型的检验
C. 模型参数的估计、理论模型的设计、样本数据的收集和模型的检验
D. 理论模型的设计、模型参数的估计、模型的检验和样本数据的收集

5. 在计量经济学模型的理论模型设计阶段,具体步骤是:
A. 确定模型的数学形式,确定模型变量,拟定待估参数的理论期望值区间
B. 拟定待估参数的理论期望值区间,确定模型变量,确定模型的数学形式
C. 确定模型变量,确定模型的数学形式,拟定待估参数的理论期望值区间
D. 不受以上任何顺序的限制

6. 正确选择解释变量需要注意以下几个方面:
A. 正确理解经济行为规律、考虑数据的可得性和所有入选变量之间的关系
B. 以数据拟合的好坏作为主要标准、正确理解经济行为规律、考虑数据的可得性
C. 先确定内生变量和外生变量,再确定目标变量和工具变量
D. 选择外生经济变量、外生条件变量、外生政策变量和滞后被解释变量

7. 在统计检验基础上的再检验是:
A. 经济理论检验　　B. 计量经济学检验
C. 预测检验　　D. 参数检验

8. 计量经济学模型必须通过的四级检验,依次是:
A. 统计检验、计量经济学检验、经济意义检验、模型预测检验
B. 计量经济学检验、经济意义检验、模型预测经验、统计检验
C. 参数估计检验、模型检验、数据检验、预测能力检验
D. 经济意义检验、统计检验、计量经济学检验、预测能力检验

9. 对数量模型进行经济意义检验时,应比较参数估计量与预先拟定的理论期望值的:
A. 符号　　B. 大小
C. 相互之间的关系　　D. 以上三者

10. 样本数据的质量问题可概括为:
A. 可得性、连续性、确定性、集中性　B. 完整性、准确性、可比性、一致性
C. 可比性、确定性、集中性、一致性　D. 显著性、完整性、相关性、可比性

11. 计量经济学模型成功的三要素是:
A. 数据、方法和数学　　B. 理论、方法和数据
C. 参数估计、模型检验和预测　　D. 经济学、统计学、数学

二、问答题

1. 什么是计量经济学？计量经济学方法与一般经济数学方法有什么区别？

2. 计量经济学的研究对象和内容是什么？计量经济学模型研究的经济关系有哪两个基本特征？

3. 试结合一个具体经济问题说明建立与应用计量经济学模型的主要步骤.

4. 请举出几个时间序列数据、截面数据、面板(平行)数据、虚拟变量数据的实际例子.

5. 计量经济学模型主要有哪些应用领域？各自的原理是什么？

6. 模型的检验包括几个方面？其具体含义是什么？

三、分析题

1. 下列假想模型是否属于揭示因果关系的计量经济学模型？为什么？

(1) $S_t = 112.0 + 0.12R_t$，其中，S_t 为第 t 年农村居民储蓄增加额(亿元)；R_t 为第 t 年城镇居民可支配收入总额(亿元).

(2) $S_{t-1} = 4432.0 + 0.30R_t$，其中，$S_{t-1}$ 为第($t-1$)年底农村居民储蓄余额(亿元)；R_t 为第 t 年农村居民纯收入总额(亿元).

2. 指出下列假想模型中的错误,并说明理由：

(1) $RS_t = 8\,300.0 - 0.24RI_t + 1.12IV_t$

其中,RSt 为第 t 年社会消费品零售总额(亿元)；RIt 为第 t 年居民收入总额(亿元)(城镇居民可支配收入总额与农村居民纯收入总额之和)；IVt 为第 t 年全社会固定资产投资总额(亿元).

(2) $\ln Y_t = 1.15 + 1.62\ln K_t - 0.28\ln L_t$

其中，Y，K，L 分别是工业总产出、工业生产资本和生产性职工人数.

2 一元线性回归模型

教学内容:本章包括五节内容,即一元线性回归模型的基本概念;一元线性回归模型的参数估计;一元线性回归模型的统计检验;一元线性回归方程的预测;实例.

教学目的:本章从简单的一元线性回归模型入手,介绍经典单方程计量经济学模型的理论与方法,为以后各章的学习打下基础.

重点及难点:一元线性回归模型的基本概念、参数估计、统计检验是学习的重点内容.最小二乘法、最小二乘估计量的性质推导、预测公式的推导是学习难点.

2.1 一元线性回归模型的基本概念

2.1.1 回归分析的基本概念

2.1.1.1 “回归”名称的由来

“回归”名称和回归分析的思想来源于美国经济学家高尔顿(F. Galton)和他的学生皮尔森(K. Pearson)对于父母身高与子女身高关系问题的研究.高尔顿指出:身材高的父母一般有高个子的孩子,而身材矮的父母一般有矮个子的孩子,但是世世代代人口总体的身高分布并没有显著的变化.他作出的解释是:一定身高的父母所生的子女的平均身高,有朝着总体平均身高移动或回归的倾向.他的学生皮尔森对此进一步加以证实.皮尔森观察了1 078对夫妇,以每对夫妇的平均身高作为X,而取他们的一个成年儿子的身高作为Y.他发现在父母身材高的一组中,儿子的平均身高比他们父母的身材矮,而不是比父母身材更高,高个子父母偏离父辈平均身高的一部分被其子代拉回来,即子代的平均身高向中心回归了;在父母身材矮的一组中,虽然有儿子仍为矮个子的趋势,但儿子的平均身高比他们父母的身材高,而不是更矮,说明父辈偏离中心的部分在子代被拉回一些. 正是因为子代的身高有回归到人口总体平均身高这种趋势，才使人类的身高在一定时间内相对稳定，没有出现高矮两极分化现象.

“回归”的名称当时描述了父辈身高 X 与子辈身高 Y 的关系. 现代人们借用这个名词把研究变量 X 与 Y 之间统计关系的数量方法称为“回归”分析.

2.1.1.2 变量之间的关系

社会经济活动总是和许多经济变量相联系的，我们常常要研究这些变量之间的数量关系. 对于经济变量之间的关系，一般分为两类：

一类是变量之间存在确定性的函数关系. 这种关系的特点是变量之间为一一对应关系. 例如，某农场的鲜奶销售利润 Y 等于单位利润 C 乘以销售量 X，数学表达式为：

$$Y = CX.$$

另一类是现实中大量存在的变量之间有着非确定性的统计相关关系. 这种关系的特点是变量间不能给出精确的函数表达式，即不是一一对应关系，但在一定条件下变量之间有着某种规律性的关系. 如农业产量 Y 与播种面积 X 的关系，一般播种面积越大，农业产量也越高. 但由于生产过程中农业产量还受到气候条件(温度、雨量、光照)，是否受灾等其他因素的影响. 因此，同样的播种面积会有不同的农业产量，造成农业产量 Y 与播种面积 X 之间关系的不确定性，不能简单地用函数形式表示 Y 与 X 之间的关系.

回归分析是研究变量间不确定的统计相关关系的经典方法之一.

2.1.1.3 回归分析与相关分析的联系与区别

回归分析与相关分析都是研究变量间统计相关关系的方法，但是它们的侧重点不同，如表 2.1 所示.

表 2.1 回归分析与相关分析的联系与区别

	相关分析	回归分析
研究内容	变量之间相关形式(线性相关、非线性相关) 变量之间相关程度 $r = \frac{\sum (X-\bar{X})(Y-\bar{Y})}{\sqrt{\sum (X-\bar{X})^2 \sum (Y-\bar{Y})^2}}$	一个变量对另一个(些)变量的依赖关系包括模型参数估计、显著性检验、应用研究
变量地位	Y 与 X 对称，研究相互关系	Y 与 X 地位不对等，Y 称为被解释变量；X 称为解释变量
变量性质	Y——随机变量 X——随机变量	Y——随机变量 X——假定为确定性变量
研究方法	散点图研究相关形式 相关系数研究关联强度 公式：$r = \frac{\sum (X-\bar{X})(Y-\bar{Y})}{\sqrt{\sum (X-\bar{X})^2 \sum (Y-\bar{Y})^2}}$ r 的显著性检验	1. 回归模型 $Y_i = \beta_0 + \beta_1 X_i + \mu_i$ 2. 样本回归方程 $\hat{Y}_i = \hat{\beta}_0 + \hat{\beta}_1 X_i$

2.1.2　总体回归函数与总体回归模型

2.1.2.1　总体回归函数

(1)总体回归函数的一般形式为：

$$E[Y|X_i]=f(X_i). \tag{2.1}$$

式中，$E[Y|X_i]$为条件均值，读做给定 X 时 Y 的期望；$f(X_i)$为解释变量 X 的某种函数，包括线性和非线性.

其含义是：虽然被解释变量之间存在不确定的依赖关系，但总体回归函数表达的是给定 X 时 Y 的期望，即 $E[Y|X_i]$与 X_i 之间有着确切的函数关系，反映被解释变量 Y 的平均状态随解释变量 X 变化的稳定规律. 寻找这种规律正是回归分析的目标. 这也是研究总体回归函数形式的目的和意义.

(2)线性总体回归函数形式：

$$E[Y|X_i]=\beta_0+\beta_1X_i. \tag{2.2}$$

如果 $E[Y|X_i]$与 β_0，β_1 的关系是线性的，则上式称为线性总体回归函数，β_0 和 β_1 是未知参数，称为回归系数，β_0 为截距系数，β_1 为斜率系数.

例如，受其他因素的影响，不同地区相同播种面积 X 会有不同的粮食产量 Y. Y 与 X 不是一一对应的函数关系. 但是相同播种面积的平均粮食产量 $E[Y|X_i]$，与播种面积 X_i 却是一一对应的函数关系. 如果随着播种面积的增加，平均粮食产量 $E[Y|X_i]$与 X_i 所绘制的散点图在一条直线上，则有线性总体回归函数形式，表达了平均粮食产量随播种面积变化的线性关系，如图 2.1 所示.

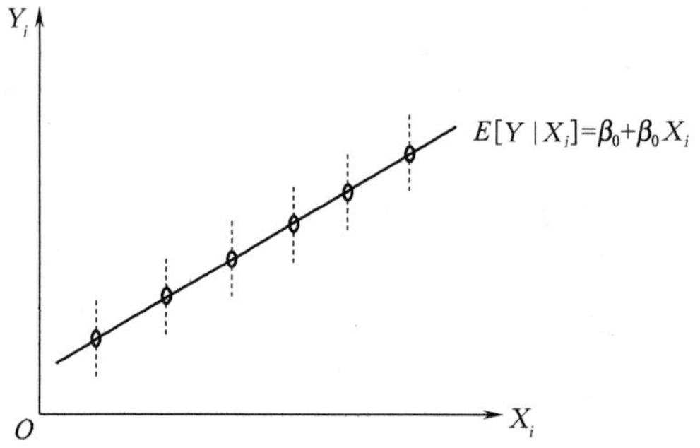

图 2.1　平均粮食产量与播种面积关系

需要指出的是，线性函数是针对回归系数而言的，而不是针对解释变量 X，即回归系数只以一次方的形式出现，对 X 则无此要求.

2.1.2.2　总体回归模型

一元线性总体回归模型的一般形式为：

$$Y_i = \beta_0 + \beta_1 X_i + \mu_i \quad 或 \quad Y_i = E[Y|X_i] + \mu_i. \tag{2.3}$$

其中,Y_i 为被解释变量;X_i 为解释变量;μ_i为随机干扰项(随机误差项或随机项、误差项);β_0,β_1 为回归系数(待定系数或待定参数).

因为加入随机干扰项,是计量经济学模型,也称总体回归模型.

为了准确表述个体的随机被解释变量 Y 与确定性解释变量 X 之间的不确定性统计相关关系,我们引入随机变量 μ_i,将影响 Y 的其他因素归并其中,认为它是对假定存在于 Y 和 X 之间精确线性关系进行扰动,因此一元线性回归模型包含两部分:一部分是直线($\beta_0 + \beta_1 X_i$),表达了被解释变量 Y 受解释变量 X 的系统性影响;另一部分是 μ_i,它是一个不能观测的,可取正值或负值的随机变量,表达了随机变量 Y 还受其他因素的随机性影响. 一元线性回归模型的特点是准确反映变量 Y 与 X 之间的依赖关系.

例如,各地区的粮食产量 Y_i,我们认为它围绕在具有相同播种面积 X_i 的平均粮食产量周围,即单个地区的粮食产量等于相同播种面积所有地区平均粮食产量加上某个或正或负的随机偏差量,这个随机误差项包含除播种面积以外所有其他因素的影响,即 $Y_i = E[Y|X_i] + \mu_i$.

2.1.2.3 随机干扰项包含因素

(1)回归模型中省略的变量. 影响被解释变量的因素很多,建立模型时,一般只研究对被解释变量有重要影响的因素和我们所关心的因素,将其他非重要影响因素归并到 μ 中.

(2)随机因素的影响. 如自然灾害对农业生产的影响;市场不确定因素如顾客消费心理、广告宣传等对产品销售量的影响.

(3)模型设定误差的影响. 由于经济现象的复杂性,模型真实函数形式往往是未知的,为方便研究,我们往往将非线性关系线性化,因此实际设定的模型可能与真实的模型有偏差.

(4)数据的观测误差.

(5)其他随机因素的影响.

2.1.3 样本回归函数与样本回归模型

总体回归函数揭示了研究总体被解释变量与解释变量之间的平均变化规律,但总体数据往往无法全部获得,因此,总体回归函数仅仅是一个理论或理想化的结构,实际上是未知的. 与数理统计学中的推断统计思想类似,一般我们是通过研究从总体中随机抽取的一组具体的样本数据建立回归函数关系,以此估计研究总体的回归函数. 因此,引入样本回归函数的概念.

2.1.3.1 样本回归函数

如果给出了一组样本观测值(X_i, Y_i)，$i=1,2,\cdots,n$，n 称为样本容量. 该样本的散点图若近似一条直线，可以找一条直线尽可能地拟合该散点图，该直线称为样本回归线，其函数形式为：

$$\hat{Y}_i=\hat{\beta}_0+\hat{\beta}_1 X_i. \tag{2.4}$$

称为样本回归函数或样本回归方程.

由于样本取自所研究的总体，则样本回归线可看做近似代表总体回归线. 将 $\hat{Y}_i=\hat{\beta}_0+\hat{\beta}_1 X_i$ 看做 $E(Y|X_i)=\beta_0+\beta_1 X_i$ 的近似，则称 $\hat{Y}_i$ 为 $E(Y|X_i)$ 的估计值，$\hat{\beta}_0$，$\hat{\beta}_1$ 分别为 β_0，β_1 的估计值. 样本回归函数的特点是表达了估计所研究总体中被解释变量与解释变量之间的可能的平均变化规律.

例如，抽取一组粮食产量与播种面积随机的样本数据，见表 2.2，可以绘制散点图，得到拟合回归线 $\hat{Y}_i$.

表 2.2

Y	38.7	40.7	37.9	39.1	40.2	39.4	40.7	44.6
X	114.0	112.8	108.8	110.9	111.2	110.1	112.2	113.4
Y	43.5	44.2	45.6	44.5	46.6	50.4	49.4	
X	112.3	110.5	110.5	109.5	110.6	112.5	112.9	

2.1.3.2 样本回归模型

如果用样本数据确切表达被解释变量与解释变量之间不确定的依赖关系，类似总体回归模型，则可以建立样本回归模型：

$$Y_i=\hat{Y}_i+\hat{\mu}_i \quad 或 \quad Y_i=\hat{\beta}_0+\hat{\beta}_1 X_i+e_i. \tag{2.5}$$

其中 e_i 称为残差项，也称拟合误差，包含了影响 Y_i 的其他随机因素，又可看做 μ_i 的估计值. 由于引进随机项，上式为计量经济学模型，称为样本回归模型，也称为样本回归函数的随机形式.

样本观测值 Y_i 与估计值 $\hat{Y}_i$ 的残差为：

$$e_i=Y_i-\hat{Y}_i. \tag{2.6}$$

综上所述，回归分析的过程就是根据样本回归模型

$$Y_i=\hat{\beta}_0+\hat{\beta}_1 X_i+e_i.$$

估计总体回归模型：

$$Y_i=\beta_0+\beta_1 X_i+\mu_i.$$

以揭示被解释变量 Y 与解释变量 X 之间可能存在的依赖关系的数量规律性.

小结：以下是一元线性回归函数与模型的 4 种形式，参见表 2.3.

表 2.3 一元线性回归函数与模型

数据范围 函数/模型名称	总体(理论)		样本(实际)
回归函数(方程)	$E(Y\|X_i)=\beta_0+\beta_1 X_i$	估计 ←	$\hat{Y}_i=\hat{\beta}_0+\hat{\beta}_1 X_i$
回归模型	$Y_i=\beta_0+\beta_1 X_i+\mu_i$	估计 ←	$Y_i=\hat{\beta}_0+\hat{\beta}_1 X_i+e_i$

2.2 一元线性回归模型的参数估计

一元线性回归模型是最简单的线性回归模型,在模型中只有一个自变量,其参数估计方法普通最小二乘法也是使用最普遍的.

2.2.1 一元线性回归模型的基本假定

普通最小二乘法是法国数学家 C. F. 高斯提出的. 他提出在某些假定条件下,用普通最小二乘法得到的参数估计量具有良好的统计特性. 因此,下面的基本假设实际上是针对普通最小二乘法的.

一元线性回归模型的一般形式是

$$Y_i=\beta_0+\beta_1 X_i+\mu_i,\ i=1,2,...,n.$$

通常要满足 5 个基本假定条件:

假设 1:随机干扰项 μ_i 的数学期望(均值)为零,即

$$E(\mu_i)=0. \tag{2.7}$$

该假设表明:平均地看,随机干扰项 μ_i 正值负值相互抵消,对 Y_i 没有影响. 于是 Y_i 的期望为

$$E(Y_i)=\beta_0+\beta_1 X_i,\ i=1,2,\cdots,n.$$

假设 2:每个随机干扰项 μ_i 的方差为一常数 σ^2,即具有同方差性,

$$\begin{aligned}\mathrm{Var}(\mu_i)&=E[\mu_i-E(\mu_i)]^2\\&=E(\mu_i^2)\\&=\sigma^2,\ i=1,2,\cdots,n.\end{aligned} \tag{2.8}$$

该假设可理解为不同的 X_i 对应的 Y_i 与 μ_i 具有相同的方差,参见图 2.2,即

$$\begin{aligned}\mathrm{Var}(Y_i)&=\mathrm{Var}(\beta_0+\beta_1 X_i+\mu_i)\\&=\mathrm{Var}(\beta_0+\beta_1 X_i)+\mathrm{Var}(\mu_i)\\&=\mathrm{Var}(\mu_i)\\&=\sigma^2,i=1,2,...,n.\end{aligned}$$

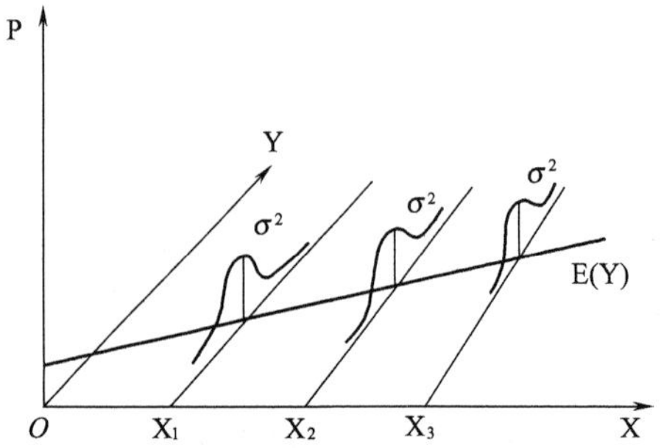

图 2.2　同方差示意图

假设 3：不同随机干扰项 μ_i 与 μ_j 之间是不相关的，称 μ 无序列相关性，即

$$\mathrm{Cov}\ (\mu_i,\mu_j)=0, i\neq j,\ i,j=1,2,\cdots,n. \tag{2.9}$$

$$\mathrm{Cov}\ (\mu_i,\mu_j)=E[\mu_i-E(\mu_i)][\mu_j-E(\mu_j)]=E(\mu_i\mu_j)=0.$$

假设 4：解释变量 X_i 与随机干扰项不相关，即

$$\mathrm{Cov}\ (X_i,\mu_i)=0,\ i=1,2,\cdots,n. \tag{2.10}$$

假设 X_i 为确定性变量，μ_i 具有零均值，则有

$$\mathrm{Cov}\ (X_i,\mu_i)=E[X_i-E(X_i)][\mu_i-E(\mu_i)]=0.$$

该假设表明，在一元线性回归模型中，$Y_i=\beta_0+\beta_1X_i+\mu_i$. 假定 X 与 μ 对 Y 有单独的影响，如果 X 与 μ 相关，就不可能评定它们各自对 Y 的影响.

假设 5：随机干扰项 μ_i 服从均值为 0，方差为 σ^2 的正态分布，即

$$\mu_i\sim N(0,\sigma^2),\ i=1,2,\cdots,n. \tag{2.11}$$

以上 5 个假设也称为高斯假设或经典假设，满足该假设的线性回归模型，也称经典线性回归模型. 用 u_i 与 Y_i 表示的主要假设，参见表 2.4.

表 2.4　古典线性回归模型的主要假设

假设	用 μ_i 表示	用 Y_i 表示
零均值	$E(\mu_i)=0$	$E(Y_i)=\beta_0+\beta_1X_i$
同方差	$\mathrm{Var}(\mu_i)=\sigma^2$	$\mathrm{Var}(Y_i\mid X_i)=\sigma^2$
无序列相关性	$\mathrm{Cov}(\mu_i,\mu_j)=0$	$\mathrm{Cov}(Y_i,Y_j)=0$

2.2.2　普通最小二乘法

给定一元线性回归模型

$$Y_i=\beta_0+\beta_1X_i+\mu_i.$$

2.2.2.1 最小二乘准则与最小二乘估计

由于总体回归模型不能直接观测到,我们用样本回归模型来估计它.那么样本回归模型或函数本身怎样确定呢?有如下样本回归模型:

$$Y_i=\hat{\beta}_0+\hat{\beta}_1X_i+e_i=\hat{Y}_i+e_i,\ i=1,2,\cdots,n.$$

这样把 $\hat{Y}_i$ 看做 Y_i 拟合值(估计值),有

$$e_i=Y_i-\hat{Y}_i=Y_i-(\hat{\beta}_0+\hat{\beta}_1X_i).$$

它表明残差项是 Y 的实际值与估计值 $\hat{Y}$ 之差.

已知一组样本观测值 (X_i,Y_i),$i=1,2,\cdots,n$. 我们希望先这样确定样本回归函数 $\hat{Y}_i$,即使它尽可能接近实际值 Y_i,因此我们采用最小二乘准则来选择 $\hat{Y}_i$,使残差平方和最小.即在给定样本观测值的条件下,选择出 $\hat{\beta}_0,\hat{\beta}_1$,使 Y_i 与 $\hat{Y}_i$ 离差的平方和:

$$Q=\sum_{i=1}^{n}e_i^2=\sum_{i=1}^{n}(Y_i-\hat{Y}_i)^2=\sum_{i=1}^{n}[Y_i-(\hat{\beta}_0+\hat{\beta}_1X_i)]^2 \tag{2.12}$$

达到最小.按照最小二乘准则求得的总体回归函数的参数估计量,即样本回归函数的截距项与斜率项 $\hat{\beta}_0,\hat{\beta}_1$ 的方法,叫普通最小二乘法.

根据微积分学的多元函数极值原理,当 Q 对 $\hat{\beta}_0,\hat{\beta}_1$ 的一阶偏导数为 0 时,Q 达到最小值,即

$$\begin{cases}\dfrac{\partial Q}{\partial\hat{\beta}_0}=0;\\[2ex]\dfrac{\partial Q}{\partial\hat{\beta}_1}=0.\end{cases}$$

由于

$$\begin{cases}\dfrac{\partial Q}{\partial\hat{\beta}_0}=\dfrac{\partial[\sum(Y_i-\hat{\beta}_0-\hat{\beta}_1X_i)^2]}{\partial\hat{\beta}_0}=-2\sum(Y_i-\hat{\beta}_0-\hat{\beta}_1X_i);\\[2ex]\dfrac{\partial Q}{\partial\hat{\beta}_1}=\dfrac{\partial[\sum(Y_i-\hat{\beta}_0-\hat{\beta}_1X_1)^2]}{\partial\hat{\beta}_1}=-2\sum(Y_i-\hat{\beta}_0-\hat{\beta}_1X_i)X_i.\end{cases}$$

得方程组:

$$\begin{cases}\sum(Y_i-\hat{\beta}_0-\hat{\beta}_1X_i)=0;\\\sum(Y_i-\hat{\beta}_0-\hat{\beta}_1X_i)X_i=0.\end{cases} \tag{2.13}$$

得正规方程组:

$$\begin{cases}n\hat{\beta}_0+\hat{\beta}_1\sum X_i=\sum Y_i\\\hat{\beta}_0\sum X_i+\hat{\beta}_1\sum X_i^2=\sum X_iY_i\end{cases} \tag{2.14}$$

运用克莱姆法则：

$$D = \begin{vmatrix} n & \sum X_i \\ \sum X_i & \sum X_i^2 \end{vmatrix} = n\sum X_i^2 - (\sum X_i)^2 \neq 0;$$

$$D_1 = \begin{vmatrix} \sum Y_i & \sum X_i \\ \sum X_iY_i & \sum X_i^2 \end{vmatrix} = (\sum X_i^2)(\sum Y_i) - (\sum X_i)(\sum X_iY_i);$$

$$D_2 = \begin{vmatrix} n & \sum Y_i \\ \sum X_i & \sum X_iY_i \end{vmatrix} = n\sum X_iY_i - (\sum X_i)(\sum Y_i).$$

求解得：

$$\begin{cases} \hat{\beta}_1 = \dfrac{D_2}{D}; \\ \hat{\beta}_0 = \dfrac{D_1}{D}. \end{cases}$$

即

$$\begin{cases} \hat{\beta}_1 = \dfrac{n\sum X_iY_i - (\sum X_i)(\sum Y_i)}{n\sum X_i^2 - (\sum X_i)^2} \\ \hat{\beta}_0 = \dfrac{(\sum X_i^2)(\sum Y_i) - (\sum X_i)(\sum X_iY_i)}{n\sum X_i^2 - (\sum X_i)^2} \end{cases} \tag{2.15}$$

或正规方程组(2.14)式，令 $\bar{X} = \dfrac{\sum X_i}{n}, \bar{Y} = \dfrac{\sum Y_i}{n}$，得 $\hat{\beta}_0$ 表达式

$$\hat{\beta}_0 = \bar{Y} - \hat{\beta}_1\bar{X};$$

$$x_i = X_i - \bar{X}, y_i = Y_i - \bar{Y};$$

$$\sum x^2 = \sum (X_i - \bar{X})^2 = \sum X_i^2 - \frac{1}{n}(\sum X_i)^2 = \sum X_i^2 - n\bar{X}^2;$$

$$\sum x_iy_i = \sum (X_i - \bar{X})(Y_i - \bar{Y}) = \sum X_iY_i - \frac{1}{n}(\sum X_i)(\sum Y_i) = \sum X_iY_i - n\bar{X}\bar{Y}.$$

其中，x_i 和 y_i 分别称样本值与其平均值的离差. 于是 $\hat{\beta}_0, \hat{\beta}_1$ 表达式可简写为：

$$\begin{cases} \hat{\beta}_1 = \dfrac{\sum (X_i - \bar{X})(Y_i - \bar{Y})}{\sum (X_i - \bar{X})^2} = \dfrac{\sum x_iy_i}{\sum x_i^2}; \\ \hat{\beta}_0 = \bar{Y} - \hat{\beta}_1\bar{X}. \end{cases} \tag{2.16}$$

2.2.2.2　几个常用结论(样本回归函数/模型的特点)

(1) 残差 e_i 的均值等于0，即 $\sum e_i = 0$，由方程组(2.13)第一个方程

$$\sum (Y_i - \hat{\beta}_0 - \hat{\beta}_1X_i) = \sum (Y_i - \hat{Y}) = \sum e_i = 0. \tag{2.17}$$

(2)残差 e_i 与解释变量 X_i 不相关,即 $\sum e_iX_i=0$,由方程组(2.13)第二个方程

$$\sum(Y_i-\hat{\beta}_0-\hat{\beta}_1X_i)X_i=\sum e_iX_i=0. \tag{2.18}$$

(3)残差 e_i 与被解释变量的拟合值 $\hat{Y}_i$ 不相关

$$\begin{aligned}\sum e_i\hat{Y}_i&=\sum e_i(\hat{\beta}_0+\hat{\beta}_1X_i)\\&=\hat{\beta}_0\sum e_i+\hat{\beta}_1\sum e_iX_i\\&=0.\end{aligned} \tag{2.19}$$

(4)样本回归直线经过点$(\overline{X},\overline{Y})$,将 $\hat{\beta}_0=\overline{Y}-\hat{\beta}_1\overline{X}$ 代入 $\hat{Y}_i=\hat{\beta}_0+\hat{\beta}_1X_i$,得

$$\hat{Y}_i-\overline{Y}=\hat{\beta}_1(X_i-\overline{X}). \tag{2.20}$$

这是样本回归函数的点斜式,说明样本回归直线经过点$(\overline{X},\overline{Y})$. 记 $\hat{y}_i=\hat{Y}_i-\overline{Y}$,$x_i=X_i-\overline{X}$,则上式可写成样本回归函数的离差形式:

$$\hat{y}_i=\hat{\beta}_1x_i.$$

(5)被解释变量的样本均值 $\overline{Y}$,等于其估计值 $\hat{Y}_i$ 的平均值 $\overline{\hat{Y}}$,即

$$\overline{\hat{Y}}=\frac{1}{n}\sum\hat{Y}_i=\frac{1}{n}\sum(\hat{\beta}_0+\hat{\beta}_1X_i)=\frac{1}{n}\sum\hat{\beta}_0+\hat{\beta}_1\frac{1}{n}\sum X_i=\hat{\beta}_0+\hat{\beta}_1\overline{X}.$$

由第四个结论,样本回归线经过$(\overline{X},\overline{Y})$,则有

$$\overline{\hat{Y}}=\hat{\beta}_0+\hat{\beta}_1\overline{X}=\overline{Y}. \tag{2.21}$$

2.2.3 最小二乘估计量的性质

当一元线性回归模型的随机项 μ_i 满足最小二乘法的假定条件时,可以利用样本观测值和最小二乘法得到模型中两个回归系数的估计量 $\hat{\beta}_0$,$\hat{\beta}_1$. 这种估计量只是在利用一组样本观测值,并令 $\sum e_i^2$ 最小的情况下给出的. 由于样本抽样是随机的,不同的样本可得出不同的估计量,因此 $\hat{\beta}_0$,$\hat{\beta}_1$ 均为随机变量,并具有一定的概率分布,估计量与总体参数的真值有偏差,因此讨论参数估计量的统计性质成为衡量估计量"优劣"与否的准则.

总体参数的估计量如果具备以下特性,说明是良好估计量:①线性性,即它是另一随机变量的线性函数;②无偏性,即它的均值或期望等于总体参数真值;③有效性,即它在所有无偏估计量中具有最小方差. 这三个特性称作估计量的小样本性质,具有这类特征的估计量称作最佳线性无偏估计量. 估计量大样本性质是一致性、渐进无偏性和渐进有效性.

可以证明,在经典假设条件下,最小二乘估计量是最佳线性无偏估计量.

2.2.3.1 线性性

即估计量 $\hat{\beta}_0,\hat{\beta}_1$ 是随机变量 Y_i 的线性组合,亦即存在不全为零的 w_i 和 k_i,$i=1,2,\cdots,n$,使

$$\begin{cases}\hat{\beta}_0 = \sum w_i Y_i; \\ \hat{\beta}_1 = \sum k_i Y_i.\end{cases} \tag{2.22}$$

证明:由公式

$$\hat{\beta}_1 = \frac{\sum x_i y_i}{\sum x_i^2} = \frac{\sum x_i(Y_i - \bar{Y})}{\sum x_i^2} = \frac{\sum x_i Y_i}{\sum x_i^2} - \frac{\bar{Y}\sum x_i}{\sum x_i^2},$$

因为

$$\sum x_i = \sum (X_i - \bar{X}) = \sum X_i - \sum \bar{X} = n\frac{\sum X_i}{n} - n\bar{X} = n\bar{X} - n\bar{X} = 0,$$

于是

$$\hat{\beta}_1 = \frac{\sum x_i Y_i}{\sum x_i^2} = \sum \frac{x_i}{\sum x_i^2} Y_i.$$

令 $k_i = \dfrac{x_i}{\sum x_i^2}$,由于 x_i 为 X_i 的样本值与样本均值的离差,所以 $x_i(i=1,2,\cdots,n)$不全为零,即 k_i 不全为零,则

$$\hat{\beta}_1 = \sum k_i Y_i.$$

同理可得:

$$\hat{\beta}_0 = \bar{Y} - \hat{\beta}_1\bar{X} = \frac{\sum Y_i}{n} - \sum k_i Y_i \bar{X} = \sum \left(\frac{1}{n} - k_i\bar{X}\right)Y_i = \sum w_i Y_i.$$

其中,$w_i = \dfrac{1}{n} - k_i\bar{X}$,$w_i$ 不全为零.

2.2.3.2 无偏性

即估计量 $\hat{\beta}_0,\hat{\beta}_1$ 的数学期望值分别等于总体回归系数 β_0,β_1,即

$$E(\hat{\beta}_0) = \beta_0,\ E(\hat{\beta}_1) = \beta_1. \tag{2.23}$$

证明:由线性性得

$$\hat{\beta}_1 = \sum k_i Y_i = \sum k_i(\beta_0 + \beta_1 X_i + \mu_i) = \beta_0\sum k_i + \beta_1\sum k_i X_i + \sum k_i\mu_i.$$

因为

$$\sum k_i = \sum \frac{x_i}{\sum x_i^2} = \frac{\sum x_i}{\sum x_i^2} = 0,$$

$$\sum k_i X_i = \sum \frac{x_i X_i}{\sum x_i^2} = \frac{\sum x_i(x_i + \bar{X})}{\sum x_i^2},$$

$$\frac{\sum x_i^2 + \bar{X}\sum x_i}{\sum x_i^2} = 1.$$

其中，$\sum x_i = 0$. 所以，

$$\hat{\beta}_1 = \beta_1 + \sum k_i\mu_i.$$

即

$$E(\hat{\beta}_1) = E(\beta_1) + \sum k_i E(\mu_i) = \beta_1$$

同理，由线性性

$$\hat{\beta}_0 = \sum w_i Y_i = \sum w_i(\beta_0 + \beta_1 X_i + \mu_i) = \beta_0 \sum w_i + \beta_1 \sum w_i X_i + \sum w_i\mu_i.$$

因为

$$\sum w_i = \sum (\frac{1}{n} - \bar{X}k_i) = n\frac{1}{n} - \bar{X}\sum k_i = 1,$$

$$\sum w_i X_i = \sum (\frac{1}{n} - \bar{X}k_i)X_i = \frac{\sum X_i}{n} - \bar{X}\sum k_i X_i = \bar{X} - \bar{X} = 0,$$

所以

$$\hat{\beta}_0 = \beta_0 + \sum w_i\mu_i.$$

即

$$E(\hat{\beta}_0) = E(\beta_0) + \sum w_i E(\mu_i) = \beta_0 .$$

2.2.3.3 有效性(最小方差性)

即在所有线性无偏估计量中，最小二乘估计量 $\hat{\beta}_0$，$\hat{\beta}_1$ 具有最小方差.

证明：假如 β_0^*，β_1^* 是其他估计方法得到的任一组线性无偏估计量，可证明 $\hat{\beta}_0$，$\hat{\beta}_1$ 满足

$$\begin{cases} \mathrm{Var}(\hat{\beta}_0) < \mathrm{Var}(\beta_0^*); \\ \mathrm{Var}(\hat{\beta}_1) < \mathrm{Var}(\beta_1^*). \end{cases}$$

(1)$\hat{\beta}_0$，$\hat{\beta}_1$ 的方差. 由线性性

$$\hat{\beta}_1 = \sum k_i Y_i = \beta_1 + \sum k_i\mu_i,$$

于是

$$\begin{aligned} \mathrm{Var}(\hat{\beta}_1) &= \mathrm{Var}(\beta_1 + \sum k_i\mu_i) = \mathrm{Var}(\sum k_i\mu_i) = \sum k_i^2 \mathrm{Var}(\mu_i) \\ &= \sigma^2 \sum k_i^2 = \sigma^2 \sum (\frac{x_i}{\sum x_i^2})^2 = \frac{\sigma^2}{\sum x_i^2}. \end{aligned} \tag{2.24}$$

由线性性

$$\hat{\beta}_0 = \sum w_i Y_i = \beta_0 + \sum w_i\mu_i,$$

于是

$$\begin{aligned}
\operatorname{Var}(\hat{\beta}_0) &= \operatorname{Var}(\beta_0 + \sum w_i\mu_i) = \operatorname{Var}(\sum w_i\mu_i) = \sum w_i^2 \operatorname{Var}(\mu_i) \\
&= \sum \left(\frac{1}{n} - \bar{X}k_i\right)^2\sigma^2 = \sum \left[\left(\frac{1}{n}\right)^2 - \frac{2}{n}\bar{X}k_i + (\bar{X}k_i)^2\right]\sigma^2 \\
&= \left[\frac{1}{n} - \frac{2}{n}\bar{X}\sum k_i + \bar{X}^2 \sum\left(\frac{x_i}{\sum x_i^2}\right)^2\right]\sigma^2 \qquad (\sum k_i = 0) \\
&= \left(\frac{1}{n} + \frac{\bar{X}^2}{\sum x_i^2}\right)\sigma^2 \\
&= \frac{\sum x_i^2 + n\bar{X}^2}{n\sum x_i^2}\sigma^2 \qquad \left(\sum x_i^2 = \sum (X_i - \bar{X})^2 = \sum X_i^2 - n\bar{X}^2\right) \\
&= \frac{\sum X_i^2 - n\bar{X}^2 + n\bar{X}^2}{n\sum x_i^2}\sigma^2 = \frac{\sum X_i^2}{n\sum x_i^2}\sigma^2. \qquad (2.25)
\end{aligned}$$

(2) 最小二乘估计量 $\hat{\beta}_0$,$\hat{\beta}_1$ 具有最小方差.

由于 β_0^*,β_1^* 是一元线性回归模型的线性无偏估计量,令

$$\beta_1^* = \sum \alpha_i Y_i.$$

其中,$\alpha_i(i = 1,2,\cdots,n)$ 为一组不全为零的常数. 不失一般性,令 $\alpha_i = k_i + d_i$,这里

$$k_i = \frac{x_i}{\sum x_i^2}.$$

于是

$$\begin{aligned}
\beta_1^* &= \sum \alpha_i(\beta_0 + \beta_1 X_i + \mu_i) \\
&= \beta_0 \sum \alpha_i + \beta_1 \sum \alpha_i X_i + \sum \alpha_i\mu_i, \\
E(\beta_1^*) &= E(\beta_0 \sum \alpha_i + \beta_1 \sum \alpha_i X_i + \sum \alpha_i\mu_i) \\
&= \beta_0 \sum \alpha_i + \beta_1 \sum \alpha_i X_i.
\end{aligned}$$

由于 β_1^* 是 β_1 的无偏估计量,因此 $E(\beta_1^*) = \beta_1$, 由此可知

$$\sum \alpha_i = 0, \sum \alpha_i X_i = 1.$$

而

$$\begin{aligned}
\sum \alpha_i &= \sum (k_i + d_i) = \sum k_i + \sum d_i, \\
\sum \alpha_i X_i &= \sum k_i X_i + \sum d_i X_i.
\end{aligned}$$

由前面推导结果,

$$\sum k_i = 0, \sum k_i X_i = 1,$$

因此

$$\sum d_i = 0, \sum d_i X_i = 0.$$

由式

$$\beta_1^* = \sum \alpha_i Y_i, \sum \alpha_i = 0, \sum \alpha_i X_i = 1,$$

所以

$$\beta_1^* = \beta_1 + \sum \alpha_i \mu_i,$$

所以

$$\mathrm{Var}(\beta_1^*) = \mathrm{Var}(\beta_1 + \sum \alpha_i \mu_i) = \sigma^2 \sum \alpha_i^2.$$

而

$$\begin{aligned}\sum \alpha_i^2 &= \sum (k_i + d_i)^2 = \sum k_i^2 + \sum d_i^2 + 2\sum k_i d_i \\ &= \sum k_i^2 + \sum d_i^2 + 2\frac{\sum x_i d_i}{\sum x_i^2} \\ &= \sum k_i^2 + \sum d_i^2 + 2\frac{\sum X_i d_i - \bar{X}\sum d_i}{\sum x_i^2} \qquad (\sum d_i X_i = 0, \sum d_i = 0) \\ &= \sum k_i^2 + \sum d_i^2.\end{aligned}$$

因此

$$\begin{aligned}\mathrm{Var}(\beta_1^*) &= \sigma^2(\sum k_i^2 + \sum d_i^2) = \frac{\sigma^2}{\sum x_i^2} + \sigma^2 \sum d_i^2 \\ &= \mathrm{Var}(\hat{\beta}_1) + \sigma^2 \sum d_i^2.\end{aligned}$$

因为

$$\sigma^2 \sum d_i^2 \geqslant 0,$$

(除非 $\alpha_i = k_i, i = 1, 2, \cdots, n$,这时有 $\beta_1^* = \hat{\beta}_1$). 所以

$$\mathrm{Var}(\hat{\beta}_1) \leqslant \mathrm{Var}(\beta_1^*).$$

同理可以证明

$$\mathrm{Var}(\hat{\beta}_0) \leqslant \mathrm{Var}(\beta_0^*).$$

在一元线性回归模型的各种线性无偏估计量中,最小二乘估计结果方差最小,因此最小二乘估计结果具有优良的性质,被广泛地应用在计量模型的估计中. 由于最小二乘估计量 $\hat{\beta}_0$,$\hat{\beta}_1$ 具有线性性、无偏性、最小方差性,因此被称为最佳线性无偏估计量(the best linear unbiased estimator),简称 BLUE 性质,这就是著名的高斯 — 马尔可夫定理。

2.2.3.4 一致性

以上是最小二乘估计量的小样本性质,$\hat{\beta}_0$,$\hat{\beta}_1$ 还具有大样本性质,即最小二

乘估计量还具有一致性：当样本容量趋于无穷时，估计量收敛于总体参数真值.

对于 $\hat{\beta}_1$ 的一致性，有

$$\begin{aligned}\text{Plim}(\hat{\beta}_1) &= \text{Plim}(\beta_1 + \sum k_i\mu_i) \\ &= \text{Plim}\beta_1 + \text{Plim}\left(\frac{\sum x_i\mu_i}{\sum x_i^2}\right) \\ &= \text{Plim}\beta_1 + \frac{\text{Plim}\left(\frac{\sum x_i\mu_i}{n}\right)}{\text{Plim}\left(\frac{\sum x_i^2}{n}\right)}.\end{aligned}$$

分子 $\text{Plim}(\frac{\sum x_i\mu_i}{n})$ 是 X 与 μ 的样本协方差的概率极限，等于总体协方差，根据基本假设其值为0；分母 $\text{Plim}(\frac{\sum x_i^2}{n})$ 是 X 的样本方差的概率极限，由基本假设为一有限常数 Q，因此有

$$\text{Plim}(\hat{\beta}_1) = \beta_1 + \frac{0}{Q} = \beta_1. \tag{2.26}$$

小结：

(1) $\hat{\beta}_0, \hat{\beta}_1$ 是 Y_i 的线性组合，即

$$\begin{cases}\hat{\beta}_1 = \sum k_iY_i & (k_i = \dfrac{x_i}{\sum x_i^2}); \\ \hat{\beta}_0 = \sum w_iY_i & (w_i = \dfrac{1}{n} - \bar{X}k_i).\end{cases}$$

(2) $\hat{\beta}_0, \hat{\beta}_1$ 是 β_0, β_1 的无偏估计量，即

$$E(\hat{\beta}_0) = \beta_0,\ E(\hat{\beta}_1) = \beta_1$$

(3) $\hat{\beta}_0, \hat{\beta}_1$ 在所有无偏估计量中 (β_0^*, β_1^*) 方差最小，即

$$\text{Var}(\hat{\beta}_k) \leqslant \text{Var}(\beta_k^*), k = 0,1.$$

(4) $\hat{\beta}_0, \hat{\beta}_1$ 具有一致性，即在样本量趋于无穷时，收敛于总体参数真值 β_0, β_1

$$\text{Plim}\ \hat{\beta}_k = \beta_k, k = 0,1.$$

2.2.4 参数估计量的概率分布及随机干扰项方差的估计

2.2.4.1 参数估计量的概率分布

由于 $\hat{\beta}_0, \hat{\beta}_1$ 是总体参数的估计值，还要考虑估计量的准确性与可靠性问题. 为此，首先要确定参数估计量的概率分布.

由于最小二乘估计量 $\hat{\beta}_0, \hat{\beta}_1$ 均为 Y_i 的线性组合，按照正态分布变量的任何

线性函数也是正态分布的规则,因此 $\hat{\beta}_0,\hat{\beta}_1$ 也服从正态分布.

(1)$\hat{\beta}_0$ 具有均值 $E(\hat{\beta}_0)=\beta_0$,方差 $\sigma^2_{\hat{\beta}_0}=\frac{\sum X_i^2}{n\sum x_i^2}\sigma^2$ 的正态分布,或简记为:

$$\hat{\beta}_0 \sim N(\beta_0,\sigma^2_{\hat{\beta}_0}). \tag{2.27}$$

(2)$\hat{\beta}_1$ 具有均值 $E(\hat{\beta}_1)=\beta_1$,方差 $\sigma^2_{\hat{\beta}_1}=\frac{\sigma^2}{\sum x_i^2}$ 的正态分布,或简记为:

$$\hat{\beta}_1 \sim N(\beta_1,\sigma^2_{\hat{\beta}_1}). \tag{2.28}$$

2.2.4.2 随机干扰项 μ_i 的方差 σ^2 的估计

在参数估计量 $\hat{\beta}_0,\hat{\beta}_1$ 的方差中均含有随机变量 μ 的方差 σ^2. 由于 μ 是一个无法测量的量,因而也不可能计算出 μ 的方差. 我们只能用它的估计量 e 的方差作为 μ 的方差估计值. 即:

$$\hat{\sigma}^2=S_e^2=\frac{\sum e_i^2}{n-2}.$$

可以证明,S_e^2 是 σ^2 的无偏估计量,即 $E(S_e^2)=\sigma^2$,由此可知,$\hat{\beta}_0,\hat{\beta}_1$ 的方差和标准差的估计量可参见表 2.5.

表 2.5 $\hat{\beta}_0,\hat{\beta}_1$ 的方差和标准差估计量

	样本方差	样本标准差
$\hat{\beta}_0$	$S^2_{\hat{\beta}_0}=\frac{\hat{\sigma}^2\sum X_i^2}{n\sum x_i^2}=\frac{\sum e_i^2\sum X_i^2}{n(n-2)\sum x_i^2}$	$S_{\hat{\beta}_0}=\hat{\sigma}\sqrt{\frac{\sum X_i^2}{n\sum x_i^2}}=\sqrt{\frac{\sum e_i^2\sum X_i^2}{n(n-2)\sum x_i^2}}$
$\hat{\beta}_1$	$S^2_{\hat{\beta}_1}=\frac{\hat{\sigma}^2}{\sum x_i^2}=\frac{\sum e_i^2}{(n-2)\sum x_i^2}$	$S_{\hat{\beta}_1}=\frac{\hat{\sigma}}{\sqrt{\sum x_i^2}}=\sqrt{\frac{\sum e_i^2}{(n-2)\sum x_i^2}}$

2.3 一元线性回归模型的统计检验

参数估计量的统计性质具有良好估计量的特性,但是一次具体的抽样结果,估计值 $\hat{\beta}_0,\hat{\beta}_1$ 与真值 β_0,β_1 之间的差异是否显著,还需要进行统计检验,主要包括拟合优度检验、参数估计的显著性检验及参数的置信区间估计.

2.3.1　拟合优度检验

2.3.1.1　含义

拟合优度检验，是检验样本回归线对样本观测值的拟合程度. 样本观测值距回归线越近，拟合优度越好，拟合优度越好，X 对 Y 的解释程度越好.

2.3.1.2　原因

普通最小二乘估计方法所保证的样本回归线最好拟合了样本观测值，解决的是样本回归直线的最佳位置问题；而拟合优度检验是要解决样本回归线对于样本观测值的代表性好坏的问题. 如图2.3(a)与(b)中的样本回归直线均是最小二乘方法估计的结果，但(b)中样本回归直线对样本观测值的拟合程度更好.

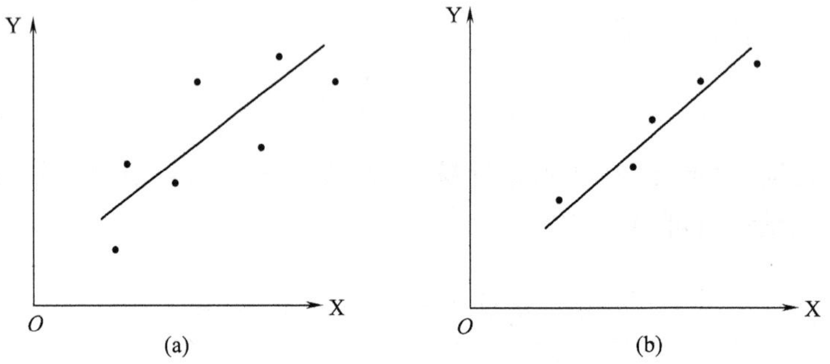

图 2.3　OLS 法估计样本回归线

2.3.1.3　方法

要考察样本回归直线对一组数据的拟合优度，即样本回归直线在多大程度上代表了一组数据所表现出的趋势，可用统计量 R^2（样本可决系数/决定系数/判定系数）作为"拟合优度"的度量. 先分解总离差平方和，再计算.

(1) 总离差平方和的分解. 已知一组样本观测值 (X_i, Y_i)，$i = 1, 2, \cdots, n$，并得到样本回归线 $\hat{Y}_i = \hat{\beta}_0 + \hat{\beta}_1 X_i$. Y_i 的第 i 个样本观测值与 Y_i 的样本均值 $\bar{Y}$ 的离差可分解为两部分之和：可解释偏差（回归偏差 $\hat{Y}_i - \bar{Y}$）和残差（随机偏差 $Y_i - \hat{Y}_i$）的和.

$$Y_i - \bar{Y} = (Y_i - \hat{Y}_i) + (\hat{Y}_i - \bar{Y}).$$

这种分解情况如图 2.4 所示.

由于样本值很多，不宜分别考虑每一个离差，为避免正负偏差相抵消和绝对值符号在计算中带来的不便，我们用离差平方和来考虑总体离差情况，有

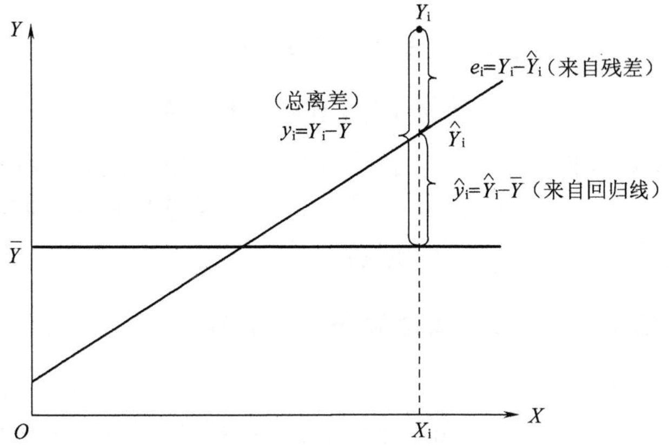

图 2.4 离差分解示意图

$$\sum(Y_i-\bar{Y})^2=\sum[(Y_i-\hat{Y}_i)+(\hat{Y}_i-\bar{Y})]^2$$
$$=\sum(Y_i-\hat{Y}_i)^2+\sum(\hat{Y}_i-\bar{Y})^2+2\sum(Y_i-\hat{Y}_i)(\hat{Y}_i-\bar{Y}).$$

可以证明$\sum(Y_i-\hat{Y}_i)(\hat{Y}_i-\bar{Y})=0$,即

$$\sum(Y_i-\hat{Y}_i)(\hat{Y}_i-\bar{Y})=\sum(Y_i-\hat{Y})(\hat{\beta}_0+\hat{\beta}_1X_i-\bar{Y})$$
$$=(\hat{\beta}_0-\bar{Y})\sum(Y_i-\hat{Y}_i)+\hat{\beta}_1\sum(Y_i-\hat{Y}_i)X_i$$
$$=(\hat{\beta}_0-\bar{Y})\sum e_i+\hat{\beta}_1\sum e_iX_i=0.$$

所以有

$$\sum(Y_i-\bar{Y})^2=\sum(Y_i-\hat{Y}_i)^2+\sum(\hat{Y}_i-\bar{Y})^2. \tag{2.29}$$

记

$\sum(Y_i-\bar{Y})^2=\sum y_i^2=\text{TSS}$,称为总离差平方和;

$\sum(\hat{Y}_i-\bar{Y})=\sum \hat{y}_i^2=\text{ESS}$,称为回归平方和;

$\sum(Y_i-\hat{Y}_i)^2=\sum e_i^2=\text{RSS}$,称为残差平方和.

则有
$$\sum y_i^2=\sum e_i^2+\sum \hat{y}_i^2 \tag{2.30}$$

即
$$\text{TSS}=\text{RSS}+\text{ESS}. \tag{2.31}$$

(2) 样本可决系数 R^2. 根据 TSS 的分解,用

$$R^2=\frac{\text{ESS}}{\text{TSS}}=1-\frac{\text{RSS}}{\text{TSS}} \text{ 或 } R^2=\frac{\sum \hat{y}_i^2}{\sum y_i^2}=1-\frac{\sum e_i^2}{\sum y_i^2} \tag{2.32}$$

检验样本回归曲线的拟合优度,称 R^2 为样本可决系数或判定系数. 回归平方和

在总离差平方和中所占比重越大,说明样本回归线对样本值的拟合优度越好.

R^2 的取值范围:$0 \leqslant R^2 \leqslant 1$. 当 $\sum \hat{y}_i^2 = 0$ 时,$R^2 = 0$,说明由样本回归线解释的总离差平方和为0,解释变量 X 与 Y 没有线性关系;当 $\sum e_i^2 = 0$ 时,$R^2 = 1$,说明样本回归线与样本观测值重合,X 与 Y 在一条直线上,回归线完全拟合样本值. 这是两种极端情况,一般的,$0 < R^2 < 1$,R^2 越接近1,样本回归线对样本值的拟合优度越好,X 对 Y 的解释能力越强.

2.3.2 参数估计的显著性检验——t 检验

2.3.2.1 目的

最小二乘估计值$\hat{\beta}_0$,$\hat{\beta}_1$ 是由 X 和 Y 的样本观测值求出的,为了确定它们的可靠程度,要进行显著性检验. 这种检验是确定β_0,β_1 是否显著地不等于0,亦即检验样本是否取自真实参数为零的总体.

2.3.2.2 $\hat{\beta}_1$ 的检验统计量及 t 检验步骤

对回归系数估计值的显著性检验用 t 检验,已知 $\hat{\beta}_1$ 服从正态分布

$$\hat{\beta}_1 \sim N\left(\beta_1, \frac{\sigma^2}{\sum x_i^2}\right). \tag{2.33}$$

如果 σ^2 未知,而用它的无偏估计量 $\hat{\sigma}^2 = \dfrac{\sum e_i^2}{n-2}$ 替代时,可构造 t 统计量

$$t = \frac{\hat{\beta}_1 - \beta_1}{\sqrt{\dfrac{\hat{\sigma}^2}{\sum x_i^2}}} = \frac{\hat{\beta}_1 - \beta_1}{S_{\hat{\beta}_1}} \sim t(n-2). \tag{2.34}$$

它服从自由度为$(n-2)$ 的 t 分布.

t 检验步骤:

(1) 原假设:$H_0:\beta_1 = 0$;备择假设:$H_1:\beta_1 \neq 0$.

(2) 计算统计量

$$t = \frac{\hat{\beta}_1 - \beta_1}{S_{\hat{\beta}_1}} = \frac{\hat{\beta}_1}{\sqrt{\dfrac{\sum e_i^2}{(n-2)\sum x_i^2}}}.$$

(3) 给出 α 水平,查临界值 $t_{\frac{\alpha}{2}}(n-2)$.

(4) 统计决策. 若$|t| < t_{\frac{\alpha}{2}}(n-2)$,在 α 水平下接受 $H_0:\beta_1 = 0$,表明 X 对 Y 无显著影响,一元线性回归模型无意义;若$|t| > t_{\frac{\alpha}{2}}(n-2)$,在 α 水平下拒绝 H_0:$\beta_1 = 0$,接受 $H_1:\beta_1 \neq 0$,$\hat{\beta}_1$ 不是来自 $\beta_1 = 0$ 的总体,表明 X 对 Y 有显著影响.

2.3.2.3 $\hat{\beta}_0$ 的检验统计量及 t 检验步骤

已知 $\hat{\beta}_0$ 服从正态分布

$$\hat{\beta}_0 \sim N(\beta_0, \frac{\sigma^2 \sum X_i^2}{n \sum x_i^2}), \tag{2.35}$$

可构造统计量:

$$t = \frac{\hat{\beta}_0 - \beta_0}{\hat{\sigma}\sqrt{\frac{\sum X_i^2}{n \sum x_i^2}}} = \frac{\hat{\beta}_0 - \beta_0}{S_{\hat{\beta}_0}} \sim t(n-2). \tag{2.36}$$

t 检验步骤:

(1) 原假设:$H_0:\beta_0 = 0$;备择假设:$H_1:\beta_0 \neq 0$.

(2) 计算统计量

$$t = \frac{\hat{\beta}_0 - \beta_0}{S_{\hat{\beta}_0}} = \frac{\hat{\beta}_0}{\sqrt{\frac{\sum e_i^2 \sum X_i^2}{n(n-2)\sum x_i^2}}}.$$

(3)给出 α 水平,查临界值 $t_{\frac{\alpha}{2}}(n-2)$.

(4)统计决策. 若 $|t| < t_{\frac{\alpha}{2}}(n-2)$,在 α 水平下接受 $H_0:\beta_0 = 0$,说明常数项不应出现在模型中;若 $|t| > t_{\frac{\alpha}{2}}(n-2)$,在 α 水平下拒绝 $H_0:\beta_0 = 0$,接受 $H_1:\beta_0 \neq 0$,说明模型应该包括常数项.

2.3.3 回归系数 β_0,β_1 的置信区间

2.3.3.1 目的

为了确定 $\hat{\beta}_j$ 接近总体 β_j 的程度,我们构造一个以 $\hat{\beta}_j$ 为中心的区间,总体参数 β_j 在一定的置信度下落在这个区间,置信区间越小,说明估计值 $\hat{\beta}_j$ 越接近总体参数 β_j.

2.3.3.2 β_j 的置信区间

根据 t 分布构造置信区间

$$t = \frac{\hat{\beta}_1 - \beta_1}{S_{\hat{\beta}_1}} \sim t(n-2).$$

给出置信度,查自由度为$(n-2)$的 t 分布表,得临界值 $t_{\frac{\alpha}{2}}(n-2)$,则 t 统计量的值落在$(-t_{\frac{\alpha}{2}}, t_{\frac{\alpha}{2}})$的概率为 $1-\alpha$,即

$$P(-t_{\frac{\alpha}{2}} < t < t_{\frac{\alpha}{2}}) = 1-\alpha,$$

即

$$P\left(-t_{\frac{\alpha}{2}}<\frac{\hat{\beta}_1-\beta_1}{S_{\hat{\beta}_1}}<t_{\frac{\alpha}{2}}\right)=1-\alpha.$$

整理得：

$$P(\hat{\beta}_1-t_{\frac{\alpha}{2}}S_{\hat{\beta}_1}<\beta_1<\hat{\beta}_1+t_{\frac{\alpha}{2}}S_{\hat{\beta}_1})=1-\alpha.$$

当已知一组样本观测值求出参数估计值$\hat{\beta}_1$后，总体回归系数β_1的$1-\alpha$置信区间为：

$$\beta_1\in(\hat{\beta}_1-t_{\frac{\alpha}{2}}S_{\hat{\beta}_1},\hat{\beta}_1+t_{\frac{\alpha}{2}}S_{\hat{\beta}_1}).\tag{2.37}$$

同理可求出β_0的置信度为$1-\alpha$的置信区间：

$$\beta_0\in(\hat{\beta}_0-t_{\frac{\alpha}{2}}S_{\hat{\beta}_0},\hat{\beta}_0+t_{\frac{\alpha}{2}}S_{\hat{\beta}_0}).\tag{2.38}$$

从置信区间的公式可以看出，置信区间的大小取决于回归系数估计值$\hat{\beta}_j$的标准差. 标准差越小，置信区间越小，$\hat{\beta}_j$越接近总体参数β_j，估计结果越可靠.

2.4 一元线性回归方程的预测

根据样本观测值，我们得到样本回归方程：

$$\hat{Y}_i=\hat{\beta}_0+\hat{\beta}_1X_i.$$

如果样本回归方程通过检验，则可以利用样本回归方程进行预测. 预测方法分为点预测和区间预测，预测内容分为被解释变量条件均值$E(Y|X_0)$预测和个别值Y_0的预测，如表2.6所示.

表2.6

预测方法 / 预测内容	点预测	区间预测
$E(Y\|X_0)$	$\hat{Y}_0$是总体条件均值$E(Y\|X_0)$的无偏估计	$\hat{Y}_0-t_{\frac{\alpha}{2}}S_{\hat{Y}_0}<E(Y\|X_0)<\hat{Y}_0+t_{\frac{\alpha}{2}}S_{\hat{Y}_0}$
Y_0	$\hat{Y}_0$是个别值Y_0的有偏估计	$\hat{Y}_0-t_{\frac{\alpha}{2}}S_{(\hat{Y}_0-Y_0)}<Y_0<\hat{Y}_0+t_{\frac{\alpha}{2}}S_{(\hat{Y}_0-Y_0)}$

2.4.1 点估计

(1) $\hat{Y}_0$是总体条件均值$E(Y|X_0)$的无偏估计值. 已求得样本回归方程

$$\hat{Y}_i=\hat{\beta}_0+\hat{\beta}_1X_i.$$

对于样本范围外任意解释变量取值X_0，可得到预测值：

$$\hat{Y}_0=\hat{\beta}_0+\hat{\beta}_1X_0.\tag{2.39}$$

作为总体回归函数，当 $X_i = X_0$ 时

$$E(Y|X_0) = \beta_0 + \beta_1 X_0.$$

(2) $\hat{Y}_0$ 是个别值 Y_0 有偏点估计值.

$$E(\hat{Y}_0) = E(\hat{\beta}_0 + \hat{\beta}_1 X_0) = \beta_0 + \beta_1 X_0 = E(Y_0). \tag{2.40}$$

可见 $E(\hat{Y}_0) \neq Y_0$，$\hat{Y}_0$ 不是 Y_0 的无偏估计，但二者的差 $(Y_0 - \hat{Y}_0)$ 在多次观察中，均值趋向零，即 $E(Y_0 - \hat{Y}_0) = 0$. 在此意义上，可以用预测值 $\hat{Y}_0$ 作为个别值 Y_0 的点估计值.

2.4.2 区间估计

2.4.2.1 总体条件均值 $E(Y|X_i)$ 的区间估计

(1) $\hat{Y}_0$ 的概率分布. 由于

$$\hat{Y}_0 = \hat{\beta}_0 + \hat{\beta}_1 X_0,$$

且

$$\hat{\beta}_0 \sim N(\beta_0, \frac{\sum X_i^2}{n\sum x_i^2}\sigma^2), \hat{\beta}_1 \sim N(\beta_1, \frac{\sigma^2}{\sum x_i^2}),$$

则

$$E(\hat{Y}_0) = E(\hat{\beta}_0 + \hat{\beta}_1 X_0) = \beta_0 + \beta_1 X_0,$$

$$\mathrm{Var}(\hat{Y}_0) = \mathrm{Var}(\hat{\beta}_0 + \hat{\beta}_1 X_0) = \mathrm{Var}(\hat{\beta}_0) + 2X_0\mathrm{Cov}(\hat{\beta}_0, \hat{\beta}_1) + X_0^2\mathrm{Var}(\hat{\beta}_1).$$

而

$$\mathrm{Cov}(\hat{\beta}_0, \hat{\beta}_1) = -\frac{\bar{X}}{\sum x_i^2}\sigma^2,$$

代入，则有：

$$\mathrm{Var}(\hat{Y}_0) = \sigma^2[\frac{1}{n} + \frac{(X_0 - \bar{X})^2}{\sum x_i^2}].$$

因此，$\hat{Y}_0$ 服从均值为 $E(Y|X_0) = \beta_0 + \beta_1 X_0$，方差为 $\sigma^2[\frac{1}{n} + \frac{(X_0 - \bar{X})^2}{\sum x_i^2}]$ 的正态分布.

即

$$\hat{Y}_0 \sim N\{\beta_0 + \beta_1 X_0, \sigma^2[\frac{1}{n} + \frac{(X_0 - \bar{X})^2}{\sum x_i^2}]\}. \tag{2.41}$$

(2) 总体条件均值 $E(Y|X_0)$ 的置信区间. 因为 σ^2 未知，若以它的无偏估计量 $\hat{\sigma}^2$ 替代，则随机变量 $\hat{Y}_0$ 服从自由度为 $(n-2)$ 的 t 分布，可构造 t 统计量：

$$t = \frac{\hat{Y}_0 - E(Y|X_0)}{S_{\hat{Y}_0}} \sim t(n-2). \tag{2.42}$$

其中
$$S_{\hat{Y}_0}=\sqrt{\hat{\sigma}^2\left[\frac{1}{n}+\frac{(X_0-\bar{X})^2}{\sum x_i^2}\right]},\tag{2.43}$$

又
$$P(-t_{\frac{\alpha}{2}}<t<t_{\frac{\alpha}{2}})=1-\alpha,$$
$$P\left(-t_{\frac{\alpha}{2}}<\frac{\hat{Y}_0-E(Y|X_0)}{S_{\hat{Y}_0}}<t_{\frac{\alpha}{2}}\right)=1-\alpha,$$
$$P(-t_{\frac{\alpha}{2}}S_{\hat{Y}_0}<\hat{Y}_0-E(Y|X_0)<t_{\frac{\alpha}{2}}S_{\hat{Y}_0})=1-\alpha.\tag{2.44}$$

因此,总体条件均值 $E(Y|X_0)$ 在 $1-\alpha$ 置信度下的置信区间为
$$\hat{Y}_0-t_{\frac{\alpha}{2}}S_{\hat{Y}_0}<E(Y|X_0)<\hat{Y}_0+t_{\frac{\alpha}{2}}S_{\hat{Y}_0}.$$

2.4.2.2　总体个别值预测值 Y_0 的区间估计

(1) e_0 的概率分布. 我们希望用 $\hat{Y}_0$ 估计 Y_0 的置信区间,就必须构造一个服从某种数学分布的统计量,使 Y_0 与 $\hat{Y}_0$ 同时出现在该统计量中,这样可以通过该统计量以 $1-\alpha$ 的置信度落入某一概率区间的形式,推导出 Y_0 的 $1-\alpha$ 置信区间公式. 因为已定义 $e_i=Y_i-\hat{Y}_i$,则有 $e_0=Y_0-\hat{Y}_0$,Y_0 与 $\hat{Y}_0$ 同时出现在 e_0 中,因此要研究随机变量 e_0 的概率分布,找到同时含有 Y_0 与 $\hat{Y}_0$ 的统计量即可.

$$E(e_0)=E(Y_0-\hat{Y}_0)=E(\beta_0+\beta_1X_0+u_0-\hat{\beta}_0-\hat{\beta}_1X_0)=0,$$
$$\begin{aligned}\mathrm{Var}(e_0)&=E(e_0^2)=E(Y_0-\hat{Y}_0)^2=E(\beta_0+\beta_1X_0+u_0-\hat{\beta}_0-\hat{\beta}_1X_0)^2\\&=\sigma^2\left[1+\frac{1}{n}+\frac{(X_0-\bar{X})^2}{\sum x_i^2}\right].\end{aligned}$$

其中用到以下推导:
$$E[(\beta_0-\hat{\beta}_0)+(\beta_1-\hat{\beta}_1)X_0]^2=\sigma^2\left[\frac{1}{n}+\frac{(X_0-\bar{X})^2}{\sum x_i^2}\right],$$
$$E(u_0)^2=E[u_0-E(u_0)]^2=\sigma^2,$$
$$\begin{aligned}E[(\beta_0-\hat{\beta}_0)+(\beta_1-\hat{\beta}_1)X_0]u_0&=E[(\beta_0-\hat{\beta}_0)u_0+(\beta_1-\hat{\beta}_1)X_0u_0]\\&=-E(\hat{\beta}_0u_0)-X_0E(\hat{\beta}_1u_0)=0.\end{aligned}$$

故 e_0 服从均值为 0,方差为 $\sigma^2\left[1+\frac{1}{n}+\frac{(X_0-\bar{X})^2}{\sum x_i^2}\right]$ 的正态分布,即
$$(Y_0-\hat{Y}_0)\sim N\left(0,\sigma^2\left[1+\frac{1}{n}+\frac{(X_0-\bar{X})^2}{\sum x_i^2}\right]\right).\tag{2.45}$$

(2) 个别值 Y_0 的置信区间. 因为 e_0 的方差中 σ^2 未知,若以它的无偏估计量 $\hat{\sigma}^2$ 替代,则随机变量 $e_0=Y_0-\hat{Y}_0$ 服从自由度为 $(n-2)$ 的 t 分布,可构造 t 统计量
$$t=\frac{(Y_0-\hat{Y}_0)-0}{S_{(Y_0-\hat{Y}_0)}}\sim t(n-2).\tag{2.46}$$

其中：
$$S_{(Y_0-\hat{Y}_0)}=\sqrt{\hat{\sigma}^2[1+\frac{1}{n}+\frac{(X_0-\bar{X})^2}{\sum x_i^2}]}. \tag{2.47}$$

又
$$P(-t_{\frac{\alpha}{2}}<t<t_{\frac{\alpha}{2}})=1-\alpha,$$
$$P(-t_{\frac{\alpha}{2}}<\frac{(Y_0-\hat{Y}_0)-0}{S_{(Y_0-\hat{Y}_0)}}<t_{\frac{\alpha}{2}})=1-\alpha,$$
$$P(-t_{\frac{\alpha}{2}}S_{(Y_0-\hat{Y}_0)}<Y_0-\hat{Y}_0<t_{\frac{\alpha}{2}}S_{(Y_0-\hat{Y}_0)})=1-\alpha,$$
$$P(\hat{Y}_0-t_{\frac{\alpha}{2}}S_{(Y_0-\hat{Y}_0)}<Y_0<\hat{Y}_0+t_{\frac{\alpha}{2}}S_{(Y_0-\hat{Y}_0)})=1-\alpha,$$

因此，个别值 Y_0 在 $1-\alpha$ 置信度下的置信区间为：
$$\hat{Y}_0-t_{\frac{\alpha}{2}}S_{(\hat{Y}_0-Y_0)}<Y_0<\hat{Y}_0+t_{\frac{\alpha}{2}}S_{(\hat{Y}_0-Y_0)}. \tag{2.48}$$

2.5 实例

已知全国人均消费支出为 Y 元，人均国民收入为 X 元，2001—2014 年样本数据见表 2.7，要求：

(1)求人均消费支出对人均国民收入的一元线性样本回归方程；

(2)对样本回归方程进行统计检验；

(3)2015 年人均国民收入为 49 783 元，预测 2015 年人均消费支出为多少元.

表 2.7 单位：元

年份	人均国民收入 Y	人均消费支出 X	年份	人均国民收入 Y	人均消费支出 X
2001	8 592	3 987	2008	24 271	8 707
2002	9 409	4 301	2009	26 178	9 514
2003	10 600	4 606	2010	30 744	10 919
2004	12 454	5 138	2011	36 065	13 134
2005	14 267	5 771	2012	39 914	14 699
2006	16 707	6 416	2013	43 497	16 190
2007	20 551	7 572	2014	47 263	17 778

解：(1)列计算表 2.8，表 2.9.

①估计 $\hat{\beta}_0,\hat{\beta}_1$，求样本回归方程.

表 2.8

n	年份	X_i	Y_i	X_iY_i	X_i^2	Y_i^2
1	2001	8 592	3 987	34 257 199	73 826 321	15 896 169
2	2002	9 409	4 301	40 469 793	88 536 650	18 498 601
3	2003	10 600	4 606	48 825 263	112 367 654	21 215 236
4	2004	12 454	5 138	63 989 803	155 107 695	26 399 044
5	2005	14 267	5 771	82 333 423	203 540 198	33 304 441
6	2006	16 707	6 416	107 190 358	279 114 715	41 165 056
7	2007	20 551	7 572	155 615 317	422 360 670	57 335 184
8	2008	24 271	8 707	211 326 312	589 074 279	75 811 849
9	2009	26 178	9 514	249 059 530	685 298 899	90 516 196
10	2010	30 744	10 919	335 694 285	945 196 628	119 224 561
11	2011	36 065	13 134	473 673 539	1 300 661 317	172 501 956
12	2012	39 914	14 699	586 701 582	1 593 158 332	216 060 601
13	2013	43 497	16 190	704 212 552	189 196 8171	262 116 100
14	2014	47 263	17 778	840 239 713	2 233 781 060	316 057 284
求和		340 513	128 732	3 933 588 669	10 573 992 591	1 466 102 278
平均		24 322	9 195			

由表 2.8，

$$\hat{\beta}_1 = \frac{n\sum X_iY_i - (\sum X_i)(\sum Y_i)}{n\sum X_i^2 - (\sum X_i)^2} = \frac{14 \times 3\ 933\ 588\ 669 - 340\ 513 \times 128\ 732}{14 \times 10\ 573\ 992\ 591 - 10\ 573\ 992\ 591^2} = 0.350$$

$$\hat{\beta}_0 = \bar{Y} - \hat{\beta}_1\bar{X} = 9\ 195 - 0.350 \times 24\ 322 = 678$$

因此样本回归方程为：

$$\hat{Y} = 678 + 0.350X$$

②统计检验.

第一，拟合性检验.

由表 2.8 和 2.9 计算可决系数：

$$R^2 = \hat{\beta}_1^2 \frac{\sum x_i^2}{\sum y_i^2} = \frac{0.350^2 \times 2\ 291\ 916\ 960}{282\ 393\ 148} = 0.995$$

或
$$R^2 = 1 - \frac{RSS}{TSS} = 1 - \frac{\sum e_i^2}{\sum y_i^2} = 1 - \frac{1\ 386\ 410}{282\ 393\ 148} = 0.995$$

表 2.9

		X_i	Y_i	x_i	y_i	x_iy_i	x_i^2	y_i^2
1	2001	8 592	3 987	-15 730	-5 208	81 924 754	247 436 929	27 124 752
2	2002	9 409	4 301	-14 913	-4 894	72 986 161	222 396 402	23 952 634
3	2003	10 600	4 606	-13 722	-4 589	62 972 179	188 293 049	21 060 232
4	2004	12 454	5 138	-11 868	-4 057	48 150 693	140 852 474	16 460 408
5	2005	14 267	5 771	-10 056	-3 424	34 431 814	101 115 112	11 724 754
6	2006	16 707	6 416	-7 616	-2 779	21 164 912	57 997 757	7 723 635
7	2007	20 551	7 572	-3 771	-1 623	6 120 770	14 219 967	2 634 593
8	2008	24 271	8 707	-52	-488	25 139	2 652	238 283
9	2009	26 178	9 514	1 856	319	591 755	3 444 223	101 670
10	2010	30 744	10 919	6 422	1 724	11 070 090	41 238 203	2 971 683
11	2011	36 065	13 134	11 742	3 939	46 251 360	137 882 312	15 514 596
12	2012	39 914	14 699	15 592	5 504	85 816 333	243 111 557	30 292 443
13	2013	43 497	16 190	19 174	6 995	134 122 245	367 657 921	48 928 026
14	2014	47 263	17 778	22 941	8 583	196 895 382	526 268 401	73 665 437
求和	340 513	128 732			802 523 588	2 291 916 960	282 393 148	
平均	24 322	9 195						

第二,参数估计量的 t 检验.

由表 2.8 和表 2.9,

$$\hat{\sigma}^2 = \frac{\sum e_i^2}{n-2} = \frac{1\ 386\ 410}{12} = 115\ 534$$

$$S_{\hat{\beta}_0} = \sqrt{\frac{\hat{\sigma}^2 \sum X_i^2}{n \sum x_i^2}} = 195$$

$$S_{\hat{\beta}_1} = \sqrt{\frac{\hat{\sigma}^2}{\sum x_i^2}} = 0.007$$

在 $\alpha = 0.05$ 时, $t_{\frac{\alpha}{2}}(12) = 2.179$, 而

$$t_{\beta_0} = \frac{\hat{\beta}_0}{S_{\hat{\beta}_0}} = \frac{678}{195} = 3.478$$

$$t_{\beta_1} = \frac{\hat{\beta}_1}{S_{\hat{\beta}_1}} = \frac{0.350}{0.007} = 50.0$$

所以在95%的置信度下拒绝原假设，说明 $\hat{\beta}_0$ 和 $\hat{\beta}_1$ 都是显著的.

③预测.

样本回归方程为,

$$\hat{Y} = 678 + 0.350X$$

2015年人均国民总收入为49783元，将其代入样本回归方程，得到2015年人均消费支出的预测值的点估计值为

$$\hat{Y}_{2015} = 678 + 0.350 \times 49\,783 = 18\,102(\text{元})$$

在95%的置信区间下，2015年人均消费支出均值 $E(Y_{2015})$ 的预测区间为：

$$\hat{Y}_{2015} - t_{\frac{\alpha}{2}}S_{\hat{Y}_0} < E(Y_{2015}) < \hat{Y}_{2015} + t_{\frac{\alpha}{2}}S_{\hat{Y}_0}$$

$$S_{\hat{Y}_0} = \sqrt{\hat{\sigma}^2\left[\frac{1}{n} + \frac{(X_{2015} - X)}{\sum x_i^2}\right]} = 90.85$$

所以，$E(Y_{2015}) \in (17904, 18300)$.

或在95%的置信区间下，个别值 Y_{2015} 的预测区间为：

$$\hat{Y}_{2015} - t_{\frac{\alpha}{2}}S_{(Y_0-\hat{Y}_0)} < Y_{2015} < \hat{Y}_{2015} + t_{\frac{\alpha}{2}}S_{(Y_0-\hat{Y}_0)}$$

$$S_{(Y_0-\hat{Y}_0)} = \sqrt{\hat{\sigma}^2\left[1 + \frac{1}{n} + \frac{(X_{2015} - X)}{\sum x_i^2}\right]} = 351.84$$

所以，$Y_{2015} \in (17335, 18869)$.

(2) Eviews 结果.

参见表2.10.

表2.10

Dependent Variable: Y

Method: Least Squares

Date: 01/04/17 Time: 09:19

Sample: 2001 2014

Included observations: 14

Variable	Coefficient	Std. Error	t – Statistic	Prob.
C	678.668 2	195.127 3	3.478 080	0.004 6
X	0.350 151	0.007 100	49.316 56	0.000 0
R – squared	0.995 090	Mean dependentvar		9 195.143
Adjusted R – squared	0.994 681	S. D. dependentvar		4 660.746

续表

Variable	Coefficient	Std. Error	t - Statistic	Prob.
S. E. of regression	339.911 3	Akaike info criterion		14.626 81
Sum squaredresid	1 386 476.	Schwarz criterion		14.718 10
Log likelihood	-100.387 7	Hannan - Quinn criter.		14.618 36
F - statistic	2 432.123	Durbin - Watson stat		0.354 458
Prob(F - statistic)	0.000 000			

其结果与之前计算结果完全一致,从略.

练习题

1. 为什么计量经济学的理论方程中必须包含随机干扰项?

2. 下列计量经济学方程哪些是正确的? 哪些是错误的? 为什么?

(1) $Y_t = \alpha + \beta X_t$, $t = 1,2,\cdots,n$;

(2) $Y_t = \alpha + \beta X_t + \mu_t$, $t = 1,2,\cdots,n$;

(3) $Y_t = \hat{\alpha} + \hat{\beta} X_t + \mu_t$, $t = 1,2,\cdots,n$;

(4) $\hat{Y}_t = \hat{\alpha} + \hat{\beta} X_t + \mu_t$, $t = 1,2,\cdots,n$;

(5) $Y_t = \hat{\alpha} + \hat{\beta} X_t$, $t = 1,2,\cdots,n$;

(6) $\hat{Y}_t = \hat{\alpha} + \hat{\beta} X_t$, $t = 1,2,\cdots,n$;

(7) $Y_t = \hat{\alpha} + \hat{\beta} X_t + \hat{\mu}_t$, $t = 1,2,\cdots,n$;

(8) $\hat{Y}_t = \hat{\alpha} + \hat{\beta} X_t + \hat{\mu}_t$, $t = 1,2,\cdots,n$.

3. 一元线性回归模型的基本假设主要有哪些? 违背基本假设的计量经济学模型是否就不可以估计?

4. 线性回归模型 $Y_i = \alpha + \beta X_i + \mu_i, i = 1,2,\cdots,n$ 的零均值假设是否可以表示如下,为什么?

$$\frac{1}{n}\sum_{i=1}^{n}\mu_i = 0.$$

5. 假设已经得到关系式 $Y = \beta_0 + \beta_1 X$ 的最小二乘估计,试回答:

(1) 假设决定把 X 变量的单位扩大 10 倍,这样对原来回归的斜率和截距会有什么样的影响? 如果把 Y 变量的单位扩大 10 倍,又会怎样?

(2) 假定给 X 的每个观测值都增加 2,对原来回归的斜率和截距会有什么样的影响? 如果给 Y 的每个观测值都增加 2,又会怎样?

6. 假使在回归模型 $Y_i=\beta_0+\beta_1X_i+\mu_i$ 中,用不为零的常数 δ 去乘每一个 X 值,这会不会改变 Y 的拟合值及残差? 如果对每个 X 都加大一个非零常数 δ,又会怎样?

7. 假设有人做了如下的回归:$y_i=\hat{\beta}_0+\hat{\beta}_1x_i+e_i$. 其中,$y_i$,$x_i$ 分别为 Y_i,X_i 关于各自均值的离差. 问 $\hat{\beta}_0$ 和 $\hat{\beta}_1$ 将分别取何值?

8. 令 $\hat{\beta}_{YX}$和 $\hat{\beta}_{XY}$分别为 Y 对 X 的回归和 X 对 Y 的回归中的斜率,证明:

$$\hat{\beta}_{YX}\hat{\beta}_{XY}=r^2.$$

其中,r 为 X 与 Y 之间的线性相关系数.

9. 记样本回归模型为 $Y_i=\hat{\beta}_0+\hat{\beta}_1X_i+e_i$,试证明:

(1) 估计的 Y 的均值等于实测的 Y 的均值:$\overline{\hat{Y}}=\overline{Y}$;

(2) 残差和为零,从而残差的均值为零: $\sum e_i=0,\bar{e}=0$;

(3) 残差项与 X 不相关: $\sum e_iX_i=0$;

(4) 残差项与估计的 Y 不相关: $\sum e_i\hat{Y}_i=0$.

10. 下面数据是依据 10 对 X 和 Y 的观察值得到的: $\sum Y_i=1\ 110$, $\sum X_i=1\ 680$, $\sum X_iY_i=204\ 200$, $\sum X_i^2=315\ 400$, $\sum Y_i^2=133\ 300$ 假定满足所有的经典线性回归模型的假设. 求:

(1) β_0,β_1 的估计值及其标准差;

(2) 可决系数 R^2;对 β_0,β_1 分别建立 95% 的置信区间. 利用置信区间法,可以接受零假设:$\beta_1=0$ 吗?

11. “误差项”和“残差项”之间的区别是什么?解释 u_t 和 $E(u_t)$ 之间的区别. 并证明 $E(\hat{u}_t)=0$,解释期望值的含义并陈述其相应的必要条件.

12. 以下陈述正确吗?如果有不正确的地方,请指出来并陈述理由.

(1) X 值越接近其样本均值,斜率的 OLS 估计值就越精确.

(2) 如果 X_t 和 u_t 相关,则估计量仍然可以无偏.

(3) 只有当所有 u_t 均呈正态分布时,估计量才能为 BLUE.

(4) 如果误差项不呈正态分布,则不能进行 t 检验和 F 检验.

(5) 如果 u_t 的方差较大,则系数的置信区间放宽.

(6) 如果 X 值的方差较大,置信区间将较窄.

(7) p 值较高意味着系数与零有显著不同.

(8) 如果选择的显著水平较高,则回归系数为显著的可能性更大.

(9) 如果误差序列相关或为异方差, 则估计系数不会为无偏、一致或 BLUE.

（10）p 值为零假设为真的概率.

13. 在模型 $Y_t = \alpha + \beta X_t + \mu_t$ 中，β 的期望值可由下式得出

$$\hat{\beta} = \frac{1}{n-1}\sum_{t=2}^{n}\left[\frac{Y_t - Y_{t-1}}{X_t - X_{t-1}}\right].$$

（1）给出 $\hat{\beta}$ 的几何解释.

（2）证明 $\hat{\beta}$ 为无偏一致的，并对假设进行陈述.

（3）不用真正导出 $\hat{\beta}$ 的方差，求证为什么该估计量较之 β 的估计量来说有效性较差.

14. 写出下列陈述的假设条件并详细解释所需的假设条件.

（1）采用 OLS 方法估计 α 和 β.

（2）证明参数的 OLS 估计值无偏且一致.

（3）证明 OLS 估计值同样非常有效.

（4）进行 t 检验和 F 检验.

15. 已知回归模型 $E = \alpha + \beta N + \mu$，式中 E 为公司一名新员工的起始薪金，N 为所接受大学教育的年限；公司共有 50 名员工.

（1）从直观及经济角度解释 α 和 β.

（2）误差项有你所需的一切性质，虽然你知道它不呈正态分布，但并不知道它的具体分布情况.

A. 列出有效 $\hat{\alpha}$ 和 $\hat{\beta}$ 的最小二乘估计法估计量的所有性质. 简单解释各个性质成立的理由.

B. 陈述无效 $\hat{\alpha}$ 和 $\hat{\beta}$ 的所有性质及由于知识掌握不够而造成的其他问题. 简单论证一下你的答案.

（3）假设的度量单位为百美元. 描述单位额变化对估计回归系数，它们的标准差、t 和 F 统计值及 R^2 值的影响.

16. 假设模型为 $Y_t = \alpha + \beta X_t + \mu_t$. 给定 n 个观察值，按如下步骤建立 β 的一个估计量：在原点和各点之间连接直线并计算直线的斜率；然后对这些斜率取平均值，称之为 $\hat{\beta}$，即 β 的估计值. 画出散点图，给出 $\hat{\beta}$ 的几何表示并推出代数表达式. 接下来计算 $\hat{\beta}$ 的期望值并对所做假设进行陈述. 这个估计值是有偏的还是无偏的？解释理由.

17. 表 2.11 是中国 1978—2000 年的财政收入 Y 和国内生产总值（GDP）统计资料.

要求：以手工和运用 Eviews 软件（或其他软件）：

（1）作散点图，建立财政收入随 GDP 变化的一元线性回归方程，并解释斜

率的经济意义；

（2）对所建的回归方程进行检验；

（3）若 2001 年中国 GDP 为 105 709 亿元，求财政收入的预测值及预测区间.

表 2.11 单位：亿元

年份	Y	GDP	年份	Y	GDP
1978	1 132.26	3 624.1	1990	2 937.10	18 547.9
1979	1 146.38	4 038.2	1991	3 149.48	21 617.8
1980	1 159.93	4 517.8	1992	3 483.37	26 638.1
1981	1 175.79	4 862.4	1993	4 348.95	34 634.4
1982	1 212.33	5 294.7	1994	5 218.10	46 759.4
1983	1 366.95	5 934.5	1995	6 242.20	58 478.1
1984	1 642.86	7 171.0	1996	7 407.99	67 884.6
1985	2 004.82	8 964.4	1997	8 651.14	74 462.6
1986	2 122.01	10 202.2	1998	9 875.95	78 345.2
1987	2 199.35	11 962.5	1999	11 444.08	82 067.5
1988	2 357.24	14 928.3	2000	13 395.23	89 403.6
1989	2 664.90	16 909.2			

18. 下列税收函数使用美国 50 个州和哥伦比亚特区的横截面数据进行估计.

$$\text{Tax} = \underset{(0.087)}{-0.221} + \underset{<0.0001}{0.142}\text{Income},$$

$$n=51, R^2=0.997, \hat{\sigma}=0.687.$$

式中，Tax 为已缴纳的税收总额，Income 为总收入，均以 10 亿美元为度量单位. 括号中的数字为对应的 p 值.

（1）观察所得的回归系数的符号与你的直觉是一致的吗？并解释原因.

（2）如何解释收入的系数？

（3）陈述上述 p 值检验的零假设和备择假设. 这些系数在 5% 水平下显著吗？证明之.

19. 思考以下模型 $Y_t=\beta X_t+\mu_t$，该模型中没有截距项即 $\alpha=0$.

（1）证明：正规方程 $\sum\hat{\mu}_t=0$ 和 $\sum X_t\hat{\mu}_t=0$ 可以得出 β 的两个不同的估计

值. 第一个是 $\tilde{\beta} = \overline{Y}/\overline{X}$,式中 $\overline{X}$ 和 $\overline{Y}$ 均为样本均值. 第二个是 $\hat{\beta} = \dfrac{\sum X_t Y_t}{\sum X_t^2}$.

(2) 证明:$\tilde{\beta}$ 和 $\hat{\beta}$ 均无偏并对所做假设进行陈述.

(3) 证明:拟合线 $\hat{Y} = \hat{\beta}X$ 通常不会经过均值点$(\overline{X},\overline{Y})$,但拟合线 $\tilde{Y} = \tilde{\beta}X$ 则正好相反.

(4) 证明:$\hat{\beta}$ 为 β 的 OLS 估计.

(5) 证明:$\hat{\beta}$ 为 BLUE.

(6) 使用该结果解释为什么高斯 - 马尔可夫定理使用于此并证明 $\hat{\beta}$ 优于 $\tilde{\beta}$.

20. 思考一下人均存款(收入 - 消费)和人均收入之间的关系,均以实际的金额度量,方程式为 $S_t = \alpha + \beta Y_t + \mu_t$. 使用美国 36 年的年度数据可得如下的估计模型,括号内为标准差:

$$\hat{S}_t = \underset{(151.105)}{384.105} + \underset{(0.011)}{0.067}Y_t,$$

$$R^2 = 0.538, \hat{\sigma} = 199.023.$$

(1) β 的经济含义是什么?

(2) α 和 β 的符号是什么? 为什么? 实际符号与你的直觉一致吗? 如果有冲突的话,你可以给出可能的原因吗?

(3) 关于拟合优度你有什么看法吗? 对整体的拟合优度进行正式检验(选择水平 0.01),对零假设和备择假设、检验统计值、其分布和自由度以及拒绝零假设的标准进行陈述. 你的结论是什么?

(4) 检验是否每一个回归系数都与零显著不同(在 1% 水平下). 同时对零假设和备择假设、检验统计值、其分布和自由度及拒绝零假设的标准进行陈述. 你的结论是什么?

(5) 假设储蓄和收入均以百美元而不是美元来度量,估计模型会有怎样的变化.

3 多元线性回归模型

教学内容:本章讲授多元线性回归模型. 主要包括多元线性回归模型的矩阵表达形式,模型的基本假设、参数估计、统计检验以及利用模型进行预测等内容,并结合例题介绍了在建立回归模型时,如何选取解释变量的问题.

教学目的:通过教学,使学生理解多元线性回归模型的数理统计学基础,包括回归分析、假设检验和区间估计;熟练掌握多元线性回归模型的理论与方法,包括基本假设、参数估计和统计检验;能够运用矩阵描述、推导和证明与普通最小二乘法有关的估计过程和结论. 在本章结束时,要求学生独立完成一个综合练习,自己选择研究对象,自己建立理论模型,自己收集样本数据,使用计量经济学软件完成建立多元线性计量经济学模型的全过程.

重点及难点:本章重点是多元线性回归模型的最小二乘估计,在基本假设下最小二乘估计的性质,模型的统计检验、模型的预测以及计量经济学软件——Eviews 的使用. 难点是运用矩阵描述、推导和证明与普通最小二乘法有关的结论.

3.1 多元线性回归模型概述

3.1.1 一个实例

在一项关于学生用于购买书籍及课外读物支出的调查中发现,学生用于购买书籍和课外读物的支出与本人受教育年限及其家庭收入水平有关. 随机对 18 名学生进行调查,得到的统计资料如表 3.1 所示,根据这些资料做回归分析.

表 3.1 抽样调查资料

学生序号	购买书籍及课外读物支出(元/年)	受教育年限(年)	家庭人均可支配收入(元/月)
1	450	4	171
2	507	4	174
3	613	5	204
4	563	4	218
5	501	4	219
6	781	7	240
7	541	4	273
8	611	5	294
9	1222	10	330
10	793	7	333
11	660	5	366
12	792	6	350
13	580	4	357
14	612	5	359
15	890	7	371
16	1121	9	435
17	1094	8	523
18	1253	10	604

3.1.1.1 公式

经分析 Y 与 X_1,X_2 线性相关,可建立如下多元线性回归模型:

$$Y_i = \beta_0 + \beta_1 X_{1i} + \beta_2 X_{2i} + \mu_i.$$

其中,Y 表示购买书籍及课外读物支出;X_1 为受教育年限;X_2 为家庭人均可支配收入.

3.1.1.2 Eviews 结果

参见表 3.2.

表 3.2

Dependent Variable: Y				
Method: Least Squares				
Date: 03/23/06 Time: 22:17				
Included observations: 18				
Variable	Coefficient	Std. Error	t-Statistic	Prob.
C	-1.771639	30.33481	-0.058403	0.9542
X_1	104.4339	6.420638	16.26535	0.0000
X_2	0.401482	0.116581	3.443795	0.0036
R-squared	0.979717	Mean dependent var		754.6667
Adjusted R-squared	0.977012	S. D. dependent var		258.8874
S. E. of regression	39.25187	Akaike info criterion		10.32889
Sum squared resid	23110.64	Schwarz criterion		10.47728
Log likelihood	-89.95998	F-statistic		362.2601
Durbin-Watson stat	2.555882	Prob(F-statistic)		0.000000

3.1.1.3 简述

回归结果如下：

$$\hat{Y} = -1.7716 + 104.4339X_1 + 0.4015X_2;$$
$$(-0.0584)(16.2654) \quad (3.4438)$$
$$R^2 = 0.9797, \quad \bar{R}^2 = 0.9770, \quad F = 362.2601, \quad DW = 2.5559.$$

由回归结果可知，参数估计量 $\hat{\beta}_1$，$\hat{\beta}_2$ 均大于零，这意味着学生用于购买书籍及课外读物的支出随着受教育年限和家庭人均可支配收入的增加而增加；当家庭人均可支配收入保持不变时，学生受教育年限每增加 1 年，用于购买图书的支出年平均增加约 104 元；当受教育年限保持不变时，学生家庭月人均可支配收入每增加 1 元，用于购买图书的支出年平均增加约 0.4 元. 从各种统计指标来看，调整的判定系数 $\bar{R}^2 = 0.9770$，显示模型的拟合优度很高；在 5% 的显著性水平下，模型通过 F 检验，表明回归方程的总体线性显著成立；模型的回归系数通过 t 检验，表明解释变量 X_1，X_2 对 Y 有显著影响.

3.1.2 多元线性回归模型

多元线性回归模型的一般形式为：

$$Y_i = \beta_0 + \beta_1 X_{1i} + \beta_2 X_{2i} + \cdots + \beta_k X_{ki} + \mu_i, \qquad i = 1, 2, \cdots, n. \tag{3.1}$$

同一元回归分析一样，(3.1)式的非随机表达式为：

$$E(Y|X_{1i},X_{2i},\cdots,X_{ki})=\beta_0+\beta_1X_{1i}+\beta_2X_{2i}+\cdots+\beta_kX_{ki}. \tag{3.2}$$

也被称为总体回归方程,它表示各解释变量 X 值固定时 Y 的平均响应. 其中,k 为解释变量的数目;β_0 为截距项,它给出了所有未包含在模型中的解释变量对 Y 的平均影响;$\beta_j(j=1,\cdots,k)$ 称为偏回归系数,表示在其他解释变量保持不变的情况下, X_j 每变化 1 个单位时,Y 的均值 $E(Y)$ 的变化,它给出了 X_j 的单位变化对 Y 均值的"直接"影响. 其他变量和符号的含义与一元线性回归模型相同.

若将 n 期观测值($Y_i,X_{1i},X_{2i},\cdots,X_{ki}$),$i=1,2,\cdots,n$,代入(3.1)式得

$$\begin{cases}Y_1=\beta_0+\beta_1X_{11}+\beta_2X_{21}+\cdots+\beta_kX_{k1}+\mu_1,\\ Y_2=\beta_0+\beta_1X_{12}+\beta_2X_{22}+\cdots+\beta_kX_{k2}+\mu_2,\\ \quad\cdots\cdots\qquad\qquad\cdots\cdots\\ Y_n=\beta_0+\beta_1X_{1n}+\beta_2X_{2n}+\cdots+\beta_kX_{kn}+\mu_n.\end{cases}$$

写成矩阵形式为:

$$\begin{bmatrix}Y_1\\Y_2\\\vdots\\Y_n\end{bmatrix}=\begin{bmatrix}1&X_{11}&X_{21}&\cdots&X_{k1}\\1&X_{12}&X_{22}&\cdots&X_{k2}\\\vdots&\vdots&\vdots&&\vdots\\1&X_{1n}&X_{2n}&\cdots&X_{kn}\end{bmatrix}\begin{bmatrix}\beta_0\\\beta_1\\\vdots\\\beta_k\end{bmatrix}+\begin{bmatrix}\mu_1\\\mu_2\\\vdots\\\mu_n\end{bmatrix}.$$

简写为:

$$Y=X\beta+U. \tag{3.3}$$

其中:

$$\boldsymbol{Y}=\begin{bmatrix}Y_1\\Y_2\\\vdots\\Y_n\end{bmatrix}_{n\times1},\quad \boldsymbol{X}=\begin{bmatrix}1&X_{11}&X_{21}&\cdots&X_{k1}\\1&X_{12}&X_{22}&\cdots&X_{k2}\\\vdots&\vdots&\vdots&&\vdots\\1&X_{1n}&X_{2n}&\cdots&X_{kn}\end{bmatrix}_{n\times(k+1)},\quad \boldsymbol{\beta}=\begin{bmatrix}\beta_0\\\beta_1\\\vdots\\\beta_k\end{bmatrix}_{(k+1)\times1},\quad \boldsymbol{U}=\begin{bmatrix}\mu_1\\\mu_2\\\vdots\\\mu_n\end{bmatrix}_{n\times1}.$$

总体回归函数(3.2)式用矩阵形式可表示为

$$E(\boldsymbol{Y})=\boldsymbol{X\beta}. \tag{3.4}$$

注意:$\boldsymbol{X}$ 矩阵中,每个元素 X_{ji} 的第一个下标 j 为列序号,表示不同的解释变量;第二个下标 i 为行序号,表示不同的样本. 这种表示方法与常见的矩阵行列下标表示法稍有不同,请予以重视.

与一元回归分析类似,样本回归模型可表示为:

$$Y_i=\hat\beta_0+\hat\beta_1X_{1i}+\hat\beta_2X_{2i}+\cdots+\hat\beta_kX_{ki}+e_i. \tag{3.5}$$

其中,e_i 称为残差,可看成是总体回归模型中随机干扰项 μ_i 的估计量. 样本回归函数可表示为:

$$\hat Y_i=\hat\beta_0+\hat\beta_1X_{1i}+\hat\beta_2X_{2i}+\cdots+\hat\beta_kX_{ki}. \tag{3.6}$$

同样,(3.5)式和(3.6)式用矩阵形式可分别表示为:

$$Y = X\hat{\beta} + e, \tag{3.7}$$

$$\hat{Y} = X\hat{\beta}. \tag{3.8}$$

其中,

$$\hat{\beta} = \begin{bmatrix} \hat{\beta}_0 \\ \hat{\beta}_1 \\ \vdots \\ \hat{\beta}_k \end{bmatrix},\ e = \begin{bmatrix} e_1 \\ e_2 \\ \vdots \\ e_n \end{bmatrix},\ \hat{Y} = \begin{bmatrix} \hat{Y}_1 \\ \hat{Y}_2 \\ \vdots \\ \hat{Y}_n \end{bmatrix}.$$

3.1.3 多元线性回归模型的基本假定

为了使参数估计量具有良好的统计性质,对多元线性回归模型(3.1)式或(3.3)式可作出类似于一元线性回归模型那样的若干基本假设.

假设 1:$E(\mu_i)=0,\ i=1,2,\cdots,n$,即零均值假设.

假设 2:$\mathrm{Var}(\mu_i)=E(\mu_i^2)=\sigma^2,\ i=1,2,\cdots,n$,即同方差假设.

假设 3:$\mathrm{Cov}(\mu_i,\mu_j)=E(\mu_i\mu_j)=0,\ i\neq j,i,j=1,2,\cdots,n$,即无序列相关假设.

假设 4:$\mathrm{Cov}(X_{ji},\mu_i)=0,\ j=1,2,\cdots,k,\ i=1,2,\cdots,n$,即解释变量与随机干扰项不相关.

假设 5:$\mu_i \sim N(0,\sigma^2)$,即随机干扰项服从正态分布.

对于多元线性回归模型增加了下面一个假设条件.

假设 6:解释变量 $X_1,X_2,\cdots,X_k$ 为非随机变量,且它们之间不存在严格的线性相关,即不存在多重共线性.

以上 6 个假设条件称为多元线性回归模型的经典假设条件,可用矩阵形式表示为:

假设 1:

$$E(U)=E\begin{bmatrix} \mu_1 \\ \mu_2 \\ \vdots \\ \mu_n \end{bmatrix}=\begin{bmatrix} E(\mu_1) \\ E(\mu_2) \\ \vdots \\ E(\mu_n) \end{bmatrix}=\mathbf{0}.$$

假设 2 和假设 3:

$$\mathrm{Cov}(U)=E(UU')=\sigma^2 I_n. \tag{3.9}$$

其中,I_n 为 n 阶单位矩阵. 该公式的具体含义如下:

$$\mathrm{Cov}(U)=\begin{bmatrix} \mathrm{Var}(\mu_1) & \mathrm{Cov}(\mu_1,\mu_2) & \cdots & \mathrm{Cov}(\mu_1,\mu_n) \\ \mathrm{Cov}(\mu_2,\mu_1) & \mathrm{Var}(\mu_2) & \cdots & \mathrm{Cov}(\mu_2,\mu_n) \\ \vdots & \vdots & & \vdots \\ \mathrm{Cov}(\mu_n,\mu_1) & \mathrm{Cov}(\mu_n,\mu_2) & \cdots & \mathrm{Var}(\mu_n) \end{bmatrix}$$

$$
=\begin{bmatrix} E(\mu_1^2) & E(\mu_1\mu_2) & \cdots & E(\mu_1\mu_n) \\ E(\mu_2\mu_1) & E(\mu_2^2) & \cdots & E(\mu_2\mu_n) \\ \vdots & \vdots & & \vdots \\ E(\mu_n\mu_1) & E(\mu_n\mu_2) & \cdots & E(\mu_n^2) \end{bmatrix}
$$

$$
=\begin{bmatrix} \sigma^2 & 0 & \cdots & 0 \\ 0 & \sigma^2 & \cdots & 0 \\ \vdots & \vdots & & \vdots \\ 0 & 0 & \cdots & \sigma^2 \end{bmatrix}.
$$

矩阵(3.9)称为随机干扰项 μ 的协方差矩阵，此矩阵主对角线上的元素是方差，而主对角线以外的元素是协方差. 注意协方差矩阵是对称的.

假设 4：$E(X'U)=\mathbf{0}$，即

$$
E\begin{bmatrix} \sum \mu_i \\ \sum X_{1i}\mu_i \\ \vdots \\ \sum X_{ki}\mu_i \end{bmatrix} = \begin{bmatrix} \sum E(\mu_i) \\ \sum X_{1i}E(\mu_i) \\ \vdots \\ \sum X_{ki}E(\mu_i) \end{bmatrix} = \mathbf{0}.
$$

假设 5：$U \sim N(\mathbf{0}, \sigma^2 \boldsymbol{I}_n)$，即矩阵 $\boldsymbol{U}$ 服从多元正态分布.

假设 6：$\mathrm{rank}(\boldsymbol{X}) = k+1 < n$，即当样本观测值确定后，$\boldsymbol{X}$ 为一常数矩阵. 此假设要求矩阵 $\boldsymbol{X}$ 满秩，即要求系数行列式 $|\boldsymbol{X}'\boldsymbol{X}| \neq 0$，这个条件是得到参数估计值矩阵 $\hat{\boldsymbol{\beta}}$ 的充分必要条件.

3.2 多元线性回归模型的参数估计

同一元线性回归模型的参数估计一样，多元线性回归模型参数估计的任务仍有两项：一是求得反映变量之间数量关系的结构参数的估计量 $\hat{\beta}_j, j=0,1,2,\cdots,k$；二是求得随机干扰项的方差的估计量 $\hat{\sigma}^2$.

对于多元线性回归模型(3.1)式：

$$
Y_i = \beta_0 + \beta_1 X_{1i} + \beta_2 X_{2i} + \cdots + \beta_k X_{ki} + \mu_i, \qquad i=1,2,\cdots,n.
$$

在满足上述基本假设条件下，可利用 OLS 法对模型的参数进行估计.

3.2.1 参数的普通最小二乘估计

根据假设 1 得到的多元线性回归模型的总体回归函数

$$E(Y|X_{1i},X_{2i},\cdots,X_{ki})=\beta_0+\beta_1X_{1i}+\beta_2X_{2i}+\cdots+\beta_kX_{ki}$$

只是理论上存在,通过有限样本是无法求得的.因此,我们只能利用样本回归函数

$$\hat{Y}_i=\hat{\beta}_0+\hat{\beta}_1X_{1i}+\hat{\beta}_2X_{2i}+\cdots+\hat{\beta}_kX_{ki}$$

对其进行推断.即用 $\hat{\beta}_0,\hat{\beta}_1,\cdots,\hat{\beta}_k$ 作为总体回归系数 $\beta_0,\beta_1,\cdots,\beta_k$ 的估计量.根据最小二乘原理可知,要求出总体回归系数的最佳估计量,应使残差平方和

$$\begin{aligned}Q&=\sum e_i^2=\sum(Y_i-\hat{Y}_i)^2\\&=\sum(Y_i-\hat{\beta}_0-\hat{\beta}_1X_{1i}-\hat{\beta}_2X_{2i}-\cdots-\hat{\beta}_kX_{ki})^2\end{aligned}\tag{3.10}$$

达到最小.根据多元函数的极值原理,$\hat{\beta}_0,\hat{\beta}_1,\cdots,\hat{\beta}_k$ 是下列方程组的解

$$\begin{cases}\dfrac{\partial Q}{\partial\hat{\beta}_0}=2\sum(Y_i-\hat{\beta}_0-\hat{\beta}_1X_{1i}-\hat{\beta}_2X_{2i}-\cdots-\hat{\beta}_kX_{ki})(-1)=0,\\\dfrac{\partial Q}{\partial\hat{\beta}_1}=2\sum(Y_i-\hat{\beta}_0-\hat{\beta}_1X_{1i}-\hat{\beta}_2X_{2i}-\cdots-\hat{\beta}_kX_{ki})(-X_{1i})=0,\\\quad\cdots\cdots\qquad\qquad\cdots\cdots\\\dfrac{\partial Q}{\partial\hat{\beta}_k}=2\sum(Y_i-\hat{\beta}_0-\hat{\beta}_1X_{1i}-\hat{\beta}_2X_{2i}-\cdots-\hat{\beta}_kX_{ki})(-X_{ki})=0.\end{cases}$$

化简整理得

$$\begin{cases}\sum(Y_i-\hat{\beta}_0-\hat{\beta}_1X_{1i}-\hat{\beta}_2X_{2i}-\cdots-\hat{\beta}_kX_{ki})=0,\\\sum(Y_i-\hat{\beta}_0-\hat{\beta}_1X_{1i}-\hat{\beta}_2X_{2i}-\cdots-\hat{\beta}_kX_{ki})X_{1i}=0,\\\quad\cdots\cdots\qquad\qquad\cdots\cdots\\\sum(Y_i-\hat{\beta}_0-\hat{\beta}_1X_{1i}-\hat{\beta}_2X_{2i}-\cdots-\hat{\beta}_kX_{ki})X_{ki}=0.\end{cases}\tag{3.11}$$

即

$$\begin{cases}n\hat{\beta}_0+\hat{\beta}_1\sum X_{1i}+\hat{\beta}_2\sum X_{2i}+\cdots+\hat{\beta}_k\sum X_{ki}=\sum Y_i,\\\hat{\beta}_0\sum X_{1i}+\hat{\beta}_1\sum X_{1i}^2+\hat{\beta}_2\sum X_{2i}X_{1i}+\cdots+\hat{\beta}_k\sum X_{ki}X_{1i}=\sum X_{1i}Y_i,\\\quad\cdots\cdots\qquad\qquad\cdots\cdots\\\hat{\beta}_0\sum X_{ki}+\hat{\beta}_1\sum X_{1i}X_{ki}+\hat{\beta}_2\sum X_{2i}X_{ki}+\cdots+\hat{\beta}_k\sum X_{ki}^2=\sum X_{ki}Y_i.\end{cases}\tag{3.12}$$

写成矩阵形式为:

$$\begin{bmatrix}n&\sum X_{1i}&\sum X_{2i}&\cdots&\sum X_{ki}\\\sum X_{1i}&\sum X_{1i}^2&\sum X_{2i}X_{1i}&\cdots&\sum X_{ki}X_{1i}\\\vdots&\vdots&\vdots&&\vdots\\\sum X_{ki}&\sum X_{1i}X_{ki}&\sum X_{2i}X_{ki}&\cdots&\sum X_{ki}^2\end{bmatrix}\begin{bmatrix}\hat{\beta}_0\\\hat{\beta}_1\\\vdots\\\hat{\beta}_k\end{bmatrix}=\begin{bmatrix}\sum Y_i\\\sum X_{1i}Y_i\\\vdots\\\sum X_{ki}Y_i\end{bmatrix}.$$

进一步改写为:

$$\begin{bmatrix} 1 & 1 & \cdots & 1 \\ X_{11} & X_{12} & \cdots & X_{1n} \\ X_{21} & X_{22} & \cdots & X_{2n} \\ \vdots & \vdots & & \vdots \\ X_{k1} & X_{k2} & \cdots & X_{kn} \end{bmatrix} \begin{bmatrix} 1 & X_{11} & X_{21} & \cdots & X_{k1} \\ 1 & X_{12} & X_{22} & \cdots & X_{k2} \\ \vdots & \vdots & \vdots & & \vdots \\ 1 & X_{1n} & X_{2n} & \cdots & X_{kn} \end{bmatrix} \begin{bmatrix} \hat{\beta}_0 \\ \hat{\beta}_1 \\ \vdots \\ \hat{\beta}_k \end{bmatrix}$$

$$= \begin{bmatrix} 1 & 1 & \cdots & 1 \\ X_{11} & X_{12} & \cdots & X_{1n} \\ X_{21} & X_{22} & & X_{2n} \\ \vdots & \vdots & & \vdots \\ X_{k1} & X_{k2} & \cdots & X_{kn} \end{bmatrix} \begin{bmatrix} Y_1 \\ Y_2 \\ \vdots \\ Y_n \end{bmatrix}.$$

即

$$(\boldsymbol{X}'\boldsymbol{X})\hat{\boldsymbol{\beta}} = \boldsymbol{X}'\boldsymbol{Y}. \tag{3.13}$$

(3.11)式、(3.12)式、(3.13)式都称为多元线性回归的正规方程组. 根据假设6, $\text{rank}(X) = k+1$, 所以 $\boldsymbol{X}'\boldsymbol{X}$ 满秩, $\boldsymbol{X}'\boldsymbol{X}$ 的逆矩阵 $(\boldsymbol{X}'\boldsymbol{X})^{-1}$ 存在. 因而

$$\hat{\boldsymbol{\beta}} = (\boldsymbol{X}'\boldsymbol{X})^{-1}\boldsymbol{X}'\boldsymbol{Y}. \tag{3.14}$$

$\hat{\boldsymbol{\beta}}$ 即为 $\boldsymbol{\beta}$ 的 OLS 估计量.

显然,上面的推导过程比较复杂,如果利用矩阵微分法,可使推导过程大为简化. 由样本回归模型(3.7)式

$$\boldsymbol{Y} = \boldsymbol{X}\hat{\boldsymbol{\beta}} + \boldsymbol{e},$$

和样本回归函数(3.8)式

$$\hat{\boldsymbol{Y}} = \boldsymbol{X}\hat{\boldsymbol{\beta}},$$

可以得到残差矩阵

$$\boldsymbol{e} = \boldsymbol{Y} - \hat{\boldsymbol{Y}} = \boldsymbol{Y} - \boldsymbol{X}\hat{\boldsymbol{\beta}}, \tag{3.15}$$

残差平方和

$$\begin{aligned} Q &= \sum e_i^2 = \boldsymbol{e}'\boldsymbol{e} \\ &= (\boldsymbol{Y} - \boldsymbol{X}\hat{\boldsymbol{\beta}})'(\boldsymbol{Y} - \boldsymbol{X}\hat{\boldsymbol{\beta}}) \\ &= (\boldsymbol{Y}' - \hat{\boldsymbol{\beta}}'\boldsymbol{X}')(\boldsymbol{Y} - \boldsymbol{X}\hat{\boldsymbol{\beta}}) \\ &= \boldsymbol{Y}'\boldsymbol{Y} - \hat{\boldsymbol{\beta}}'\boldsymbol{X}'\boldsymbol{Y} - \boldsymbol{Y}'\boldsymbol{X}\hat{\boldsymbol{\beta}} + \hat{\boldsymbol{\beta}}'\boldsymbol{X}'\boldsymbol{X}\hat{\boldsymbol{\beta}}. \end{aligned}$$

上式右边每一项均为标量,因此

$$\hat{\boldsymbol{\beta}}'\boldsymbol{X}'\boldsymbol{Y} = (\hat{\boldsymbol{\beta}}'\boldsymbol{X}'\boldsymbol{Y})' = \boldsymbol{Y}'\boldsymbol{X}\hat{\boldsymbol{\beta}},$$

$$\boldsymbol{Q} = \boldsymbol{Y}'\boldsymbol{Y} - 2\hat{\boldsymbol{\beta}}'\boldsymbol{X}'\boldsymbol{Y} + \hat{\boldsymbol{\beta}}'\boldsymbol{X}'\boldsymbol{X}\hat{\boldsymbol{\beta}}. \tag{3.16}$$

故根据最小二乘原理,将上式两边分别对 $\hat{\beta}'$ 求一阶偏导数,并令其等于0,得

$$\frac{\partial \boldsymbol{Q}}{\partial \hat{\boldsymbol{\beta}}'} = -2\boldsymbol{X}'\boldsymbol{Y} + 2\boldsymbol{X}'\boldsymbol{X}\hat{\boldsymbol{\beta}} = 0,$$

即

$$X'Y = X'X\hat{\boldsymbol{\beta}}.$$

因为$(X'X)^{-1}$存在,所以参数的最小二乘估计量为:

$$\hat{\boldsymbol{\beta}} = (X'X)^{-1}X'Y.$$

3.2.2 离差形式的普通最小二乘估计

对于(3.13)式的正规方程组

$$X'X\hat{\boldsymbol{\beta}} = X'Y,$$

将 $Y = X\hat{\boldsymbol{\beta}} + e$ 代入得

$$X'X\hat{\boldsymbol{\beta}} = X'X\hat{\boldsymbol{\beta}} + X'e,$$

于是

$$X'e = 0. \tag{3.17}$$

这是多元线性回归的正规方程组(3.11)式的矩阵形式. 由于 X'矩阵的第 1 行元素全为 1,所以由(3.17)式可得

$$\sum e_i = 0.$$

对于任何一个解释变量 $X_j(j=1,2,\cdots,k)$,由(3.17)式可得

$$\sum_i X_{ji}e_i = 0, \quad j = 1,2,\cdots,k.$$

如果解释变量和被解释变量不是从 XY 坐标系的原点出发的,而是以样本平均值度量,即采用离差形式,也可以得到与(3.14)式类似的参数估计量的计算公式.

由多元线性总体回归模型

$$Y_i = \beta_0 + \beta_1 X_{1i} + \beta_2 X_{2i} + \cdots + \beta_k X_{ki} + \mu_i,$$

两边分别求平均值得

$$\bar{Y} = \beta_0 + \beta_1 \bar{X}_1 + \beta_2 \bar{X}_2 + \cdots + \beta_k \bar{X}_k + \bar{\mu}.$$

两式相减得

$$y_i = \beta_1 x_{1i} + \beta_2 x_{2i} + \cdots + \beta_k x_{ki} + (\mu_i - \bar{\mu}).$$

定义

$$\boldsymbol{y} = \begin{bmatrix} y_1 \\ y_2 \\ \vdots \\ y_n \end{bmatrix}, \quad \boldsymbol{E}(\boldsymbol{y}) = \begin{bmatrix} E(y_1) \\ E(y_2) \\ \vdots \\ E(y_n) \end{bmatrix}, \quad \hat{\boldsymbol{y}} = \begin{bmatrix} \hat{y}_1 \\ \hat{y}_2 \\ \vdots \\ \hat{y}_n \end{bmatrix}, \quad \boldsymbol{x} = \begin{bmatrix} x_{11} & x_{21} & \cdots & x_{k1} \\ x_{12} & x_{22} & \cdots & x_{k2} \\ \vdots & \vdots & & \vdots \\ x_{1n} & x_{2n} & \cdots & x_{kn} \end{bmatrix},$$

$$\boldsymbol{\beta} = \begin{bmatrix} \beta_1 \\ \beta_2 \\ \vdots \\ \beta_k \end{bmatrix}, \quad \hat{\boldsymbol{\beta}} = \begin{bmatrix} \hat{\beta}_1 \\ \hat{\beta}_2 \\ \vdots \\ \hat{\beta}_k \end{bmatrix}, \quad \boldsymbol{U} = \begin{bmatrix} \mu_1 \\ \mu_2 \\ \vdots \\ \mu_n \end{bmatrix}, \quad \bar{\boldsymbol{U}} = \begin{bmatrix} \bar{\mu} \\ \bar{\mu} \\ \vdots \\ \bar{\mu} \end{bmatrix}, \quad \boldsymbol{e} = \begin{bmatrix} e_1 \\ e_2 \\ \vdots \\ e_n \end{bmatrix}.$$

以离差形式表示的总体回归模型为：

$$y = x\boldsymbol{\beta} + U - \bar{U}. \tag{3.18}$$

以离差形式表示的总体回归方程为：

$$E(y) = x\boldsymbol{\beta}. \tag{3.19}$$

以离差形式表示的样本回归模型为：

$$y = x\hat{\boldsymbol{\beta}} + e. \tag{3.20}$$

以离差形式表示的样本回归方程为：

$$\hat{y} = x\hat{\boldsymbol{\beta}}. \tag{3.21}$$

由此容易推出，与(3.14)式类似的离差形式下的参数最小二乘估计量为

$$\begin{cases} \hat{\boldsymbol{\beta}} = (x'x)^{-1}x'y, \\ \hat{\beta}_0 = \bar{Y} - \hat{\beta}_1\bar{X}_1 - \hat{\beta}_2\bar{X}_2 - \cdots - \hat{\beta}_k\bar{X}_k. \end{cases} \tag{3.22}$$

3.2.3 普通最小二乘估计量的性质

用普通最小二乘法得到的多元线性回归模型的参数估计量也具有线性性、无偏性和有效性.

3.2.3.1 线性性

由参数估计量的公式

$$\hat{\boldsymbol{\beta}} = (\boldsymbol{X}'\boldsymbol{X})^{-1}\boldsymbol{X}'\boldsymbol{Y}$$

可知，$(\boldsymbol{X}'\boldsymbol{X})^{-1}\boldsymbol{X}'$ 仅与固定的 $\boldsymbol{X}$ 有关，因而 $\hat{\boldsymbol{\beta}}$ 是被解释变量 Y 的线性函数.

3.2.3.2 无偏性

将 $\boldsymbol{Y} = \boldsymbol{X}\boldsymbol{\beta} + \boldsymbol{U}$ 代入(3.14)式得

$$\begin{aligned} \hat{\boldsymbol{\beta}} &= (\boldsymbol{X}'\boldsymbol{X})^{-1}\boldsymbol{X}'\boldsymbol{Y} \\ &= (\boldsymbol{X}'\boldsymbol{X})^{-1}\boldsymbol{X}'(\boldsymbol{X}\boldsymbol{\beta} + \boldsymbol{U}) \\ &= (\boldsymbol{X}'\boldsymbol{X})^{-1}\boldsymbol{X}'\boldsymbol{X}\boldsymbol{\beta} + (\boldsymbol{X}'\boldsymbol{X})^{-1}\boldsymbol{X}'\boldsymbol{U} \\ &= \boldsymbol{\beta} + (\boldsymbol{X}'\boldsymbol{X})^{-1}\boldsymbol{X}'\boldsymbol{U}. \end{aligned} \tag{3.23}$$

对上式两边取期望值得

$$\begin{aligned} E(\hat{\boldsymbol{\beta}}) &= E[\boldsymbol{\beta} + (\boldsymbol{X}'\boldsymbol{X})^{-1}\boldsymbol{X}'\boldsymbol{U}] \\ &= E(\boldsymbol{\beta}) + (\boldsymbol{X}'\boldsymbol{X})^{-1}\boldsymbol{X}'E(\boldsymbol{U}) \\ &= \boldsymbol{\beta}. \end{aligned}$$

可见参数估计量 $\hat{\boldsymbol{\beta}}$ 具有无偏性.

3.2.3.3 有效性

有效性又称最小方差性. 证明过程分两步进行，第一步，先计算 $\hat{\boldsymbol{\beta}}$ 的协方差矩阵，记作 $\mathrm{Cov}(\hat{\boldsymbol{\beta}})$. 第二步，证明在最小二乘准则条件下得到的参数估计量 $\hat{\boldsymbol{\beta}}$ 具有最小方差性.

首先，计算 $\hat{\boldsymbol{\beta}}$ 的协方差矩阵. $\hat{\boldsymbol{\beta}}$ 的协方差矩阵定义为

$$\mathrm{Cov}(\hat{\boldsymbol{\beta}})=\begin{bmatrix}\mathrm{Var}(\hat{\beta}_0) & \mathrm{Cov}(\hat{\beta}_0,\hat{\beta}_1) & \cdots & \mathrm{Cov}(\hat{\beta}_0,\hat{\beta}_k)\\ \mathrm{Cov}(\hat{\beta}_1,\hat{\beta}_0) & \mathrm{Var}(\hat{\beta}_1) & \cdots & \mathrm{Cov}(\hat{\beta}_1,\hat{\beta}_k)\\ \vdots & \vdots & & \vdots\\ \mathrm{Cov}(\hat{\beta}_k,\hat{\beta}_0) & \mathrm{Cov}(\hat{\beta}_k,\hat{\beta}_1) & \cdots & \mathrm{Var}(\hat{\beta}_k)\end{bmatrix}$$

$$=E\{[\hat{\boldsymbol{\beta}}-E(\hat{\boldsymbol{\beta}})][\hat{\boldsymbol{\beta}}-E(\hat{\boldsymbol{\beta}})]'\}. \tag{3.24}$$

在 $\hat{\beta}$ 的协方差矩阵中，主对角线上的元素为各参数估计量 $\hat{\beta}_j$ 的方差，非主对角线上的元素为不同参数估计量之间的协方差.

由于 $\hat{\boldsymbol{\beta}}$ 的无偏性，(3.24)式可表示为

$$\mathrm{Cov}(\hat{\boldsymbol{\beta}})=E[(\hat{\boldsymbol{\beta}}-\boldsymbol{\beta})(\hat{\boldsymbol{\beta}}-\boldsymbol{\beta})'].$$

将(3.23)式

$$\hat{\boldsymbol{\beta}}-\boldsymbol{\beta}=(\boldsymbol{X}'\boldsymbol{X})^{-1}\boldsymbol{X}'\boldsymbol{U}$$

代入上式可得 $\hat{\boldsymbol{\beta}}$ 的协方差矩阵

$$\begin{aligned}\mathrm{Cov}(\hat{\boldsymbol{\beta}})&=E\{[(\boldsymbol{X}'\boldsymbol{X})^{-1}\boldsymbol{X}'\boldsymbol{U}][(\boldsymbol{X}'\boldsymbol{X})^{-1}\boldsymbol{X}'\boldsymbol{U}]'\}\\&=E[(\boldsymbol{X}'\boldsymbol{X})^{-1}\boldsymbol{X}'\boldsymbol{U}\boldsymbol{U}'\boldsymbol{X}(\boldsymbol{X}'\boldsymbol{X})^{-1}]\\&=(\boldsymbol{X}'\boldsymbol{X})^{-1}\boldsymbol{X}'E(\boldsymbol{U}\boldsymbol{U}')\boldsymbol{X}(\boldsymbol{X}'\boldsymbol{X})^{-1}\\&=\sigma^2(\boldsymbol{X}'\boldsymbol{X})^{-1}\boldsymbol{X}'\boldsymbol{X}(\boldsymbol{X}'\boldsymbol{X})^{-1}\\&=\sigma^2(\boldsymbol{X}'\boldsymbol{X})^{-1}.\end{aligned} \tag{3.25}$$

其次，证明最小二乘估计量 $\hat{\boldsymbol{\beta}}$ 具有最小方差性.

设 $\hat{\boldsymbol{\beta}}^*$ 为 $\boldsymbol{\beta}$ 的任意其他线性估计量，可将其写为

$$\hat{\boldsymbol{\beta}}^*=[(\boldsymbol{X}'\boldsymbol{X})^{-1}\boldsymbol{X}'+\boldsymbol{D}]\boldsymbol{Y}. \tag{3.26}$$

其中，$\boldsymbol{D}$ 为一常数矩阵.

将 $\boldsymbol{Y}=\boldsymbol{X}\boldsymbol{\beta}+\boldsymbol{U}$ 代入(3.26)式得

$$\begin{aligned}\hat{\boldsymbol{\beta}}^*&=[(\boldsymbol{X}'\boldsymbol{X})^{-1}\boldsymbol{X}'+\boldsymbol{D}](\boldsymbol{X}\boldsymbol{\beta}+\boldsymbol{U})\\&=(\boldsymbol{X}'\boldsymbol{X})^{-1}\boldsymbol{X}'\boldsymbol{X}\boldsymbol{\beta}+\boldsymbol{D}\boldsymbol{X}\boldsymbol{\beta}+(\boldsymbol{X}'\boldsymbol{X})^{-1}\boldsymbol{X}'\boldsymbol{U}+\boldsymbol{D}\boldsymbol{U}\\&=\boldsymbol{\beta}+\boldsymbol{D}\boldsymbol{X}\boldsymbol{\beta}+(\boldsymbol{X}'\boldsymbol{X})^{-1}\boldsymbol{X}'\boldsymbol{U}+\boldsymbol{D}\boldsymbol{U}.\end{aligned} \tag{3.27}$$

如果要求 $\hat{\boldsymbol{\beta}}^*$ 是 $\boldsymbol{\beta}$ 的一个无偏估计量，则必须有

$$\boldsymbol{D}\boldsymbol{X}=0. \tag{3.28}$$

利用(3.28)式，可将(3.27)改写为

$$\hat{\boldsymbol{\beta}}^*-\boldsymbol{\beta}=(\boldsymbol{X}'\boldsymbol{X})^{-1}\boldsymbol{X}'\boldsymbol{U}+\boldsymbol{D}\boldsymbol{U}. \tag{3.29}$$

根据定义和(3.29)式，$\hat{\boldsymbol{\beta}}^*$ 的协方差矩阵为

$$\begin{aligned}\mathrm{Cov}(\hat{\boldsymbol{\beta}}^*)&=E\{[\hat{\boldsymbol{\beta}}^*-E(\hat{\boldsymbol{\beta}}^*)][\hat{\boldsymbol{\beta}}^*-E(\hat{\boldsymbol{\beta}}^*)]'\}\\&=E[(\hat{\boldsymbol{\beta}}^*-\boldsymbol{\beta})(\hat{\boldsymbol{\beta}}^*-\boldsymbol{\beta})']\\&=E\{[(\boldsymbol{X}'\boldsymbol{X})^{-1}\boldsymbol{X}'\boldsymbol{U}+\boldsymbol{D}\boldsymbol{U}][(\boldsymbol{X}'\boldsymbol{X})^{-1}\boldsymbol{X}'\boldsymbol{U}+\boldsymbol{D}\boldsymbol{U}]'\}\end{aligned}$$

$$
\begin{aligned}
&= E\{[(X'X)^{-1}X'U + DU][U'X(X'X)^{-1} + U'D']\} \\
&= E[(X'X)^{-1}X'UU'X(X'X)^{-1} + DUU'X(X'X)^{-1} \\
&\quad (X'X)^{-1}X'UU'D' + DUU'D'] \\
&= (X'X)^{-1}X'E(UU')X(X'X)^{-1} + DE(UU')X(X'X)^{-1} + \\
&\quad (X'X)^{-1}X'E(UU')D' + DE(UU')D' \\
&= \sigma^2(X'X)^{-1} + \sigma^2 DX(X'X)^{-1} + \sigma^2(X'X)^{-1}(DX)' + \sigma^2 DD' \\
&= \sigma^2(X'X)^{-1} + \sigma^2 DD' \\
&= \mathrm{Cov}(\hat{\boldsymbol{\beta}}) + \sigma^2 DD'. \qquad (3.30)
\end{aligned}
$$

(3.30)式表明另一线性无偏估计量 $\hat{\boldsymbol{\beta}}^*$ 的协方差矩阵等于 OLS 估计量 $\hat{\boldsymbol{\beta}}$ 的协方差矩阵加上 σ^2 倍的 DD'，而 DD' 是一半正定矩阵，所有主对角线元素均大于等于零，所以 $\mathrm{Cov}(\hat{\boldsymbol{\beta}})$ 的所有主对角线元素不大于 $\mathrm{Cov}(\hat{\boldsymbol{\beta}}^*)$ 的相应主对角线元素，即最小二乘估计量 $\hat{\boldsymbol{\beta}}$ 的方差最小. 这个性质称为多元线性回归分析的高斯—马尔可夫定理.

至此我们证明了最小二乘估计量 $\hat{\boldsymbol{\beta}}$ 是 $\boldsymbol{\beta}$ 的最优线性无偏估计量(BLUE).

3.2.4 随机干扰项方差的估计

在(3.25)式中，随机干扰项 U 的方差 σ^2 为总体参数，无法得到，只能用 $\mathrm{Var}(e_i)$ 近似代替.

由于被解释变量的观测值与估计值之间的残差为

$$
\begin{aligned}
e &= Y - X\hat{\boldsymbol{\beta}} \\
&= Y - X(X'X)^{-1}X'Y \\
&= X\boldsymbol{\beta} + U - X(X'X)^{-1}X'(X\boldsymbol{\beta} + U) \\
&= X\boldsymbol{\beta} + U - X\boldsymbol{\beta} - X(X'X)^{-1}X'U \\
&= [I_n - X(X'X)^{-1}X']U.
\end{aligned}
$$

令 $M = I_n - X(X'X)^{-1}X'$，可以得到 $e = MU$. 因为 M 为对称等幂矩阵，即

$$
M = M',
$$

$$
M^2 = M'M = M.
$$

所以残差平方和为：

$$
\begin{aligned}
e'e &= (MU)'MU \\
&= U'M'MU \\
&= U'MMU \\
&= U'MU.
\end{aligned}
$$

由于 $e'e$ 和 $U'MU$ 均为标量，由代数知识可知，标量应与其迹相等，即

$$
e'e = U'MU = \mathrm{tr}(U'MU).
$$

其中，符号“tr”表示矩阵的迹，其定义为矩阵主对角线元素之和. 由代数中迹的轮换性定理(即交换定理)，可以得到

$$\mathrm{tr}(\boldsymbol{U}'\boldsymbol{M}\boldsymbol{U})=\mathrm{tr}(\boldsymbol{U}\boldsymbol{U}'\boldsymbol{M})=\mathrm{tr}(\boldsymbol{M}\boldsymbol{U}\boldsymbol{U}').$$

因此残差平方和的期望为:

$$\begin{aligned}E(\boldsymbol{e}'\boldsymbol{e})&=E[\mathrm{tr}(\boldsymbol{U}'\boldsymbol{M}\boldsymbol{U})]\\&=E[\mathrm{tr}(\boldsymbol{U}\boldsymbol{U}'\boldsymbol{M})]\\&=\mathrm{tr}[E(\boldsymbol{U}\boldsymbol{U}')\boldsymbol{M}]\\&=\sigma^2\mathrm{tr}(\boldsymbol{M})\\&=\sigma^2\mathrm{tr}[\boldsymbol{I}_n-\boldsymbol{X}(\boldsymbol{X}'\boldsymbol{X})^{-1}\boldsymbol{X}']\\&=\sigma^2\{\mathrm{tr}(\boldsymbol{I}_n)-\mathrm{tr}[\boldsymbol{X}(\boldsymbol{X}'\boldsymbol{X})^{-1}\boldsymbol{X}']\}\\&=\sigma^2\{n-\mathrm{tr}[(\boldsymbol{X}'\boldsymbol{X})^{-1}\boldsymbol{X}'\boldsymbol{X}]\}\\&=\sigma^2[n-\mathrm{tr}(\boldsymbol{I}_{k+1})]\\&=\sigma^2[n-(k+1)].\end{aligned}$$

于是

$$E\left(\frac{\boldsymbol{e}'\boldsymbol{e}}{n-k-1}\right)=\sigma^2.$$

以上过程既导出了随机干扰项方差的估计量为

$$\hat{\sigma}^2=\frac{\boldsymbol{e}'\boldsymbol{e}}{n-k-1}.\tag{3.31}$$

也证明了该估计量为无偏估计量.

用 $\hat{\sigma}^2$ 代替 σ^2,可以得到 $\hat{\beta}$ 的方差估计量为

$$\mathrm{Est.\,Cov}(\hat{\beta})=\hat{\sigma}^2(\boldsymbol{X}'\boldsymbol{X})^{-1}.\tag{3.32}$$

3.3 多元线性回归模型的统计检验

当多元线性回归模型的参数估计任务完成并建立起样本回归函数之后,还需要进一步对该样本回归函数进行统计检验,以判断估计的可靠程度. 与一元线性回归模型的统计检验内容大致相同,多元线性回归模型的统计检验也包括拟合优度检验、回归方程总体线性的显著性检验、回归系数的显著性检验以及参数的置信区间估计等.

3.3.1 拟合优度检验

3.3.1.1 判定系数 R^2

在一元线性回归模型中,使用判定系数 R^2 来衡量样本回归线对样本观测值的拟合程度. 同样,在多元线性回归模型中,也可使用这个指标来衡量样本回归线对样本观测值的拟合程度.

在多元线性回归模型中,总离差平方和

$$\begin{aligned}\text{TSS} &= \sum (Y_i - \bar{Y})^2 \\ &= \sum [(Y_i - \hat{Y}_i) + (\hat{Y}_i - \bar{Y})]^2 \\ &= \sum (Y_i - \hat{Y}_i)^2 + 2\sum (Y_i - \hat{Y}_i)(\hat{Y}_i - \bar{Y}) + \sum (\hat{Y}_i - \bar{Y})^2.\end{aligned}$$

由于

$$\begin{aligned}\sum (Y_i - \hat{Y}_i)(\hat{Y}_i - \bar{Y}) &= \sum e_i(\hat{Y}_i - \bar{Y}) \\ &= \sum e_i(\hat{\beta}_0 + \hat{\beta}_1 X_{1i} + \hat{\beta}_2 X_{2i} + \cdots + \hat{\beta}_k X_{ki} - \bar{Y}) \\ &= \hat{\beta}_0 \sum e_i + \hat{\beta}_1 \sum e_i X_{1i} + \hat{\beta}_2 \sum e_i X_{2i} + \cdots + \hat{\beta}_k \sum e_i X_{ki} - \bar{Y} \sum e_i \\ &= 0,\end{aligned}$$

所以有

$$\text{TSS} = \sum (Y_i - \hat{Y}_i)^2 + \sum (\hat{Y}_i - \bar{Y})^2 = \text{RSS} + \text{ESS}. \tag{3.33}$$

可见,总离差平方和也可以分解为回归平方和与残差平方和两部分. 回归平方和反映了在总离差平方和中可由样本回归线解释的部分,它越大,残差平方和越小,表明样本回归线与样本观测值的拟合程度越高. 因此,可用回归平方和占总离差平方和的比重来衡量样本回归线对样本观测值的拟合程度,故判定系数可表示为

$$R^2 = \frac{\text{ESS}}{\text{TSS}} = 1 - \frac{\text{RSS}}{\text{TSS}}. \tag{3.34}$$

该统计量越接近 1,模型的拟合优度越高. TSS,RSS,ESS 的矩阵表达式为:

$$\text{TSS} = \sum y_i^2 = \sum (Y_i - \bar{Y})^2 = \sum Y_i^2 - n\bar{Y}^2 = \boldsymbol{Y'Y} - n\bar{Y}^2.$$

根据(3.16)式

$$\text{RSS} = \sum e_i^2 = \boldsymbol{e'e} = \boldsymbol{Y'Y} - 2\hat{\boldsymbol{\beta}}'\boldsymbol{X'Y} + \hat{\boldsymbol{\beta}}'\boldsymbol{X'X}\hat{\boldsymbol{\beta}}.$$

将 $\boldsymbol{X'X}\hat{\boldsymbol{\beta}} = \boldsymbol{X'Y}$ 代入上式得

$$\text{RSS} = \boldsymbol{Y'Y} - \hat{\boldsymbol{\beta}}'\boldsymbol{X'Y},$$

$$\text{ESS} = \text{TSS} - \text{RSS} = \hat{\boldsymbol{\beta}}'\boldsymbol{X'Y} - n\bar{Y}^2.$$

于是,R^2 的矩阵表达式为

$$R^2 = \frac{\hat{\boldsymbol{\beta}}'\boldsymbol{X'Y} - n\bar{Y}^2}{\boldsymbol{Y'Y} - n\bar{Y}^2}. \tag{3.35}$$

R^2 作为检验样本回归线与样本观测值拟合优度的指标,R^2 越大,表明样本回归线与样本观测值拟合得越好;反之,拟合得越差. 但在应用过程中发现,R^2 的大小与模型中的解释变量个数有关,随着解释变量个数的增加,R^2 往往是增大的,这是因为残差平方和往往随着解释变量个数的增多而减少,至少不会增加. 这就使人们产生一种错觉,要增大 R^2,只要增加模型中的解释变量个数即可. 但实际上由增加解释变量个数引起的 R^2 的增大与模型拟合好坏无关. 因此

在多元线性回归模型之间比较拟合优度，R^2 就不是一个合适的指标，必须加以调整.

3.3.1.2　调整的判定系数 $\bar{R}^2$

对判定系数进行调整的方法是用残差平方和与总离差平方和分别除以各自的自由度，以消除解释变量个数对拟合优度的影响. 调整后的判定系数用 $\bar{R}^2$ 表示，即

$$\bar{R}^2 = 1 - \frac{\mathrm{RSS}/(n-k-1)}{\mathrm{TSS}/(n-1)}. \tag{3.36}$$

其中，$n-k-1$ 为残差平方和的自由度；$n-1$ 为总离差平方和的自由度. 显然，如果增加的解释变量没有解释能力，则对残差平方和 RSS 的减小没有多大帮助，却增加待估参数的个数，从而使 $\bar{R}^2$ 有较大幅度的下降.

将 $\mathrm{RSS/TSS} = 1 - R^2$ 代入(3.36)式，得到 $\bar{R}^2$ 与 R^2 的关系式

$$\bar{R}^2 = 1 - (1-R^2)\frac{(n-1)}{(n-k-1)}. \tag{3.37}$$

最后还应指出，回归分析的目的并不是追求较高的 $\bar{R}^2$ 值，而是要得到总体回归模型中回归系数可信任的估计量，以便做出统计推断. 因此，在建立回归模型时，应该更多地从理论上探讨解释变量与被解释变量之间的关系，不能单凭最高的 $\bar{R}^2$ 值来选择模型，有时为了追求模型的经济意义，甚至可以牺牲一点拟合优度.

3.3.2　回归方程总体线性的显著性检验（*F* 检验）

回归方程总体线性的显著性检验是对模型中被解释变量与解释变量之间的线性关系在总体上是否显著成立作出推断. 从上面的拟合优度检验中可以看出，拟合优度高，解释变量对被解释变量的解释程度就高，可以推测回归方程总体线性关系成立；反之，则不成立. 但这只是一个模糊的推测，没有给出一个统计上严格的结论，因而要进行方程的显著性检验. 方程的显著性检验普遍使用的方法是 F 检验.

3.3.2.1　F 检验

对于多元线性回归模型

$$Y_i = \beta_0 + \beta_1 X_{1i} + \beta_2 X_{2i} + \cdots + \beta_k X_{ki} + \mu_i, \quad i = 1,2,\cdots,n,$$

检验模型中被解释变量 Y 与解释变量 $X_1, X_2, \cdots, X_k$ 之间的线性关系在总体上是否显著成立，相当于检验回归模型中参数 $\beta_1, \beta_2, \cdots, \beta_k$ 是否显著不为 0. 因为如果 $\beta_1, \beta_2, \cdots, \beta_k$ 全为 0，则 Y 与 $X_1, X_2, \cdots, X_k$ 的线性关系不存在，回归方程没有任何意义.

由总离差平方和的分解公式(3.33)可知

$$\text{TSS} = \text{ESS} + \text{RSS} = \sum \hat{y}_i^2 + \sum e_i^2.$$

由于回归平方和 ESS 反映的是解释变量 $X_1, X_2, \cdots, X_k$ 对被解释变量 Y 的线性作用的程度,残差平方和 RSS 反映的是随机干扰项对被解释变量 Y 的影响. 故考虑比值

$$\frac{\text{ESS}}{\text{RSS}} = \frac{\sum \hat{y}_i^2}{\sum e_i^2}.$$

如果这个比值较大,则 $X_1, X_2, \cdots, X_k$ 整体对 Y 的解释程度就高,可认为回归方程总体上存在线性关系;反之,总体上可能不存在线性关系. 因此可通过该比值的大小对总体线性关系进行推断.

按照假设检验的原理,提出的原假设与备择假设分别为

$$H_0: \beta_1 = \beta_2 = \cdots = \beta_k = 0;$$

$$H_1: \beta_j (j = 1, 2, \cdots, k) \text{不全为零}.$$

在原假设 H_0 成立的条件下,统计量

$$F = \frac{\text{ESS}/k}{\text{RSS}/(n-k-1)} = \frac{(\hat{\boldsymbol{\beta}}'\boldsymbol{X}'\boldsymbol{Y} - n\bar{Y}^2)/k}{(\boldsymbol{Y}'\boldsymbol{Y} - \hat{\boldsymbol{\beta}}'\boldsymbol{X}'\boldsymbol{Y})/(n-k-1)} \sim F(k, n-k-1). \quad (3.38)$$

因此,给定显著性水平 α,查 F 分布表,得到临界值 $F_\alpha(k, n-k-1)$,并根据样本观测值求出 F 统计量的值.

若 $F \geqslant F_\alpha(k, n-k-1)$,则拒绝 H_0,接受 H_1,认为回归方程总体上的线性关系显著成立;若 $F < F_\alpha(k, n-k-1)$,则接受 H_0,认为回归方程总体上的线性关系显著不成立.

3.3.2.2 拟合优度检验与 F 检验的关系

拟合优度检验和方程总体线性的显著性检验是从不同原理出发的两类检验. 前者是从已经得到的估计方程出发,检验它对样本观测值的拟合优度;后者是从样本观测值出发,检验方程总体线性关系的显著性. 但二者又有联系,回归方程对样本观测值的拟合优度高,方程总体线性关系的显著性就强. 因而找出二者之间的关系,在实际应用中互为验证具有实际意义.

统计量 F 与 R^2 之间存在下列关系:

$$F = \frac{R^2/k}{(1-R^2)/(n-k-1)}. \quad (3.39)$$

由(3.39)式可知,F 与 R^2 同向变化:当 $R^2 = 0$ 时,$F = 0$;R^2 越大,F 值也越大;当 $R^2 = 1$ 时,F 为无穷大. 因此 F 检验既是回归方程总体线性关系显著性的一个度量,也是 R^2 的一个显著性检验. 换句话说,检验原假设 $H_0: \beta_1 = \beta_2 = \cdots = \beta_k = 0$,等价于检验 $R^2 = 0$ 这一虚拟假设.

3.3.3 回归系数的显著性检验(t 检验)

对于多元线性回归模型,回归方程的总体线性关系显著成立,并不意味着每个解释变量 $X_1,X_2,\cdots,X_k$ 对被解释变量 Y 的影响都是显著的.因此,必须对每个解释变量进行显著性检验,以决定是否将这个解释变量留在模型中.经过检验,如果发现某个解释变量 $X_j(j=1,2,\cdots,k)$ 对被解释变量 Y 的影响不显著,则应将 X_j 从模型中剔除,重新建立更为简单的回归模型,以利于对 Y 进行更准确的预测.回归系数的显著性检验普遍采用的方法是 t 检验.

在关于参数估计量性质的证明中,已经导出了参数估计量 $\hat{\boldsymbol{\beta}}$ 的协方差矩阵

$$\mathrm{Cov}(\hat{\boldsymbol{\beta}})=\sigma^2(\boldsymbol{X}'\boldsymbol{X})^{-1}.$$

此矩阵主对角线上的元素为各参数估计量 $\hat{\beta}_j$ 的方差.以 c_{jj} 表示矩阵 $(\boldsymbol{X}'\boldsymbol{X})^{-1}$ 主对角线上的第 j 个元素,于是参数估计量 $\hat{\beta}_j$ 的方差为

$$\mathrm{Var}(\hat{\beta}_j)=\sigma^2 c_{jj},\ j=1,2,\cdots,k. \tag{3.40}$$

其中,σ^2 未知,用

$$\hat{\sigma}^2=\frac{\boldsymbol{e}'\boldsymbol{e}}{n-k-1}$$

代替.这样,当模型参数估计完之后,就可以计算每个参数估计量的样本方差值,即

$$S_{\hat{\beta}_j}^2=\hat{\sigma}^2 c_{jj}=c_{jj}\frac{\boldsymbol{e}'\boldsymbol{e}}{n-k-1},\quad j=1,2,\cdots,k. \tag{3.41}$$

因为

$$\hat{\beta}_j\sim N(\beta_j,\sigma^2 c_{jj}),$$

所以,可构造如下 t 统计量:

$$t_{\hat{\beta}_j}=\frac{\hat{\beta}_j-\beta_j}{S_{\hat{\beta}_j}}=\frac{\hat{\beta}_j-\beta_j}{\sqrt{c_{jj}\frac{\boldsymbol{e}'\boldsymbol{e}}{n-k-1}}}\sim t(n-k-1),\quad j=1,2,\cdots,k. \tag{3.42}$$

该统计量即为对回归系数进行显著性检验的 t 统计量.

t 检验步骤如下:

(1)提出原假设 $H_0:\beta_j=0,\ j=1,2,\cdots,k$;

备择假设 $H_1:\beta_j\neq 0,\ j=1,2,\cdots,k$.

(2)计算统计量 $t_{\hat{\beta}_j}$.在原假设 H_0 成立的条件下

$$t_{\hat{\beta}_j}=\frac{\hat{\beta}_j}{S_{\hat{\beta}_j}}=\frac{\hat{\beta}_j}{\sqrt{c_{jj}\frac{\boldsymbol{e}'\boldsymbol{e}}{n-k-1}}}.$$

(3)给定显著性水平 α,查 t 分布表,得到临界值 $t_{\alpha/2}(n-k-1)$.

(4)做出判断. 若$|t_{\hat{\beta}_j}| \geq t_{\alpha/2}(n-k-1)$，则拒绝$H_0$，接受$H_1$，认为$\beta_j$显著不为0. 从而可断定解释变量$X_j$对被解释变量$Y$的影响显著，可将$X_j$留在模型中. 若$|t_{\hat{\beta}_j}| < t_{\alpha/2}(n-k-1)$，则接受$H_0$，认为$\beta_j$显著为0. 从而可断定解释变量$X_j$对被解释变量Y的影响不显著，可考虑将$X_j$从模型中剔除.

需要注意的是，在一元线性回归分析中，t检验与F检验是一致的. 原因一是t检验与F检验都是对相同的原假设$H_0:\beta_1=0$进行检验；二是两个统计量之间具有如下关系：

$$F=\frac{\sum \hat{y}_i^2}{\sum e_i^2/(n-2)}=\frac{\hat{\beta}_1^2\sum x_i^2}{\sum e_i^2/(n-2)}=\left[\frac{\hat{\beta}_1}{\sqrt{\frac{\sum e_i^2/(n-2)}{\sum x_i^2}}}\right]^2=t^2.$$

因此对一元线性回归模型而言，只进行t检验，不必进行F检验.

3.3.4 总体参数的置信区间

回归系数的显著性检验是用来判断所考察的解释变量是否对被解释变量有显著影响，但并未回答在一次抽样中，所得到的参数估计值与参数真实值的接近程度，以及以多大的概率达到指定的接近程度，这就需要通过构造参数的置信区间做出回答.

在回归系数的显著性检验中已经知道：

$$t_{\hat{\beta}_j}=\frac{\hat{\beta}_j-\beta_j}{S_{\hat{\beta}_j}}\sim t(n-k-1).$$

这就是说，如果给定置信水平$(1-\alpha)$，从t分布表中查得的自由度为$(n-k-1)$的临界值为$t_{\alpha/2}$，那么$t_{\hat{\beta}_j}$值落在$(-t_{\alpha/2},t_{\alpha/2})$的概率是$(1-\alpha)$. 表示为

$$P(-t_{\alpha/2}<t_{\hat{\beta}_j}<t_{\alpha/2})=1-\alpha.$$

即

$$P\left(-t_{\alpha/2}<\frac{\hat{\beta}_j-\beta_j}{S_{\hat{\beta}_j}}<t_{\alpha/2}\right)=1-\alpha.$$

$$P(\hat{\beta}_j-t_{\alpha/2}S_{\hat{\beta}_j}<\beta_j<\hat{\beta}_j+t_{\alpha/2}S_{\hat{\beta}_j})=1-\alpha.$$

于是得到，在$(1-\alpha)$的置信水平下β_j的置信区间为

$$(\hat{\beta}_j-t_{\alpha/2}S_{\hat{\beta}_j},\quad \hat{\beta}_j+t_{\alpha/2}S_{\hat{\beta}_j}) \tag{3.43}$$

3.4 多元线性回归模型的预测

计量经济学模型的一个重要应用是经济预测. 假定所建立的多元线性回归

模型 $Y=X\beta+U$ 在预测期或预测范围内仍然成立,即在由样本得到的统计规律未发生太大变化,原有回归模型的假设条件仍然成立的前提下来进行预测.

对于给定样本以外的解释变量的一组特定值

$$\boldsymbol{X}_0=(1 \quad X_{10} \quad X_{20} \quad \cdots \quad X_{k0})$$

利用样本回归方程可以得到 Y_0 的估计值 $\hat{Y}_0$

$$\hat{Y}_0=\boldsymbol{X}_0\hat{\boldsymbol{\beta}}. \tag{3.44}$$

$\hat{Y}_0$ 既可以作为总体均值 $E(Y_0)$ 的预测值,也可以作为总体个别值 Y_0 的预测值.为了进行科学预测,还需要求出 $E(Y_0)$ 和 Y_0 的预测区间.

3.4.1 $E(Y_0)$ 的预测区间

从参数估计量性质的讨论中可知

$$E(\hat{Y}_0)=E(\boldsymbol{X}_0\hat{\boldsymbol{\beta}})=\boldsymbol{X}_0E(\hat{\boldsymbol{\beta}})=\boldsymbol{X}_0\boldsymbol{\beta}=E(Y_0);$$

$$\begin{aligned}\mathrm{Var}(\hat{Y}_0)&=E[\hat{Y}_0-E(\hat{Y}_0)]^2\\&=E[\boldsymbol{X}_0\hat{\boldsymbol{\beta}}-E(\boldsymbol{X}_0\hat{\boldsymbol{\beta}})]^2\\&=E(\boldsymbol{X}_0\hat{\boldsymbol{\beta}}-\boldsymbol{X}_0\boldsymbol{\beta})^2\\&=E\{[\boldsymbol{X}_0(\hat{\boldsymbol{\beta}}-\boldsymbol{\beta})][\boldsymbol{X}_0(\hat{\boldsymbol{\beta}}-\boldsymbol{\beta})]\}.\end{aligned}$$

由于 $\boldsymbol{X}_0(\hat{\boldsymbol{\beta}}-\boldsymbol{\beta})$ 为标量,因此

$$\boldsymbol{X}_0(\hat{\boldsymbol{\beta}}-\boldsymbol{\beta})=[\boldsymbol{X}_0(\hat{\boldsymbol{\beta}}-\boldsymbol{\beta})]'=(\hat{\boldsymbol{\beta}}-\boldsymbol{\beta})'\boldsymbol{X}_0'.$$

代入上式得

$$\begin{aligned}\mathrm{Var}(\hat{Y}_0)&=E[\boldsymbol{X}_0(\hat{\boldsymbol{\beta}}-\boldsymbol{\beta})(\hat{\boldsymbol{\beta}}-\boldsymbol{\beta})'\boldsymbol{X}_0']\\&=\boldsymbol{X}_0E[(\hat{\boldsymbol{\beta}}-\boldsymbol{\beta})(\hat{\boldsymbol{\beta}}-\boldsymbol{\beta})']\boldsymbol{X}_0'\\&=\boldsymbol{X}_0\mathrm{Cov}(\hat{\boldsymbol{\beta}})\boldsymbol{X}_0'\\&=\sigma^2\boldsymbol{X}_0(\boldsymbol{X}'\boldsymbol{X})^{-1}\boldsymbol{X}_0'.\end{aligned}$$

因此

$$\hat{Y}\sim N[\boldsymbol{X}_0\boldsymbol{\beta},\sigma^2\boldsymbol{X}_0(\boldsymbol{X}'\boldsymbol{X})^{-1}\boldsymbol{X}_0']. \tag{3.45}$$

以 $\hat{\sigma}^2$ 代替 σ^2,可得到 $\hat{Y}_0$ 的方差估计量

$$S_{\hat{Y}_0}^2=\hat{\sigma}^2\boldsymbol{X}_0(\boldsymbol{X}'\boldsymbol{X})^{-1}\boldsymbol{X}_0'. \tag{3.46}$$

构造 t 统计量

$$t=\frac{\hat{Y}_0-E(\hat{Y}_0)}{S_{\hat{Y}_0}}=\frac{\hat{Y}_0-E(Y_0)}{\hat{\sigma}\sqrt{\boldsymbol{X}_0(\boldsymbol{X}'\boldsymbol{X})^{-1}\boldsymbol{X}_0'}}\sim t(n-k-1).$$

于是,得到 $(1-\alpha)$ 置信度下 $E(Y_0)$ 的预测区间为

$$\hat{Y}_0-t_{\alpha/2}\hat{\sigma}\sqrt{\boldsymbol{X}_0(\boldsymbol{X}'\boldsymbol{X})^{-1}\boldsymbol{X}_0'}<E(Y_0)<\hat{Y}_0+t_{\alpha/2}\hat{\sigma}\sqrt{\boldsymbol{X}_0(\boldsymbol{X}'\boldsymbol{X})^{-1}\boldsymbol{X}_0'}. \tag{3.47}$$

3.4.2 Y_0 的预测区间

设 e_0 是总体真值 Y_0 与预测值 $\hat{Y}_0$ 的误差，称为预测误差，即

$$e_0 = Y_0 - \hat{Y}_0 = \boldsymbol{X_0\beta} + \mu_0 - \boldsymbol{X_0\hat{\beta}} = \mu_0 - \boldsymbol{X_0}(\boldsymbol{\hat{\beta}} - \boldsymbol{\beta}),$$

$$E(e_0) = E[\mu_0 - \boldsymbol{X_0}(\boldsymbol{\hat{\beta}} - \boldsymbol{\beta})] = E(\mu_0) - \boldsymbol{X_0}E(\boldsymbol{\hat{\beta}} - \boldsymbol{\beta}) = 0,$$

$$\mathrm{Var}(e_0) = E(e_0^2) = E[\mu_0 - \boldsymbol{X_0}(\boldsymbol{\hat{\beta}} - \boldsymbol{\beta})]^2 = E\{[\mu_0 - \boldsymbol{X_0}(\boldsymbol{\hat{\beta}} - \boldsymbol{\beta})][\mu_0 - \boldsymbol{X_0}(\boldsymbol{\hat{\beta}} - \boldsymbol{\beta})]\}.$$

其中，$\mu_0 - \boldsymbol{X_0}(\boldsymbol{\beta} - \boldsymbol{\beta})$ 是标量，所以

$$\mu_0 - \boldsymbol{X_0}(\boldsymbol{\hat{\beta}} - \boldsymbol{\beta}) = [\mu_0 - \boldsymbol{X_0}(\boldsymbol{\hat{\beta}} - \boldsymbol{\beta})]' = \mu_0' - (\boldsymbol{\hat{\beta}} - \boldsymbol{\beta})'\boldsymbol{X_0}'.$$

代入上式得

$$\begin{aligned}\mathrm{Var}(e_0) &= E\{[\mu_0 - \boldsymbol{X_0}(\boldsymbol{\hat{\beta}} - \boldsymbol{\beta})][\mu_0' - (\boldsymbol{\hat{\beta}} - \boldsymbol{\beta})'\boldsymbol{X_0}']\} \\ &= E(\mu_0\mu_0') - E[\mu_0(\boldsymbol{\hat{\beta}} - \boldsymbol{\beta})'\boldsymbol{X_0}'] - E[\boldsymbol{X_0}(\boldsymbol{\hat{\beta}} - \boldsymbol{\beta})\mu_0'] + \\ &\quad E[\boldsymbol{X_0}(\boldsymbol{\hat{\beta}} - \boldsymbol{\beta})(\boldsymbol{\hat{\beta}} - \boldsymbol{\beta})'\boldsymbol{X_0}'].\end{aligned}$$

其中，$X_0(\boldsymbol{\hat{\beta}} - \boldsymbol{\beta})\boldsymbol{\mu_0}'$ 是标量，所以

$$X_0(\boldsymbol{\hat{\beta}} - \boldsymbol{\beta})\mu_0' = [\boldsymbol{X_0}(\boldsymbol{\hat{\beta}} - \boldsymbol{\beta})\mu_0']' = \mu_0(\boldsymbol{\hat{\beta}} - \boldsymbol{\beta})'\boldsymbol{X_0}'.$$

代入上式得

$$\mathrm{Var}(e_0) = \sigma^2 - 2\boldsymbol{X_0}E[(\boldsymbol{\hat{\beta}} - \boldsymbol{\beta})\mu_0'] + \boldsymbol{X_0}\mathrm{Cov}(\boldsymbol{\hat{\beta}})\boldsymbol{X_0}'.$$

由(3.23)式可知

$$\boldsymbol{\hat{\beta}} - \boldsymbol{\beta} = (\boldsymbol{X'X})^{-1}\boldsymbol{X'U}.$$

代入上式得

$$\begin{aligned}\mathrm{Var}(e_0) &= \sigma^2 - 2\boldsymbol{X_0}E[(\boldsymbol{X'X})^{-1}\boldsymbol{X'U}\mu_0'] + \boldsymbol{X_0}\mathrm{Cov}(\boldsymbol{\hat{\beta}})\boldsymbol{X_0}' \\ &= \sigma^2[1 + \boldsymbol{X_0}(\boldsymbol{X'X})^{-1}\boldsymbol{X_0}'] - 2\boldsymbol{X_0}(\boldsymbol{X'X})^{-1}\boldsymbol{X'}E(\boldsymbol{U}\mu_0').\end{aligned}$$

其中，矩阵 U 的各元素中不包含 μ_0，所以

$$E(\boldsymbol{U}\mu_0') = 0$$

代入上式得到 e_0 的方差

$$\mathrm{Var}(e_0) = \boldsymbol{\sigma}^2[1 + \boldsymbol{X_0}(\boldsymbol{X'X})^{-1}\boldsymbol{X_0}'].$$

因此

$$e_0 \sim N\{0, \sigma^2[1 + \boldsymbol{X_0}(\boldsymbol{X'X})^{-1}\boldsymbol{X_0}']\}. \tag{3.48}$$

以 $\hat{\sigma}^2$ 代替 σ^2，可得到 e_0 的方差估计量

$$S_{e_0}^2 = \hat{\sigma}^2[1 + \boldsymbol{X_0}(\boldsymbol{X'X})^{-1}\boldsymbol{X_0}']. \tag{3.49}$$

构造 t 统计量

$$t = \frac{Y_0 - \hat{Y}_0}{S_{e_0}} = \frac{Y_0 - \hat{Y}_0}{\hat{\sigma}\sqrt{1 + \boldsymbol{X_0}(\boldsymbol{X'X})^{-1}\boldsymbol{X_0}'}} \sim t(n-k-1).$$

于是,得到$(1-\alpha)$置信水平下Y_0的预测区间为

$$\hat{Y}_0 - t_{\alpha/2}\hat{\sigma}\sqrt{1+\boldsymbol{X_0}(\boldsymbol{X'X})^{-1}\boldsymbol{X_0}'} < Y_0 < \hat{Y}_0 + t_{\alpha/2}\hat{\sigma}\sqrt{1+\boldsymbol{X_0}(\boldsymbol{X'X})^{-1}\boldsymbol{X_0}'}. \quad (3.50)$$

3.5 多元线性回归分析预测实例

已知某地区某种商品的消费需求与价格及当地居民家庭的人均月收入有关.经抽样调查得到表3.3的统计资料,根据这些资料,对该地区居民家庭对该商品的消费支出进行回归分析.

表3.3 单位:元

序号	对某商品的消费支出 Y	商品单价 X_1	家庭人均月收入 X_2
1	591	23	2 540
2	654	24	3 040
3	623	32	3 557
4	647	32	3 720
5	674	31	3 966
6	644	34	4 307
7	680	35	4 780
8	724	38	5 320
9	757	39	6 000
10	760	42	6 433

3.5.1 建立模型

用Y表示某商品的消费支出,X_1表示商品单价,X_2表示家庭的人均月收入,根据以往经验和对调查资料的初步分析可知,Y与X_1,X_2呈线性关系,因此可建立二元线性总体回归模型:

$$Y_i = \beta_0 + \beta_1 X_{1i} + \beta_2 X_{2i} + \mu_i.$$

其样本回归模型的矩阵表达式为:

$$\boldsymbol{Y} = \boldsymbol{X}\hat{\boldsymbol{\beta}} + \boldsymbol{e}.$$

其中,

$$Y=\begin{bmatrix}591\\654\\\vdots\\760\end{bmatrix},\quad X=\begin{bmatrix}1&23&2540\\1&24&3040\\\vdots&\vdots&\vdots\\1&42&6433\end{bmatrix},\quad \hat{\boldsymbol{\beta}}=\begin{bmatrix}\hat{\beta}_0\\\hat{\beta}_1\\\hat{\beta}_2\end{bmatrix},\quad e=\begin{bmatrix}e_1\\e_2\\\vdots\\e_{10}\end{bmatrix}.$$

模型参数估计量为：

$$\hat{\beta}=(X'X)^{-1}X'Y.$$

由于

$$X'X=\begin{bmatrix}1&1&\cdots&1\\23&24&\cdots&42\\2\,540&3\,040&\cdots&6\,433\end{bmatrix}\begin{bmatrix}1&23&2\,540\\1&24&3\,040\\\vdots&\vdots&\vdots\\1&42&6\,433\end{bmatrix}$$

$$=\begin{bmatrix}10&330&43\,663\\330&11\,224&1\,507\,274\\43\,663&1\,507\,274&204\,997\,543\end{bmatrix}$$

$$(X'X)^{-1}=\begin{bmatrix}7.533\,092\,28&-0.476\,916\,40&0.001\,902\,10\\-0.476\,916\,40&0.037\,257\,96&-0.000\,172\,36\\0.001\,902\,10&-0.000\,172\,36&0.000\,000\,87\end{bmatrix}$$

$$X'Y=\begin{bmatrix}1&1&\cdots&1\\23&24&\cdots&42\\2540&3040&\cdots&6433\end{bmatrix}\begin{bmatrix}591\\654\\\vdots\\760\end{bmatrix}=\begin{bmatrix}6\,754\\225\,474\\30\,092\,103\end{bmatrix}.$$

于是

$$\hat{\beta}=(X'X)^{-1}X'Y=\begin{bmatrix}584.512\,79\\-7.210\,40\\0.075\,31\end{bmatrix}.$$

故样本回归函数为：

$$\hat{Y}_i=584.512\,79-7.210\,40X_{1i}+0.075\,31X_{2i}.$$

3.5.2 模型检验

3.5.2.1 经济意义检验

从模型参数估计量的符号看，$\hat{\beta}_1<0$ 意味着商品价格越高，对该商品的消费需求支出越少；$\hat{\beta}_2>0$ 意味着家庭人均月收入越高，对该商品的消费需求支出越多. 与理论期望值相符.

从模型参数估计量的大小看，$\hat{\beta}_1=-7.210\,40$，表示当 X_2 保持不变时，X_1 每增加 1 元，Y 平均减少约 7.21 元；$\hat{\beta}_2=0.075\,31$，表示当 X_1 保持不变时，X_2 每

增加 1 元,Y 平均增加约 0.08 元. 参数估计量的取值范围也与实际情况相符,因而模型通过经济意义检验.

3.5.2.2 统计检验

(1)拟合优度检验. 由于

$$\begin{aligned}\mathrm{TSS} &= \boldsymbol{Y}'\boldsymbol{Y} - n\bar{Y}^2 \\ &= [591 \quad 654 \quad \cdots \quad 760]\begin{bmatrix}591\\654\\ \vdots \\760\end{bmatrix} - 10\times 675.4^2 \\ &= 4\ 589\ 972 - 4\ 561\ 651.6 = 28\ 320.4,\end{aligned}$$

$$\mathrm{ESS} = \hat{\boldsymbol{\beta}}'\boldsymbol{X}'\boldsymbol{Y} - n\bar{Y}^2 = 4\ 588\ 307.9579 - 4\ 561\ 651.6 = 26\ 656.36.$$

所以

$$R^2 = \frac{\mathrm{ESS}}{\mathrm{TSS}} = \frac{26\ 656.36}{28\ 320.4} = 0.941\ 24,$$

$$\begin{aligned}\bar{R}^2 &= 1 - (1 - R^2)\frac{n-1}{n-k-1} \\ &= 1 - (1 - 0.941\ 24)\frac{10-1}{10-2-1} = 0.924\ 5.\end{aligned}$$

可见模型在整体上拟合得非常好.

(2)F 检验. 由于

$$\mathrm{RSS} = \mathrm{TSS} - \mathrm{ESS} = 28\ 320.4 - 26\ 656.36 = 1\ 664.04,$$

所以

$$F = \frac{\mathrm{ESS}/k}{\mathrm{RSS}/(n-k-1)} = \frac{26\ 656.36/2}{1\ 664.04/7} = 56.066\ 6.$$

在 5% 的显著性水平下,查 F 分布表,得到临界值 $F_{0.05}(2,7) = 4.74$,可见 $F = 56.066\ 6 > 4.74$,表明回归方程的总体线性显著成立,即商品的消费支出与商品单价和家庭人均月收入的线性关系显著,模型通过 F 检验.

(3)t 检验. 由于

$$\hat{\sigma}^2 = \frac{\boldsymbol{e}'\boldsymbol{e}}{n-k-1} = \frac{\sum e_i^2}{n-k-1} = \frac{1\ 664.04}{7} = 237.720\ 3,$$

故 $\hat{\boldsymbol{\beta}}$ 的协方差矩阵估计结果为

$$\begin{aligned}\text{Est. Cov}(\hat{\boldsymbol{\beta}}) &= \hat{\sigma}^2(\boldsymbol{X}'\boldsymbol{X})^{-1} \\ &= 237.720\ 3\begin{bmatrix}7.533\ 092\ 28 & -0.476\ 916\ 40 & 0.001\ 902\ 10\\ -0.476\ 916\ 40 & 0.037\ 257\ 96 & -0.000\ 172\ 36\\ 0.001\ 190\ 210 & -0.000\ 172\ 36 & 0.000\ 000\ 87\end{bmatrix} \\ &= \begin{bmatrix}1\ 790.768\ 948 & -113.372\ 710 & 0.452\ 168\\ -113.372\ 710 & 8.856\ 973 & -0.040\ 975\\ 0.452\ 168 & -0.040\ 975 & 0.000\ 206\end{bmatrix},\end{aligned}$$

此矩阵中主对角线上的元素为 $\hat{\beta}_0,\hat{\beta}_1,\hat{\beta}_2$ 的样本方差，即

$$S^2_{\hat{\beta}_0}=1\ 790.768\ 948,\quad S^2_{\hat{\beta}_1}=8.856\ 973,\quad S^2_{\hat{\beta}_2}=0.000\ 206,$$

$$S_{\hat{\beta}_0}=42.317\ 5,\quad S_{\hat{\beta}_1}=2.976\ 1,\quad S_{\hat{\beta}_2}=0.014\ 35,$$

由此可得参数估计量的 t 统计量值分别为

$$t_{\hat{\beta}_0}=\frac{\hat{\beta}_0}{S_{\hat{\beta}_0}}=\frac{584.512\ 79}{42.317\ 5}=13.812\ 6,$$

$$t_{\hat{\beta}_1}=\frac{\hat{\beta}_1}{S_{\hat{\beta}_1}}=\frac{-7.210\ 40}{2.976\ 1}=-2.422\ 8,$$

$$t_{\hat{\beta}_2}=\frac{\hat{\beta}_2}{S_{\hat{\beta}_2}}=\frac{0.075\ 31}{0.014\ 35}=5.248\ 1.$$

在5%的显著性水平下，查 t 分布表，得到临界值 $t_{0.025}(7)=2.365$，可见回归系数的 t 检验值的绝对值均大于2.365，说明总体参数 β_0,β_1,β_2 均显著不为0. 模型的回归系数均通过 t 检验.

总体参数的95%的置信区间分别为

$$\beta_0=\hat{\beta}_0\pm t_{0.025}S_{\hat{\beta}_0}=584.512\ 79\pm 2.365\times 42.317\ 5,$$

即(484.432 0,684.593 6)；

$$\beta_1=\hat{\beta}_1\pm t_{0.025}S_{\hat{\beta}_1}=-7.210\ 40\pm 2.365\times 2.976\ 1,$$

即(−14.248 8，−0.172 0)；

$$\beta_2=\hat{\beta}_2\pm t_{0.025}S_{\hat{\beta}_2}=0.075\ 31\pm 2.365\times 0.014\ 35,$$

即(0.041 4,0.109 3).

综上所述，模型通过各种检验，符合要求. 给出模型通常的报告式

$$\hat{Y}_i=584.512\ 79-7.210\ 40X_{1i}+0.075\ 31X_{2i};$$
$$(13.812\ 6)\quad(-2.422\ 8)\quad(5.248\ 1)$$
$$R^2=0.941\ 24,\quad \bar{R}^2=0.924\ 5,\quad F=56.066\ 6.$$

3.5.3 预测

如果商品单价调整为40元，估计某一户人均月收入为5 000元的家庭对该商品的消费支出是多少？

将 $\boldsymbol{X}_0=[1\quad 40\quad 5000]$ 代入样本回归函数，得

$$\hat{Y}_0=\boldsymbol{X}_0\hat{\beta}=[1\quad 40\quad 5000]\begin{bmatrix}584.5127\ 9\\-7.210\ 40\\0.075\ 31\end{bmatrix}=672.651\ 8(\text{元}).$$

由于 $S^2_{\hat{Y}_0}=\hat{\sigma}^2\boldsymbol{X}_0(\boldsymbol{X}'\boldsymbol{X})^{-1}\boldsymbol{X}'_0=237.720\ 3\times 0.744\ 65=177.019\ 1,$

$$S_{\hat{Y}_0}=13.304\ 9,$$

$$S_{e0}^2=\hat{\sigma}^2[1+\boldsymbol{X}_0(\boldsymbol{X}'\boldsymbol{X})^{-1}\boldsymbol{X}'_0]=237.7203\times[1+0.74465]=414.7394,$$
$$S_{e0}=20.3652,$$

所以,Y 均值的 95% 的预测区间为

$$E(Y_0)=\hat{Y}_0\pm t_{0.025}S_{\hat{Y}_0}=672.6518\pm2.365\times13.3049,$$

即(641.185 8,704.117 8);

Y 个值的 95% 的预测区间为

$$Y_0=\hat{Y}_0\pm t_{0.025}S_{e0}=672.6518\pm2.365\times20.3652$$

即(624.488 2,720.815 4).

3.6 解释变量的选取

在建立回归模型时,会遇到这样的问题:对一个已含有若干解释变量的模型是否值得再添加一个新的解释变量. 从理论上讲,如果新添加的解释变量对原模型的贡献较大,则有必要将其纳入到模型中,否则没有必要纳入到模型中.

所谓贡献是指新变量的引入是否显著地增加了回归平方和 ESS,从而增大判定系数 R^2,我们称这一贡献为一个解释变量的边际贡献或增量贡献. 研究边际贡献是一个很重要的问题,对于一个变量是否加入我们所研究的模型,取决于它的边际贡献. 如果这个变量加入模型后 ESS 增加很少,即它的边际贡献较小,那么这个变量就没有必要加入模型. 正因为如此,研究变量的边际贡献有助于正确地建立回归模型.

下面我们通过例题来讨论解释变量的选取问题.

例 3.1 某种商品的销售额 Y 受价格指数 X_1、售后服务支出 X_2、替代产品销售量 X_3 的影响. 替代产品是指有类似使用价值的产品,例如洗衣粉是肥皂的替代产品. 数据如表 3.4 所示.

表 3.4 3 个解释变量对销售额的影响

销售额 Y	价格指数 X_1	售后服务支出 X_2	替代产品销售量 X_3
23	1	10	0.4
20	1	9	0.5
22	1	11	0.4
19	1	9	0.4
20	1.1	10	0.6

续表

销售额 Y	价格指数 X_1	售后服务支出 X_2	替代产品销售量 X_3
18	1.1	9	0.4
19	1.1	10	0.4
18	1.1	9	0.5
15	1.1	7	0.3
16	1.2	8	0.5
17	1.2	8	0.4
18	1.2	9	0.4
15	1.2	7	0.3
16	1.2	8	0.3
14	1.2	7	0.2
16	1.3	8	0.2
12	1.3	6	0.2
14	1.3	7	0.2
13	1.3	6	0.2
15	1.3	7	0.2

为了区分引入不同解释变量时的回归平方和 ESS,残差平方和 RSS 和判定系数 R^2,定义引入不同解释变量时的 ESS,RSS 和 R^2,如表 3.5 所示.

表 3.5 引入不同解释变量时的 ESS,RSS,R^2

引入解释变量	回归平方和 ESS	残差平方和 RSS	判定系数
X_1	ESS_1	RSS_1	R_1^2
X_2	ESS_2	RSS_2	R_2^2
X_3	ESS_3	RSS_3	R_3^2
X_1,X_2	ESS_{12}	RSS_{12}	R_{12}^2
X_1,X_3	ESS_{13}	RSS_{13}	R_{13}^2
X_2,X_3	ESS_{23}	RSS_{23}	R_{23}^2
X_1,X_2,X_3	ESS_{123}	RSS_{123}	R_{123}^2

首先作 Y 对 X_1 的回归，得到样本回归方程为

$$\hat{Y}=43.4561-22.8070X_1$$
$$(11.2155)(-6.8569)$$

$$\mathrm{ESS}_1=\sum\hat{y}_t^2=118.5963,\quad \mathrm{RSS}_1=\sum e_t^2=45.4035,\quad R_1^2=0.7231.$$

由 t 检验可知，X_1 对 Y 有显著影响. $R_1^2=0.7231$ 表明，对于商品的销售额 Y 来说，价格指数 X_1 只解释了 Y 的总离差的 72%，还有 28% 没有解释.

引入第二个解释变量 X_2 后，样本回归方程为

$$\hat{Y}=12.5390-7.1752X_1+1.5496X_2,$$
$$\mathrm{ESS}_{12}=153.5294,\quad \mathrm{RSS}_{12}=10.4697,\quad R_{12}^2=0.9362.$$

这时需要考虑以下几个问题：①新引入变量 X_2 的边际贡献是多少？②这个边际贡献在统计上是否显著？③根据什么准则决定是否将 X_2 加进模型中？借助方差分析法可以很容易地解决这些问题.

由于引入的解释变量越多，R^2 越大，RSS 越小. 为了检验新引入的解释变量 X_2 是否显著，不能单纯看 R^2 是否增加或者 $\sum e_t^2$ 是否减小，要看引入 X_2 后是否显著地增加了对 Y 的解释程度. 表 3.6 给出了新引入 X_2 的方差分析.

表 3.6　新引入 X_2 的方差分析表

变差来源	平方和	自由度	F 统计量
对 X_1 回归	$\mathrm{ESS}_1=118.5963$	1	
对 X_1 和 X_2 回归	$\mathrm{ESS}_{12}=153.5294$	2	
对 X_1 和 X_2 回归由 X_2 新增的部分	$\mathrm{ESS}_{12}-\mathrm{ESS}_1=34.9331$	1	$F=\dfrac{34.9331/1}{10.4697/17}=56.7220$
对 X_1 和 X_2 回归的残差	$\mathrm{RSS}_{12}=10.4697$	$20-3=17$	

其中，ESS_1 是 Y 对 X_1 作回归的回归平方和，ESS_{12} 是 Y 对 X_1，X_2 作回归的回归平方和，RSS_{12} 是 Y 对 X_1，X_2 作回归的残差平方和，$\mathrm{ESS}_{12}-\mathrm{ESS}_1$ 是 X_2 加入模型后它的边际贡献. 为了评估 X_2 的边际贡献是否显著，可构造如下 F 统计量：

$$F=\frac{(\mathrm{ESS}_{12}-\mathrm{ESS}_1)/1}{\mathrm{RSS}_{12}/df}.$$

其中，df 表示 RSS_{12} 的自由度.

更一般地，F 统计量可写为：

$$F=\frac{(\mathrm{ESS}_{新}-\mathrm{ESS}_{老})/新引入的解释变量个数}{\mathrm{RSS}_{新}/(n-新模型中的参数个数)}.$$

其中，$\mathrm{ESS}_{新}$ 表示引入新解释变量后模型的 ESS，$\mathrm{ESS}_{老}$ 表示老模型的 ESS，$\mathrm{RSS}_{新}$

表示新模型的 RSS.

对于给定的显著性水平 $\alpha=0.05$，查 F 分布表可得临界值 $F_{0.05}(1,17)=4.45$，由于 $F=56.7220>F_{0.05}(1,17)=4.45$，所以新引入的解释变量 X_2 是显著的，X_2 的引入可以显著地提高对 Y 的解释程度，即 X_2 的边际贡献较大. 因此，R^2 从 0.723 1 提高到 0.936 2，RSS 从 45.403 5 降低到 10.469 7.

如果再引入第三个解释变量 X_3，样本回归方程为

$$\hat{Y}=12.8290-7.4312X_1+1.5815X_2-0.7321X_3;$$

$$ESS_{123}=153.5938,\quad RSS_{123}=10.4053,\quad R_{123}^2=0.9366.$$

引入 X_3 后，对 Y 的总变差中可解释的变差增加的部分为

$$ESS_{123}-ESS_{12}=153.5938-153.5294=0.0644.$$

增加的自由度为 1. 相应的 F 统计量如表 3.7 所示.

表 3.7 新引入 X_3 的方差分析表

变差来源	平方和	自由度	F 统计量
对 X_1 和 X_2 回归	$ESS_{12}=153.5294$	2	
对 X_1,X_2 和 X_3 回归	$ESS_{123}=153.5938$	3	
对 X_1,X_2 和 X_3 回归由 X_3 新增的部分	$ESS_{123}-ESS_{12}=0.0644$	1	$F=\frac{0.0644/1}{10.4053/16}=0.0990$
对 X_1,X_2 和 X_3 回归的残差	$RSS_{123}=10.4053$	$20-4=16$	

查 F 分布表可得临界值 $F_{0.05}(1,16)=4.49$，$F=0.0990<F_{0.05}(1,16)=4.49$，所以新引入的解释变量 X_3 不显著，即 X_3 的边际贡献较小. R^2 只从 0.936 2提高到 0.936 6，RSS 只从 10.469 7 下降到 10.405 3，都没有明显改善，因此 X_3 不应该引入.

只引入一个解释变量 X_1,X_2 或 X_3；引入两个解释变量 X_1 和 X_2，X_1 和 X_3 或 X_2 和 X_3；以及引入三个解释变量 X_1,X_2,X_3 的 ESS，RSS 和 R^2 的结果如表 3.8 所示.

表 3.8 引入不同解释变量时的 ESS，RSS，R^2

引入解释变量	回归平方和 ESS	残差平方和 RSS	判定系数
X_1	$ESS_1=118.5963$	$RSS_1=45.4035$	$R_1^2=0.7231$
X_2	$ESS_2=149.0064$	$RSS_2=14.9934$	$R_2^2=0.9029$
X_3	$ESS_3=86.2067$	$RSS_3=77.7931$	$R_3^2=0.5257$

续表

引入解释变量	回归平方和 ESS	残差平方和 RSS	判定系数
X_1, X_2	$ESS_{12}=153.5301$	$RSS_{12}=10.4697$	$R_{12}^2=0.9362$
X_1, X_3	$ESS_{13}=124.0093$	$RSS_{13}=39.9905$	$R_{13}^2=0.7562$
X_2, X_3	$ESS_{23}=149.1403$	$RSS_{23}=14.8595$	$R_{23}^2=0.9094$
X_1, X_2, X_3	$ESS_{123}=153.5945$	$RSS_{123}=10.4053$	$R_{123}^2=0.9366$

从表3.8中的回归平方和和残差平方和不难计算出只引入一个解释变量 X_1, X_2 或 X_3 时的 F 统计量分别为

$$F_1=47.0170,\quad F_2=178.8869,\quad F_3=19.9468.$$

由于 F_1, F_2 和 F_3 都大于临界值 $F_{0.05}(1,18)=4.41$，所以如果单独用 X_1, X_2 或 X_3 作解释变量都显著. 如果引入两个解释变量，显然引入 X_1 和 X_2 的结果最好. 如果引入三个解释变量 X_1, X_2 和 X_3，无论最后引入哪个解释变量都不显著. 因此，最后确定引入两个解释变量 X_1 和 X_2，X_3 不引入. 相应的样本回归方程为

$$\hat{Y}=12.5390-7.1752X_1+1.5496X_2;$$

$$R^2=0.9362,\quad \bar{R}^2=0.9287.$$

方差分析法在回归分析中的最重要的用途，就是通过逐步引入的方法选择重要的解释变量.

练习题

一、简答与论述题

1. 多元线性回归模型的基本假设是什么？试说明在证明最小二乘估计量的无偏性和有效性的过程中，哪些基本假设起了作用.

2. 什么是正规方程组？分别用非矩阵形式和矩阵形式写出模型

$$Y_i=\beta_0+\beta_1X_{1i}+\beta_2X_{2i}+\cdots+\beta_kX_{ki}+\mu_i\qquad i=1,2,\cdots,n$$

的正规方程组及其推导过程.

3. 在多元线性回归分析中，判定系数 R^2 与总体线性关系显著性检验统计量 F 之间有何关系，t 检验与 F 检验有何不同？是否可以替代？在一元线性回归分析中二者是否有等价的作用？

4. 为什么从计量经济学模型得到的预测值不是一个确定的值？预测值的置信区间和置信度的含义是什么？在相同的置信度下如何才能缩小置信区间？

为什么?

二、证明题

1. 对于多元线性回归模型 $Y = X\beta + \mu$,试证明在满足基本假设的情况下,最小二乘估计量 $\hat{\beta}$ 是线性、无偏和有效性的估计量.

2. 证明多元线性回归模型的总离差平方和等于回归平方和与残差平方和之和,即:$Y'Y = \hat{\beta}'X'Y + e'e$.

3. 对于一元线性回归模型 $Y_i = \beta_0 + \beta_1 X_i + \mu_i$,试证明,用于方程总体线性显著性检验的 F 统计量与用于斜率参数 β_1 显著性检验的 t 统计量有如下关系:$t^2 = F$.

4. 考虑下列两个模型:ⓐ$Y_i = \alpha_0 + \alpha_1 X_{1i} + \alpha_2 X_{2i} + \mu_i$;ⓑ$Y_i - X_{1i} = \beta_0 + \beta_1 X_{1i} + \beta_2 X_{2i} + v_i$.

(1)证明:

$$\hat{\beta}_1 = \hat{\alpha}_1 - 1,\quad \hat{\beta}_0 = \hat{\alpha}_0,\quad \hat{\beta}_2 = \hat{\alpha}_2.$$

(2)证明:两个模型的最小二乘残差相等,即对任何 i,有 $\hat{\mu}_i = \hat{v}_i$.

(3)在什么条件下,模型(b)的 R^2 小于模型(a)的 R^2?

5. 对多元线性回归模型 $Y = X\beta + \mu$,试证明随机干扰项 μ 的方差的无偏估计量为 $\hat{\sigma} = \frac{e'e}{n-k-1}$. 其中,$e$ 为相应样本回归模型的残差向量.

三. 计算分析题

1. 假设要求你建立一个计量经济学模型来说明在学校跑道上慢跑半小时或半小时以上的人数,以便决定是否修建第二条跑道以满足所有的锻炼者. 你通过整个学年收集数据,得到两个可能的解释性方程:

(a)$\hat{Y} = 125.0 - 15.0X_1 - 1.0X_2 + 1.5X_3, \bar{R}^2 = 0.75$;

(b)$\hat{Y} = 123.0 - 14.0X_1 + 5.5X_2 - 3.7X_4, \bar{R}^2 = 0.73$.

其中,Y 为某天慢跑者的人数,X_1 为该天的降雨量(单位:毫米),X_2 为该天日照时间(单位:小时),X_3 为该天的最高温度(单位:华氏温度),X_4 为第二天需交学期论文的班级数. 请回答下列问题:

(1)这两个方程你认为哪个更合理些,为什么?

(2)为什么用相同的数据去估计相同变量的系数却得到不同的符号?

2. 在一项调查大学生一学期平均成绩(Y)与每周在学习(X_1)、睡觉(X_2)、娱乐(X_3)与其他(X_4)各种活动所用时间的关系的研究中,建立如下回归模型:

$$Y = \beta_0 + \beta_1 X_1 + \beta_2 X_2 + \beta_3 X_3 + \beta_4 X_4 + \mu.$$

如果这些活动所用时间的总和为1周的总小时数168. 问:保持其他变量不变,而改变其中一个变量的说法是否有意义? 该模型是否有违背基本假设的情况? 如何修改此模型以使其更加合理?

3. 以企业研发支出(R&D)占销售额的比重为被解释变量 Y,以企业销售额 X_1 与利润占销售额的比重 X_2 为解释变量,一个容量为32的样本企业的估计结果如下:

$$\hat{Y} = 0.472 + 0.32\log X_1 + 0.05X_2;$$
$$(1.37)\quad(0.22)\qquad(0.046)$$
$$R^2 = 0.099.$$

其中,括号中为系数估计值的标准差.

(1)解释 $\log X_1$ 的系数. 如果 X_1 增加10%,估计 Y 会变化多少个百分点? 这在经济上是一个很大的影响吗?

(2)针对R&D强度随销售额的增加而提高这一备择假设,检验它不随 X_1 而变化的假设. 分别在5%和10%的显著性水平上进行这个检验.

(3)利润占销售额的比重 X_2 对R&D强度 Y 是否在统计上有显著的影响?

4. 有人以校园内食堂每天卖出的盒饭数量作为被解释变量,以盒饭价格、气温、附近餐厅的盒饭价格、学校当日的学生数量作为解释变量,进行回归分析. 假设你看到如下的回归结果(括号中是标准差),但并不知道各解释变量是哪一项. 试判定每项结果对应着哪一个变量,并说明理由.

$$\hat{Y} = 10.6 + 28.4X_{1i} + 12.7X_{2i} + 0.61X_{3i} - 5.9X_{4i}$$
$$(2.6)\quad(6.3)\quad(0.61)\quad(5.9)$$
$$\bar{R}^2 = 0.63,\qquad n = 35.$$

5. 戴维(David)将教师工资作为其"生产力"的函数,估计出具有如下系数的回归方程:

$$\hat{S}_i = 11155 + 230B_i + 18A_i + 120E_i + 489D_i + 189Y_i + \cdots$$

其中,S_i 为1969—1970年每年第 i 个教授按美元计的工资;B_i 为该教授出版图书的数量;A_i 为该教授发表文章的数量;E_i 为该教授发表的"优秀"文章的数量;D_i 为该教授自1964年指导的论文数量;Y_i 为该教授的教龄.

请回答以下问题:

(1)系数的符号符合你的预期吗?

(2)系数的相对值合理吗?

(3)假设一个教授在授课之余所剩时间仅够用来或者写一本书,或者写两篇优秀文章,或者指导三篇论文,你将建议哪一个,为什么?

(4)你会重新考虑(2)的答案吗? 哪个系数是不协调的? 对该结果你如何

解释？此方程在一定意义上是否是无效的，给出判断并解释原因.

6. 考虑以下预测的回归方程：

$$\hat{Y}_t = -120 + 0.10F_t + 5.33R_t \qquad \bar{R}^2 = 0.50$$

其中，Y_t 为第 t 年的玉米产量（单位：吨/亩）；F_t 为第 t 年的施肥强度（单位：千克/亩）；R_t 为第 t 年的降雨量（单位：毫米）.

(1) 从 F 和 R 对 Y 的影响方面，说出本方程中系数 0.10 和 5.33 的含义.

(2) 常数项 -120 是否意味着玉米的负产量可能存在？

(3) 假定 β_F 的真实值为 0.40，则估计值是否有偏？为什么？

(4) 假定该方程并不满足所有的经典模型假设，即并不是最佳线性无偏估计值，是否意味着 β_R 的真实值绝对不等于 5.33？为什么？

7. 一个关于个人收入与物价水平及失业率关系的回归方程如下（括号内为估计标准差）：

$$\hat{W}_t = 8.562 + \underset{(0.080)}{0.364P_t} + \underset{(0.072)}{0.004P_{t-1}} - \underset{(0.658)}{2.560U_t},$$

$$n = 19, \qquad R^2 = 0.873.$$

其中，W_t 为第 t 年的每位雇员的工资和薪水；P_t 为第 t 年的物价水平，U_t 为第 t 年的失业率.

(1) 对个人收入估计的斜率系数进行假设检验.

(2) 讨论 P_{t-1} 在理论上的正确性，对本模型的正确性进行讨论. P_{t-1} 是否应从方程中删除？为什么？

8. 对于涉及三个变量 Y, X_1, X_2 的数据做以下回归：

(1) $Y_i = \alpha_0 + \alpha_1 X_{1i} + \mu_{1i}$；

(2) $Y_i = \beta_0 + \beta_1 X_{2i} + \mu_{2i}$；

(3) $Y_i = \gamma_0 + \gamma_1 X_{1i} + \gamma_2 X_{2i} + \mu_{3i}$.

问在什么条件下才能有 $\hat{\alpha}_1 = \hat{\gamma}_1$ 及 $\hat{\beta}_1 = \hat{\gamma}_2$，即多元回归与各自的一元回归所得的参数估计值相同.

9. "Expressive Expresso"公司聘请你帮助他们决定在哪里建造下一个"Expresso and Cream Cheese"百货店. 你决定对已有的 30 个"Expresso and Cream Cheese"百货店的销售额作为他们所处地理位置特征的函数进行回归分析，并且用这个回归方程预测你考虑的新的百货店不同位置的可能的销售额. 你估计得出（括号内为标准差）

$$\hat{Y}_i = 30 + \underset{(0.02)}{0.1X_{1i}} + \underset{(0.01)}{0.01X_{2i}} + \underset{(1.0)}{10.0X_{3i}} + \underset{(1.0)}{3.0X_{4i}}$$

其中，Y_i 为第 i 个百货店的日均销售额（百美元）；X_{1i} 为在第 i 个百货店前每小时通过的汽车数量；X_{2i} 为第 i 个百货店所处区域内的平均收入；X_{3i} 为第 i 个百货店内所有的桌子数量；X_{4i} 为第 i 个百货店所处地区竞争店面的数量.

请回答以下问题：

(1) 确定每个变量的期望符号，并计算 t 值，在 1% 的水平上检验每项系数的显著性.

(2) 这个回归方程中可能存在什么问题？你有哪些证据表明存在这些问题.

(3) 如果对于这个假设的方程再重新进行一次回归，你会有什么建议？

10. 在经典线性模型基本假定下，对含有三个自变量的多元回归模型

$$Y = \beta_0 + \beta_1 X_1 + \beta_2 X_2 + \beta_3 X_3 + \mu$$

你想检验的虚拟假设是 $H_0: \beta_1 - 2\beta_2 = 1$.

(1) 用 $\hat{\beta}_1, \hat{\beta}_2$ 的方差及其协方差求出 $\mathrm{Var}(\hat{\beta}_1 - 2\hat{\beta}_2)$.

(2) 写出检验 $H_0: \beta_1 - 2\beta_2 = 1$ 的 t 统计量.

(3) 如果定义 $\beta_1 - 2\beta_2 = \theta$，写出一个涉及 β_0, θ, β_2 和 β_3 的回归方程，以便能直接得到 θ 估计值 $\hat{\theta}$ 及其标准差.

11. 已知数据如表 3.9.

表 3.9

Y	X_1	X_2
1	1	10
3	2	9
8	3	5
15	4	1
28	5	-6

(1) 先根据表中数据估计以下回归模型的方程（只估计参数不用估计标准差）：

$$Y_i = \alpha_0 + \alpha_1 X_{1i} + \mu_{1i};$$
$$Y_i = \lambda_0 + \lambda_2 X_{2i} + \mu_{2i};$$
$$Y_i = \beta_0 + \beta_1 X_{1i} + \beta_2 X_{2i} + \mu_i.$$

(2) 回答下列问题：$\alpha_1 = \beta_1$ 吗？为什么？$\lambda_2 = \beta_2$ 吗？为什么？

12. 设有模型 $Y = \beta_0 + \beta_1 X_1 + \beta_2 X_2 + \mu$，试在下列条件下：

(1) $\beta_1 + \beta_2 = 1$；

(2)$\beta_1=\beta_2$.

分别求出 β_1 和 β_2 的最小二乘估计量.

13. 考虑以下过原点的回归模型：

$$Y_i=\hat{\beta}_1 X_{1i}+\hat{\beta}_2 X_{2i}+e_i.$$

(1)求参数的 OLS 估计量；

(2)对该模型，是否仍有结论

$$\sum e_i=0,\quad \sum e_i X_{1i}=0,\quad \sum e_i X_{2i}=0$$

14. 设某商品的需求量 Y(百件)，消费者平均收入 X_1(百元)，该商品价格 X_2(元)的统计数据如下(至少保留三位小数)：

$$\sum Y=800,\quad \sum X_1=80,\quad \sum X_2=60,\quad \sum X_1X_2=439;$$

$$\sum Y^2=67\ 450,\quad \sum X_1^2=740,\quad \sum X_2^2=390,\quad \sum YX_1=6\ 920;$$

$$\sum YX_2=4\ 500,\quad n=10.$$

应用矩阵解法回答下列问题：

(1)建立需求量对消费者平均收入、商品价格的线性回归方程并进行估计.

(2)对偏回归系数(斜率)进行检验，显著性水平 $\alpha=0.05$，并说明其统计意义和经济意义.

(3)估计判定系数，以显著性水平 $\alpha=0.05$ 对方程总体线性显著性进行检验，并估计调整的判定系数. 说明其统计意义和经济意义.

(4)用回归系数分析商品需求量对消费者平均收入的变化以及商品需求量对商品价格的变化哪个更敏感.

(5)需求量对收入的弹性以及需求量对价格的弹性分别是多少？

(6)假如提高消费者收入和降低价格是提高商品需求量的两种可供选择的手段，你建议采用哪一个，为什么？

15. 根据 100 对(X_1,Y)的观测值计算出

$$\sum x_1^2=12,\quad \sum x_1y=-9,\quad \sum y^2=30.$$

(1)求出一元模型 $Y=\beta_0+\beta_1X_1+\mu$ 中的 β_1 的 OLS 估计量及其相应的标准差的估计量.

(2)后来发现 Y 还受 X_2 的影响，于是将一元模型改为二元模型

$$Y=\alpha_0+\alpha_1X_1+\alpha_2X_2+v.$$

收集 X_2 的相应观测值并计算出

$$\sum x_2^2=6,\quad \sum x_2y=8,\quad \sum x_1x_2=2.$$

求二元模型中的 α_1,α_2 的 OLS 估计量及其相应的标准差估计量.

(3)一元模型中的 $\hat{\beta}_1$ 与二元模型中的 $\hat{\alpha}_1$ 是否相等？为什么？

16. 已知线性回归模型 $Y = X\beta + \mu$ 式中 $\mu \sim (0, \sigma^2 I)$，$n = 13$ 且 $k = 3$（n 为样本容量，k 为参数的个数），由二次型 $(Y - X\beta)'(Y - X\beta)$ 的最小化得到如下线性方程组：

$$\hat{\beta}_1 + 2\hat{\beta}_2 + \hat{\beta}_3 = 3,$$

$$2\hat{\beta}_1 + 5\hat{\beta}_2 + \hat{\beta}_3 = 9,$$

$$\hat{\beta}_1 + \hat{\beta}_2 + 6\hat{\beta}_3 = -8.$$

要求：

(1)把问题写成矩阵向量的形式，用求逆矩阵的方法求解；

(2)如果 $Y'Y = 53$，求 $\hat{\sigma}^2$；

(3)求出 $\hat{\beta}$ 的方差－协方差矩阵.

17. 下面给出依据 15 个观测值计算得到的数据：

$$\bar{Y} = 367.693, \quad \bar{X}_1 = 402.760, \quad \bar{X}_2 = 8.0;$$

$$\sum y_i^2 = 66\,042.269, \quad \sum x_{1i}^2 = 84\,855.096, \quad \sum x_{2i}^2 = 280.0;$$

$$\sum y_i x_{1i} = 74\,778.346, \quad \sum y_i x_{2i} = 4\,250.9, \quad \sum x_{1i} x_{2i} = 4\,796.0.$$

其中小写字母代表了各值与其样本均值的离差.

(1)估计 $\beta_0, \beta_1, \beta_2$ 三个多元回归系数，求出 R^2 与 $\bar{R}^2$.

(2)求 $\hat{\beta}_1, \hat{\beta}_2$ 的标准差，并估计 β_1, β_2 在 95% 置信度下的置信区间.

(3)在显著性水平 $\alpha = 5\%$ 下，检验估计的每个回归系数的统计显著性.

(4)在 $\alpha = 5\%$ 下检验假设：所有的参数都为零.

18. 某地区对某种商品的需求量、价格和当地居民人均年收入的统计资料如表 3.10 所示. 试求其需求函数；并进行拟合优度检验、t 检验和 F 检验（取显著性水平 $\alpha = 0.05$）.

表 3.10　商品需求量统计表

年　次	1	2	3	4	5	6	7	8	9
年需求量（百吨）	10	8	8	7	5	6	9	10	11
价格（元/千克）	5	7	6	6	8	7	5	4	3
人均年收入（千元）	30	18	36	15	9	12	39	33	39

19. 已知某高科技开发公司的有关收入、研究经费和研究人员的数据如表 3.11 所示.

表 3.11

年　份	收入(万元)Y	研究经费(千元)X_1	研究人员(人)X_2
1997	435	354	50
1998	438	357	53
1999	456	375	56
2000	464	390	59
2001	471	395	62
2002	473	396	65
2003	489	411	68
2004	498	418	71
2005	504	427	74
2006	518	441	77

请用手工与软件两种方法对该公司的收入作二元线性回归分析.

(1) 建立二元线性回归方程并对其进行估计.

(2) 对回归方程进行经济意义检验.

(3) 对回归方程进行统计检验.

(4) 若该公司计划 2007 年将研究经费增加到 50 万元,研究人员增加到 80 人,试预测该公司的收入是多少? 构造该估计值的 95% 的置信区间.

20. 自己选择研究对象(最好是一个实际经济问题),收集样本数据,应用计量经济学软件(建议使用 Eviews 软件),完成建立多元线性计量经济模型的全过程,并写出详细研究报告.

4 放宽基本假定的回归模型

教学内容:主要讲授回归模型基本假定违背的4种情形,包括异方差性、序列相关性、多重共线性、随机解释变量问题及其产生的原因、后果、检验和处理方法.

教学目的:通过计量经济学检验方法的介绍,了解异方差性、序列相关性、多重共线性和随机解释变量问题的相关概念,掌握一般的检验方法及适用条件,并能用于解决实际问题.

重点及难点:由于实际模型经常出现违背基本假设的情况,前面两章介绍的标准建模方法往往不能得到很好的效果,因此需要对这个问题进行专门的讨论.本章详细讨论各种违背基本假设的情况,以及涉及的概念、产生问题的经济背景、后果、检验和克服问题的办法等.通过学习,使学生掌握各种计量经济检验的方法,掌握模型基本假设不满足时,异方差、自相关、多重共线性的检验方法以及修正方法,学会直接或间接使用相关软件进行检验和修正,提高学生有效解决实际问题的能力.随机解释变量则可根据学生情况和课时选讲.

在前面关于线性回归模型基本假定的条件下,我们应用普通最小二乘法(OLS)得到了无偏、有效的参数估计量,并证明了这种估计是最佳线性无偏估计.但在现实的计量经济学问题中,能完全满足这些基本假定的情况并不多见,而此时OLS估计已不再是最佳线性无偏估计,OLS法失效.

不满足基本假定的情况,称为基本假定违背.主要包括:①随机扰动项序列存在异方差性;②随机扰动项序列存在序列相关性;③解释变量之间线性相关,存在多重共线性;④解释变量是随机变量且与随机扰动项相关.

计量经济学检验是对模型是否满足OLS下的基本假定所作的检验.当检验结果出现一种或多种基本假定违背时,必须采取相应的补救措施或采用新的估计方法,而不能再用OLS法估计参数了.具体来说,它包括随机扰动项的异方差检验和序列相关检验,解析变量的多重共线性检验,以及随机解释变量问题等.下面分别阐述.

4.1 异方差性

4.1.1 一个例子

当随机扰动项满足基本假定时,OLS 估计是无偏的和有效的,然而,当随机扰动项的方差随某一自变量的取值而系统地发生变化时,OLS 估计不再有效.例如,根据总体回归模型:

$$Y=\beta_0+\beta_1X_1+\beta_2X_2+\mu$$

令 $\beta_0=\beta_1=\beta_2=2$,让 μ 的方差随 $X_1(X_2)$ 的变化而变化,产生随机数据如表 4.1 所示.

表 4.1 随机数据

Y	X_1	X_2	Y	X_1	X_2
419.549 8	87.326 08	95.497 25	140.152 7	30.537 92	37.255 58
258.014	99.849 47	2.135 423	179.342 7	6.535 904	81.740 61
213.406 6	48.731 59	53.071 39	112.292 8	37.720 3	15.686 11
285.866 6	73.761 68	55.057 03	97.454 82	28.371 15	17.598 08
310.691 8	87.606 96	63.195 53	218.888 9	30.372 83	76.020 05
298.227 9	58.627 18	83.671 84	270.567 1	61.944 24	65.613 34
208.814 5	47.986 02	54.880 76	84.583 76	9.576 79	31.112 63
171.336 8	25.624 31	58.932 01	113.346 9	9.028 543	45.870 75
293.681 8	48.872 32	95.269 95	43.495 89	4.829 578	15.637
105.996 6	8.391 63	43.390 26	209.854 9	5.905 816	97.350 45
115.120 2	13.084 98	42.863 46	97.038 71	5.727 498	41.365 58
253.367 7	31.333 51	93.305 46	90.197 77	24.886 59	18.628 53
356.131 2	89.690 64	85.611 95	265.35	52.225 63	75.866 67
250.932 9	82.414 39	38.713 69	141.153	56.879 01	5.300 048
342.348 4	68.646 67	92.053 67	228.940 4	58.162 48	53.805 81

OLS 法的估计结果见表 4.2.

表 4.2 回归结果

Dependent Variable: Y
Method: Least Squares
Date: 07/14/07 Time: 10:26
Sample: 1 30
Included observations: 30

Variable	Coefficient	Std. Error	t - Statistic	Prob.
C	-0.584 597	4.622 387	-0.126 471	0.900 3
X_1	2.310 421	0.064 888	35.606 48	0.000 0
X_2	1.956 916	0.065 871	29.708 42	0.000 0

R - squared	0.989 299	Mean dependent var	205.871 6
Adjusted R - squared	0.988 506	S. D. dependet var	94.684 37
R - squared	0.989 299	Mean dependentvar	205.871 6
Adiusted R - squared	0.988 506	S. D. dependentvar	94.684 37
S. E of regression	10.151 13	Akaike info criterion	7.567 686
Sum squared resid	2782.225	Schwarz criterion	7.707 806
Durbin - Watson stat	1.022 046	Prob(F - statistic)	0.000 000

从估计结果中,我们可以看到,X_1 和 X_2 的斜率分别为2.31 和1.96,明显地偏离真值2.这是因为数据中存在着所谓"异方差"现象,从而造成 OLS 估计的失效.

当我们采用加权最小二乘法消除了数据中存在的异方差现象后,OLS 估计结果如表4.3 所示.

表 4.3 回归结果

Dependent Variable: Y
Dependet Variable: Y
Method: Least Squares
Data: 07/14/07 Time: 10:26
Sample: 1 30
Included observations: 30
Weighting series: $1/X_{1\sim5}$

Variable	Coefficient	Std. Error	t - Statistic	Prob.
C	2.570 276	0.219 482	11.710 63	0.000 0
X_1	1.970 513	0.047 087	4 184 816	0.000 0
X_2	2.009 082	0.000 990	2 030.251	0.000 0

R - squared	0.999999	Mean dependent var	100.233 7
Adjusted R - squared	0.999 999	S. D. dependet var	252.331 0
S. E. of regression	2.253 331	Akaike info criterion	0.186 399
Sum squared resid	1.732 767	Schwarz criterion	0.326 519
Log likelihood	0.204 009	F - statistic	6 066 312
Durbin - Watson stat	1.785 627	Prob(F - statistic)	0.000 000

从表中可以看到,估计结果明显得到改善,X_1 和 X_2 的斜率达到 1.97 和 2.01,和真值 2 非常接近. 这说明异方差现象是一个值得重视的数据病态现象. 本节将详细介绍有关异方差的识别和消除技术.

4.1.2 异方差的概念

在前面对线性回归模型提出的若干基本假设中,一个重要的假设是同方差性. 对同方差假定的违背,就是异方差性.

给定模型:

$$Y_i = \beta_0 + \beta_1 X_{1i} + \beta_2 X_{2i} + \cdots \beta_k X_{ki} + \mu_i, \qquad i = 1, 2, \cdots, n. \tag{4.1}$$

当 $\mathrm{Var}(\mu_i) = \sigma^2 =$ 常数,称 μ_i 具有同方差性

当 $\mathrm{Var}(\mu_i) = \sigma_i^2 = f(X_i)$,称 μ_i 具有异方差性

由于经济现象的错综复杂性,在多数情况下同方差性假定并不符合实际情况,而存在着异方差性,即模型中的扰动项的方差是不相同的. 这在横截面数据分析中较为常见.

例如,在分析比较不同企业的利润时,会发现不同规模的企业中,大企业利润的变化幅度要比小企业利润的变化幅度大,即大企业利润的方差要比小企业利润的方差大. 这是由于利润方差的大小取决于包括在模型扰动项中的企业的经营规模、产品特点、研发费用和宣传力度等因素. 这些因素在小企业之间差别不大,而在大企业之间差别就相当大了,这说明,扰动项是异方差的.

4.1.3 产生异方差性的原因

为什么会产生这种异方差呢? 这主要是由于现实经济活动的复杂性,使得某些经济现象的变动常常与同方差性的基本假定相矛盾. 因此在计算分析中,往往就会出现某些因素随其观测值的变化而对被解释变量产生不同的影响,进而导致随机扰动项具有不同方差. 一般来说,产生异方差主要有以下几个原因.

第一,模型中略去了主要的解释变量. 如果将本应在模型中出现的主要影响因素归入了随机扰动项,且这些影响因素的变化具有差异性,则会对被解释变量产生不同的影响,从而导致扰动项的方差随之发生变化,即产生异方差. 这些因素包含诸如消费函数中的家庭财产、消费心理、消费习惯和季节等因素;成本函数中的管理水平、生产技术条件和规模效益等因素.

第二,模型的设定误差. 模型的设定主要包括变量的选择和模型形式的确定. 除因略去主要解释变量而产生异方差这种设定问题外,模型的函数形成不正确,也可能导致异方差. 如将变量间的非线性关系设定为线性关系.

第三,样本数据的测量误差. 一方面,测量误差常随时间的推移而逐渐积

累,会引起扰动项的方差增加. 如解释变量 X 越大,测量误差会增大,扰动项方差也会增加. 另一方面,测量误差可能随时间的变化而变化. 如随着抽样技术和收集资料方法的改进,测量误差就会减少,从而引起扰动项的方差减小. 测量误差引起的异方差性一般都存在于时间序列中.

第四,随机因素的影响. 经济变量本身受很多随机因素的影响,诸如政策变动、金融危机和自然灾害等,具有不确定性和不可重复性.

由此可见,在经济分析中经常会遇到异方差问题. 经验表明,利用横截面数据建立模型时,较时间序列数据更容易产生异方差. 在实际的计量分析中,绝对严格的同方差性几乎是不可能的,可以说异方差性是一种普遍现象.

4.1.4 异方差性的后果

计量模型若存在异方差性,则模型就不能再应用 OLS 法了. 如果仍应用 OLS 法估计参数,将会导致不良的后果.

4.1.4.1 参数 OLS 估计的方差增大

由前面关于参数估计量的无偏性和有效性证明中可以看出,当计量模型表明存在异方差时,其参数的普通最小二乘估计仍然是线性无偏的,但已不再是具有最小方差的估计量,即回归估计值达不到最好、有效的结果. 而且在大样本情况下,尽管参数估计量具有一致性,但也不具有渐进有效性. 这时,用 OLS 法估计出来的参数值也就不可信了.

4.1.4.2 t 检验失效

用于变量显著性检验的统计量

$$t = \frac{\hat{\beta}_i}{S_{\hat{\beta}_i}}, \qquad i = 1, 2, \cdots, k \tag{4.2}$$

是在同方差假定下才被证明是服从 t 分布的. 如果出现异方差性,所估计的标准差 S_{β_i} 出现偏误,t 检验就会失去意义.

4.1.4.3 模型的预测失效

由于存在异方差,使参数 OLS 估计的方差增大,参数 OLS 估计值的变异程度增大,将导致预测区间偏大或偏小,预测精度降低,预测功能失效.

4.1.5 异方差的类型

设有模型 $Y_i = \beta_0 + \beta_1 X_{1i} + \beta_2 X_{2i} + \cdots + \beta_k X_{ki} + \mu_i, \quad i = 1, 2, \cdots, n.$

异方差性在散点图上的反映就是随机扰动项随解释变量的变化而变动. 异方差一般有 3 种类型,如图 4.1 所示.

(a)表示 μ_i 是同方差的,即当解释变量 X_i 变化时,μ_i 在回归直线固定的距

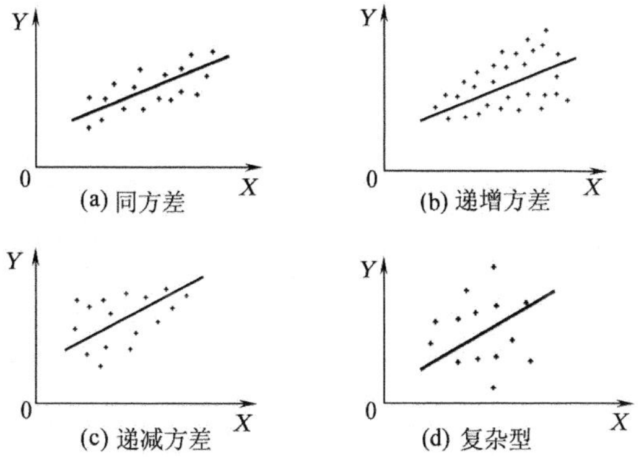

图 4.1

离内,并不随 X_i 的变化而变化;

(b)表示异方差是单调递增型,即 μ_i 的方差 σ_i^2 随 X_i 的增大而增大;

(c)表示异方差是单调递减型,即 μ_i 的方差 σ_i^2 随 X_i 的增大而减小;

(d)表示异方差是复杂型,即 X_i 变化时,σ_i^2 没有一定的变动规律.

4.1.6 异方差性的检验

检验异方差问题的方法有许多种,各种方法都是针对某种误差分布而设计的,各有其优劣.因此在实际检验时,要根据不同情况使用不同的方法,这里简要介绍几种.

4.1.6.1 图示法

检验异方差最直观的方法就是图示法.

(1)用 $X-Y$ 散点图进行判断.通过散点图看是否存在明显的散点扩大、缩小或复杂性趋势.如果存在,则说明很可能存在异方差.如图 4.1 所示.

(2)用 $X-e_i^2$ 散点图进行判断.首先用 OLS 法估计模型,求得随机扰动项方差的近似估计量,用 e_i^2 表示.于是有

$$\mathrm{Var}(\mu_i)=E(\mu_i^2)\approx e_i^2, \tag{4.3}$$

$$e_i=Y_i-(\hat{Y}_i)_{\mathrm{OLS}}. \tag{4.4}$$

然后画出相应散点图,观察是否随着 X 增加,出现 e_i^2 的逐渐增加、下降或不规则变化.图 4.2 描绘了残差的平方 e_i^2 对变量 X_i 作散点图可能产生异方差性的各种形式.图 4.2(a)表明,e_i^2 与 X_i 之间可能不存在异方差;图 4.2 中(b)(c)表明 e_i^2 与 X_i 之间存在线性关系;图 4.2 中(d)表明 e_i^2 与 X_i 之间存在较复杂的关系.图 4.2(b) ~(d)中的任意一种关系即表明存在着异方差.图示法只能对

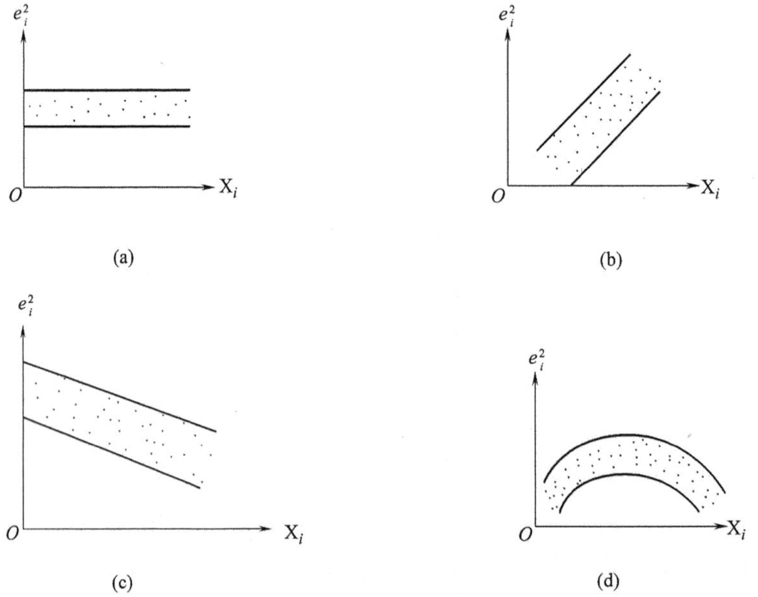

图 4.2　e^2 的各种形式

是否存在异方差有个大概的判断,其他检验方法则更为精确和严格.

4.1.6.2　帕克(Park)检验与戈里瑟(Gleiser)检验

帕克检验和戈里瑟检验是帕克和戈里瑟于 1969 年提出的,其基本原理都是通过建立残差序列对解释变量的辅助回归模型,判断随机扰动项的方差与解释变量之间是否存在着较强的相关关系. 其基本思想是:以 e_i^2 或 $|e_i|$ 为被解释变量,以原模型的某一解释变量 X_j 为解释变量,建立如下方程:

$$e_i^2 = f(X_{ji}) + \varepsilon_i, \quad 或 \quad |e_i| = f(X_{ji}) + \varepsilon_i. \tag{4.5}$$

选择关于变量 X_j 的不同函数形式,对方程进行估计并进行显著性检验,并由此判断是否存在异方差性. 如果存在某种函数形式,使方程显著成立,则说明原模型存在异方差性. 例如,帕克检验常用的函数形式:

$$f(X_{ji}) = \sigma^2 X_{ji}^{\alpha} e^{\varepsilon_i}, \quad 或 \quad \ln e_i^2 = \ln \sigma^2 + \alpha \ln X_{ji} + \varepsilon_i. \tag{4.6}$$

对其做检验,若 α 显著异于 0,则表明存在异方差性. 由于 $f(X_i)$ 的具体形式未知,故需进行各种形式的试验.

帕克检验与戈里瑟检验的局限性在于要选择多个不同的解释变量,尝试各种不同的函数形式,并多次反复试验. 在所试验的回归模型中,其随机扰动项本身可以不满足最小二乘法的有关经典假设.

以戈里瑟检验为例加以说明,其特点是:不仅能检验异方差性,而且通过

“实验”可探测异方差的具体形式，这有助于探讨如何消除异方差性的影响. 戈里瑟检验只是作为一种经验方法加以应用，具体步骤如下：

（1）根据样本数据建立回归模型并求残差序列 $e_i = Y_i - \hat{Y}_i$.

（2）用残差绝对值 $|e_i|$ 对 X_i 作回归，建立如下方程：

$$|e_i| = f(X_i) + \varepsilon_i. \tag{4.7}$$

其中，$f(X_i)$ 可以为不同的形式. 如 $f(X_i)$ 可以为 $X_i, X_i^2, \sqrt{X_i}, 1/X_i$ 等形式.

（3）检验每个回归方程参数的显著性. 如果其参数显著地不为 0，则说明存在异方差性. 反之，则认为随机扰动项满足同方差假定.

4.1.6.3　戈德菲尔德—匡特（Goldfeld - Quandt）检验

G - Q 检验是戈德菲尔德和匡特于 1965 年提出的. 该检验方法是以 F 检验为基础，适用于样本容量较大，异方差为递增或递减的情况. 其基本思想是：先按某一解释变量对样本排序，将排序后的样本一分为二，对两个子样本分别做 OLS 回归，然后利用两个子样本的残差平方和之比构造 F 统计量进行异方差检验. 假如存在异方差，F 值会远大于 1（递增异方差）或小于 1（递减异方差），否则 F 值应接近于 1. G - Q 检验可以克服帕克检验和戈里瑟检验的局限性.

检验原假设 $H_0: \mu_i$ 是同方差的，备择假设 $H_1: \mu_i$ 是异方差的，则 G - Q 检验的具体步骤如下：

（1）将 n 组样本观察值按某一被认为有可能引起异方差的解释变量观察值的大小排队.

（2）将序列中间的 $c = n/4$ 左右个观察值除去，将剩下的观察值划分为较小与较大且容量相同的两个子样本，这样每个子样本容量均为 $\frac{n-c}{2}$.

（3）对每个子样本分别进行 OLS 回归，并计算各自的残差平方和. 分别用 $\sum e_{1i}^2$ 和 $\sum e_{2i}^2$ 表示较小与较大的残差平方和（自由度均为 $\frac{n-c}{2} - k - 1$）.

（4）在同方差性假定下，构造如下满足 F 分布的统计量：

$$F = \frac{\sum e_{2i}^2}{\sum e_{1i}^2} = \frac{\mathrm{RSS}_2}{\mathrm{RSS}_1} \sim F\left(\frac{n-c}{2} - k - 1, \frac{n-c}{2} - k - 1\right) \tag{4.8}$$

（5）给定显著性水平 α，查 F 分布表，得相应的临界值 F_α. 若 $F > F_\alpha$，则拒绝同方差性假定，说明计量模型存在异方差性；否则模型不存在异方差性. 也可根据两个残差平方和所对应子样本的顺序判断异方差是单调递增还是单调递减.

G - Q 检验需要按某一被认为有可能引起异方差的解释变量观察值的大小排序，因此，可能需对各个解释变量做轮流试验. 该方法只能检验单调递增或单调递减型异方差.

4.1.6.4 怀特(White)检验

怀特(H. White)于1980年提出了异方差的一般检验方法. White检验是通过建立辅助回归模型的方式来判断异方差性的,因此它不需要排序,只要求大样本的情况,且对任何形式的异方差都适用. 所以,这种方法在实际应用中很方便.

假定回归模型为: $$Y_i = \beta_0 + \beta_1 X_{1i} + \beta_2 X_{2i} + \mu_i, \tag{4.9}$$

White检验具体步骤如下:

(1)首先用OLS估计回归方程,得到残差 e_i^2.

(2)做辅助回归模型

$$e_i^2 = \alpha_0 + \alpha_1 X_{1i} + \alpha_2 X_{2i} + \alpha_3 X_{1i}^2 + \alpha_4 X_{2i}^2 + \alpha_5 X_{1i} X_{2i} + \varepsilon_i. \tag{4.10}$$

即做残差平方对所有原模型中包含有解释变量及其平方和交叉乘积项的回归.

(3)求辅助回归模型的 R^2 值. 可以证明,在同方差假定下,辅助回归的 R^2 与样本容量 n 的乘积,渐近服从自由度为辅助回归方程解释变量个数 k 的 χ^2 分布:

$$nR^2 \sim \chi^2(k). \tag{4.11}$$

则可在大样本下,对统计量 nR^2 做相应的 χ^2 检验.

(4)在 $H_0: \alpha_1 = \alpha_2 = \cdots = \alpha_5 = 0$ 的原假设下,nR^2 服从自由度为5的 χ^2 分布,给定显著性水平 α,得临界值 $\chi_\alpha^2(5)$. 如果 $nR^2 > \chi_\alpha^2(5)$,或 P 值很小,则拒绝 H_0,接受 H_1,表明原模型中扰动项 μ 存在异方差. R^2 越大,就越倾向于认为存在异方差.

若原模型中包含较多的解释变量,那么辅助回归中也将包含较多的变量,因此在引入较多变量时应谨慎,有时可去掉交叉项.

4.1.7 异方差的解决方法

异方差性在计量模型中会经常出现. 此时直接运用OLS作估计不再恰当,需要采用合理的方法和相应的补救措施来克服异方差的不利影响. 其基本思路是变异方差为同方差,或尽量缓解方差变异的程度.

4.1.7.1 加权最小二乘法(WLS)

最小二乘法的基本原则是使残差平方和 $\sum e_i^2 = \sum (Y_i - \hat{\beta}_0 - \hat{\beta}_1 X_i)^2$ 为最小. 在同方差假定下,普通最小二乘法认为是每个残差平方 $e_i^2 (i = 1, 2, \cdots, n)$ 都有相同的权数(权数为1),也就是在最优化过程中,对各点的残差平方 e_i^2 所提供信息的重要程度是一样看待的. 但在异方差情况下,由于不同的 X_i 使得 μ_i 偏离均值的离散程度不一样,这个时候仍然按照普通最小二乘法进行参数估计,异方差对参数估计值的影响是显而易见的. 设 μ_i 的方差随 X_i 值的递增而递增,而

样本较小的 X_i，由于 $\mathrm{Var}(\mu_i)$ 的值较小，使得残差 e_i 所提供的信息较少，这时需要给予重视；而样本值较大的 X_i，由于 $\mathrm{Var}(\mu_i)$ 的值较大，残差 e_i 所反映的信息较大，这时需要给予必要的折扣，否则，在拟合回归直线的过程中，由样本信息所提出的回归直线的位置会不精确. 合理的做法是：对较小的 e_i^2 给予较大的权数，对较大的 e_i^2 给予较小的权数，使其能够更好地反映 $\mathrm{Var}(\mu_i)=\sigma_i^2$ 的情况，从而改善参数估计量的统计性质.

以下以一元线性模型为例说明何为加权最小二乘法(WLS). 设取权数 w_i 为 $1/\sigma_i\ (i=1,2,\cdots,n)$，这时可行的加权残差和为 $\sum w_i^2e_i^2=\sum w_i^2(Y_i-\hat{\beta}_0-\hat{\beta}_1X_i)^2$ 使其最小化，可得加权最小二乘参数估计量如下：

$$\hat{\beta}_0=\frac{(\sum_{i=1}^{n}w_i^2Y_i)(\sum_{i=1}^{n}w_i^2X_i^2)-(\sum_{i=1}^{n}w_i^2X_i)(\sum_{i=1}^{n}w_i^2X_iY_i)}{(\sum_{i=1}^{n}w_i^2)(\sum_{i=1}^{n}w_i^2X_i^2)-(\sum_{i=1}^{n}w_i^2X_i)^2} \tag{4.12}$$

$$\hat{\beta}_1=\frac{(\sum_{i=1}^{n}w_i^2)(\sum_{i=1}^{n}w_i^2X_iY_i)-(\sum_{i=1}^{n}w_i^2X_i)(\sum_{i=1}^{n}w_i^2Y_i)}{(\sum_{i=1}^{n}w_i^2)(\sum_{i=1}^{n}w_i^2X_i^2)-(\sum_{i=1}^{n}w_i^2X_i)^2} \tag{4.13}$$

这一求解参数估计的方法为加权最小二乘法.

容易看出，当 $w_1=w_2=\cdots=w_n$ 时，即对于每一个样本有相同的权数，则加权最小二乘估计式就是普通最小二乘估计式.

4.1.7.2 对原模型变换的方法

设原模型为

$$Y_i=\beta_0+\beta_1X_i+\mu_i. \tag{4.14}$$

随机误差项 μ_i 具有异方差性，由前述戈里瑟检验知，异方差性与 X_i 的变化有关，且

$$\mathrm{Var}(\mu_i)=\sigma_i^2=\sigma^2f(X_i). \tag{4.15}$$

σ^2 为常数，$f(X_i)$ 为解释变量 X_i 的函数，当 $f(X_i)=1$ 时，μ_i 为同方差；当 $f(X_i)\neq1$ 时，μ_i 为异方差. 用 $1/\sqrt{f(X_i)}$ 去乘(4－14)式的两端得

$$\frac{Y_i}{\sqrt{f(X_i)}}=\frac{\beta_0}{\sqrt{f(X_i)}}+\beta_1\frac{X_i}{\sqrt{f(X_i)}}+\frac{\mu_i}{\sqrt{f(X_i)}}. \tag{4.16}$$

记 $v_i=\mu_i/\sqrt{f(X_i)}$，则 v_i 具有同方差性. 事实上，

$$\mathrm{Var}(v_i)=\mathrm{Var}\left(\frac{\mu_i}{\sqrt{f(X_i)}}\right)=\frac{1}{f(X_i)}\mathrm{Var}(\mu_i)=\sigma^2. \tag{4.17}$$

函数 $f(X_i)$ 可以有不同的形式，戈里瑟检验提供了相应的信息. $f(X_i)$ 一般取如下形式：

(1) $f(X_i)=X_i$，则 $\mathrm{Var}(\mu_i)=\sigma^2X_i$. 对原模型两端同除 $\sqrt{X_i}$ 得

$$\frac{Y_i}{\sqrt{X_i}}=\beta_0\frac{1}{\sqrt{X_i}}+\beta_1\frac{X_i}{\sqrt{X_i}}+\frac{\mu_i}{\sqrt{X_i}}. \tag{4.18}$$

令 $v_i=\frac{\mu_i}{\sqrt{X_i}}$,则 $\mathrm{Var}(v_i)$ 为同方差,因为

$$\mathrm{Var}(v_i)=\mathrm{Var}(\frac{\mu_i}{\sqrt{X_i}})=\frac{1}{X_i}\mathrm{Var}(\mu_i)=\sigma^2. \tag{4.19}$$

(2)$f(X_i)=X_i^2$,则 $\mathrm{Var}(\mu_i)=\sigma^2X_i^2$,对(4.14)两端同除 X_i,得

$$\frac{Y_i}{X_i}=\beta_0\frac{1}{X_i}+\beta_1\frac{X_i}{X_i}+\frac{\mu_i}{X_i}. \tag{4.20}$$

令 $v_i=\frac{\mu_i}{X_i}$,则 $\mathrm{Var}(v_i)$ 为同方差,因为

$$\mathrm{Var}(v_i)=\mathrm{Var}(\frac{\mu_i}{X_i})=\frac{1}{X_i^2}\mathrm{Var}(\mu_i)=\sigma^2. \tag{4.21}$$

(3)$f(X_i)=(a_0+a_1X_i)^2$,则 $\mathrm{Var}(\mu_i)=\sigma^2(a_0+a_1X_i)^2$. 对(4.14)式两端同除$(a_0+a_1X_i)$得

$$\frac{Y_i}{a_0+a_1X_i}=\beta_0\frac{1}{a_0+a_1X_1}+\beta_1\frac{X_i}{a_0+a_1X_i}+\frac{\mu_i}{a_0+a_1X_i}. \tag{4.22}$$

令 $v_i=\frac{\mu_i}{a_0+a_1X_i}$,则 $\mathrm{Var}(v_i)$ 为同方差. 因为

$$\mathrm{Var}(v_i)=\mathrm{Var}(\frac{\mu_i}{a_0+a_1X_i})=\frac{1}{(a_0+a_1X_i)^2}\cdot\mathrm{Var}(\mu_i)=\sigma^2. \tag{4.23}$$

这里需要注意的是,对原模型变换的方法与加权最小二乘法实际上是等价的,它们最多相差一个常数因子;对原模型变换后的拟合优度有可能变小,这是对样本观测值加权的结果.

4.1.7.3　模型的对数变换

如果在上面原模型(4.14)式中,用 $\ln Y_i$ 和 $\ln X_i$ 分别取代变量 Y_i 和 X_i,则对

$$\ln Y_i=\beta_0+\beta_1\ln X_i+\mu_i \tag{4.24}$$

进行回归,通常可以降低异方差性的影响. 原因是:① 对数变换能使测定变量值的尺度缩小,它可以将两个数值之间原来 10 倍的差异缩小到只有 2 倍的差异;② 经过对数变换后的线性模型,如(4.24)式,其残差 e_i 表示为相对误差,而相对误差往往具有较小的差异.

我们又称(4.24)式为全对数模型,式中斜率系数 β_1 可以看成反映变量 Y 对变量 X 的弹性,即 Y 对于 X 的百分比变化,这在实际分析中有较强的应用意义.

4.1.7.4　广义最小二乘法

对于多元线性回归模型:

$$Y = X\beta + \mu, \tag{4.25}$$

其中,随机扰动项向量μ 的数学期望 $E(\mu)=0$,其方差—协方差矩阵为

$$E(\mu\mu') = E\left[\begin{pmatrix}\mu_1\\ \mu_2\\ \vdots\\ \mu_n\end{pmatrix}(\mu_1 \quad \mu_2 \quad \cdots \quad \mu_n)\right] = E\begin{bmatrix}\mu_1^2 & \mu_1\mu_2 & \cdots & \mu_1\mu_n\\ \mu_2\mu_1 & \mu_2^2 & \cdots & \mu_2\mu_n\\ \vdots & \vdots & & \vdots\\ \mu_n\mu_1 & \mu_n\mu_2 & \cdots & \mu_n^2\end{bmatrix}$$

$$= \begin{bmatrix}E(\mu_1^2) & E(\mu_1,\mu_2) & \cdots & E(\mu_1,\mu_n)\\ E(\mu_2,\mu_1) & E(\mu_2^2) & \cdots & E(\mu_2,\mu_n)\\ \vdots & \vdots & & \vdots\\ E(\mu_n,\mu_1) & E(\mu_n,\mu_2) & \cdots & E(\mu_n^2)\end{bmatrix}$$

$$= \begin{bmatrix}\sigma_1^2 & \mathrm{Cov}(\mu_1,\mu_2) & \cdots & \mathrm{Cov}(\mu_1,\mu_n)\\ \mathrm{Cov}(\mu_2,\mu_1) & \sigma_2^2 & \cdots & \mathrm{Cov}(\mu_2,\mu_n)\\ \vdots & \vdots & & \vdots\\ \mathrm{Cov}(\mu_n,\mu_1) & \mathrm{Cov}(\mu_n,\mu_2) & \cdots & \sigma_n^2\end{bmatrix} = \sigma^2\Omega.$$

其中 Ω 为 n 阶实对称矩阵,σ^2 为常数.

如果随机扰动项的方差相同且等于 σ^2,并且非自相关,则 $\Omega = I$(I 为单位矩阵). 古典回归模型中关于同方差和非自相关的假定可以统一表示为

$$E(\mu\mu') = \sigma^2 I.$$

如果 $\Omega \neq I$,因为 Ω 为 n 阶实对称矩阵,根据线性代数知识,存在 n 阶非奇异矩阵 P,使得 $P\Omega P' = I$,由此可得:

$$\Omega = P^{-1}(P')^{-1} = (P'P)^{-1}, \Omega^{-1} = PP'.$$

用 P 左乘(4.25)式两边,得:

$$PY = PX\beta + P\mu.$$

令:

$$Y^* = PY, \qquad X^* = PX, \qquad \mu^* = P\mu,$$

则(4.25)式变换成:

$$Y^* = X^*\beta + \mu^* \tag{4.26}$$

随机扰动项的方差—协方差矩阵为:

$$E(\mu^*\mu^{*\prime}) = E[P\mu(P\mu)'] = E(P\mu\mu'P') = PE(\mu\mu')P' = P\sigma^2\Omega P' = \sigma^2 I.$$

这表明变换后的模型满足同方差和非自相关的假定,由于是线性变换,其他假定也显然满足,因此可以应用 OLS 法估计模型(4.26),参数的 OLS 估计量为

$$\hat{\beta} = (X^{*\prime}X^*)^{-1}(X^{*\prime}Y^*) = [(PX)'PX]^{-1}[(PX)'(PY)] = (X'\Omega^{-1}X)^{-1}(X'\Omega^{-1}Y).$$

即:

$$\hat{\boldsymbol{\beta}} = (\boldsymbol{X}'\boldsymbol{\Omega}^{-1}\boldsymbol{X})^{-1}(\boldsymbol{X}'\boldsymbol{\Omega}^{-1}\boldsymbol{Y}) \tag{4.27}$$

我们称式(4.27)为广义最小二乘估计(Generalized Least Square,GLS).从估计过程可以看出,GLS估计的基本思想就是对违反基本假定的模型做适当的线性变换,使其转化成满足基本假定的模型,从而可以使用OLS方法估计模型.

对(4.27)式中的$\boldsymbol{\Omega}$,可以分以下几种情况讨论:

(1)当$\boldsymbol{\Omega}=\boldsymbol{I}$,即满足基本假定时,$\hat{\boldsymbol{\beta}}=(\boldsymbol{X}'\boldsymbol{X})^{-1}\boldsymbol{X}'\boldsymbol{Y}$,为OLS估计,可见OLS估计是GLS估计的特例.

(2)当$\boldsymbol{\Omega}$为对角线元素不尽相同的对角矩阵,即存在异方差性时,

$$\boldsymbol{\Omega}=\begin{bmatrix}\sigma_1^2 & 0 & \cdots & 0\\ 0 & \sigma_2^2 & \cdots & 0\\ \vdots & \vdots & & \vdots\\ 0 & 0 & \cdots & \sigma_n^2\end{bmatrix};\quad \boldsymbol{\Omega}^{-1}=\begin{bmatrix}1/\sigma_1^2 & 0 & \cdots & 0\\ 0 & 1/\sigma_2^2 & \cdots & 0\\ \vdots & \vdots & & \vdots\\ 0 & 0 & \cdots & 1/\sigma_n^2\end{bmatrix}.$$

广义最小二乘估计就是使

$$\begin{aligned}\sum e_i^{*2} &= \boldsymbol{e}^{*'}\boldsymbol{e}^{*} = (\boldsymbol{Y}^{*}-\boldsymbol{X}^{*}\hat{\boldsymbol{\beta}})'(\boldsymbol{Y}^{*}-\boldsymbol{X}^{*}\hat{\boldsymbol{\beta}}) = (\boldsymbol{PY}-\boldsymbol{PX}\hat{\boldsymbol{\beta}})'(\boldsymbol{PY}-\boldsymbol{PX}\hat{\boldsymbol{\beta}})\\ &= (\boldsymbol{Y}-\boldsymbol{X}\hat{\boldsymbol{\beta}})'\boldsymbol{P}'\boldsymbol{P}(\boldsymbol{Y}-\boldsymbol{X}\hat{\boldsymbol{\beta}}) = (\boldsymbol{Y}-\boldsymbol{X}\hat{\boldsymbol{\beta}})'\boldsymbol{\Omega}^{-1}(\boldsymbol{Y}-\boldsymbol{X}\hat{\boldsymbol{\beta}}) = \boldsymbol{e}'\boldsymbol{\Omega}^{-1}\boldsymbol{e} = \sum \frac{1}{\sigma_i^2}e_i^2 = \text{最小}.\end{aligned}$$

当取$w_i = 1/\sigma_i$,其估计结果等同于加权最小二乘估计的结果.所以,在异方差性情况下,GLS估计即为WLS估计,或者说,WLS估计也是GLS估计的特例.

4.1.8 案例分析—中国城镇居民家庭人均消费模型

我国城镇居民家庭人均消费支出主要由人均工薪收入和人均其他收入来决定.下面根据表4.4分析我国2005年城镇居民家庭人均消费支出与工薪收入和其他收入的关系.

表4.4 中国2005年各地区城镇居民家庭人均可支配收入与消费支出

单位:元

地 区	人均消费支出 Y	人均工薪收入 X_1	人均其他收入 X_2	地区	人均消费支出 Y	人均工薪收入 X_1	人均其他收入 X_2
北京	13 244.2	13 666.34	3 986.61	湖北	6 736.56	6 576.92	2 209.02
天津	9 653.26	8 174.64	4 463.91	湖南	7 504.99	6 805.3	2 718.67
河北	6 699.67	6 346.53	2 760.56	广东	11 809.87	12 265.04	2 504.9
山西	6 342.63	7 103.45	1 810.46	广西	7 032.8	6 975.39	2 311.31
内蒙古	6 928.6	6 669.48	2 467.31	海南	5 928.79	6 071.2	2 052.74
辽宁	7 369.27	6 103.41	3 004.14	重庆	8 623.29	7 848.52	2 394.94

续表

地　区	人均消费支出 Y	人均工薪收入 X_1	人均其他收入 X_2	地区	人均消费支出 Y	人均工薪收入 X_1	人均其他收入 X_2
吉林	6 794.71	5 905.86	2 784.76	四川	6 891.27	5 838.27	2 547.69
黑龙江	6 178.01	5 478.03	2 794.48	贵州	6 159.29	5 516.18	2 634.95
上海	13 773.41	14 280.65	4 364.38	云南	6 996.9	6 170.93	3 094.97
江苏	8 621.82	8 397.15	3 921.42	西藏	8 617.11	10 401.71	257.6
浙江	12 253.74	11 941.09	4 352.68	陕西	6 656.46	6 347.81	1 924.21
安徽	6 367.67	6 425.54	2 045.14	甘肃	6 529.2	6 486.84	1 599.98
福建	8 794.41	8 791.56	3 529.75	青海	6 245.26	5 613.79	2 444.06
江西	6 109.39	6 222.55	2 397.11	宁夏	6 404.31	5 771.58	2 322.06
山东	7 457.31	9 026.55	1 718.24	新疆	6 207.52	6 553.47	1 436.68
河南	6 038.02	6 095.49	2 572.48				

资料来源:《中国统计年鉴》(2006).人均可支配收入 = 人均工薪收入 + 人均其他收入,仅西藏为人均总收入.

由上面数据可以看出,随着人均可支配收入的增加,人均消费支出也表现出增加的趋势.不同收入的家庭,其消费支出表现出很大的差异.例如,北京城镇居民家庭人均可支配收入为 17 652.95 元/年,人均消费支出为 13 244.2 元/年;天津城镇居民家庭人均可支配收入为 12 638.55 元/年,人均消费支出为 9 653.26元/年.同方差的假定很难得到保证.

4.1.8.1　用 OLS 法估计参数

设模型为 $Y=\beta_0+\beta_1X_1+\beta_2X_2+\mu$,得 Eviews 估计结果(见表 4.5).

表 4.5　Eviews 估计结果

Dependent Variable: Y
Method: Least Squares
Date: 07/23/07 Time: 22:23
Sample: 1 31
Included observations: 31

Variable	Coefficient	Std. Error	t – Statistic	Prob.
C	340.990 1	261.440 8	1.304 272	0.202 8
X_1	0.763 582	0.031 740	24.057 67	0.000 0
X_2	0.617 630	0.083 776	7.372 435	0.000 0

R – squared	0.970 808	Mean dependent var	7 773.217
Adjusted R – squared	0.968 723	S.D. dependent var	2 183.308
S.E. of regression	386.124 8	Akaike info criterion	14.841 96
Sum squared resid	4 174 587.	Schwarz criterion	14.980 74
Log likelihood	–227.050 4	F – statistic	465.585 1
Durbin – Watson stat	1.160 152	Prob(F – statistic)	0.000 000

即 $$\hat{Y}=340.990\ 1+0.763\ 6X_1+0.617\ 6X_2,$$
$$(1.304\ 272)\quad(24.057\ 67)\quad(7.372\ 435)$$
$$R^2=0.968\ 723,\quad DW=1.160\ 152,\quad F=465.585\ 1.$$

4.1.8.2 异方差检验

(1)图示法. 将残差与 X_1,X_2 作散点图(图 4.3、图 4.4),其中 E1 为 OLS 估计残差的绝对值. 从图 4.3 中可看出,E1 - X_1 图中散点的变化更有规律,说明异方差性由 X_1 引起的变动更大些.

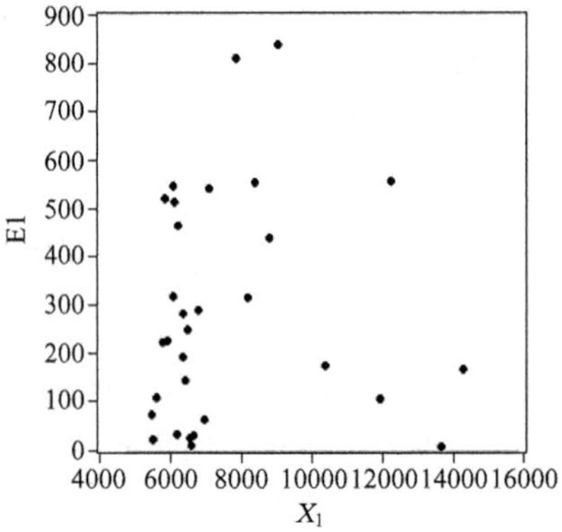

图 4.3

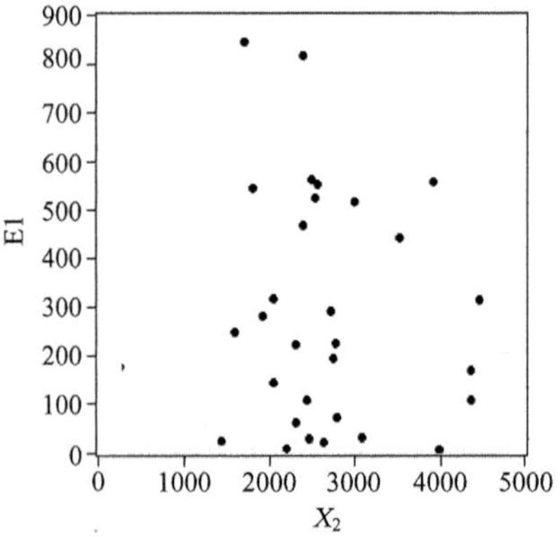

图 4.4

(2)G - Q 检验. 针对图示法,对图 4.3 中 X_1 按从小到大序的顺序排序,去掉中间 $C=7$ 个数据后,将剩余数据分成两个容量为 12 的子样本. 对前一组较小数据的子样本做 OLS 回归,Eviews 回归结果见表 4.6,得残差平方和 $RSS_1=973\ 649.5$.

表 4.6 Eviews 估计结果

Dependent Variable: Y				
Method: Least Squares				
Date: 07/14/07 Time: 15:37				
Sample: 1 12				
Included observations: 12				
Variable	Coefficient	Std. Error	t - Statistic	Prob.
C	1 650.062	2 153.678	0.766 160	0.463 2
X_1	0.337 968	0.348 244	0.979 491	0.357 2
X_2	1.081 605	0.339 842	3.182 670	0.011 1
R - squared	0.570 245	Mean dependent var		6 484.574
Adjusted R - squared	0.474 744	S. D. dependet var		453.831 3
S. E. of regression	328.912 3	Akaike info criterion		14.641 78
Sum squared resid	973 649.5	Schwarz criterion		14.763 00
Log likelihood	-84.850 66	F - statisitic		5.971 079
Durbin - Watson stat	1.638 846	Prob(F - statistic)		0.022 361

同理,对后一个子样本做 OLS 估计,Eviews 回归结果见表 4.7,得残差平方和 $RSS_2 = 2\ 506\ 585$.

表 4.7 EViews 估计结果

Dependent Variable: Y				
Method: Least Squares				
Date: 07/14/07 Time: 15:39				
Sample: 20 31				
Included observations: 12				
Variable	Coefficient	Std. Error	t - Statistic	Prob.
C	-31.745 55	654.433 5	-0.048 508	0.962 4
X_1	0.801 459	0.066 798	11.998 18	0.000 0
X_2	0.598 990	0.127 345	4.703 662	0.001 1
R - squared	0.963 061	Mean dependent var		9 685.321
Adjusted R - squared	0.954 852	S. D. dependet var		2 483.707
S. E. of regression	527.739 9	Akaike info criterion		15.587 40
Sum squared resid	25 06585.	Schwarz criterion		15.587 40
Log likelihood	-90.524 41	F - statisitic		117.321 4
Durbin - Watson stat	1.847 284	Prob(F - statistic)		0.000 000

计算统计量：

$$F=\frac{\text{RSS}_{\text{大}}}{\text{RSS}_{\text{小}}}=\frac{\text{RSS}_2}{\text{RSS}_1}=\frac{\sum e_{2i}^2}{\sum e_{1i}^2}=\frac{2\ 506\ 585}{973\ 649.5}=2.574\ 422\ 315.$$

$\text{RSS}_{\text{大}}$ 表示 RSS_1 和 RSS_2 中取值较大者，$\text{RSS}_{\text{小}}$ 表示取值较小者。在5%的显著性水平下，因为 $F_{0.05}(9,9)=3.18$，$F<F_{0.05}$，所以，接受两组子样同方差的假设，表明该总体随机扰动项不存在单调型异方差.

（3）怀特检验. 由 Eviews 得辅助回归模型估计结果及信息（见表4.8）.

表4.8 Eviews 估计结果

White Heteroskedasticyty Test:				
F – statistic	4.446 186	Prob. F(5.25)		0.016 209
Obs * R – squared	12.591 76	Prob. Chi – Square(4)		0.013 453
Test Equation:				
Dependent Variable: RESID^2				
Method: Least Squares				
Date: 07/14/07 Time: 15:47				
Sample: 1 31				
Included observations: 31				
Variable	Coefficient	Std. Error	t – Statistic	Prob.
C	−2 149 982.	570 752.1	−3.766 928	0.000 9
X_1	405.347 0	105.655 9	3.836 484	0.000 7
X_1^2	−0.019 497	0.005 427	−3.592 975	0.001 3
X_2	407.707 6	148.617 2	2.743 340	0.010 9
X_2^2	−0.081 627	0.028 462	−2.867 943	0.008 1
R – squared	0.406 186	Mean dependent var		13 464.1
Adjusted R – squared	−0.314 830	S. D. dependet var		182 048.9
S. E. of regression	150 691.0	Akaike info criterion		26.830 54
Sum squared resid	5.90E+11	Schwarz criterion		27.061 83
Log likelihood	−410.873 4	F – statisitic		4.446 186
Durbin – Watson stat	1.647 372	Prob(F – statistic)		0.007 169

从表4.8中的无交叉项怀特检验可看出，当显著性水平为0.05时，$nR^2=$

$12.592 > \chi^2_{0.05}(4) = 9.488$,所以存在异方差. 实际上,$\chi^2$ 统计量的 P 值为 0.0135,小于 0.05 的水平,所以存在异方差.

类似的,从下面有交叉项的怀特检验(见表 4.9)中,可以得出同样的结论. 即当显著性水平为 0.05 时,$nR^2 = 12.694 > \chi^2_{0.05}(5) = 11.071$,所以存在异方差. 实际上,$\chi^2$ 统计量的 P 值为 0.0264,小于 0.05 的水平,所以存在异方差.

表 4.9 EViews 估计结果

White Heteroskedasticyty Test:				
F - statistic	3.467 201	*Prob.* *F*(5.25)		0.016 209
Obs * *R* - squared	12.694 07	*Prob.* Chi - Square(5)		0.026 421
Test Equation:				
Dependent Variable: RESID^2				
Method: Least Squares				
Date: 07/14/07 Time: 15:49				
Sample: 1 31				
Included observations: 31				
Variable	Coefficient	Std. Error	*t* - Statistic	Prob.
C	-2 215 134.	606 041.1	-3.655 088	0.001 2
*X*1	398.217 9	109.128 1	3.649 088	0.001 2
X_1^2	-0.017 997	0.006 823	-2.637 717	0.014 2
$X_1 * X_2$	-0.006 676	0.017 861	-0.373 790	0.711 7
X_2	471.805 5	228.579 6	2.064 076	0.049 5
X_2^2	-0.082 284	0.028 998	-2.837 556	0.008 9
R - squared	0.409 486	Mean dependent var		13 464.1
Adjusted *R* - squared	0.291 383	S. D. dependet var		182 048.9
S. E. of regression	153 247.6	Akaike info criterion		26.889 48
Sum squared resid	5.87E+11	Schwarz criterion		27.167 03
Log likelihood	-410.787 0	*F* - statisitic		3.467 201
Durbin - Watson stat	1.712 641	Prob(*F* - statistic)		0.016 209

4.1.8.3 异方差的修正

采用 WLS 估计法时,用 OLS 法所得残差的绝对值倒数作为权重,得 WLS 回归结果如表 4.10 所示.

表 4.10　WLS 估计结果

Dependent Variable: Y
Method: Least Squares
Date: 07/14/07　Time: 15:53
Sample: 1 31
Included observations: 31 after adjustments
Weighting series: 1/E1

Variable	Coefficient	Std. Error	t – Statistic	Prob.
C	334.124 6	20.449 60	16.338 93	0.000 0
X_1	0.763 823	0.004 374	174.642 9	0.000 0
X_2	0.619 993	0.177 82	34.867 15	0.000 0

Weighted Statistics

R – squared	0.999 995	Mean dependent var	8 981.082
Adjusted R – squared	0.999 994	S. D. dependet var	24 149.25
S. E. of regression	57.428 32	Akaike info criterion	11.030 72
Sum squared resid	92 344.34	Schwarz criterion	11.169 49
Log likelihood	–167.976 1	F – statisitic	240 938.0
Durbin – Watson stat	2.062 716	*Prob*(F – statistic)	0.000 000

表 4.11　有交叉项的怀特检验

White Heteroskedasticity Test:

F – statistic	1.712 840	Probability	0.168 435
Obs * R – squared	7.909 923	Probability	0.161 270

表 4.11 表明使用 1/E1 作为权重可以消除异方差。

4.2　序列相关性

由前述可知线性回归模型的基本假定之一是：

$$\mathrm{Cov}(\mu_i,\mu_j)=E(\mu_i\mu_j)=0,\qquad i,j=1,2,\cdots,n,i\neq j.$$

即随机扰动项之间是相互独立或不相关的. 倘若违背了这项假定，即上式不为 0，则称随机扰动项存在序列相关或自相关.

4.2.1 一个例子

当随机扰动项满足基本假定时,OLS 估计是无偏的和有效的,然而,当随机扰动项之间存在序列相关时,OLS 估计不再有效.例如,根据总体回归模型

$$Y=\beta_0+\beta_1X_1+\beta_2X_2+\mu,$$

令 $\beta_0=\beta_1=\beta_2=2$,让随机扰动项 μ 存在一阶序列相关,产生随机数据如表 4.12 所示.

表 4.12 随机数据

Y	X_1	X_2	Y	X_1	X_2
316.817 4	73.639 59	73.041 24	196.278 6	6.321 851	3.152 179
234.327 2	78.089 79	24.522 32	384.088 9	13.382 61	81.962 53
269.321 3	30.011 11	86.970 91	383.877	60.690 16	31.139 15
238.284 3	49.908 63	35.964 05	395.714 5	19.142 46	78.410 55
143.492 1	16.591 12	8.620 026	374.277 6	51.708 42	27.262 88
413.175 9	59.782 47	91.417 05	494.898 1	90.921 52	45.182 23
415.922 6	85.486 2	67.995 59	414.390 9	84.007 44	4.730 836
291.246 5	47.345 24	33.403 57	540.092 9	89.818 57	71.720 92
221.790 1	6.447 195	41.794 1	378.520 9	16.266 74	73.969 3
288.818 1	72.938 08	13.896 87	455.532 6	86.138 35	45.181 43
482.816 7	92.624 32	92.984 27	329.284 8	7.747 115	58.453 68
219.02	16.365 69	28.048 26	374.279 4	6.702 368	85.586 65
326.899 9	52.264 74	44.939 29	302.656 8	21.591 93	31.047 36
358.436 2	52.522 97	57.707 32	366.599 2	7.727 377	72.045 53
410.263 7	79.281 72	43.739 27	298.912 4	20.986 2	30.117 99
430.710 1	58.048 45	80.695 01			

从 OLS 估计的结果中(表 4.13)我们可以看到,X_1 和 X_2 的斜率分别为1.72 和 1.82,明显地偏离真值 2.这是因为数据中存在着所谓序列相关现象,从而造成 OLS 估计的失效.

表 4.13 Eviews 回归结果

Dependent Variable: Y Dependet Variable: Y Method: Least Squares Data: 07/14/07 Time: 11:06 Sample: 1 31 Included observations: 31

续表

Variable	Coefficient	Std. Error	t – Statistic	Prob.
C	174.196 5	28.888 16	6.030 032	0.000 0
X_1	1.716 136	0.360 783	4.756 694	0.000 1
X_2	1.823 166	0.409 354	4.453 760	0.000 1
R – squared	0.602 348	Mean dependent var		346.798 3
Adjusted R – squared	0.573 944	S. D. dependet var		93.328 67
S. E. of regression	60.918 40	Akaike info criterion		11.148 71
Sum squared resid	103 909.4	Schwarz criterion		11.287 49
Log likelihood	–169.805 1	F – statistic		21.206 63
Durbin – Watson stat	0.088 923	Prob(F – statistic)		0.000 002

当我们采用广义最小二乘法消除了数据中存在的序列相关现象后，所估计结果（见表4.14）已明显改善，X_1 和 X_2 的斜率达到1.98和1.91，和真值2非常接近. 这说明序列相关现象是一个值得重视的数据病态现象. 本节将详细介绍有关序列相关的识别和消除技术.

表4.14 Eviews 回归结果

Dependent Variable: Y
Method: Least Squares
Date: 07/14/07 Time: 11:06
Sample: 1 31
Included observations: 30 after adjusting endpointsConvergence achieved after 4 iterations

Variable	Coefficient	Std. Error	t – Statistic	Prob.
C	216.835 6	34.656 67	6.256 679	0.000 0
X_1	1.982 435	0.057 378	34.550 17	0.000 0
X_2	1.908 186	0.049 534	38.522 77	0.000 0
AR(1)	0.097 749	0.037 563	24.166 27	0.000 0
R – squared	0.985 364	Mean dependent var		347.797 6
Adjusted R – squared	0.983 675	S. D. dependet var		94.755 29
S. E. of regression	12.106 65	Akaike info criterion		7.948 952
Sum squared resid	3 810.843	Schwarz criterion		8.135 778
Log likelihood	–115.234 3	F – statistic		583.489 2
Durbin – Watson stat	1.680 194	Prob(F – statistic)		0.000 000

4.2.2 序列相关的概念

序列相关是指模型中的扰动项与其滞后项之间的相关关系. 对模型

$$Y_i = \beta_0 + \beta_1 X_{1i} + \beta_2 X_{2i} + \cdots + \beta_k X_{ki} + \mu_i \qquad i = 1, 2, \cdots, n, \tag{4.28}$$

如果随机扰动项的各期值之间存在相关关系，即意味着协方差

$$\mathrm{Cov}(\mu_i,\mu_j)=E(\mu_i\mu_j)\neq 0,\qquad i\neq j,i,j=1,2,\cdots,k \tag{4.29}$$

或

$$\mathrm{Cov}(\mu)=E(\mu\mu')=\begin{bmatrix}\sigma^2 & \cdots & E(\mu_1\mu_n)\\ \vdots & & \vdots\\ E(\mu_n\mu_1) & \cdots & \sigma^2\end{bmatrix}=\begin{bmatrix}\sigma^2 & \cdots & \sigma_{1n}\\ \vdots & & \\ \sigma_{n1} & \cdots & \sigma^2\end{bmatrix}=\sigma^2\boldsymbol{\Omega}\neq\sigma^2 I. \tag{4.30}$$

则称随机扰动项之间存在序列相关或自相关(auto correlation)

随机扰动项的序列相关可以有多种形式,其中最常见的类型是随机扰动项之间存在一阶序列相关或一阶自相关,即随机扰动项只与它的前一期值相关:$\mathrm{Cov}(\mu_i,\mu_{i-1})=E(\mu_i\mu_{i-1})\neq 0$,或者 $\mu_i=f(\mu_{i-1})$,则称这种关系为一阶序列相关. 一阶序列可以表示为:

$$\mu_i=\rho\mu_{i-1}+v_i. \tag{4.31}$$

其中,ρ 是 μ_i 与 μ_{i-1} 的相关系数,v_i 是满足回归模型基本假定的随机扰动项. $|\rho|\leqslant 1$.

$\rho=1$ 表示完全正自相关,$\mu_i=\mu_{i-1}+v_t$;

$0<\rho<1$ 表示正自相关;

$\rho=0$ 表示不存在自相关,$\mu_i=v_i$;

$-1<\rho<0$ 表示负自相关;

$\rho=-1$ 表示完全负自相关,$\mu_i=-\mu_{i-1}+v_i$.

序列相关(自相关性)的一般形式可以表示成:

$$\mu_i=f(\mu_{i-1},\mu_{i-2},\cdots,\mu_{i-p}),$$

或者

$$\mu_i=\rho_1\mu_{i-1}+\rho_2\mu_{i-2}+\cdots+\rho_p\mu_{i-p}+v_i. \tag{4.32}$$

我们称之为 p 阶自回归形式,或模型存在 p 阶自相关.

在计量经济研究中,随机项 μ 序列相关是一种常见现象,它指的不是两个或多个不同变量之间的关系,而是指同一变量前后值之间的关系. 如在研究消费问题中,现期的消费水平往往会受到前期消费水平的影响,即现期消费水平与上期消费水平存在着序列相关.

4.2.3 序列相关性产生的原因和后果

4.2.3.1 序列相关性产生的原因

(1)经济变量固有的惯性作用. 大多数经济时间数据都有一个显著的特点,就是它的惯性,表现在时间序列数据不同时间的前后关联上. 例如,以绝对收入假设为理论假设,以时间序列数据为样本建立居民总消费函数模型:

$$C_t=\beta_0+\beta_1 Y_t+\mu_t, \qquad t=1,2,\cdots,n.$$

一般情况下,居民总消费(C)除受总收入(Y)的影响外,还受其他因素影响,如消费习惯等.但这些因素没有包括在解释变量中,它们对消费量的影响被包含在随机扰动项中.如果该项影响构成随机扰动项的主要部分,则可能出现序列相关性,即对于不同的年份,由于消费习惯等因素的惯性,它们对消费量的影响也是具有内在联系的.于是在不同的样本点之间,随机扰动项出现了相关,从而产生了序列相关性.更进一步分析,在这个例子中,随机扰动项之间表现为正相关.

(2)模型设定的偏误.所谓模型设定偏误是指所设定的模型"不正确",主要表现为模型中漏掉了重要的解释变量或模型函数形式有偏误.例如,本来应该估计的模型为

$$Y_t=\beta_0+\beta_1 X_{1t}+\beta_2 X_{2t}+\beta_3 X_{3t}+\mu_t,$$

但在模型设定中作了下述回归:

$$Y_t=\beta_0+\beta_1 X_{1t}+\beta_2 X_{2t}+v_t.$$

因此,该式中 $v_t=\beta_3 X_{3t}+\mu_t$.于是在 X_3 确实影响 Y 的情况下,这种模型设定的偏误往往导致随机扰动项中有一个重要的系统性影响因素,使其呈序列相关性.

又如,如果真实的边际成本回归模型应为

$$Y_t=\beta_0+\beta_1 X_{1t}+\beta_2 X_{1t}^2+\mu_t,$$

其中,Y 代表边际成本,X_1 代表产出量.但建模时设立了如下模型:

$$Y_t=\beta_0+\beta_1 X_{1t}+v_t.$$

因此,由于 $v_t=\beta_2 X_{1t}^2+\mu_t$,包含了产出的平方对随机扰动项的系统性影响,随机扰动项也呈现序列相关性.

(3)数据的预处理.在实际经济问题中,有时为了需要,原始数据往往都经过拟合处理(或称为"编造"manipulated),即有些数据是通过已知数据生成的.因此,新生成的数据与原数据间就有了内在的联系,表现出序列相关性.例如,季度数据来自月度数据的简单平均,这种平均的计算减弱了每月数据的波动而引进了数据中的匀滑性,这种匀滑性本身就能使随机扰动项中出现系统性的因素,从而出现序列相关性.另外,两个时间点之间的"内插"技术也会导致随机扰动项的序列相关性.例如,对某种疾病发病率的调查是每 10 年定期举行 1 次,而最近两年的调查分别是 2006 年和 1996 年.假定现在需要 1996~2006 年间某年的数据,则通常做法是,根据某些特殊的方式(如线性或二次函数形式)进行内插.所有这些数据的"处理"技术,尽管可以增强数据的代表性或弥补其他方面的缺陷,但处理后的时序资料和原始时序数据之间的差异会在扰动项中反映出来,并引起扰动项的序列相关.

(4)随机扰动项本身的序列相关.随机扰动项本身包含了随机因素的影响,而随机因素常常是相关的.例如战争、社会动乱、灾害等,发生不仅对当时产生影响,而且还会持续几个时期,这自然就导致了随机扰动项的序列相关.这是由随机项本身所引起的.如1997年的亚洲金融危机,不仅严重影响了该地区当年的经济发展,而且对此后的若干年还在继续作用并产生影响.

对于采用时间序列数据作样本的计量经济学问题,由于在不同样本点上解释变量以外的其他因素在时间上的连续性,带来它们对被解释变量的影响的连续性,所以往往存在序列相关性.当然,序列相关也可能出现在横截面数据中.

4.2.3.2 序列相关性后果

计量经济学模型一旦出现序列相关性,如果仍采用OLS法估计模型参数,会产生许多不良后果.

(1)参数估计量非有效.根据OLS估计中关于参数估计量的无偏性和有效性可以看出,当计量经济学模型出现序列相关性时,其OLS参数估计量仍然具有线性无偏性,但不具有有效性.因为在有效性证明中利用了

$$E(\mu\mu')=\sigma^2 I$$

即同方差性和相互独立性条件.而且,在大样本情况下,参数估计量虽然具有一致性,但仍然不具有渐近有效性.

(2)变量的显著性检验失去意义.在变量的显著性检验中,t统计量是建立在参数方差正确估计基础之上的,这只有当随机扰动项具有同方差性和相互独立性时才能成立.如果存在序列相关性,估计的参数方差$S_{\hat{\beta}_j}$出现偏误(偏大或偏小),t检验就失去意义.其他检验也是如此.

(3)模型的预测失效.区间预测同参数估计量的方差有关,在方差估计有误时,预测估计的区间就不准确,预测精度降低,预测功能失效.

4.2.4 序列相关性的检验

序列相关的检验方法有多种.这些方法的共同思路是:首先用OLS法估计模型,求出扰动项的近似估计量,用e_t表示:

$$e_t=Y_t-(\hat{Y}_t)_{\text{OLS}}.$$

然后通过分析这些近似估计量之间的相关性来判断随机扰动项是否具有序列相关.常用的检验方法有以下几种.

4.2.4.1 图示法

通过e_t的变化图形(参见图4.5)的分析,可以大致判断随机扰动项的序列相关性.如果随着时间推移,残差e_t分布呈现周期性变化,说明很可能存在序列相关性.

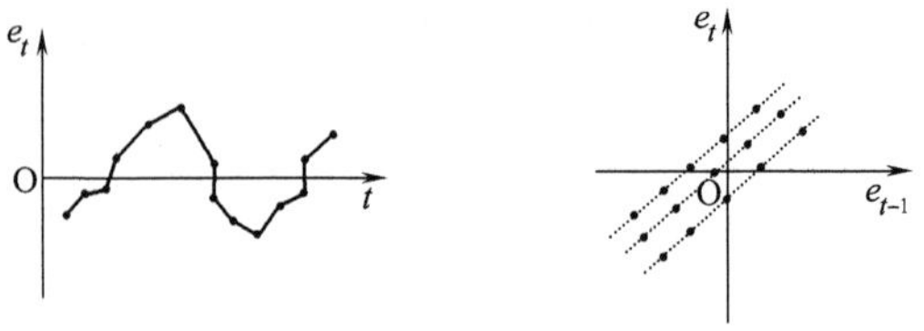

(a) 正序列相关（正自相关）

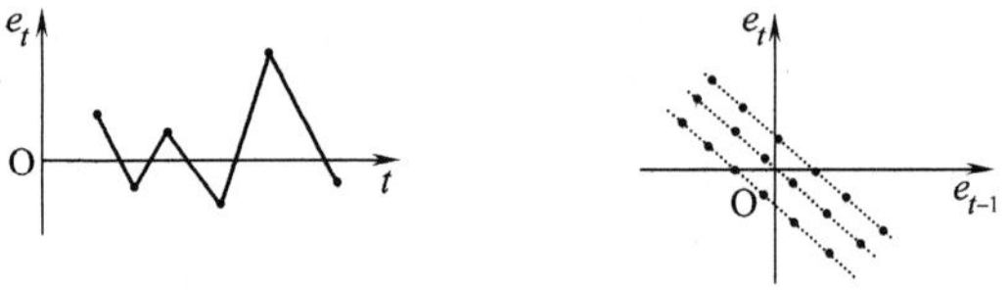

(b) 负序列相关（负自相关）

图 4.5

4.2.4.2　杜宾—瓦森(Durbin – Watson)检验

D – W 检验是杜宾(J. Durbin)和瓦森(G. S. Watson)于 1951 年提出的一种检验序列自相关的方法,该方法的假定条件是:

(1)解释变量 X 非随机;

(2)随机扰动项 μ_t 为一阶自回归形式:

$$\mu_t = \rho\mu_{t-1} + \varepsilon_t. \tag{4.33}$$

(3)回归模型中不应含有滞后的被解释变量作为解释变量,即不应出现下列形式:

$$Y_t = \beta_0 + \beta_1 X_{1t} + \cdots + \beta_k X_{1k} + \gamma Y_{t-1} + \mu_t.$$

(4)回归模型含有截距项.

方法如下:

提出原假设 H_0:$\rho = 0$,μ 不具有一阶自相关;备择假设 H_1:$\rho \neq 0$,μ 具有一阶自相关. 为检验原假设,构造 D – W 统计量,记作 DW,

$$DW = \frac{\sum_{t=2}^{n}(e_t - e_{t-1})^2}{\sum_{t=1}^{n} e_t^2}.$$

此统计量的分子是残差的一阶差分平方和,分母是残差平方和. 下面证明 DW 的值是介于 0 到 4 之间. 当 $DW = 2$ 时,$\rho = 0$,说明 μ 无序列相关.

对统计量 DW 展开:

$$DW = \frac{\sum_{t=2}^{n}(e_t - e_{t-1})^2}{\sum_{t=1}^{n} e_t^2} = \frac{\sum_{t=2}^{n} e_t^2 + \sum_{t=2}^{n} e_{t-1}^2 - 2\sum_{t=2}^{n} e_t e_{t-1}}{\sum_{t=1}^{n} e_t^2}. \tag{4.34}$$

这里$\sum_{t=1}^{n} e_t^2$，$\sum_{t=2}^{n} e_t^2$，$\sum_{t=2}^{n} e_{t-1}^2$只相差一期值，可认为大致相等，所以(4.34)式可写作

$$DW \approx \frac{2\sum_{t=2}^{n} e_{t-1}^2 - 2\sum_{t=2}^{n} e_t e_{t-1}}{\sum_{t=2}^{n} e_{t-1}^2} = 2\left[1 - \frac{\sum_{t=2}^{n} e_t e_{t-1}}{\sum_{t=2}^{n} e_{t-1}^2}\right].$$

由于

$$\frac{\sum_{t=2}^{n} e_t e_{t-1}}{\sum_{t=2}^{n} e_{t-1}^2} \approx \hat{\rho},$$

所以

$$DW \approx 2(1-\hat{\rho}). \tag{4.35}$$

因为

$$|\rho| \leqslant 1,$$

所以

$$0 \leqslant DW \leqslant 4.$$

由(4.35)式可以明显看出：

$$DW \approx \begin{cases} 0, & \text{当} \hat{\rho} = 1; \\ 2, & \text{当} \hat{\rho} = 0; \\ 4, & \text{当} \hat{\rho} = -1. \end{cases}$$

也就是说，DW值越接近于2，μ的序列相关性越小；DW值越接近于0，μ越呈正序列相关；DW值越接近于4，μ越呈负序列相关. 到底DW在什么样的情况下，可以判定μ序列相关呢？杜宾—瓦森根据样本容量和解释变量的数目，在给定显著水平下，建立了检验的下临界值d_L与上临界值d_U.

(1)当$DW < d_L$时，拒绝原假设$H_0:\rho = 0$，接受备择假设$H_1:\rho \neq 0$，μ存在一阶正序列相关.

(2)当$DW > (4 - d_L)$时，拒绝原假设$H_0:\rho = 0$，接受备择假设$H_1:\rho \neq 0$，μ存在一阶负序列相关.

(3)当$d_U < DW < (4 - d_U)$时，接受原假设$H_0:\rho = 0$，μ不存在序列相关.

(4)当$d_L < DW < d_U$或$(4 - d_U) < DW < (4 - d_L)$时，这种检验没有结论，即$\mu$是否存在序列相关，不能确定.

为掌握上面的检验准则，参看图4.6.

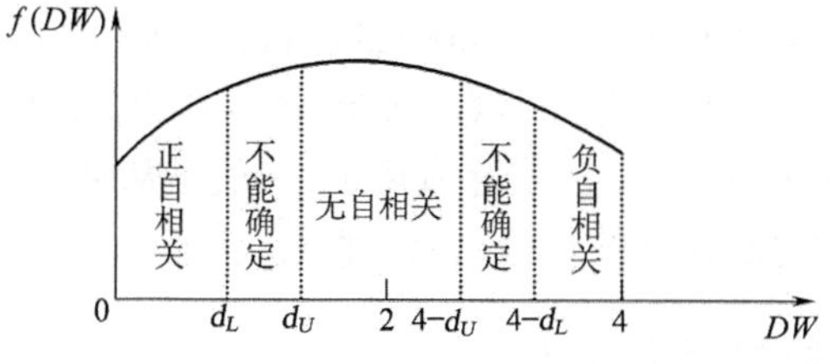

图4.6

从 D－W 检验的判定准则可以看出，D－W 检验有着一个明显的缺点，那就是D－W检验有着两个不能确定的区域，一旦 DW 的值落在这两个区域，就无法确定 μ 是否存在自相关. 在这种情况下，只有通过增加样本观测数据或选取其他的样本，重新检验或采用别的检验方法. 注意 DW 统计量的上下界表要求样本容量至少为 15，这是因为样本容量再小，利用残差就很难对自相关的存在性作出比较正确的结论.

例如，当计算的 DW 统计量值为 0.8901，样本容量 $n=15$，在有两个选择变量的条件下，给定显著性水平 $\alpha=0.05$，查 DW 表得 $d_L=0.946$，$d_U=1.543$，此时，有 $DW=0.8901<0.946$，由上述判断区域可知，存在一阶正序列相关.

4.2.4.3　拉格朗日乘数检验（Lagrange Multiplicator，LM）

为解决 D－W 检验存在的缺陷，布罗斯（T. S. Breusch）和戈弗雷（L. G. Godfrey）在 20 世纪 70 年代末提出了检验一般自相关的方法即布罗斯—戈弗雷（Breusch－Godfrey）检验. 由于该法源自拉格朗日乘数原理，故通常被称为拉格朗日乘数法（LM 法）.

对于模型：

$$Y_t=\beta_0+\beta_1X_{1t}+\beta_2X_{2t}+\cdots+\beta_kX_{kt}+\mu_t, \tag{4.36}$$

设自相关形式为

$$\mu_t=\rho_1\mu_{t-1}+\rho_2\mu_{t-2}+\cdots+\rho_p\mu_{t-p}+v_t. \tag{4.37}$$

假设：$H_0:\rho_1=\rho_2=\cdots=\rho_p=0$，即不存在自相关性. 对该假设的检验过程如下：①利用 OLS 法估计模型，得到残差序列 e_t；②作辅助回归模型：

$$e_t=\rho_1e_{t-1}+\rho_2e_{t-2}+\cdots+\rho_pe_{t-p}+\beta_0+\beta_1X_{1t}+\beta_2X_{2t}+\cdots+\beta_kX_{kt}+v_t \tag{4.38}$$

并计算出辅助回归模型的判定系数 R^2；③布罗斯和戈弗雷证明，在大样本情况下，渐近地有

$$nR^2\sim\chi^2(p).$$

因此，对于显著性水平 α，若 nR^2 大于临界值 $\chi^2_\alpha(p)$，则拒绝原假设 H_0，即认为至少有一个 ρ_i 的值显著地不等于 0，即存在自相关性.

利用 Eviews 软件可以直接进行 LM 检验. 在方程窗口中点击：

View/Residual Test/Serial Correlation LM Test

屏幕将输出辅助回归模型的有关信息，包括 nR^2 及其临界概率值. 但 LM 检验中，需要人为确定滞后期的长度. 实际应用中，一般是从低阶的 $p=1$ 开始，直到 $p=10$ 左右，若未能得到显著的检验结果，可以认为不存在自相关性.

4.2.5　序列相关的解决方法

经过检验发现，随机扰动项存在序列相关，首先应当分析产生序列相关的

原因.引起序列相关的原因不同,修正序列相关的方法也不相同.如果随机扰动项的序列相关是因为模型变量选择不当(遗漏了重要的解释变量或选用了无关的、非重要的变量作为解释变量)引起的,就应当对模型中包含的解释变量进行调整,去掉无关的及非重要的变量,引入重要的变量.如果是因为模型的函数形式选择失准,不能真实反映经济变量间的数量关系,引起随机扰动项的序列相关,就应当舍弃原有的模型关系式,重新确定正确的模型函数形式.在排除了这两个方面的原因之后,如果随机扰动项仍然存在序列相关,便表明这种相关问题是由客观经济现象自身特点所决定的.在这种情况下,应当对自相关性进行补救或修正,以消除或减弱其对模型的影响.修正自相关方法的基本思想是,通过一定的数学手段(如差分法)将模型中的自相关转换成无自相关,然后再对模型中的未知参数进行估计.主要方法有:(1)广义最小二乘法;(2)广义差分法.

4.2.5.1 广义最小二乘法(GLS)

顾名思义,广义最小二乘法是最具有普遍意义的最小二乘法,普通最小二乘法和加权最小二乘法是它的特例.一般情况下,对于模型

$$Y = X\beta + \mu, \tag{4.39}$$

如果存在序列相关性,同时存在异方差性,即有

$$\mathrm{Cov}(\mu,\mu') = E(\mu\mu') = \begin{pmatrix} \sigma_1^2 & \sigma_{12} & \cdots & \sigma_{1n} \\ \sigma_{21} & \sigma_2^2 & \cdots & \sigma_{2n} \\ \vdots & \vdots & & \vdots \\ \sigma_{n1} & \sigma_{n2} & \cdots & \sigma_n^2 \end{pmatrix} = \sigma^2 \boldsymbol{\Omega}.$$

显然,$\boldsymbol{\Omega}$ 是一对称正定矩阵,因此存在一可逆矩阵 $\boldsymbol{D}$,使得

$$\boldsymbol{\Omega} = \boldsymbol{D}\boldsymbol{D}'.$$

用 $\boldsymbol{D}^{-1}$ 左乘(4.39)式的两边,得到一个新的模型:

$$\boldsymbol{D}^{-1}Y = \boldsymbol{D}^{-1}X\beta + \boldsymbol{D}^{-1}\mu. \tag{4.40}$$

即

$$Y_* = X_*\beta + \mu_*.$$

该模型具有同方差性和随机扰动项相互独立性.因为

$$\begin{aligned} E(\mu_*\mu_*') &= E[\boldsymbol{D}^{-1}\mu\mu'(\boldsymbol{D}^{-1})'] = \boldsymbol{D}^{-1}E(\mu\mu')(\boldsymbol{D}^{-1})' \\ &= \boldsymbol{D}^{-1}\sigma^2\boldsymbol{\Omega}(\boldsymbol{D}^{-1})' = \boldsymbol{D}^{-1}\sigma^2\boldsymbol{D}\boldsymbol{D}'(\boldsymbol{D}')^{-1} = \sigma^2\boldsymbol{I}. \end{aligned}$$

于是,可以用普通最小二乘法估计模型(4.40)式,记参数估计量为 $\hat{\beta}_*$,则

$$\begin{aligned} \hat{\beta}_* &= (X'_*X_*)^{-1}X'_*Y_* \\ &= [X'(\boldsymbol{D}^{-1})'\boldsymbol{D}^{-1}X]^{-1}X'(\boldsymbol{D}^{-1})'\boldsymbol{D}^{-1}Y \\ &= (X'\boldsymbol{\Omega}^{-1}X)^{-1}X'\boldsymbol{\Omega}^{-1}Y. \end{aligned}$$

这就是原模型(4.39)式的广义最小二乘估计量，是无偏的、有效的估计量.

由上面的推导过程可知，只要知道随机扰动项的方差—协方差矩阵 $\sigma^2\boldsymbol{\Omega}$，就可采用广义最小二乘法得到参数的最佳线性无偏估计量. 然而若只有 n 个样本点，要对包括各 β_j 在内的 $n+k+1$ 个未知参数进行估计是困难的. 这就需要对随机扰动项自相关的结构事先给出必要的假设. 最常见的是假设随机扰动项具有一阶序列相关性：

$$\mu_t=\rho\mu_{t-1}+\varepsilon_t,\qquad -1<\rho<1.$$

4.2.5.2 广义差分法

广义差分法是一类克服序列相关性的有效方法，被广泛地采用. 它是将原模型变换为满足普通最小二乘法的差分模型，再进行 OLS 估计.

如果原模型存在

$$\mu_t=\rho_1\mu_{t-1}+\rho_2\mu_{t-2}+\cdots+\rho_p\mu_{t-p}+\varepsilon_t, \tag{4.41}$$

可以将原模型变换为

$$\begin{aligned}Y_t-\rho_1Y_{t-1}-\cdots-\rho_pY_{t-p}=&\beta_0(1-\rho_1-\cdots-\rho_p)+\beta_1(X_{1t}-\rho_1X_{1t-1}-\cdots-\rho_pX_{1t-p})+\\&\cdots+\beta_k(X_{kt}-\rho_1X_{kt-1}-\cdots-\rho_pX_{kt-p})+\varepsilon_t,\\&t=1+p,\ 2+p,\ \cdots,\ n.\end{aligned} \tag{4.42}$$

模型(4.42)式为广义差分模型，该模型不存在序列相关性问题. 采用普通最小二乘法估计该模型得到的参数估计量，即为原模型参数的无偏、有效的估计量.

实际上，广义差分法就是前面讲述的广义最小二乘法. 例如，在一阶序列相关的情况下，广义差分是对下面的差分模型进行 OLS 回归：

$$Y_t-\rho Y_{t-1}=\beta_0(1-\rho)+\beta_1(X_{1t}-\rho X_{1t-1})+\cdots+\beta_k(X_{kt}-\rho X_{kt-1})+\varepsilon_t,\quad t=2,3,\cdots,n.$$

或

$$Y_t^*=\beta_0(1-\rho)+\beta_1X_{1t}^*+\cdots+\beta_kX_{kt}^*+\varepsilon_t,\quad t=2,3,\cdots,n. \tag{4.43}$$

在大样本中广义差分法与广义最小二乘法的估计结果相近，但在小样本中，观测值的损失就可能会对估计结果产生影响. 因此，在广义差分变换中，有时需弥补这一损失，使其估计结果等同于广义最小二乘估计，如用普莱特—温斯特变换法(Prais - Winsten Transformation)等.

4.2.5.3 自相关系数 ρ 的估计方法

进行广义差分变换的前提是已知 ρ 的值. 但 ρ 是随机扰动项的相关系数，μ_t 值的不可观测性使得 ρ 的值也是未知的. 所以在用广义差分法处理自相关性时，需要事先估计出 ρ 的值. ρ 值的常用估计方法有以下几种.

(1)利用 DW 统计量求 $\hat{\rho}$，然后再用广义差分法对模型进行估计. 在大样本情况下，利用 DW 统计量：$DW\approx2(1-\hat{\rho})$，求出近似估计：

$$\hat{\rho}=1-\frac{DW}{2}. \tag{4.44}$$

然后再用广义差分法对模型做估计.

对小样本来说,可用下面近似公式:

$$\hat{\rho}=\frac{n^2(1-DW/2)+(k+1)^2}{n^2-(k+1)^2}. \tag{4.45}$$

其中,k 为解释变量的个数,当 $n\to\infty$ 时,$\hat{\rho}\to 1-DW/2$.

另外,由于 ρ 是 μ_t 与 μ_{t-1} 的相关系数,如果用 e_t 作为 μ_t 的估计,则 e_t 与 e_{t-1} 的相关系数可以作为 ρ 的近似估计:

$$\hat{\rho}=\frac{\sum e_t e_{t-1}}{\sum e_t^2}. \tag{4.46}$$

(2)科克伦—奥科特迭代法(Cochran - Orcutt). 首先,采用 OLS 法估计原模型,得到随机扰动项的近似估计值,以之作为方程(4.41)的样本观测值,采用 OLS 法估计该方程,得到 $\hat{\rho}_1,\hat{\rho}_2,\cdots,\hat{\rho}_p$,作为随机扰动项的相关系数 $\rho_1,\rho_2,\cdots,\rho_p$ 的第一次估计值. 然后,将 $\hat{\rho}_1,\hat{\rho}_2,\cdots,\hat{\rho}_p$ 代入(4.42)式,并对之进行 OLS 估计,得到 $\hat{\hat{\beta}}_0,\hat{\hat{\beta}}_1,\cdots,\hat{\hat{\beta}}_k$. 将 $\hat{\hat{\beta}}_0,\hat{\hat{\beta}}_1,\cdots,\hat{\hat{\beta}}_k$ 代回原模型,求出原模型随机扰动项的新的近似估计值,并以之作为方程(4.41)的样本观测值,采用 OLS 法估计该方程,得到 $\hat{\hat{\rho}}_1,\hat{\hat{\rho}}_2,\cdots,\hat{\hat{\rho}}_p$,作为随机扰动项的相关系数 $\rho_1,\rho_2,\cdots,\rho_p$ 的第二次估计值. 重复上述过程,可得到 $\rho_1,\rho_2,\cdots,\rho_p$ 的多次迭代值.

对于迭代的次数,可根据具体的问题来定. 如可先给出一个精度,当相邻两次的 $\rho_1,\rho_2,\cdots,\rho_p$ 的估计值之差小于这一精度时,迭代终止. 实际上,有时只要迭代两次,就可得到较满意的结果. 两次迭代过程也被称为科克伦 - 奥科特两步法.

(3)杜宾两步法(Durbin). 该方法仍是先估计 $\rho_1,\rho_2,\cdots,\rho_p$,再对差分模型进行估计.

第一步,变换差分模型(4.42)式为下列形式:

$$\begin{aligned}Y_t=&\rho_1 Y_{t-1}+\cdots+\rho_p Y_{t-p}+\beta_0(1-\rho_1-\cdots-\rho_p)+\beta_1(X_{1t}-\rho_1 X_{1t-1}-\cdots-\rho_p X_{1t-p})+\cdots+\\&\beta_k(X_{kt}-\rho_1 X_{kt-1}-\cdots-\rho_p X_{kt-p})+\varepsilon_t,\\&t=1+p,2+p,\cdots,n.\end{aligned} \tag{4.47}$$

采用普通最小二乘法估计该方程,得各 $Y_j(j=t-1,t-2,\cdots,t-p)$ 前的系数 $\rho_1,\rho_2,\cdots,\rho_p$ 的估计值 $\hat{\rho}_1,\hat{\rho}_2,\cdots,\hat{\rho}_p$.

第二步,将估计的 $\hat{\rho}_1,\hat{\rho}_2,\cdots,\hat{\rho}_p$ 代入原差分模型(4.42)式,采用普通最小二乘法估计,得到参数 $\beta_0(1-\hat{\rho}_1-\cdots-\hat{\rho}_p),\beta_1,\cdots,\beta_k$ 的估计量,记为 $\hat{\beta}_0^*,\hat{\beta}_1^*,\cdots,\hat{\beta}_k^*$. 于是,

$$\hat{\beta}_0 = \frac{\hat{\beta}_0^*}{1 - \hat{\rho}_1 - \cdots - \hat{\rho}_p},$$

$$\hat{\beta}_j = \hat{\beta}_j^*, \qquad j = 1, 2, \cdots, k.$$

此法也称为杜宾两步估计法. 该法适用于多元线性回归模型. 杜宾两步法不仅求出了 ρ 的估计值 $\hat{\rho}$,也得出了模型参数的估计值,故它是一种简单实用的方法.

如果各序列相关系数是被估计出来的,则模型参数的估计结果不再是广义最小二乘(GLS)估计量,而是可行的广义最小二乘估计量,该估计方法也被称为可行的广义最小二乘估计(Feasible General Least Squares, FGLS). 可行的广义最小二乘估计量不再是无偏的,是有偏和一致的,而且在科克伦－奥科特迭代法下,估计量也具有渐近有效性.

4.2.5.4　科克伦—奥科特迭代法在计量分析软件中的实现

在 Eviews 计量经济学软件包中,可以采用很简单的方法实现广义差分法参数估计. (4.42)式可以改写为

$$\begin{aligned} Y_t = {} & \beta_0 + \beta_1 X_{1t} + \cdots + \beta_k X_{kt} + \rho_1 (Y_{t-1} - \beta_0 - \beta_1 X_{1t-1} - \cdots - \beta_k X_{kt-1}) + \cdots + \\ & \rho_l (Y_{t-l} - \beta_0 - \beta_1 X_{1t-l} - \cdots - \beta_k X_{kt-l}) + \varepsilon_t \\ & t = 1 + l, 2 + l, \cdots, n. \end{aligned}$$

即

$$\begin{aligned} Y_t = {} & \beta_0 + \beta_1 X_{1t} + \cdots + \beta_k X_{kt} + \rho_1 \mu_{t-1} + \rho_2 \mu_{t-1} + \cdots + \rho_l \mu_{t-l} + \varepsilon_t \\ & t = 1 + l, 2 + l, \cdots, n. \end{aligned}$$

在 Eviews 的 LS 命令中加上 AR 项,系统将自动使用广义差分法来估计模型. 如果模型为高阶自相关形式,则命令格式为:LS Y C X_1 X_2…X_k AR(1) AR(2)…AR(L).

也就是说,当选择普通最小二乘法估计参数时,如果同时选择常数项和 X_1, X_2, …, X_k, $AR(1)$, $AR(2)$, …, $AR(l)$ 作为解释变量,即可得到参数 $\beta_0, \beta_1, \cdots, \beta_k$, $\rho_1, \rho_2, \cdots, \rho_l$ 的估计值. 其中,$AR(l)$ 表示随机扰动项的 l 阶自回归. 在估计过程中自动完成了 $\rho_1, \rho_2, \cdots, \rho_l$ 的迭代,并显示总迭代次数.

至于选择几阶随机扰动项的自回归项作为解释变量,主要判断依据是 DW 统计量. 所以,一般是先不引入自回归项,采用普通最小二乘法估计参数;根据 LM 检验的结果,适当引入 $AR(1)$, $AR(2)$, …, $AR(l)$ 项.

4.2.6　案例分析——我国商品进口模型

商品进口是国际贸易交往的一种常用形式. 对进口国来说,其经济发展水平决定商品进口情况. 这里,研究我国商品进口 M 与国内生产总值 GDP 的关

系. 有关数据见表 4.15.

表 4.15 1978—2013 年中国进口总额与国内生产总值

年份	国内生产总值 GDP(亿元)	进口总额 M(亿元)	年份	国内生产总值 GDP(亿元)	进口总额 M(亿元)
1978	3 645.2	187.4	1996	71 176.6	11 557.4
1979	4 062.6	242.9	1997	78 973.0	11 806.5
1980	4 545.6	298.8	1998	84 402.3	11 626.1
1981	4 891.6	367.7	1999	89 677.1	13 736.4
1982	5 323.4	357.5	2000	99 214.6	18 638.8
1983	5 962.7	421.8	2001	109 655.2	20 159.2
1984	7 208.1	620.5	2002	120 332.7	24 430.3
1985	9 016.0	1 257.8	2003	135 822.8	34 195.6
1986	10 275.2	1 498.3	2004	159 878.3	46 435.8
1987	12 058.6	1 614.2	2005	184 937.4	54 273.7
1988	15 042.8	2 055.1	2006	216 314.4	63 376.86
1989	16 992.3	2 199.9	2007	265 810.3	73 300.1
1990	18 667.8	2 574.3	2008	314 045.4	79 526.53
1991	21 781.5	3 398.7	2009	340 902.8	68 618.37
1992	26 923.5	4 443.3	2010	401 512.8	94 699.3
1993	35 333.9	5 986.2	2011	473 104.0	113 161.4
1994	48 197.9	9 960.1	2012	519 470.1	114 800.96
1995	60 793.7	11 048.1	2013	568 845.2	121 037.46

资料来源:《中国统计年鉴》(2014)

(1)绘制相关图,确定模型. 从散点图(见图 4.7)可看出,从 1978 年到 1992 年间我国的 GDP 伴随改革开放的深入而呈稳定上升阶段,此时的商品进口额也呈缓慢上升期. 然而到了 1992 年,邓小平"南行讲话"后,我国经济进入了一个新的"飞跃"时期. 从图中看,很明显在 1992 年以后,我国 GDP 和商品进口额都有了一个快速的增长,且增幅较大. 为了更好地分析并使拟合结果接近实际,我们在此只对 1992 年后的数据作进一步分析,得回归结果(见表 4.16)

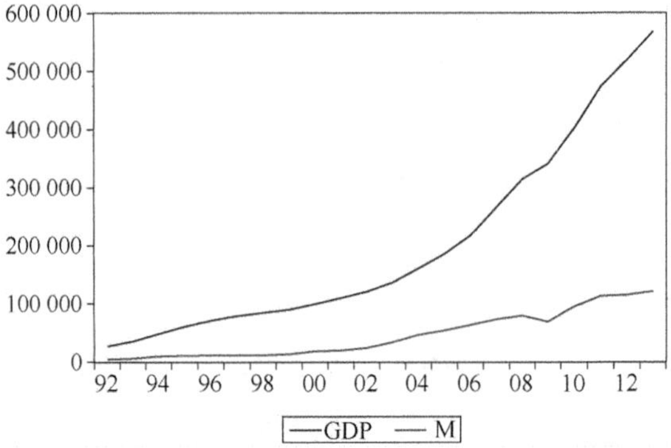

图 4.7

表 4.16　回归结果

Dependent Variable: M				
Method: Least Squares				
Date: 11/25/16　Time: 15:42				
Sample: 1992 2013				
Included observations: 22				
Variable	Coefficient	Std. Error	t - Statistic	Prob.
C	-879.647 7	2 514.450	-0.349 837	0.730 1
GDP	0.232 939	0.009 761	23.863 33	0.000 0
R - squared	0.966 071	Mean dependentvar		45 764.48
Adjusted R - squared	0.964 374	S. D. dependentvar		39 306.07
S. E. of regression	7 418.952	Akaike info criterion		20.747 97
Sum squaredresid	1.10E+09	Schwarz criterion		20.847 16
Log likelihood	-226.227 7	Hannan - Quinn criter.		20.771 34
F - statistic	569.458 7	Durbin - Watson stat		0.630 530
Prob(F - statistic)	0.000 000			

回归方程为：

$$\hat{M}_t = -879.6477 + 0.232939 GDP_t,$$
$$(-0.350) \qquad (23.863)$$
$$R^2 = 0.966071, \quad \bar{R}^2 = 0.964374, \quad DW = 0.630530, \quad F = 569.4587$$

(2)序列相关性检验. ①残差图分析. 从 1992—2013 年的数据看,其残差图如图 4.8 所示,表明呈现有规律的波动,预示着可能呈现序列相关性,这从残差间的关系图(图 4.9)也可以看出,呈现正序列相关. ②DW 检验. 在 5% 的显著性水平下,$n=14$,$k=2$(包括常数项),查表得 $d_L=1.24$,$d_U=1.43$,由于 $DW=0.63<d_L$,故存在一阶正序列相关. ③LM 检验. 检验结果见表 4.17. 检验结果表明,含一阶滞后变量时 Prob =0.0025,故随机扰动项存在一阶序列相关;含二阶滞后变量时的 Prob =0.5548,但是观察辅助回归结果中 RESID(-2)的系数不显著,故随机扰动项不存在二阶序列相关.

表 4.17 LM 检验结果

Breusch - Godfrey Serial Correlation LM Test:				
F - statistic	8.372 600	Prob. F(2,18)		0.002 7
Obs * R - squared	10.602 74	Prob. Chi - Square(2)		0.005 0
Test Equation:				
Dependent Variable: RESID				
Method: Least Squares				
Date: 11/25/16 Time: 16:26				
Sample: 1992 2013				
Included observations: 22				
Presample missing value lagged residuals set to zero.				
Variable	Coefficient	Std. Error	t - Statistic	Prob.
C	750.513 5	1 962.544	0.382 419	0.706 6
GDP	-0.005 202	0.007 994	-0.650 679	0.523 5
RESID(-1)	0.835 161	0.237 822	3.511 706	0.002 5
RESID(-2)	-0.153 362	0.254 859	-0.601 753	0.554 8
R - squared	0.481 943	Mean dependentvar		-1.19E -11
Adjusted R - squared	0.395 600	S. D. dependentvar		7 240.156
S. E. of regression	5 628.726	Akaike info criterion		20.272 12
Sum squaredresid	5.70E +08	Schwarz criterion		20.470 49
Log likelihood	-218.993 3	Hannan - Quinn criter.		20.318 85
F - statistic	5.581 733	Durbin - Watson stat		1.952 115
Prob(F - statistic)	0.006 914			

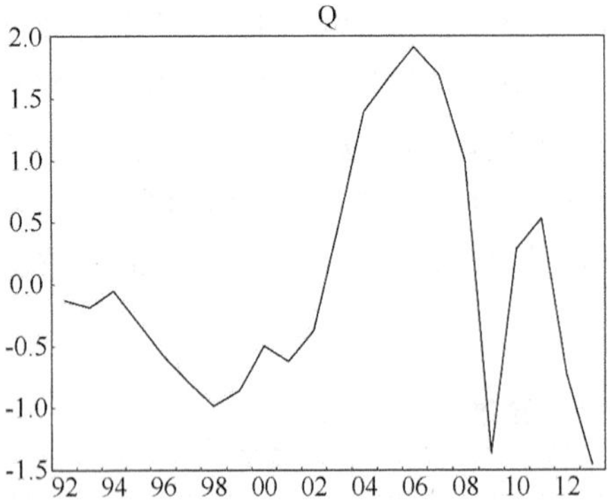

图 4.8

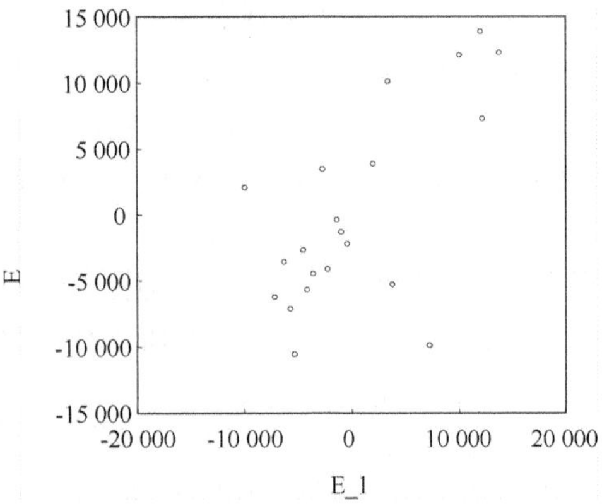

图 4.9

(3)序列相关的修正. 采用科克伦—奥科特迭代法,得表 4.18 所示结果.

表 4.18 科克伦-奥科特迭代回归结果

Dependent Variable:M				
Method: Least Squares				
Date: 11/25/16 Time: 16:28				
Sample: 1992 2013				
Included observations: 22				
Convergence achieved after 12 iterations				
Variable	Coefficient	Std. Error	t - Statistic	Prob.
C	1 024.357	7 125.778	0.143 754	0.887 2
GDP	0.221 454	0.022 717	9.748 398	0.000 0
AR(1)	0.712 672	0.187 514	3.800 631	0.001 2
R - squared	0.981 633	Mean dependentvar		45 764.48
Adjusted R - squared	0.979 700	S. D. dependentvar		39 306.07
S. E. of regression	5 600.261	Akaike info criterion		20.225 14
Sum squaredresid	5.96E +08	Schwarz criterion		20.373 92
Log likelihood	-219.476 5	Hannan - Quinn criter.		20.260 19
F - statistic	507.739 9	Durbin - Watson stat		1.741 764
Prob(F - statistic)	0.000 000			
Inverted AR Roots	0.71			

最后再用 LM 法检验序列相关性,得表 4.19. 结果表明,模型已不存在序列相关性.

表 4.19 LM 检验结果

Breusch – Godfrey Serial Correlation LM Test:				
F – statistic	0.398 823	Prob. F(2,17)		0.677 2
Obs * R – squared	0.985 986	Prob. Chi – Square(2)		0.610 8
Test Equation:				
Dependent Variable: RESID				
Method: Least Squares				
Date: 11/25/16 Time: 16:33				
Sample: 1992 2013				
Included observations: 22				
Presample missing value lagged residuals set to zero.				
Variable	Coefficient	Std. Error	t – Statistic	Prob.
C	–13.662 53	8 301.762	–0.001 646	0.998 7
GDP	0.001 062	0.027 360	0.038 805	0.969 5
AR(1)	0.031 136	0.438 992	0.070 925	0.944 3
RESID(–1)	0.091 023	0.470 282	0.193 549	0.848 8
RESID(–2)	–0.217 112	0.389 560	–0.557 326	0.584 6
R – squared	0.044 818	Mean dependentvar		1.25E –08
Adjusted R – squared	–0.179 931	S. D. dependentvar		5 326.910
S. E. of regression	5 786.337	Akaike info criterion		20.361 10
Sum squaredresid	5.69E +08	Schwarz criterion		20.609 07
Log likelihood	–218.972 1	Hannan – Quinn criter.		20.419 52
F – statistic	0.199 412	Durbin – Watson stat		1.924 687
Prob(F – statistic)	0.935 215			

4.3 多重共线性

前面两节我们讨论了有关回归模型随机扰动项违背基本假定的情况,以及异方差性和序列相关性问题及其检验和解决办法. 下面将讨论回归模型的解释变量违背基本假定的情况,即讨论多重共线性的有关问题及其检验和解决方法.

4.3.1 一个例子

当解释变量之间存在某种严格的线性关系时,OLS 估计不可行. 然而,当这些解释变量之间存在某种近似的线性关系时,OLS 估计虽然可行,但是估计结果不可信. 例如,真实的总体回归模型是

$$Y=\beta_0+\beta_1X_1+\beta_2X_2+\mu, \tag{4.48}$$

然而在现实中,指标 X_3 和 X_1,X_2 都有相关性,由于能够近似表示为 X_1 和 X_2 的线性组合,所以我们常常感到 X_3 对 Y 的取值也有影响,因此,也将 X_3 作为解释变量设定在模型中,得如下的总体回归模型:

$$Y=\beta_0+\beta_1X_1+\beta_2X_2+\beta_3X_3+\mu. \tag{4.49}$$

例如,当 $X_3=X_1+X_2+v$ 时,其中 v 是随机扰动项. 如果这时有相关数据(见表4.23),并且 $\beta_0=\beta_1=\beta_2=\beta_3=2$,我们不但会对模型产生误解,而且还会造成对 X_i 的影响力度(边际)产生错误的估计. 同时,还可造成估计值的标准误 SE 的增大. 例如,针对表 4.20 的数据应用模型(4.51)作 OLS 估计,得如下结果(见表4.21).

表 4.20 相关数据

Y	X_1	X_2	X_3	Y	X_1	X_2	X_3
231.806 5	90.673 73	16.002 72	107.025 5	239.776 1	79.262 9	32.124 98	113.351 7
70.572 4	13.441 16	12.692 87	27.268 94	101.810 2	8.325 732	32.099 33	40.976 95
234.435 4	49.424 3	62.526 66	112.271 5	152.378 2	49.147 24	17.258 27	68.287 59
351.088 4	84.779 79	85.423 87	172.077 1	135.639 2	4.986 988	58.364 89	63.696 13
359.647	94.853 23	77.936 59	172.854 1	328.500 8	87.271 91	71.090 53	158.73
118.492 9	30.974 02	22.080 17	54.474 8	323.168 8	82.268 64	76.230 98	159.047 3
32.278 96	1.211 626	10.037 66	12.205 69	178.536 3	42.627 86	43.174 03	86.537 32
50.078 29	14.528 74	5.233 341	20.466 9	229.863 1	88.611 17	24.408 31	114.435 9
324.349 9	92.803 42	63.052 15	157.693 7	80.548 06	18.582 57	19.804 56	39.563 54
376.075 4	93.747 94	88.119 96	183.325 5	155.647 3	58.718 01	8.268 843	68.453 63
238.130 1	86.803 04	27.799 77	114.836 7	259.361 9	82.224 86	39.728 49	123.040 5
249.672 6	58.410 14	56.191 28	115.296 3	173.994 4	11.791 11	66.878 93	78.794 1
294.279	42.886 56	93.910 33	136.962 6	109.140 6	47.057 17	5.824 704	53.180 06

续表

Y	X_1	X_2	X_3	Y	X_1	X_2	X_3
86.857 76	26.950 44	10.669 54	38.501	256.2167	67.757 46	53.494 78	122.197
370.364 4	89.107 71	84.642 95	174.891 8	181.125	53.231 1	32.789 73	86.142 71
246.717	29.617 8	90.279 08	121.060 2				

表 4.21 回归结果

Dependent Variable: Y
Method: Least Squares
Date: 07/14/07 Time: 11:30
Sample: 1 31
Included observations: 31

Variable	Coefficient	Std. Error	t - Statistic	Prob.
C	11.038 49	2.814 497	3.922 011	0.000 5
X_1	0.901 410	1.910 834	0.471 736	0.640 9
X_2	0.918 162	1.894 582	0.484 625	0.631 9
X_3	1.100 054	1.901 511	0.578 516	0.567 7

R - squared	0.996 964	Mean dependent var	210.985 6
Adjusted R - squared	0.996 627	S. D. dependet var	101.148 9
S. E. of regression	5.874 300	Akaike info criterion	6.498 965
Sum squared resid	931.699 7	Schwarz criterion	6.683 996
Log likelihood	-96.733 96	F - statistic	2 955.900
Durbin - Watson stat	1.635 101	*Prob*(F - statistic)	0.000 000

这时我们看到 X_1,X_2 的斜率和 β_1,β_2 的真实值相距甚远,而且也不可能根据 β_3 的取值推断 β_1,β_2 的真实取值,同时估计值的标准误差是非常大的. 上述结果表明,模型中存在着严重的多重共线性,需要进行科学筛选. 剔除掉变量 X_3,对模型(4.48)进行 OLS 估计,得回归结果见表 4.22.

表 4.22 回归结果

Dependent Variable: Y
Method: Least Squares
Date: 07/14/07 Time: 11:30
Sample: 1 31
Included observations: 31

Variable	Coefficient	Std. Error	t - Statistic	Prob.
C	11.920 22	2.337 820	5.098 863	0.000 0
X_1	2.006 656	0.361 03	55.581 82	0.000 0
X_2	2.013 970	0.038 942	51.717 34	0.000 0

续表

R - squared	0.996 927	Mean dependent var	210.985 6
Adjusted R - squared	0.996 707	S. D. dependet var	101.148 9
S. E. of regression	5.804 089	Akaike info criterion	6.446 768
Sum squared resid	943.248 7	Schwarz criterion	6.585 541
Log likelihood	-96.924 91	F - statistic	4 541.597
Durbin - Watson stat	1.659 585	Prob(F - statistic)	0.000 000

从表 4.25 中看到，X_1，X_2 的斜率分别为 2.007，2.140，非常接近真值. 这说明多重共线性现象是一个值得重视的数据病态现象. 本节将详细介绍有关多重共线性的识别和消除技术.

4.3.2 多重共线性的概念

对于模型

$$Y_i = \beta_0 + \beta_1 X_{1i} + \beta_2 X_{2i} + \cdots + \beta_k X_{ki} + \mu_i, \quad i = 1, 2, \cdots, n, \tag{4.50}$$

其基本假设之一是解释变量 $X_1, X_2, \cdots, X_k$ 是相互独立的. 如果某两个或多个解释变量之间出现了相关性，则称为存在多重共线性(multicollinearity).

如果存在

$$c_1 X_{1i} + c_2 X_{2i} + \cdots + c_k X_{ki} = 0, \quad i = 1, 2, \cdots, n, \tag{4.51}$$

其中，c_i 不全为 0，即某一个解释变量可以用其他解释变量的线性组合表示，则称为解释变量间存在完全共线性(perfect multicollinearity). 如果存在

$$c_1 X_{1i} + c_2 X_{2i} + \cdots + c_k X_{ki} + v_i = 0, \quad i = 1, 2, \cdots, n, \tag{4.52}$$

其中，c_i 不全为 0，v_i 为随机扰动项，则称为近似共线性(approximate multicollinearity)或交互相关(intercorrelated).

在矩阵表示的线性回归模型 $Y = X\beta + \mu$ 中，完全共线性指秩 $R(X) < k + 1$，即矩阵

$$X = \begin{pmatrix} 1 & X_{11} & X_{21} & \cdots & X_{k1} \\ 1 & X_{12} & X_{22} & \cdots & X_{k2} \\ \vdots & \vdots & \vdots & & \vdots \\ 1 & X_{1n} & X_{2n} & \cdots & X_{kn} \end{pmatrix}$$

中，至少有一列向量可由其他列向量(不包括第一列)线性表出. 例如，$X_2 = \lambda X_1$，这时 X_1 与 X_2 的相关系数为 1，解释变量 X_2 对被解释变量的作用完全可由 X_1 代替.

完全共线性的情况并不多见，一般出现的是在一定程度的共线性，即近似共线性.

4.3.3 多重共线性产生的原因和后果

4.3.3.1 产生多重共线性的原因

根据经验,多重共线性产生的经济背景和原因有以下几个方面:

(1)许多经济变量在随时间的变化过程中往往存在共同的变化趋势,这就使得它们之间容易产生多重共线性.例如,经济繁荣时期,各基本经济变量(收入、消费、投资、价格)都趋于增长;经济衰退时期,又同时趋于下降.这些变量的样本数据往往呈现某些近似的比例关系.又如,经济的增长带动了收入的增长,随着人们收入的增长,使得商品销售有所增长,相应的市场利率、零售物价指数、货币发行量、储蓄额等变量也会发生变化.如果将这些变量作为解释变量同时引入模型,则它们之间极有可能存在很强的相关性.

(2)截面数据也有可能产生多重共线性.比如,利用截面数据来建立样本生产函数,从作为解释变量的资本、劳动力、科技进步等投入要素看,它们的数量往往与作为被解释变量的产出量成正比,产出量高的企业,投入的各种要素都比较多,这就使得投入要素之间出现线性相关性.因此,它们之间可能具有较强的共线性.

(3)滞后变量的引入.在计量经济学模型中,往往需要引入滞后经济变量来反映真实的经济关系,但在模型中大量地采用滞后变量也容易产生多重共线性.这是因为滞后变量从经济性质上看与原来的变量无区别,只是时间上有所不同,在经济意义上这些变量之间的关联度也比较紧密.例如,以相对收入假设为理论假设,则居民消费 C_t 的变动不仅受当期收入 Y_t 的影响,还受前期收入 Y_{t-1} 的影响,据此建立如下模型:

$$C_t = \beta_0 + \beta_1 Y_t + \beta_2 Y_{t-1} + \mu_t, \quad t = 1, 2, \cdots, n.$$

则变量 Y_t 和 Y_{t-1} 之间就极有可能产生共线性.

(4)有时在建模过程中由于认识上的局限造成变量选择不当,引起了变量之间的多重共线性.例如,在分析建立有关粮食产量线性回归模型时,考虑引入解释变量化肥使用量 X_1,灌溉面积 X_2 和农业生产资金投入 X_3.显然在 X_1,X_2,X_3 之间存在很强的相关性,这是由于化肥使用量和灌溉面积(兴修水利的结果)都要受到农业资金投入的影响.

一般来讲,解释变量理论之间存在多重共线性是难以避免的,因此在建模时对于不同的问题,需要运用相关经济学理论和实际情况加以认真分析,以判断模型中解释变量是否存在共线性,并使多重共线性的程度尽可能地减弱.

4.3.3.2 多重共线性的后果

计量经济学模型一旦出现多重共线性,如果仍采用普通最小二乘法估计模型参数，会产生下列不良后果：

(1)完全共线性下参数估计量不存在. 多元线性回归模型 $Y = X\beta + \mu$ 的普通最小二乘参数估计量为 $\hat{\beta} = (X'X)^{-1}X'Y$. 如果出现完全共线性，则 $(X'X)^{-1}$ 不存在，无法得到参数的估计量.

例如，对二元线性回归模型

$$Y = \beta_0 + \beta_1 X_1 + \beta_2 X_2 + \mu, \tag{4.53}$$

如果两个解释变量完全相关，如 $X_2 = \lambda X_1$，该二元线性回归模型退化为一元线性回归模型

$$Y = \beta_0 + (\beta_1 + \lambda\beta_2) X_1 + \mu.$$

这时，只能确定综合参数 $\beta_1 + \lambda\beta_2$ 的估计值：

$$\widehat{\beta_1 + \lambda\beta_2} = \frac{\sum x_{1i} y_i}{\sum x_{1i}^2},$$

却无法确定 β_1, β_2 各自的估计值.

(2)近似共线性下普通最小二乘法参数估计量的方差变大. 在近似共线性下，虽然可以得到普通最小二乘参数估计量，但是由参数估计量方差的表达式

$$\mathrm{Cov}(\hat{\beta}) = \sigma^2 (X'X)^{-1}$$

可见，由于此时 $|X'X| \approx 0$，引起 $(X'X)^{-1}$ 主对角线元素较大，使得参数估计量的方差增大，从而不能对总体参数做出准确推断.

仍以二元线性回归模型(4.53)式为例考虑这个问题，$\hat{\beta}_1$ 的方差为

$$\mathrm{Var}(\hat{\beta}_1) = \sigma^2 (X'X)_{11}^{-1} = \frac{\sigma^2 \sum x_{2i}^2}{\sum x_{1i}^2 \sum x_{2i}^2 - (\sum x_{1i} x_{2i})^2} = \frac{\dfrac{\sigma^2}{\sum x_{1i}^2}}{1 - \dfrac{(\sum x_{1i} x_{2i})^2}{\sum x_{1i}^2 \sum x_{2i}^2}} = \frac{\sigma^2}{\sum x_{1i}^2} \cdot \frac{1}{1 - r^2}. \tag{4.54}$$

其中，$\dfrac{(\sum x_{1i} x_{2i})^2}{\sum x_{1i}^2 \sum x_{2i}^2}$ 恰为 X_1 与 X_2 的线性相关系数的平方 r^2，由于 $r^2 \leqslant 1$，故 $\dfrac{1}{1 - r^2} \geqslant 1$.

当完全不共线时，

$$r^2 = 0, \quad \mathrm{Var}(\hat{\beta}_1) = \frac{\sigma^2}{\sum x_{1i}^2}.$$

当近似共线时，

$$0 < r^2 < 1, \quad \mathrm{Var}(\hat{\beta}_1) = \frac{\sigma^2}{\sum x_{1i}^2} \cdot \frac{1}{1 - r^2} > \frac{\sigma^2}{\sum x_{1i}^2}.$$

即多重共线性使参数估计量的方差增大，方差膨胀因子(variance inflation factor, VIF)为

$$\mathrm{VIF}(\hat{\beta}_1)=\frac{1}{1-r^2}. \tag{4.55}$$

其增大趋势见表4.23.

当完全共线时，

$$r^2=1,\quad \mathrm{VIF}(\hat{\beta}_1)=\infty.$$

表4.23 方差膨胀因子表

r^2	0	0.5	0.8	0.9	0.95	0.96	0.97	0.98	0.99	0.999
VIF	1	2	5	10	20	25	33	50	100	1 000

(3)参数估计量经济含义不合理. 如果模型中两个解释变量具有线性相关性，如 X_1 和 X_2，那么它们中的一个变量可以由另一个变量表征. 这时，X_1 和 X_2 前的参数并不反映各自与被解释变量之间的结构关系，而是反映它们对被解释变量的共同影响，所以各自的参数已经失去了应有的经济含义，于是经常表现出似乎反常的现象. 例如，估计结果本来应该是正的，结果却是负的. 经验表明，在多元线性回归模型的估计中，如果出现参数估计值的经济意义明显不合理的情况，应该首先怀疑是否存在多重共线性.

(4)变量的显著性检验和模型的预测功能失去意义. 存在多重共线性时，参数估计值的方差与标准差变大，这容易使通过样本计算的 t 值小于临界值，并作出参数为0的错误推断，从而可能将重要的解释变量排除在模型之外. 变大的方差容易使预测值区间预测的"区间"变大，使预测失去意义.

4.3.4 多重共线性的检验

在多元线性回归模型中，如果解释变量存在多重共线性，将对参数估计、统计检验及模型估计值的可靠性、稳定性产生不利影响，应对其认真检验. 检验解释变量之间是否存在严重多重共线性的常见方法有以下几种.

4.3.4.1 相关系数检验法

对样本中任何两个不同解释变量求简单相关系数，如果相关系数 r 的绝对值比较大，例如，$|r|>0.8$ 或 $|r|>0.9$，就可以认为这两个样本之间高度相关，因而样本存在多重共线性. 如果用矩阵表示相关系数，两个不同解释变量 X_i 与 X_j 的相关系数记作 r_{ij}，那么解释变量之间的相关系数矩阵可以表示为

$$\begin{bmatrix} r_{11} & r_{12} & \cdots & r_{1k} \\ r_{21} & r_{22} & \cdots & r_{2k} \\ \vdots & \vdots & & \vdots \\ r_{k1} & r_{k2} & \cdots & r_{kk} \end{bmatrix}=\begin{bmatrix} 1 & r_{12} & \cdots & r_{1k} \\ r_{21} & 1 & \cdots & r_{2k} \\ \vdots & \vdots & & \vdots \\ r_{k1} & r_{k2} & \cdots & 1 \end{bmatrix}. \tag{4.56}$$

其中,对角线元素全为1,因为每个解释变量与自身的相关系数恒等于1. 由于 $r_{ij}=r_{ji}$,所以矩阵(4.56)是一对称矩阵. 简单相关系数矩阵能提供直观的判断信息,并且简单易操作. 经验证明,若$r_{ij}^2>R^2$,则这两个变量 X_i 和 X_j 之间的共线性是较为严重的.

Eviews 软件中可以直接计算(解释)变量的相关系数矩阵.

命令方式为:COR　解释变量名

菜单方式为:将所有解释变量设置成一个数组,并在数组窗口中点击 View\Correlations.

这种相关系数检验法,适用于两个解释变量之间存在线性相关的检验. 对于3个或更多个解释变量之间存在线性相关关系,这种检验方法不适用. 此外,相关系数究竟要多大才算是严重的共线性,也无统一的量化标准,对此只能凭经验加以判断.

4.3.4.2　综合统计检验

在运用 OLS 法建立样本线性回归模型时,由 Eviews 软件可直接得到可决系数 R^2(或$\bar{R}^2$)、F 统计量值、t 统计量值. 如果 R^2(或$\bar{R}^2$)很大,且 F 值显著地大于给定显著性水平下的临界值,而变量对应的偏回归系数之 t 值不显著,则说明该模型存在多重共线性. R^2(或$\bar{R}^2$)值和 F 值大反映了模型中各解释变量联合对 Y 的影响力显著;而 t 值小于临界值恰好反映了由于解释变量共线性的作用,使得不能分解出各个解释变量对 Y 的独立影响.

4.3.4.3　辅助回归

解释变量之间存在多重共线性可以看做是一个解释变量对其余解释变量的近似线性表出. 找出这种线性表达式,可以将每个 X_i 对其余 X_j 进行回归,得到 $k-1$ 个回归方程,并逐个计算可决系数 R^2,记为 R_i^2,再根据第三章 F 统计量与 R^2 的关系式

$$F_i=\frac{R_i^2/(k-1)}{(1-R_i^2)/(n-k)}\sim F(k-1,n-k)$$

判断 X_i 与其余 X_j 是否存在共线性. 如果 R_i^2 接近1,F_i 显著地大于临界值,则 X_i 与其余 X_j 有可能存在多重共线性. 该方法判断共线性存在与否的把握程度与样本容量的大小有直接关系. 如果样本容量大,当 R_i^2 接近1时,可以有把握地说解释变量之间存在共线性.

4.3.5　多重共线性的解决方法

4.3.5.1　保留重要的解释变量

如果多重共线性不太严重,可以保留有多重共线性的重要的解释变量. 如

果建立模型的目的是进行比较准确的数值预测，只要模型的拟合优度较高（即能正确反映所有解释变量的总影响），并且解释变量的相关类型在预测期内保持不变，则可以忽略多重共线性的问题. 但是，如果是应用模型进行结构分析或政策评价，即利用系数分析、比较各个解释变量的单独影响，则需要消除多重共线性的影响.

在设定计量经济模型时容易考虑过多的解释变量，其中有些可能是无显著影响的次要变量，还有一些变量的影响可能用模型中的其他变量来代替. 所以在估计模型之前，为避免多重共线性的影响，应该从模型中略去不重要的、经济意义不明显的或者人们不感兴趣的解释变量. 这是一种简单的、有效的解决多重共线性问题的方法.

次要或可替代的变量可以通过被解释变量与解释变量的相关系数检验、相关图分析等统计分析方法加以鉴别. 利用辅助回归模型检验多重共线性时，还可以提供解释变量之间相互替代性的信息.

因为多重共线性是由于解释变量之间高度相关引起的，因此略去不重要的解释变量之后，被略去的解释变量对被解释变量的解释作用可以由与它高度相关的其他解释变量承担，预测的误差不会明显增大，既简化了模型，又消除了多重共线性.

4.3.5.2　综合使用时序数据与截面数据

在模型的参数估计中，如果模型利用的是时间序列数据，这时模型又存在多重共线性，可考虑用时间序列数据与截面数据相结合的办法来修正多重共线性对模型的影响.

如果能同时获得变量的时序数据和横截面数据，则先利用某类数据估计出模型中的部分参数，再利用另一类数据估计模型的其余参数. 例如，设某类商品的需求函数为：

$$\ln Y_t = \beta_0 + \beta_1 \ln X_t + \beta_2 \ln P_t + \mu_t.$$

其中，Y 为商品需求量；X，P 分别为居民收入和该商品价格，并且已知在时序样本数据中收入 X 与价格 P 高度相关. 为此：

（1）收集最近一年该商品的销售量和居民收入的统计资料（截面数据），由于商品价格在一年中的变化幅度不大，所以将需求函数取成

$$\ln Y_t = a_0 + a_1 \ln X_t + \mu_t.$$

利用横截面资料估计该模型，得到需求收入弹性 a_1 的估计值 $\hat{a}_1$.

（2）原需求函数中的 β_1，也是需求收入弹性，所以 $\beta_1 \approx a_1$（此时实际上假设历年的平均收入弹性与近期的收入弹性近似相等），将原模型变换成：

$$\ln Y_t = \beta_0 + \hat{a}_1 \ln X_t + \beta_2 \ln P_t + \mu_t,$$

即

$$\ln Y_t - \hat{a}_1 \ln X_t = \beta_0 + \beta_2 \ln P_t + \mu_t.$$

记

$$Y_t^* = \ln Y_t - \hat{a}_1 \ln X_t.$$

则原模型变换为

$$Y_t^* = \beta_0 + \beta_2 \ln P_t + \mu_t.$$

再利用历年商品销售量、居民收入和价格的统计资料(时序数据)估计模型,得到 $\hat{\beta}_0$ 和 $\hat{\beta}_2$,从而在消除多重共线性影响的情况下,估计出需求函数:

$$\ln \hat{Y}_t = \hat{\beta}_0 + \hat{\beta}_1 \ln X_t + \hat{\beta}_2 \ln P_t.$$

4.3.5.3 逐步回归法

建立计量经济模型时,一般是将解释变量全部引入模型,然后再根据统计检验和定性分析从中逐个剔除次要的或产生多重共线性的变量,选择变量是一个“由多到少”的过程. 而逐步回归选择变量时,却是一个“由少到多”的过程,即从所有解释变量中先选择影响最为显著的变量建立模型,然后再将模型之外的变量逐个引入模型;每引入一个变量,就对模型中的所有变量进行一次显著性检验,并从中剔除不显著的变量;逐步引入—剔除—引入,直到模型之外所有变量均不显著时为止.

许多统计分析软件都有逐步回归程序,但根据计算机软件自动挑选的模型往往统计检验合理,经济意义并不理想. 因此,实际应用中一般是依据逐步回归的原理,结合主观分析来筛选变量. 具体步骤为:

(1)利用相关系数从所有解释变量中选取相关性最强的变量建立一元回归模型.

(2)在一元回归模型中分别引入第二个变量,共建立 $k-1$ 个二元回归模型(设共有 k 个解释变量),从这些模型中再选取一个较优的模型. 选择时要求模型中每个解释变量影响显著,参数符号正确,$\bar{R}^2$ 值有所提高.

(3)在选取的二元回归模型中以同样方式引入第三个变量;如此下去,直至无法引入新的变量时为止.

在引进新解释变量的回归模型中:① 如果新引入解释变量在符合经济意义的前提下,能使拟合优度 $\bar{R}^2$ 有所提高,并且每个参数统计检验显著,则采纳该变量;② 如果新引入解释变量不能改善拟合优度,同时对其他参数无明显影响,则可舍弃该变量;③ 如果新引入解释变量能使拟合优度 $\bar{R}^2$ 有所提高,但对其他参数的符号和数值有明显的影响,统计检验也不显著,可以断定新解释变量引起了共线性. 按照前述的检验方法,考察变量间线性相关的形式和程度,并进行经济意义的判断,在共线性程度最高的两个变量中,舍去对被解释变量影响较小、经济意义相对次要的一个,保留影响较大、经济意义相对重要的一个. 但要注意,不应轻易舍去新引入的变量,否则会造成模型设定偏误和随机项与解释变量相关.

4.3.5.4 增加样本容量

在具体建立计量经济模型中,如果变量的样本数据太少,很容易产生多重共线性. 对于多元线性回归模型,参数估计值 $\hat{\beta}_i$ 的方差可以表示成:

$$\mathrm{Var}(\hat{\beta}_i)=\frac{\sigma^2}{\sum(X_{it}-\bar{X}_i)^2}\cdot \mathrm{VIF}_i. \tag{4.57}$$

从式(4.57)可以看出,当 n 增大时,$\sum(X_{it}-\bar{X}_i)^2$ 将会增大,从而使 Var($\hat{\beta}_i$)变小,这可以提高 $\hat{\beta}_i$ 的估计精度. 但是,增大样本容量有时是十分困难的,因为资料的收集与调查并不容易. 另外在扩大样本容量中还要注意一个问题,就是新数据和原始数据的产生过程应相同.

4.3.5.5 变换模型法

对原模型做适当变换,也可以消除或减弱原模型中解释变量之间的相关关系. 变换方式包括变换模型的函数形式、变换模型的变量形式等等. 例如一阶差分法:

设原模型为

$$Y_t=\beta_0+\beta_1X_{1t}+\beta_2X_{2t}+\mu_t, \tag{4.58}$$

则有 $t-1$ 期为:

$$Y_{t-1}=\beta_0+\beta_1X_{1,t-1}+\beta_2X_{2,t-1}+\mu_{t-1}. \tag{4.59}$$

用式(4.58)减去式(4.59),可得一阶差分模型:

$$\Delta Y_t=\beta_1\Delta X_{1t}+\beta_2\Delta X_{2t}+\Delta\mu_t. \tag{4.60}$$

如果原模型式(4.58)存在严重多重共线性,则一般情况下变换后的式(4.60)形式的共线性程度将有明显的降低或消除. 要注意的是,这种差分模型只适用于时间序列数据,另外变换后的模型估计中有可能会存在序列相关问题.

4.3.5.6 其他方法

除上述补救方法外,还有其他一些处理方法. 如利用先验信息法、主成分分析、因子分析、岭回归估计等方法. 读者可参考其他资料,这里不再一一详述.

在解决多重共线性问题时,请注意以下几个原则:①多重共线性现象普遍存在,轻微的共线性问题可不用采取措施. ②对严重的多重共线性问题,一般可凭经验或在分析回归结果中发现. 如可根据系数符号、重要解释变量的显著性等,判断并采取相应措施. ③当模型仅用于预测时,只要拟合程度好,可不必处理多重共线性问题. 此时也不会影响到预测结果.

4.3.6 案例分析——中国粮食生产模型

在分析粮食生产问题中可知,影响粮食生产(Y)的主要因素包括农业化肥施用量(X_1)、粮食播种面积(X_2)、成灾面积(X_3)、农业机械总动力(X_4)、农业劳动力(X_5). 其中,成灾面积的符号为负,其余均应为正. 我国粮食生产的相关数据如表4.24所示.

表4.24　中国粮食生产与相关投入资料

年份	粮食产量（万吨）	农业化肥施用量（万千克）	粮食作物播种面积（千公顷）	成灾面积（千公顷）	农业机械（万千瓦）	农业劳动力（万人）
1990	44 624	2 590	113 466	17 819	28 708	42 010
1991	43 529	2 805	112 314	27 814	29 389	43 093
1992	44 266	2 930	110 560	25 895	30 308	43 802
1993	45 649	3 152	110 509	23 133	31 817	44 256
1994	44 510	3 318	109 544	31 383	33 803	44 654
1995	46 662	3 594	110 060	22 267	36 118	45 042
1996	50 454	3 828	112 548	21 234	38 547	45 288
1997	49 417	3 981	112 912	30 307	42 016	46 234
1998	51 230	4 084	113 787	25 181	45 208	46 432
1999	50 839	4 124	113 161	26 731	48 996	46 896
2000	46 218	4 146	108 463	34 374	52 574	47 962
2001	45 264	4 254	106 080	31 793	55 172	48 229
2002	45 706	4 339	103 891	27 160	57 930	48 527
2003	43 070	4 412	99 410	32 516	60 387	48 971
2004	46 947	4 637	101 606	16 297	64 028	49 695
2005	48 402	4 766	104 278	19 966	68 398	50 387
2006	49 804	4 928	104 958	24 632	72 522	50 977
2007	50 160	5 108	105 638	25 064	76 590	51 436
2008	52 871	5 239	106 793	22 284	82 190	52 026
2009	53 082	5 404	108 986	21 234	87 496	52 599
2010	54 648	5 562	109 876	18 538	92 780	53 244
2011	57 121	5 704	110 573	12 441	97 735	53 685
2012	58 958	5 839	111 205	11 475	102 559	53 858

资料来源:《中国统计年鉴》(2014)

(1)由 OLS 法,得估计结果(见表 4.25):

表 4.25 回归结果

Dependent Variable: Y				
Method: Least Squares				
Date: 11/25/16 Time: 18:43				
Sample: 1990 2012				
Included observations: 23				
Variable	Coefficient	Std. Error	t - Statistic	Prob.
C	-18 482.66	26 325.56	-0.702 080	0.492 1
X1	5.970 856	1.276 135	4.678 860	0.000 2
X2	0.569 702	0.053 527	10.64 319	0.000 0
X3	-0.146 493	0.031 061	-4.716 361	0.000 2
X4	-0.027 563	0.056 703	-0.486 088	0.633 1
X5	-0.314 029	0.613 973	-0.511 470	0.615 6
R - squared	0.986 110	Mean dependentvar		48 844.71
Adjusted R - squared	0.982 024	S. D. dependentvar		4 376.443
S. E. of regression	586.764 9	Akaike info criterion		15.806 58
Sum squaredresid	5 852 982.	Schwarz criterion		16.102 80
Log likelihood	-175.775 7	Hannan - Quinn criter.		15.881 08
F - statistic	241.374 9	Durbin - Watson stat		2.091 179
Prob(F - statistic)	0.000 000			

模型为:

$$\hat{Y}_t = -18\,482.66 + 5.970\,856X_{1t} + 0.569\,702X_{2t} - 0.146\,493X_{3t} - 0.027\,563X_{4t} - 0.314\,029X_{5t}$$

$$(-0.702) \quad (4.679) \quad (10.643) \quad (-4.716) \quad (-0.486) \quad (-0.511)$$

$$R^2 = 0.986\,110, \quad \bar{R}^2 = 0.982\,024, \quad DW = 2.091\,179, \quad F = 241.374\,9$$

(2)综合统计检验及修正. 从表 4.25 可以看到,R^2,F 检验均显著,但是 t 检验不显著,说明很有可能存在多重共线性. 修正方法是:

(i)不显著变量剔除法. 剔除 t 检验不显著的解释变量 X_4 或 X_5 后,得回归结果,如表 4.26 所示. 此时 R^2,F, t 检验等各项指标都较满意,说明不存在多重共线性了.

表 4.26 回归结果

Dependent Variable: Y

Method: Least Squares

Date: 11/25/16 Time: 18:48

Sample: 1990 2012

Included observations: 23

Variable	Coefficient	Std. Error	t - Statistic	Prob.
C	-31 152.97	4 805.049	-6.483 383	0.000 0
X1	4.210 608	0.174 648	24.109 06	0.000 0
X2	0.597 777	0.037 874	15.783 13	0.000 0
X3	-0.128 533	0.025 508	-5.038 863	0.000 1

R - squared	0.982 826	Mean dependentvar	48 844.71
Adjusted R - squared	0.980 115	S. D. dependentvar	4 376.443
S. E. of regression	617.143 2	Akaike info criterion	15.844 85
Sum squaredresid	7 236 449.	Schwarz criterion	16.042 33
Log likelihood	-178.215 8	Hannan - Quinn criter.	15.894 52
F - statistic	362.450 6	Durbin - Watson stat	1.760 436
Prob(F - statistic)	0.000 000		

(ii)逐步回归法. 通过向模型中逐步加入最显著变量,剔除不显著变量,得到如下修正结果(见表 4.27):

表 4.27 逐步回归结果

Dependent Variable: Y

Method: Stepwise Regression

Date: 01/03/17 Time: 21:06

Sample: 1990 2012

Included observations: 23

Number of always includedregressors: 1

Number of searchregressors: 5

Selection method: Stepwise forwards

Stopping criterion: p - value forwards/backwards = 0.05/0.05

续表

Variable	Coefficient	Std. Error	t - Statistic	Prob. *
C	-31 152.97	4 805.049	-6.483 383	0.000 0
X1	4.210 608	0.174 648	24.109 06	0.000 0
X2	0.597 777	0.037 874	15.783 13	0.000 0
X3	-0.128 533	0.025 508	-5.038 863	0.000 1
R - squared	0.982 826	Mean dependentvar		48 844.71
Adjusted R - squared	0.980 115	S. D. dependentvar		4 376.443
S. E. of regression	617.143 2	Akaike info criterion		15.844 85
Sum squaredresid	7 236 449.	Schwarz criterion		16.042 33
Log likelihood	-178.215 8	Hannan - Quinn criter.		15.894 52
F - statistic	362.450 6	Durbin - Watson stat		1.760 436
Prob(F - statistic)	0.000 000			
Selection Summary				
Added X1				
Added X2				
Added X3				
* Note: p - values and subsequent tests do not account for stepwise selection.				

因此,得到最终回归模型为:

$$\hat{Y}_t = -31\ 152.97 + 4.210\ 608X_{1t} + 0.597\ 777X_{2t} - 0.128\ 533X_{3t}$$

$$(-6.483) \qquad (24.109) \qquad (15.783) \qquad (-5.039)$$

$$R^2 = 0.982\ 826, \quad \bar{R}^2 = 0.980\ 115, \quad DW = 1.760\ 436, \quad F = 362.450\ 6$$

4.4 随机解释变量问题

线性回归模型假设解释变量是确定性变量,并且与随机扰动项不相关.违背这一基本假设的问题被称为随机解释变量问题.在实际经济问题中,经济变量往往都具有随机性.因此在计量模型中随机解释变量问题主要表现于用滞后被解释变量作为模型的解释变量的情况.由于经济活动具有连续性,使得这类模型在以时间序列数据作样本的模型中占据较大份额.例如,投资不仅受收入的影响,还受前期投资水平的影响,等等.

4.4.1 随机解释变量问题

对于模型

$$Y_i=\beta_0+\beta_1X_{1i}+\beta_2X_{2i}+\cdots+\beta_kX_{ki}+\mu_i,\quad i=1,2,\cdots,n, \tag{4.61}$$

如果存在一个或多个随机变量作为解释变量,则称原模型存在随机解释变量问题. 对这一问题,假设(4.61)式中 X_2 为随机解释变量,可分三种不同情况加以讨论.

第一,随机解释变量与随机扰动项独立,即

$$\mathrm{Cov}(X_2,\mu)=E(X_2\mu)=0. \tag{4.62}$$

第二,随机解释变量与随机扰动项同期无关但异期相关,即

$$\mathrm{Cov}(X_{2i},\mu_i)=E(X_{2i}\mu_i)=0,\quad i=1,2,\cdots,n, \tag{4.63}$$

$$\mathrm{Cov}(X_{2i},\mu_{i-s})=E(X_{2i}\mu_{i-s})\neq 0,\quad s\neq 0 \tag{4.64}$$

例如,耐用品存量调整模型可表示为

$$Q_t=\beta_0+\beta_1Y_t+\beta_2Q_{t-1}+\mu_t,\quad t=1,2,\cdots,T. \tag{4.65}$$

该模型表示,耐用品的存量由前一个时期的存量和当期收入共同决定. 这是一个滞后被解释变量作为解释变量的模型. 如果模型不存在随机扰动项的序列相关性,那么随机解释变量 Q_{t-1} 只与同期的 μ_{t-1} 相关,与 μ_t 不相关.

第三,随机解释变量与随机干扰项同期相关,即

$$\mathrm{Cov}(X_{2i},\mu_i)=E(X_{2i}\mu_i)\neq 0,\quad i=1,2,\cdots,n. \tag{4.66}$$

例如,合理预期消费函数模型认为,消费 C_t 是由对收入的预期 Y_t^e 所决定的:

$$C_t=\beta_0+\beta_1Y_t^e+\mu_t.$$

在预期收入 Y_t^e 与实际收入 Y 之间存在假设:

$$Y_t^e=(1-\lambda)Y_t+\lambda Y_{t-1}^e.$$

的情况下,容易推出合理预期期消费函数模型:

$$\begin{aligned}C_t&=\beta_0+\beta_1(1-\lambda)Y_t+\beta_1\lambda Y_{t-1}^e+\mu_t\\&=\beta_0+\beta_1(1-\lambda)Y_t+\lambda(C_{t-1}-\beta_0-\mu_{t-1})+\mu_t\\&=\beta_0(1-\lambda)+\beta_1(1-\lambda)Y_t+\lambda C_{t-1}+\mu_t-\lambda\mu_{t-1}.\end{aligned} \tag{4.67}$$

该模型中的解释变量 C_{t-1} 不仅是一个随机解释变量,而且与模型的随机扰动项 $\mu_t-\lambda\mu_{t-1}$ 高度相关(因为 C_{t-1} 与 μ_{t-1} 高度相关).

4.4.2 随机解释变量的产生及后果

在实际经济现象中,解释变量是非随机的这一假定往往得不到满足. 究其

原因,一方面是由于许多经济变量本身是不可控的,所以解释变量的观测值具有随机性;另一方面是由于随机扰动项 μ 包括了模型中略去的解释变量,而略去的解释变量同模型中的解释变量往往是相关的,其结果造成随机扰动项 μ 与模型中的解释变量相关.

模型一旦出现随机解释变量,且与随机扰动项相关的话,如果仍采用普通最小二乘法估计模型参数,不同性质的随机解释变量会产生不同的后果.下面以一元线性回归模型为例进行讨论.

设一元线性回归模型

$$Y_t = \beta_0 + \beta_1 X_t + \mu_t, \tag{4.68}$$

应用 OLS 法,可得参数 β_1 的估计量:

$$\hat{\beta}_1 = \frac{\sum x_t y_t}{\sum x_t^2} = \beta_1 + \frac{\sum x_t \mu_t}{\sum x_t^2}. \tag{4.69}$$

随机解释变量 X 与随机干扰项 μ 的关系不同,参数 OLS 估计量的统计性质也会不同,一般有以下三种情况:

(1)如果 X 与 μ 相互独立,得到的参数估计量仍然是无偏一致估计量.这在第二章中已经得到证明.

(2)如果 X 与 μ 同期不相关,而异期相关,得到的参数估计量有偏,但却是一致的.由(4.69)式易知

$$E(\hat{\beta}_1) = \beta_1 + E\left(\sum \frac{x_t}{\sum x_t^2}\mu_t\right) = \beta_1 + \sum E(k_t \mu_t).$$

尽管 X_t 与 μ_t 同期无关,但对任一 μ_t,k_t 的分母中一定包含不同期的 X;由异期相关性可知 k_t 与 μ_t 相关,$E(X_t\mu_t) \neq 0$,所以 $E(\hat{\beta}_1) \neq \beta_1$,即最小二乘估计量是有偏的.但是

$$P\lim_{n\to\infty}(\hat{\beta}_1) = P\lim_{n\to\infty}\left(\beta_1 + \frac{\sum x_t\mu_t}{\sum x_t^2}\right) = \beta_1 + \frac{\mathrm{Plim}\left(\frac{1}{n}\sum x_t\mu_t\right)}{\mathrm{Plim}\left(\frac{1}{n}\sum x_t^2\right)} = \beta_1 + \frac{\mathrm{Cov}(X_t,\mu_t)}{\mathrm{Var}(X_t)} = \beta_1. \tag{4.70}$$

即 $\hat{\beta}_1$ 是 β_1 的一致估计.

(3)如果 X 与 μ 同期相关,则得到的参数估计量是有偏且非一致.X 与 μ 相关,即 $\mathrm{Cov}(X_t,\mu_t) \neq 0$.所以式(4.70)为 $P\lim_{n\to\infty}(\hat{\beta}_1) \neq \beta_1$.由此可看出,$\hat{\beta}_1$ 是 β_1 的非一致估计量.

需要说明的是,如果模型中带有滞后被解释变量作为解释变量,则当该滞后被解释变量与随机扰动项同期相关时,普通最小二乘估计量是有偏的且非一致的.即使同期无关,其普通最小二乘估计量也是有偏的,因为此时肯定出现异期相关.

4.4.3 随机解释变量模型的处理

对随机解释变量模型,若随机解释变量与随机扰动项不相关,OLS 估计量具有一致性,因此,这时 OLS 法仍然适用. 但实际情况中往往随机解释变量 X 与随机项 μ 高度相关,OLS 估计量是非一致估计量,所以会造成估计量产生较大偏误. 解决该类问题时,最常用的估计方法是工具变量法.

4.4.3.1 工具变量与工具变量法

工具变量(instrument variables),即在模型估计过程中作为工具来使用,以替代模型中与随机扰动项相关的随机解释变量.

工具变量法是克服解释变量与随机扰动项相关影响的一种参数估计方法. 其基本思路是,当随机解释变量 X 与随机扰动项 μ 高度相关时,设法找到另外一个变量 Z,它与 X 高度相关,而与 μ 无关,从而用 Z 替换 X. 变量 Z 称为工具变量. 对于一般联立方程模型来说,工具变量法是以适当的预定变量为工具,代替方程中的随机解释变量,以减少随机项 μ 与解释变量之间的相关性. 通过工具变量法所求得的参数估计值对于小样本来说是有偏的,但对于大样本是一致的.

工具变量法是一种单方程估计方法,每次只适用于模型中的一个结构方程,其主要步骤如下:

(1)选择适当的工具变量,代替模型所给方程中右边作为解释变量的随机解释变量. 作为工具变量应满足以下条件:①与其所替代模型中的随机解释变量高度相关;②必须是真正的预定变量,与模型中的随机项 μ 不相关;③必须同模型中的其他变量相关性很小,以避免多重共线性;④如果在同一模型中采用一个以上的工具变量,这些工具变量之间的相关性也必须很小,避免产生多重共线性.

(2)分别用每个工具变量去乘该模型,并对所有的样本观测值求和,这样就得到与未知参数一样多的线性方程. 解这些方程组成的方程组,就可求得结构参数的估计值.

4.4.3.2 工具变量的应用

设一元线性回归模型:

$$Y_i = \beta_0 + \beta_1 X_i + \mu_i \tag{4.71}$$

用 OLS 法估计模型(4.71)式,得到一个关于参数估计量的正规方程组:

$$\begin{cases} \sum Y_i = n\hat{\beta}_0 + \hat{\beta}_1 \sum X_i, \\ \sum X_i Y_i = \hat{\beta}_0 \sum X_i + \hat{\beta}_1 \sum X_i^2. \end{cases} \tag{4.72}$$

求解该正规方程组,得到

$$\hat{\beta}_1=\frac{\sum x_i y_i}{\sum x_i^2},\qquad \hat{\beta}_0=\bar{Y}-\hat{\beta}_1\bar{X}.$$

由于 $E(\mu_i)=0,\quad \mathrm{Cov}(X_i,\mu_i)=\mathrm{E}(X_i\mu_i)=0,$

即在大样本下有

$$\frac{1}{n}\sum\mu_i\to 0,\qquad \frac{1}{n}\sum x_i\mu_i\to 0.$$

因此,(4.72)式在大样本下是成立的.但如果 X_i 与 μ_i 相关,即使在大样本下,也不存在

$$\frac{1}{n}\sum x_i\mu_i\to 0.$$

即(4.72)式在大样本下也不成立,OLS 估计量不具有一致性.

如果按照选择条件选择 Z 为 X 的工具变量,那么在上述估计过程中不用 X 而改用 Z 乘以模型的两边,并对 i 求和.利用工具变量与随机扰动项不相关的性质,在大样本下可略去 $\sum\mu_i$ 与 $\sum Z_i\mu_i$,得到如下正规方程组:

$$\begin{cases}\sum Y_i=n\beta_0+\beta_1\sum X_i,\\ \sum Z_iY_i=\beta_0\sum Z_i+\beta_1\sum Z_iX_i.\end{cases}\tag{4.73}$$

于是

$$\tilde{\beta}_1=\frac{\sum z_i y_i}{\sum z_i x_i},\qquad \tilde{\beta}_0=\bar{Y}-\tilde{\beta}_1\bar{X}.\tag{4.74}$$

其中:$z_i=Z_i-\bar{Z}\quad y_i=Y_i-\bar{Y}\quad x_i=X_i-\bar{X}$

这种求模型参数估计量的方法称为工具变量法,$\tilde{\beta}_0,\tilde{\beta}_1$ 称为工具变量法估计量.

对于多元线性回归模型,其矩阵形式为:

$$Y=X\beta+\mu.$$

采用工具变量法(假设 X_2 与随机扰动项相关,用工具变量 Z 替代)得到的正规方程组为:

$$\mathbf{Z}'Y=\mathbf{Z}'X\beta.$$

参数估计量为

$$\tilde{\beta}=(\mathbf{Z}'X)^{-1}\mathbf{Z}'Y.\tag{4.75}$$

其中,

$$\mathbf{Z}'=\begin{pmatrix}1&1&\cdots&1\\X_{11}&X_{12}&\cdots&X_{1n}\\Z_1&Z_2&\cdots&Z_n\\\vdots&\vdots&&\vdots\\X_{k1}&X_{k2}&\cdots&X_{kn}\end{pmatrix}.$$

一般地，对于没有选择另外的变量作为工具变量的解释变量，可以认为用自身作为工具变量. 于是 **Z** 称为工具变量矩阵.

4.4.3.3　工具变量法估计量是一致估计量

用工具变量法所求的参数估计量 $\tilde{\beta}_1$ 与总体参数真值 β_1 之间的关系为

$$\tilde{\beta}_1=\frac{\sum z_i y_i}{\sum z_i x_i}=\frac{\sum z_i Y_i}{\sum z_i x_i}=\frac{\sum z_i(\beta_0+\beta_1 X_i+\mu_i)}{\sum z_i x_i}=\frac{\beta_1\sum z_i x_i}{\sum z_i x_i}+\frac{\sum z_i\mu_i}{\sum z_i x_i}=\beta_1+\frac{\sum z_i\mu_i}{\sum z_i x_i}.$$

两边取概率极限得

$$P\lim(\tilde{\beta}_1)=\beta_1+\frac{P\lim\left(\frac{1}{n}\sum z_i\mu_i\right)}{P\lim\left(\frac{1}{n}\sum z_i x_i\right)}.$$

如果工具变量 Z 选择恰当，即有：

$$P\lim\left(\frac{1}{n}\sum z_i\mu_i\right)=\mathrm{Cov}(Z_i,\mu_i)=0,$$

$$P\lim\left(\frac{1}{n}\sum z_i x_i\right)=\mathrm{Cov}(Z_i,X_i)\neq 0.$$

因此，

$$P\lim(\tilde{\beta}_1)=\beta_1.$$

尽管工具变量法估计量在大样本下具有一致性，但容易验证在小样本下，由于

$$E\left(\frac{1}{\sum z_i x_i}\sum z_i\mu_i\right)\neq E\left(\frac{1}{\sum z_i x_i}\right)E\left(\sum z_i\mu_i\right)=0,$$

工具变量法估计量仍是有偏的.

在应用工具变量法时，要注意以下几点：

(1)易形成误解，以为采用工具变量法是将原模型中的随机解释变量换成工具变量，即改变了原有模型. 实际上，工具变量法并没有改变原模型，只是在原模型的参数估计过程中用工具变量“替代”随机解释变量. 上述工具变量法的估计过程可等价地分解成下面的两步 OLS 回归：①用 OLS 法进行 X 关于工具变量 Z 的回归：

$$\hat{X}_i=\hat{\alpha}_0+\hat{\alpha}_1 Z_i. \tag{4.76}$$

②以第一步得到的 $\hat{X}_i$ 为解释变量，进行如下 OLS 回归：

$$\hat{Y}_i=\tilde{\beta}_0+\tilde{\beta}_1\hat{X}_i \tag{4.77}$$

可以验证，(4.77)式中的参数 $\tilde{\beta}_1$ 与(4.76)式相同. (4.77)式表明，工具变量法仍是 Y 对 X 的回归，而不是对 Z 的回归.

(2)如果一个随机解释变量可以找到多个相互独立的工具变量，利用这些工具变量信息的方法，就形成了广义矩方法(Generalized Method of Moments,

GMM）. 在 GMM 中，矩条件大于待估参数的数量，于是如何求解成为它的核心问题. GMM 是近 20 年计量经济学理论方法发展的重要方向之一. 工具变量法是 GMM 的一个特例，同样，OLS 法也可看成是工具变量法的特例.

（3）要找到与随机扰动项不相关而又与随机解释变量相关的工具变量并不容易，但如果考虑到随机解释变量与随机扰动项相关的主要来源是由于同期测量误差引起的，就可以用滞后一期的随机解释变量作为原解释变量的工具变量.

4.4.3.4　工具变量法的缺陷

理论上分析，工具变量法可以得到渐近无偏、渐近有效的参数估计量. 在解释变量为随机变量并与随机扰动项相关的情况下，参数估计值达到了渐近一致. 但这种方法在实际应用中会遇到一定困难，主要表现在以下三个方面：

（1）在解释变量 X 与随机项 μ 相关的情况下，要寻求一个既与 X 高度相关，又与 μ 不相关的工具变量 Z 十分困难. 再加上工具变量 Z 要具有明确的经济含义，这就更为不易.

（2）在能找到符合要求的工具变量条件下，所选择的工具变量不同，模型参数估计值也不会一致，使参数估计出现随意性. 工具变量选择得当，参数估计值的质量会高一些；如果工具变量选择不当，参数估计值就会出现较大偏误. 到底选择何种工具变量，是一个难以掌握的技巧问题.

（3）使用了工具变量后，有可能产生较高的标准差，不能保证参数估计值的渐近方差一定能达到最小.

4.4.4　案例分析——中国居民人均消费支出模型

从总体考察中国居民收入和消费支出的关系，可设定模型被解释变量为人均居民消费支出 CONSP，解释变量为中国人均国内生产总值 GDPP. 有关数据见表 4.28.

表 4.28　中国居民人均消费指出与人均 GDP

年份	人均居民消费支出	人均 GDP	年份	人均居民消费支出	人均 GDP
1978	184	385	1984	361	702
1979	208	423	1985	446	866
1980	238	468	1986	497	973
1981	264	497	1987	565	1 123
1982	288	533	1988	714	1 378
1983	316	588	1989	788	1 536

续表

年份	人均居民消费支出	人均 GDP	年份	人均居民消费支出	人均 GDP
1990	833	1 663	2002	4 144	9 506
1991	932	1 912	2003	4 475	10 666
1992	1 116	2 334	2004	5 032	12 487
1993	1 393	3 027	2005	5 596	14 368
1994	1 833	4 081	2006	6 299	16 738
1995	2 355	5 091	2007	7 310	20 505
1996	2 789	5 898	2008	8 430	24 121
1997	3 002	6 481	2009	9 283	26 222
1998	3 159	6 860	2010	10 522	30 876
1999	3 346	7 229	2011	12 570	36 403
2000	3 632	7 942	2012	14 110	40 007
2001	3 887	8 717	2013	15 632	43 852

资料来源:《中国统计年鉴》(2014),表中数据均按当年价格计算。

对变量取对数后进行线性回归,由 OLS 法,得到回归结构如表 4.29 所示:

表 4.29　回归结果

Dependent Variable: LOG(CONSP)				
Method: Least Squares				
Date: 12/04/16　Time: 11:09				
Sample (adjusted): 1978 2013				
Included observations: 36 after adjustments				
Variable	Coefficient	Std. Error	t - Statistic	Prob.
C	-0.060 290	0.057 381	-1.050 702	0.300 8
LOG(GDPP)	0.910 242	0.006 800	133.859 8	0.000 0
R - squared	0.998 106	Mean dependentvar		7.502 503
Adjusted R - squared	0.998 050	S. D. dependentvar		1.362 779
S. E. of regression	0.060 172	Akaike info criterion		-2.729 252
Sum squaredresid	0.123 105	Schwarz criterion		-2.641 279
Log likelihood	51.126 54	Hannan - Quinn criter.		-2.698 547
F - statistic	17 918.45	Durbin - Watson stat		0.174 323
Prob(F - statistic)	0.000 000			

$$\ln \hat{CONSP} = -0.060\ 290 + 0.910\ 242 \ln GDPP$$
$$(-1.051) \qquad (133.860)$$
$$R^2 = 0.998\ 106, \quad \bar{R}^2 = 0.998\ 050, \quad DW = 0.174\ 323, \quad F = 17\ 918.45$$

然而,如果考虑到居民人均消费支出由人均国内生产总值决定的同时,人均 GDP 又反过来受同期居民人均消费支出的影响,因此,容易判断人均 GDP 与随机扰动项 μ 同期相关,从而普通最小二乘估计量有偏并且是非一致的. 由于测量误差等原因,易知人均 GDP 与随机扰动项 μ 往往呈现正相关,即随着人均 GDP 的增加,μ 倾向于增大. 这样,普通最小二乘估计量可能会低估截距项而高估斜率项.

如果用滞后一期的人均 GDP 为工具变量,可得如下工具变量法估计结果(见表 4.30). 从表中看,用 *GDPP*(-1)作为工具变量,是为了使工具变量和人均 GDP 的当前期高相关,而与随机扰动项 μ 不相关.

表 4.30 回归结果

Dependent Variable: LOG(CONSP)
Method: Two - Stage Least Squares
Date: 12/04/16 Time: 11:10
Sample (adjusted): 1979 2013
Included observations: 35 after adjustments
Instrument specification: LOG(GDPP(-1))
Constant added to instrument list

Variable	Coefficient	Std. Error	t - Statistic	Prob.
C	-0.018 111	0.055 010	-0.329 229	0.744 1
LOG(GDPP)	0.905 696	0.006 473	139.921 4	0.000 0

R - squared	0.998 319	Mean dependentvar	7.567 862
Adjusted R - squared	0.998 268	S. D. dependentvar	1.324 190
S. E. of regression	0.055 106	Sum squaredresid	0.100 212
F - statistic	19 578.00	Durbin - Watson stat	0.201 512
Prob(F - statistic)	0.000 000	Second - Stage SSR	0.165 559
J - statistic	8.27E -40	Instrument rank	2

$$\ln \hat{CONSP} = -0.018\ 111 + 0.905\ 696 \ln GDPP$$
$$(-0.329) \qquad (139.921)$$
$$R^2 = 0.998\ 319, \quad \bar{R}^2 = 0.998\ 268, \quad DW = 0.201\ 512, \quad F = 19\ 578.00$$

练习题

1. 什么是异方差性？试举例说明经济现象中的异方差性. 检验异方差性的方法和思路是什么？

2. 判断下列题,并简单说明理由.

(1) 存在异方差时,普通最小二乘法(OLS)估计量是有偏的和无效的；

(2) 存在异方差时,常用的 t 检验和 F 检验失效；

(3) 存在异方差时,常用的 OLS 估计一定是高估了估计量的标准差；

(4) 如果从 OLS 回归中估计的残差呈现出系统性,则意味着数据中存在着异方差；

(5) 存在序列相关时,OLS 估计量是有偏的并且也是无效的；

(6) 消除序列相关的一阶差分变换假定自相关系数必须等于 1；

(7) 回归模型中误差项存在异方差时,OLS 估计不再是有效的；

(8) 存在多重共线性时,模型参数无法估计；

(9) 存在多重共线性时,一定会使参数估计值的方差增大,从而造成估计效率的损失；

(10) 一旦模型中的解释变量是随机变量,则违背了基本假设,使得模型的 OLS 估计量有偏且不一致.

3. 回归模型中误差项存在序列相关时,OLS 估计不再是无偏的；已知消费模型：$Y_t = \alpha_0 + \alpha_1 X_{1t} + \alpha_2 X_{2t} + \mu_t$. 其中,$Y_t$ 为消费支出；X_{1t} 为个人可支配收入；X_{2t} 为消费者的流动资产. 设 $E(\mu_t) = 0$, $\mathrm{Var} = \sigma^2 X_{1t}^2$(其中 σ^2 为常数). 要求：

(1) 进行适当变换消除异方差,并证明之.

(2) 写出消除异方差后,模型的参数估计量的表达式.

4. 简述异方差对下列各项有何影响：

(1) OLS 估计量及其方差；

(2) 置信区间；

(3) 显著性 t 检验和 F 检验的使用.

5. 已知模型：$Y_t = \beta_0 + \beta_1 X_{1t} + \beta_2 X_{2t} + \mu_t$, $\mathrm{Var}(\mu_t) = \sigma_t^2 = \sigma^2 Z_t^2$. 式中,$Y$,$X_1$,$X_2$ 和 Z 的数据已知. 假设给定权数 w_t,加权最小二乘法就是求下式中的各 β,以使得下式最小

$$\mathrm{RSS} = \sum (w_t\mu_t)^2 = \sum (w_t Y_t - \beta_0 w_t - \beta_1 w_t X_{1t} - \beta_2 X_{2t})^2.$$

(1) 求 RSS 对 β_1,β_2 和 β_2 的偏微分并写出正规方程.

(2) 用 Z 去除原模型,写出所得新模型的正规方程组. 把 $w_t = 1/Z_t$ 带入

(1)中的正规方程,并证明它们和在(2)中推导的结果一样.

6. 已知模型:$Y_t=\beta_0+\beta_1X_{1i}+\beta_2X_{2i}+\mu_i$. 式中,$Y_i$ 为某公司在第 i 个地区的销售额;X_{1i}为该地区的总收入;X_{2i}为该公司在该地区投入的广告费用($i=0,1,2,\cdots,50$).

(1) 由于不同地区人口规模 P_i 可能影响着该公司在该地区的销售,因此有理由怀疑随机误差项 μ_i 是异方差的. 假设 σ_i 依赖于总体 P_i 的容量,请逐步描述你如何对此进行检验. 需说明:①零假设和备择假设;②要进行的回归;③要计算的检验统计值及它的分布(包括自由度);④接受或拒绝零假设的标准.

(2) 假设 $\sigma_i=\sigma P_i$. 逐步描述如何求得 BLUE 并给出理论依据.

7. 2000 年我国部分省市城镇居民家庭平均全年可支配收入与消费支出的统计数据如表 4.31 所示,

表 4.31

地区	可支配收入(元)X	消费性支出(元)Y	地区	可支配收入(元)X	消费性支出(元)Y
北　京	10 349.69	8 493.49	天　津	8 140.5	6 121.04
河　北	5 661.16	4 348.47	山　西	4 724.11	3 941.87
内蒙古	5 129.05	3 927.75	辽　宁	5 357.79	4 356.06
吉　林	4 810	4 020.87	黑龙江	4 912.88	3 824.44
上　海	11 718.01	8 868.19	江　苏	6 800.23	5 323.18
浙　江	9 279.16	7 020.22	山　东	6 489.97	5 022
河　南	4 766.26	3 830.71	湖　北	5 524.54	4 644.5
湖　南	6 218.73	5 218.79	广　东	9 761.57	8 016.91
陕　西	5 124.24	4 276.67	甘　肃	4 916.25	4 126.47
青　海	5 169.96	4 185.73	新　疆	5 644.86	4 422.93

(1) 试用 OLS 法建立居民家庭平均消费支出与可支配收入的线性模型;

(2) 对模型作异方差检验;

(3) 若存在异方差,试采用适当的方法估计模型参数.

8. 表 4.32 给出 1985 年我国北方几个省市农业总产值、农用化肥量、农田水利、农业劳动力、每日生产性固定生产原值以及农机动力数据. 要求:

(1) 试建立我国北方地区农业产出线性模型;

(2) 选用适当的方法检验模型中是否存在异方差;

(3) 如果存在异方差,采用适当的方法加以修正.

表 4.32　1985 年我国北方 12 个省市农业统计资料表

地区	农业总产值（亿元）	农业劳动力（万人）	灌溉面积（万公顷）	化肥用量（万吨）	户均固定资产（元）	农机动力（万马力）
北　京	19.64	90.1	33.84	7.5	394.3	435.3
天　津	14.40	95.2	34.95	3.9	567.5	450.0
河　北	149.9	1 639.0	357.26	92.4	706.89	2 712.6
山　西	55.07	562.6	107.90	31.4	856.37	1 118.5
内蒙古	60.85	462.9	96.49	15.4	1 282.81	641.7
辽　宁	87.48	588.9	72.40	61.6	844.74	1 129.6
吉　林	73.81	399.7	69.63	36.9	2 576.81	647.6
黑龙江	104.51	425.3	67.95	25.8	1 237.16	1 305.8
山　东	276.55	2 365.6	456.55	152.3	5 812.02	3 127.9
河　南	200.02	2 557.5	318.99	127.9	754.78	2 134.5
陕　西	68.18	884.2	117.90	36.1	607.41	764.0
新　疆	49.12	256.1	260.46	15.1	1 143.67	523.3

9. 试比较说明普通最小二乘法与加权最小二乘法的区别与联系.

10. 经济理论认为,家庭消费支出不仅取决于可支配收入,还决定于个人财富,即可设定如下回归模型:$Y_i=\beta_0+\beta_1X_{1i}+\beta_2X_{2i}+\mu_i$. 试根据表 4.33 的资料进行回归分析,并说明估计的模型是否可靠.

表 4.33

编号	家庭消费支出(元)Y	可支配收入(元)X_1	个人财富(元)X_2
1	700	800	8 100
2	650	1 000	10 090
3	900	1 200	12 730
4	950	1 400	14 250
5	1 100	1 600	16 930
6	1 150	1 800	18 760
7	1 200	2 000	20 520
8	1 400	2 200	22 010
9	1 550	2 400	24 350
10	1 500	2 600	26 860

11. 2004 年全国 31 个省、市、自治区农业总产值(亿元)和农作物播种面积(万亩)数据如表 4.34 所示.

表 4.34

地区	农业总产值	农作物种植面积	地区	农业总产值	农作物种植面积
北京市	92.7	312.5	湖北省	921.6	7 155.9
天津市	95.3	504.3	湖南省	874.0	7 886.2
河北省	1 135.7	8 695.4	广东省	960.0	4 808.0
山西省	290.5	3 741.5	广　西	623.1	6 368.2
内蒙古	411.5	5 924.0	海南省	170.9	826.9
辽宁省	611.3	3 723.3	重庆市	333.0	3 435.3
吉林省	486.2	4 904.0	四川省	987.7	9 387.5
黑龙江	620.2	9 888.4	贵州省	317.7	4 695.0
上海市	109.3	4 04.4	云南省	516.9	5 890.0
江苏省	1 242.4	7 669.0	西　藏	26.6	231.2
浙江省	592.6	2 778.4	陕西省	413.7	4 099.8
安徽省	842.0	9 200.4	甘肃省	331.4	3 668.9
福建省	525.8	2 519.3	青海省	34.2	473.3
江西省	491.1	5 182.8	宁　夏	71.3	1 158.3
山东省	1 891.7	10 638.6	新　疆	515.0	3 592.3
河南省	1 602.9	13 789.7			

数据来源:《中国统计年鉴(2005)》

试对数据进行如下分析:

(1) 根据表中数据,建立一元线性回归模型,并给出估计结果.

(2) 分别将残差的绝对值和残差平方值对农作物产值 X 作散点图,并判断是否表明存在异方差?

(3) 对回归的残差进行 Park 检验、Glejser 检验、Goldfeld - Quandt 检验与 White 检验,得出什么结论?

(4) 如果在对数回归模型中发现了异方差,你会选择用哪种 WLS 变换来消除它? 估计结果如何?

(5) 建立两变量的全对数模型,给出估计结果,并应用 Goldfeld - Quandt 检验与 White 检验看是否存在异方差? 与(1)的估计结果相比较,其参数的经济意义有何不同？对数模型与(1)的模型相比有何优点？

12. 序列相关违背了哪些基本假定？其来源有哪些？检验方法有哪些，都适用于何种形式的序列相关检验？

13. 怎样认识用一阶自回归表示序列相关？简述 DW 检验的应用条件.

14. 我国 1980—2000 年全社会固定资产投资总额与工业增加值的统计资料如表 4.35 所示.

表 4.35

年份	全社会固定资产投资(亿元)X	工业增加值(亿元)Y
1980	910.9	1 996.5
1981	961	2 048.4
1982	1 230.4	2 162.3
1983	1 430.1	2 375.6
1984	1 832.9	2 789
1985	2 543.2	3 448.7
1986	3 120.6	3 967
1987	3 791.7	4 585.8
1988	4 753.8	5 777.2
1989	4 410.4	6 484
1990	4 517	6 858
1991	5 594.5	8 087.1
1992	8 080.1	10 284.5
1993	13 072.3	14 143.8
1994	17 042.1	19 359.6
1995	20 019.3	24 718.3
1996	22 913.5	29 082.6
1997	24 941.1	32 412.1
1998	28 406.2	33 387.9
1999	29 854.71	35 087.21
2000	32 917.73	39 570.3

试问：

(1) 当设定模型为 $\ln Y_t = \beta_0 + \beta_1 \ln X_t + \mu_t$ 时，是否存在序列相关？

（2）若按一阶自相关假设 $\mu_t=\rho\mu_t+\varepsilon_t$，试用杜宾两步法与广义最小二乘法估计原模型.

（3）采用差分形式 $X_t^*=X_t-X_{t-1}$ 与 $Y_t^*=Y_t-Y_{t-1}$ 作为新数据，估计模型 $Y_t^*=\alpha_0+\alpha_1X_t^*+v_t$，该模型是否存在序列相关？

15. 对于线性回归模型 $Y_t=\beta_0+\beta_1X_t+\mu_t$，已知 u 为一阶自回归形式 $\mu_t=\rho\mu_{t-1}+\varepsilon_t$，要求：证明 ρ 的估计值为

$$\hat{\rho}\approx\frac{\sum_{t=2}^{n}e_te_{t-1}}{\sum_{t=2}^{n}e_{t-1}^2}$$

16. 某上市公司的子公司的年销售额 Y_t 与其总公司年销售额 X_t 的观测数据如表4.36所示：

表4.36

序号	X	Y	序号	X	Y
1	127.3	20.96	11	148.3	24.54
2	130.0	21.40	12	146.4	24.30
3	132.7	21.96	13	150.2	25.00
4	129.4	21.52	14	153.1	25.64
5	135.0	22.39	15	157.3	26.36
6	137.1	22.76	16	160.7	26.98
7	141.2	23.48	17	164.2	27.52
8	142.8	23.66	18	165.6	27.78
9	145.5	24.10	19	168.7	28.24
10	145.3	24.01	20	171.7	28.78

要求：

（1）用最小二乘法估计关于 X_t 的回归方程；

（2）用DW检验分析随机项的一阶自相关性；

（3）用Durbin两步法估计回归模型的参数；

（4）直接用差分法估计回归模型的参数.

17. 对于模型：$Y_t=\beta_1+\beta_2X_t+\mu_{1t}$，要求：

（1）如果用变量的一次差分估计该模型，采用何种自相关形式？

（2）用差分估计时，并不删除截距，其含义是什么？

（3）假设模型存在一阶自相关，如果用OLS法估计，试证明其估计式

$$\beta_2 = \frac{\sum x_i y_i}{\sum x_i^2}$$

仍然是无偏的. 式中的 $x_i = X_i - \bar{X}, y_i = Y_i - \bar{Y}$.

（4）试证明

$$\mathrm{Var}(\beta_2) = \sigma^2 \frac{1}{\sum x_i^2}$$

不是有效的.

18. 假设 Y 为内生变量，X 为外生变量，以下各组方程中哪些方程可以用 Durbin—Watson 方法检验一阶自相关：

（1）$Y_{1t} = \alpha_1 X_{1t} + \mu_{1t}, Y_{2t} = \alpha_2 X_{2t} + \beta Y_{1t} + \mu_{2t}$;

（2）$Y_{1t} = \beta_1 Y_{1t} + \mu_{1t}, Y_{2t} = \beta_2 Y_{t-1} + \alpha_2 X_{2(t-1)} + \mu_{2t}$;

（3）$Y_{1t} = \alpha_1 X_{1t} + \mu_{1t}, Y_{1t} = \alpha_2 X_{2t} + \mu_{2t}$.

19. 为研究劳动力在制造业中所占比率的变动趋势，根据美国 1949 ~ 1964 年的年度数据，得到以下两种回归模型结果：

模型 A：

$$\hat{Y}_t = 0.4529 - 0.0041t$$
$$(-3.9608)$$
$$R^2 = 0.5484, DW = 0.8252.$$

模型 B：

$$\hat{Y}_t = 0.4786 - 0.0127t + 0.0005t^2.$$
$$(-3.2724) \qquad (2.7777)$$

其中：Y 为劳动力比率；t 为时间. 括号中的数字是 t 检验值. 要求：

（1）判断两个模型是否存在自相关？

（2）解释自相关存在的原因？

（3）如何区分“纯粹”自相关和模型形式误设产生的自相关？

20. 假定某企业的短期生产决策由下述模型表示：$Y_t = \beta_0 + \beta_1 X_t + \mu_t$. 其中，$Y_t$ 为产量，X_t 为劳动投入. 设每当 $t-1$ 期生产过剩（用 $\mu_{t-1} > 0$），则该企业在第 t 期就会趋向于生产不足（用 $\mu < 0$）. 要求：

（1）该模型违反了线性模型的何种假定？

（2）指出这种违反假定的情况对斜率系数的 OLS 估计量的影响.

（3）简述此情况下适合的修正方法.

21. 什么是多重共线性？产生多重共线性的经济背景是什么？多重共线性的危害是什么？为什么会造成这些危害？检验多重共线性的方法和思路是什么？有哪些克服方法？

22. 假设你的朋友在建立一个收入的变化对消费的影响的季度模型，发现收入的增长在至少一年以后才对消费产生完全影响. 由此，你朋友估计出以下模型：

$$C_t = \beta_0 + \beta_1 Y_t + \beta_2 Y_{t-1} + \beta_3 Y_{t-2} + \beta_4 Y_{t-3} + \mu_t.$$

其中，C 表示消费；Y 表示收入. 问：

（1）该方程是否构成完全多重共线性？

（2）该方程是否构成不完全多重共线性？

23. 考虑以下模型：$Y_i = \beta_1 + \beta_2 X_i + \beta_3 X_i^2 + \beta_4 X_i^3 + \mu_i$. 由于 X_2 和 X_3 是 X 的函数，所以它们之间存在多重共线性，你同意这种说法吗？为什么？

24. 考虑下列一组数据，见表 4.37，得回归模型 $Y_i = \beta_0 + \beta_1 X_1 + \beta_2 X_2 + \mu_i$. 请问：

表 4.37

Y	-10	-8	-6	-4	-2	0	2	4	6	8	10
X_1	1	2	3	4	5	6	7	8	9	10	11
X_2	1	3	5	7	9	11	13	15	17	19	21

（1）你能估计出这一模型的参数吗？为什么？

（2）如果不能，你能估计哪一参数或参数组合？

25. 表 4.38 是某种商品的需求量、价格以及消费者收入的统计资料. 要求：

（1）检验 X_1 和 X_2 是否存在严重的多重共线性？

（2）如何解决或减轻多重共线性的影响，并给出这一问题的回归方程.

表 4.38

年份	1	2	3	4	5	6	7	8	9	10
需求量 Y	3.5	4.3	5.0	6.0	7.0	9.0	8.0	10	12	14
价格 X_1	16	13	10	7	7	5	4	3	3.5	2
收入 X_2	15	20	30	42	50	54	65	72	85	90

26. 某单位经理在管理中打算建立一个有利于管理的个人能力模型. 他选取了 15 名新近提拔的职员做一系列测试，来决定他们的业务能力、公关能力及决策能力，并用每名职员的工作表现依次对这三个变量作回归. 原始数据如表 4.39 所示.

表 4.39

工作表现 Y	业务能力 X_1	公关能力 X_2	决策能力 X_3
80	50	72	18
75	51	74	19
84	42	79	22
62	42	71	17
92	59	85	25
75	45	73	17
63	48	75	16
69	39	73	19
68	40	71	20
87	55	80	30
92	48	83	33
82	45	80	20
74	45	75	18
80	61	75	20
62	59	70	15

要求：

(1) 建立回归模型并做分析.

(2) 对模型做显著性检验.

(3) 计算每个参数估计量的方差扩张因子 VIF,并判断是否存在多重共线性.

27. 随机解释变量产生的原因及其后果是什么?

28. 当模型中出现随机解释变量时,最小二乘估计量具有什么特征?

29. 以变量 Z 作为模型 $Y_t=\beta_0 X_t+\mu_t$ 中 X 的工具变量.

(1) 说明 Z 应具备什么条件.

(2) 写出工具变量法估计参数的正规方程组.

(3) 说明普通最小二乘法是一种特殊的工具变量法.

30. 一个对某地区大学生就业增长影响的简单模型可描述如下：

$$g\mathrm{EMP}_t=\beta_0+\beta_1 g\mathrm{MIN}_{1t}+\beta_2 g\mathrm{POP}_t+\beta_3 g\mathrm{GDP}_{1t}+\beta_4 g\mathrm{GDP}_t+\mu_t$$

式中,EMP 为新就业的大学生人数;MIN_1 为该地区最低限度工资;POP 为新毕业的大学生人数;GDP_1 为该地区国内生产总值;GDP 为该国国内生产总值;g

表示年增长率.

（1）如果该地区政府以不易观测的却对新毕业大学生就业有影响的因素作为基础来选择最低限度工资，则 OLS 估计将会存在什么问题？

（2）令 MIN 为该国的最低限度工资，它与随机扰动项相关吗？

（3）按照法律，各地区最低限度工资不得低于国家最低工资，那么，$g\text{MIN}$ 能成为 $g\text{MIN}_1$ 的工具变量吗？

5 专门问题

教学内容:经典单方程计量经济学模型中的专门问题,包括虚拟变量模型和滞后变量模型.

教学目的:要求学生理解在模型中引入虚拟变量和滞后变量问题的背景,引入的原则和方法,熟悉分布滞后模型和自回归模型及其参数估计方法;熟练应用格兰杰检验进行模型变量选择和变量关系分析.

重点及难点:教学重点放在理解虚拟变量模型和滞后变量模型.教学难点放在弄清在模型中引入虚拟变量和滞后变量的背景以及引入原则和方法,掌握分布滞后模型和自回归模型的参数估计方法.

在前面几章中,主要介绍了经典线性回归模型及其在若干基本假定下的估计问题,并分析了一个或多个假定不满足时所产生的后果及其可能的改进措施.然而上述方法还不能解决经济生活中遇到的全部问题.例如,如何考察某一突发事件对经济行为带来的影响,某变量的过去行为又是怎样影响该变量当前的变动路线,等等.这需要建立专门的模型来研究.本章将主要介绍在模型中引入虚拟解释变量、滞后解释变量或(和)滞后被解释变量的问题.

5.1 虚拟变量模型

在回归分析中,影响被解释变量的因素除量的因素外还有质的因素.这些质的因素可能会使回归模型中的参数发生变化.为了估计质的因素产生的影响,我们需要引入一种特殊的变量——虚拟变量.如职业、性别对收入的影响,战争、自然灾害对 GDP 的影响,季节对某些产品(如冷饮)销售的影响等.为了在模型中反映这些因素的影响,并提高模型的精度,需要将它们“量化”,即根据这些因素的属性类型,构造只取“0”或“1”的人工变量,通常称为虚拟变量,记

为 D.

5.1.1 一个实例

表 5.1 的数据表示某一地区的消费与收入. Y 表示消费;X 表示收入. 当估计区间为第 1 期到第 7 期时,基于模型 $Y=\beta_0+\beta_1 X+\mu$ 进行 OLS 估计,得估计结果如下:

$$\hat{Y}=35.02-0.06858X; \tag{5.1}$$
$$(0.952) \quad (0.090)$$
$$R^2=0.00162, \quad \bar{R}^2=-0.198 \quad SE=16.9, \quad DW=0.766.$$

表 5.1 某地区的消费与收入数据

t	Y_t	X_t	D_t
1	20	35	0
2	30	40	0
3	35	50	0
4	35	55	0
5	38	56	0
6	40	57	0
7	70	40	1

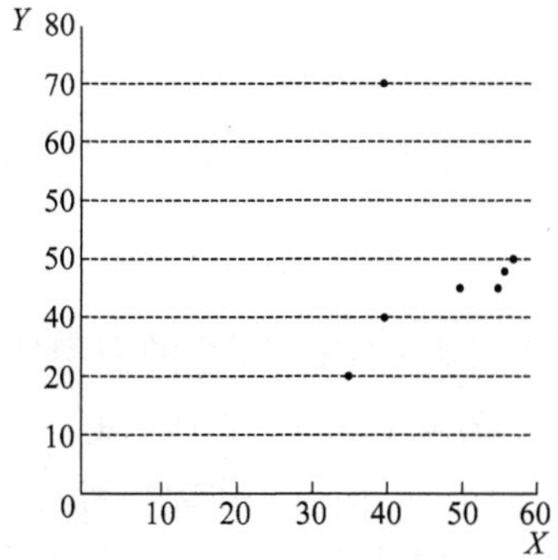

图 5.1

当估计区间为第 1 期到第 6 期时,OLS 结果如下:

$$\hat{Y}=-2.924+0.7357X; \tag{5.2}$$
$$(-0.453) \quad (5.64)$$

$$R^2 = 0.888, \quad \bar{R}^2 = 0.861, \quad SE = 2.69, \quad DW = 2.27.$$

对比式(5.1)和式(5.2)的结果,可以看到,在式(5.1)中不显著的解释变量 X,在式(5.2)中变成显著的解释变量,式(5.2)中的决定系数 R^2 远远高于式(5.1)中的决定系数,式(5.2)中回归模型的标准误差 SE 要比式(5.1)中的 SE 小许多. 通过这些分析,可以把第 7 期的数据看成异常值,也就是说,由于某种原因,使得在第 7 期时,原来比较稳定的经济变量之间的关系发生了大的偏离. 因此,可以通过引进一时期虚拟变量 D,对这种异常值进行处理. 考虑如下模型

$$Y = \beta_1 + \beta_2 X + \beta_3 D + \mu. \tag{5.3}$$

式中,D 取值由表 5.1 的第 4 列给出. 对式(5.3)用 OLS 估计,得到以下结果:

$$\hat{Y} = -2.924 + 0.7357X + 43.50D; \tag{5.4}$$
$$(-0.453) \quad (5.64) \quad (13.9)$$
$$R^2 = 0.980, \quad \bar{R}^2 = 0.970, \quad SE = 2.69, \quad DW = 2.30.$$

对比式(5.4)和式(5.2)的结果,可以看到,在式(5.4)中给出的系数估计值 $\hat{\beta}_1$,$\hat{\beta}_2$ 和式(5.2)的结果完全一样. SE 和 DW 值也几乎没有发生变化. 而在第 7 期,Y 的估计值为 70,和其观察值一致,即第 7 期的残差为 0. 这就是说,由于虚拟变量 D 的引进,很好地解决了第 7 期出现的异常值问题,同时又保持了仅用第 1 期到第 6 期样本估计的结果.

虽然上例中,利用虚拟变量得到很好的结果,但是,虚拟变量利用的前提是要有一定经济背景为根据,不然虚拟变量的大量使用,会带来模型自由度的过度减少,导致模型估计精度的下降.

5.1.2 虚拟变量的引入(方法)

将虚拟变量作为解释变量引入模型有两种基本方式:加法方式和乘法方式.

5.1.2.1 加法方式

一个以性别为虚拟变量来考察职工薪金的模型如下:

$$Y_i = \beta_0 + \beta_1 X_i + \beta_2 D_{1i} + \mu_i. \tag{5.5}$$

其中,Y_i 为职工的薪金;X_i 为工龄;$D_1 = 1$ 代表男性,$D_1 = 0$ 代表女性.

上述职工薪金模型中性别虚拟变量的引入采取了加法方式,即模型中将虚拟变量以相加的形式引入模型. 在该模型中,如果仍假定 $E(u_i) = 0$,则女职工的平均薪金为

$$E(Y|X_i, D_1 = 0) = \beta_0 + \beta_1 X_i. \tag{5.6}$$

男职工的平均薪金为

$$E(Y|X_i, D_1 = 1) = (\beta_0 + \beta_2) + \beta_1 X_i. \tag{5.7}$$

从几何意义上看(图 5.2),假定 $\beta_2 \neq 0$,则两个函数有相同的斜率,但有不同的截距. 这意味着,男女职工平均薪金对工龄的变化率是一样的,但两者的平均薪金水平相差 β_2. 可以通过传统的回归检验,对 β_2 的统计显著性进行检验,以判断男女职工的平均薪金水平是否有显著差异.

又如,在截面数据基础上,考虑个人保健支出对个人收入和教育水平的回归. 教育水平考虑三个层次:高中以下、高中和大学及其以上,这时需要引入两个虚拟变量:

$$D_1 = \begin{cases} 1, \text{高中}; \\ 0, \text{其他}. \end{cases} \qquad D_2 = \begin{cases} 1, \text{大学及其以上}; \\ 0, \text{其他}. \end{cases}$$

模型可设定如下:

$$Y_i = \beta_0 + \beta_1 X_i + \beta_2 D_{1i} + \beta_3 D_{2i} + \mu_i. \tag{5.8}$$

在 $E(u_i) = 0$ 的初始假定下,容易得到高中以下、高中、大学及其以上教育水平个人保健支出的总体回归函数:

高中以下: $$E(Y|X_i, D_1 = 0, D_2 = 0) = \beta_0 + \beta_1 X_i; \tag{5.9}$$

高中: $$E(Y|X_i, D_1 = 1, D_2 = 0) = (\beta_0 + \beta_2) + \beta_1 X_i; \tag{5.10}$$

大学及其以上: $$E(Y|X_i, D_1 = 0, D_2 = 1) = (\beta_0 + \beta_3) + \beta_1 X_i. \tag{5.11}$$

假定 $\beta_3 > \beta_2 > 0$,则其几何意义如图 5.3 所示.

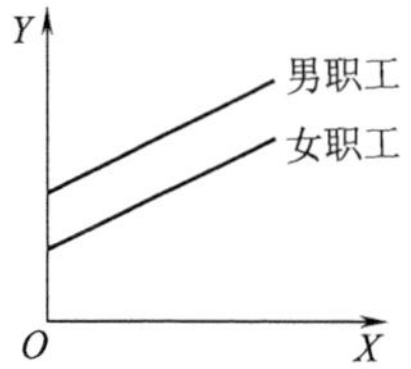

图 5.2 男女职工平均薪金示意图

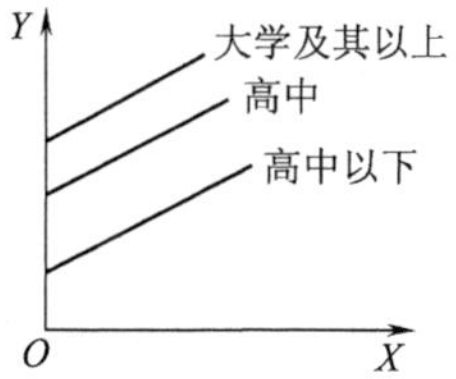

图 5.3 不同教育程度人员保健支出示意图

还可将多个虚拟变量引入模型中以考察多种"定性"因素的影响. 例如,在职工薪金的例子中,再引入学历的虚拟变量 D_2:

$$D_2 = \begin{cases} 1, \text{本科及以上学历}; \\ 0, \text{本科以下学历}. \end{cases}$$

则职工薪金的回归模型可设计如下:

$$Y_i = \beta_0 + \beta_1 X_i + \beta_2 D_{1i} + \beta_3 D_{2i} + \mu_i. \tag{5.12}$$

于是不同性别、不同学历职工的平均薪金分别由下面各式给出.

女职工本科以下学历的平均薪金:

$$E(Y|X_i, D_1 = 0, D_2 = 0) = \beta_0 + \beta_1 X_i; \tag{5.13}$$

男职工本科以下学历的平均薪金:

$$E(Y|X_i,D_1=1,D_2=0)=(\beta_0+\beta_2)+\beta_1X_i; \quad (5.14)$$

女职工本科以上学历的平均薪金:

$$E(Y|X_i,D_1=0,D_2=1)=(\beta_0+\beta_3)+\beta_1X_i; \quad (5.15)$$

男职工本科以上学历的平均薪金:

$$E(Y|X_i,D_1=1,D_2=1)=(\beta_0+\beta_2+\beta_3)+\beta_1X_i. \quad (5.16)$$

5.1.2.2 乘法方式

加法方式引入虚拟变量,可以考察截距的不同,而在许多情况下,往往是斜率有变化,或斜率、截距同时发生变化.斜率的变化可通过乘法的方式引入虚拟变量.

例如,根据消费理论,消费水平 C 主要取决于收入水平 X. 但在一个较长的时期,人们的消费倾向会发生变化,尤其是在自然灾害、战争等反常年份,消费倾向往往出现变化.这种消费倾向的变化可通过在收入的系数中引入虚拟变量来考察.设

$$D=\begin{cases}1,\text{正常年份};\\0,\text{反常年份}.\end{cases}$$

则消费模型可建立如下:

$$C_t=\beta_0+\beta_1X_t+\beta_2D_tX_t+\mu_t. \quad (5.17)$$

这里,虚拟变量 D_t 被以与 X_t 相乘的方式引入了模型中,从而可用来考察消费倾向的变化.在 $E(u_t)=0$ 的假定下,上述模型所表示的函数可化为

正常年份: $$E(C|X_t,D_t=1)=\beta_0+(\beta_1+\beta_2)X_t; \quad (5.18)$$

反常年份: $$E(C|X_t,D_t=0)=\beta_0+\beta_1X_t. \quad (5.19)$$

例 5.1 表 5.2 中给出了中国 1978—2013 年的国内生产总值 GDP 与进口总额 IMPORT 的数据.

表 5.2 1978—2013 年中国进口总额与国内生产总值

年份	国内生产总值(亿元)	进口总额(亿元)	年份	国内生产总值(亿元)	进口总额(亿元)
1978	3 645.2	187.4	1985	9 016.0	1 257.8
1979	4 062.6	242.9	1986	10 275.2	1 498.3
1980	4 545.6	298.8	1987	12 058.6	1 614.2
1981	4 891.6	367.7	1988	15 042.8	2 055.1
1982	5 323.4	357.5	1989	16 992.3	2 199.9
1983	5 962.7	421.8	1990	18 667.8	2 574.3
1984	7 208.1	620.5	1991	21 781.5	3 398.7

续表

年份	国内生产总值(亿元)	进口总额(亿元)	年份	国内生产总值(亿元)	进口总额(亿元)
1992	26 923.5	4 443.3	2003	135 822.8	34 195.6
1993	35 333.9	5 986.2	2004	159 878.3	46 435.8
1994	48 197.9	9 960.1	2005	184 937.4	54 273.7
1995	60 793.7	11 048.1	2006	216 314.4	63 376.86
1996	71 176.6	11 557.4	2007	265 810.3	73 300.1
1997	78 973.0	11 806.5	2008	314 045.4	79 526.53
1998	84 402.3	11 626.1	2009	340 902.8	68 618.37
1999	89 677.1	13 736.4	2010	401 512.8	94 699.3
2000	99 214.6	18 638.8	2011	473 104.0	113 161.4
2001	109 655.2	20 159.2	2012	519 470.1	114 800.96
2002	120 332.7	24 430.3	2013	568 845.2	121 037.46

资料来源:《中国统计年鉴》(2014)

为了研究 1978—2013 年期间中国进口总额随国内生产总值(收入)的变化规律是否有变化,考证进口总额 IMPORT、国内生产总值 GDP 随时间的变化情况,如下图 5.4 所示,另外,为了更好的发现两变量间的趋势关系,作时序图(见图 5.5).

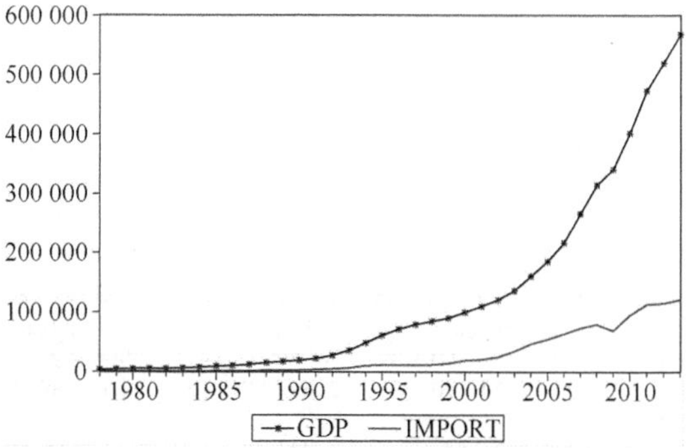

图 5.4

从图 5.4 可以看出,中国进口总额表现出了明显的阶段特征:在 1997 年和 2008 年有两个明显的转折点.另外,根据图 5.5,GDP 与进口之间也呈现出了相同的阶段性特征.

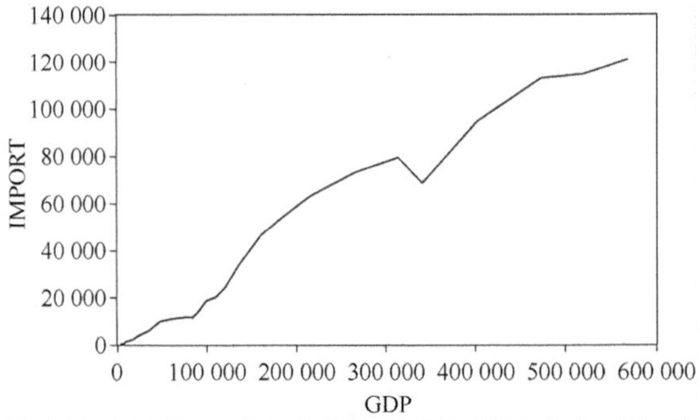

图 5.5

为了分析进口总额在 1997 年前后和 2008 年前后三个阶段的数量关系，引入虚拟变量 D_1 和 D_2。D_1 和 D_2 的选择，是以 1997、2008 年两个转折点作为依据，并设定了如下引入虚拟变量的模型：

$$\ln IMPORT_t = \beta_1 + \beta_2 \ln GDP_t + \beta_3 D_{1t} + \beta_4 D_{2t} + \beta_5 D_{1t} \cdot \ln GDP_t + \beta_6 D_{2t} \cdot \ln GDP_t + u_t$$

其中，虚拟变量的设定如下：

$$D_{1t} = \begin{cases} 1 & t > 1997 \\ 0 & t \leqslant 1997 \end{cases} \qquad D_{2t} = \begin{cases} 1 & t > 2008 \\ 0 & t \leqslant 2008 \end{cases}$$

对上式进行回归后，得到如下结果（表 5.3）：

表 5.3　虚拟变量模型回归结果

Dependent Variable: LOG(IMPORT)

Method: Least Squares

Date: 12/04/16　Time: 10:26

Sample: 1978 2013

Included observations: 36

Variable	Coefficient	Std. Error	t – Statistic	Prob.
C	-5.753 130	0.397 806	-14.462 13	0.000 0
LOG(GDP)	1.375 117	0.041 347	33.257 74	0.000 0
D1	-3.583 147	1.882 242	-1.903 660	0.066 6
D1 * LOG(GDP)	0.286 027	0.160 895	1.777 724	0.085 6
D2	9.117 194	4.787 778	1.904 264	0.066 5
D2 * LOG(GDP)	-0.758 783	0.374 720	-2.024 931	0.051 9

续表

R - squared	0.993 270	Mean dependentvar	8.892 481
Adjusted R - squared	0.992 148	S. D. dependentvar	2.036 274
S. E. of regression	0.180 436	Akaike info criterion	-0.435 869
Sum squaredresid	0.976 715	Schwarz criterion	-0.171 949
Log likelihood	13.845 65	Hannan - Quinn criter.	-0.343 754
F - statistic	885.505 3	Durbin - Watson stat	0.716 548
Prob(F - statistic)	0.000 000		

即有：

$$\ln IMPORT_t = -5.753 + 1.375\ln GDP_t - 3.583D_{1t} + 9.117D_{2t} + 0.286D_{1t}\cdot\ln GDP_t - 0.759D_{2t}\cdot\ln GDP_t + u_t$$

$$(-14.462)\quad(33.257)\quad(-1.904)\quad(1.904)\quad(1.778)\quad(-2.025)$$

$$R^2 = 0.993\,270,\quad \bar{R}^2 = 0.992\,148,\quad DW = 0.716\,548,\quad F = 885.505\,3$$

由于各个系数均在10%的显著性水平下显著不等于0，表明三个时期进口总额的回归方程在统计意义上确实是不相同的. 上述模型与进口总额与国内生产总值的散布图是吻合的，与当时中国的实际经济运行状况也是相符的.

需要指出的是，在上述建模过程中，主要是从教学的目的出发运用虚拟变量法则，没有考虑通货膨胀因素. 而在实证分析中还应当考虑通货膨胀因素.

5.1.3 虚拟变量的设置原则

虚拟变量的个数须按以下原则确定：每一定性变量所需的虚拟变量个数要比该定性变量的类别数少1，即如果有 m 个定性项，只在模型中引入 $m-1$ 个虚拟变量.

例如，已知冷饮的销售量 Y 除受 k 种定量变量 $X_i(i=1,\cdots,k)$ 的影响外，还受春、夏、秋、冬四季变化的影响. 要考察该四季的影响，只需引入3个虚拟变量即可.

$$D_1=\begin{cases}1,\text{春季};\\0,\text{其他}.\end{cases}\quad D_2=\begin{cases}1,\text{夏季};\\0,\text{其他}.\end{cases}\quad D_3=\begin{cases}1,\text{秋季};\\0,\text{其他}.\end{cases}$$

则冷饮销售量的模型为

$$Y_t=\beta_0+\beta_1X_{1t}+\cdots+\beta_kX_{kt}+\alpha_1D_{1t}+\alpha_2D_{2t}+\alpha_3D_{3t}+\mu_t \tag{5.33}$$

在上述模型中，若再引入第四个虚拟变量

$$D_4=\begin{cases}1,\text{冬季};\\0,\text{其他}.\end{cases}$$

则冷饮销售量的模型为：

$$Y_t=\beta_0+\beta_1X_{1t}+\cdots+\beta_kX_{kt}+\alpha_1D_{1t}+\alpha_2D_{2t}+\alpha_3D_{3t}+\alpha_4D_{4t}+\mu_t. \tag{5.34}$$

其矩阵形式为：

$$Y=(\boldsymbol{X}\quad \boldsymbol{D})\begin{pmatrix}\boldsymbol{B}\\ \boldsymbol{A}\end{pmatrix}+N.$$

如果只取 6 个观测值，其中春季与夏季取了两次，秋、冬季各取一次观测值，则其中

$$(\boldsymbol{X}\quad \boldsymbol{D})=\begin{pmatrix}1 & X_{11}\cdots X_{k1} & 1 & 0 & 0 & 0\\ 1 & X_{12}\cdots X_{k2} & 0 & 1 & 0 & 0\\ 1 & X_{13}\cdots X_{k3} & 0 & 0 & 1 & 0\\ 1 & X_{14}\cdots X_{k4} & 0 & 0 & 0 & 1\\ 1 & X_{15}\cdots X_{k5} & 0 & 1 & 0 & 0\\ 1 & X_{16}\cdots X_{k6} & 1 & 0 & 0 & 0\end{pmatrix},$$

$$\boldsymbol{B}=\begin{pmatrix}\beta_0\\ \beta_1\\ \vdots\\ \beta_k\end{pmatrix},\quad \boldsymbol{A}=\begin{pmatrix}\alpha_1\\ \alpha_2\\ \alpha_3\\ \alpha_4\end{pmatrix}.$$

显然，$(\boldsymbol{X}\quad \boldsymbol{D})$中的第 1 列可表示成后 4 列的线性组合，从而$(\boldsymbol{X}\quad \boldsymbol{D})$不满秩，参数无法估计. 这就是所谓的“虚拟变量陷阱”，应该避免这种情况发生.

5.2 滞后变量模型

在经济活动中，广泛存在着时间滞后效应，即动态性. 某些经济变量不仅受到同期各种因素的影响，而且也受到过去某些时期的各种因素甚至自身的过去值的影响. 通常把这种过去时期的具有滞后作用的变量叫做滞后变量，含有滞后变量的模型称为滞后变量模型.

5.2.1 一个实例

假定某消费者从某年起每年增加收入 1 000 元，那么该消费者各年的消费支出会有什么变化呢？按照一般经验，人们并不会马上花完增加的收入. 例如，消费者可能会把各年增加的收入按以下形式分配：当年增加消费支出 400 元，第二年增加消费支出 300 元，第三年又增加消费支出 200 元，剩下的 100 元作为储蓄. 不难看出，第三年的消费支出不仅取决于当年的收入，还与第一年和第二

年的收入有关. 由表5.4我们可以更清楚地了解收入对消费支出的滞后作用.

于是,我们可以通过表5.4中的数字得到以下消费函数:

$$Y_t = 常数项 + 0.4X_t + 0.3X_{t-1} + 0.2X_{t-2} + \mu_t. \tag{5.35}$$

式中,Y为消费支出;X为收入. 该方程就是一个分布滞后模型,它表明收入对消费的影响分布于不同时间(3年). 收入每增加1元,同年的消费支出平均增加0.4元,第二年和第三年的消费支出将分别增加0.3元和0.2元.

表5.4 消费支出的滞后模式 单位:元

时间	第一年	第二年	第三年
收入增加	1 000	1 000	1 000
消费增加	400	300 + 400	200 + 300 + 400

由上例我们知道,如果一个回归模型不仅包含解释变量的现期值,而且还包含解释变量的滞后值,则这个回归模型就是分布滞后模型.

5.2.2 滞后变量模型的概念

5.2.2.1 滞后效应与产生滞后效应的原因

一般说来,被解释变量与解释变量的因果关系不一定就在瞬时发生,而可能存在时间的滞后,或者说解释变量的变化可能需要经过一段时间才能完全对被解释变量产生影响. 同样地,被解释变量当前的变化也可能受其自身过去水平的影响,这种被解释变量受到自身或另一解释变量的前几期值影响的现象称为滞后效应,表示前几期值的变量称为滞后变量. 例如,在研究消费函数时,通常认为,本期的消费C_t除了受本期的收入水平Y_t影响之外,还受前一期收入Y_{t-1}以及前一期消费水平C_{t-1}的影响,即

$$C_t = \beta_0 + \beta_1 Y_t + \beta_2 Y_{t-1} + \beta_3 C_{t-1} + \mu_t. \tag{5.36}$$

这就是含有滞后变量的模型,其中Y_{t-1},C_{t-1}为滞后变量.

现实经济生活中,产生滞后效应的原因众多,主要有以下几个方面:

(1)心理原因. 人们的观念和习惯是长期形成的,适应新的经济环境往往需要一段时间. 例如,按照相对收入假定,当收入水平下降时,人们为了维持已习惯的生活水准不会立即减少消费.

(2)技术原因. 产出与投入之间常常不是同步的. 例如,研究成果的完成到发表存在一定的时间间隔;企业现在的收益在一定程度上取决于过去的投资.

(3)制度原因. 例如,企业往往要受到过去签订的合同制约,不能根据市场变化立即调整自己的生产、改变产品价格;在管理体制中,管理层次越多,时间滞后现象就越严重.

5.2.2.2 滞后变量模型

以滞后变量作为解释变量，就得到滞后变量模型. 它的一般形式为：

$$Y_t = \beta_0 + \beta_1 Y_{t-1} + \beta_2 Y_{t-2} + \cdots + \beta_q Y_{t-q} + \alpha_0 X_t + \alpha_1 X_{t-1} + \cdots + \alpha_s X_{t-s} + \mu_t. \quad (5.37)$$

其中，q，s 为滞后时间间隔；Y_{t-q}为被解释变量 Y 的第 q 期滞后；X_{t-s}为解释变量 X 的第 s 期滞后. 由于模型既含有 Y 对自身滞后变量的回归，还包括解释变量 X 分布在不同时期的滞后变量，因此一般称为自回归分布滞后模型. 若滞后期长度有限，则称模型为有限自回归分布滞后模型；若滞后期无限，则称模型为无限自回归分布滞后模型.

(1) 分布滞后模型. 如果滞后变量模型中没有滞后被解释变量，仅有解释变量 X 的当期值及其若干期的滞后值，则称之为分布滞后模型. 分布滞后模型的一般形式为：

$$Y_t = \alpha + \sum_{i=0}^{s} \beta_i X_{t-i} + \mu_t. \quad (5.38)$$

分布滞后模型的各系数体现了解释变量的当期值和各期滞后值对被解释变量的不同影响程度，因此也称为乘数. β_0 称为短期或即期乘数，表示本期 X 变化一个单位对 Y 平均值的影响程度. β_i ($i = 1, 2, \cdots, s$) 称为动态乘数或延迟乘数，表示各滞后期 X 的变动对 Y 平均值影响的大小. $\sum_{i=0}^{s} \beta_i$ 则称为长期或均衡乘数，表示 X 变动一个单位，由于滞后效应而形成的对 Y 平均值总影响的大小.

由式(5.38)知，如果各期的 X 值保持不变，则 X 与 Y 间的长期或均衡关系即为

$$E(Y \mid X) = \alpha + \left(\sum_{i=0}^{s} \beta_i\right) X. \quad (5.39)$$

(2) 自回归模型. 如果滞后变量模型中的解释变量仅包含 X 的当期值与被解释变量 Y 的一个或多个滞后值，则称之为自回归模型. 自回归模型的一般形式为

$$Y_t = \alpha_0 + \alpha_1 X_t + \sum_{i=1}^{q} \beta_i Y_{t-i} + \mu_t. \quad (5.40)$$

其中，滞后期长度 q 也称为自回归模型的阶数. 而模型

$$Y_t = \alpha_0 + \alpha_1 X_t + \beta_1 Y_{t-1} + \mu_t. \quad (5.41)$$

被称为一阶自回归模型.

5.2.3 分布滞后模型的参数估计

5.2.3.1 分布滞后模型估计的困难

对于无限期的分布滞后模型，由于样本观测值的有限性，使得无法直接对

其进行估计. 即便对于有限期的分布滞后模型,OLS 估计也会遇到如下问题:①没有先验准则确定滞后期长度;②如果滞后期较长,将缺乏足够的自由度进行统计检验;③同名变量滞后值之间可能存在高度线性相关,即模型存在高度的多重共线性.

5.2.3.2 分布滞后模型的修正估计方法

针对上述困难,人们在大量研究的基础上提出了一系列的修正估计方法,但并不很完善. 各种方法的基本思想大致相同,即都是通过对各滞后变量加权,组成线性合成变量而有目的地减少滞后变量的数目,以缓解多重共线性,保证自由度.

(1)经验加权法. 对于有限期分布滞后模型,往往根据实际问题的特点,以及人们的经验给各滞后变量指定权数,并按权数构成各滞后变量的线性组合,形成新的变量,再进行估计. 权数的类型有以下三类.

第一类,递减型. 即认为权数是递减的,X 的近期值对 Y 的影响较远期值大. 例如,消费函数中,收入的近期值对消费的影响显然大于远期值的影响. 一个滞后期为 3 的一组权数可取值如下:

$$\frac{1}{2},\frac{1}{4},\frac{1}{6},\frac{1}{8},$$

则新的线性组合变量为

$$W_{1t}=\frac{1}{2}X_t+\frac{1}{4}X_{t-1}+\frac{1}{6}X_{t-2}+\frac{1}{8}X_{t-3}. \tag{5.42}$$

第二类,矩型. 即认为权数是相等的,X 的逐期滞后值对 Y 的影响相同. 例如,对滞后期为 3 的分布滞后模型,可指定相等权数为 1/4,则新的线性组合变量为

$$W_{2t}=\frac{1}{4}X_t+\frac{1}{4}X_{t-1}+\frac{1}{4}X_{t-2}+\frac{1}{4}X_{t-3}. \tag{5.43}$$

第三类,倒 V 型. 这种形式假定权数先递增后递减,呈倒“V”型. 例如,在一个较长建设周期的投资中,历年投资 X 对产出 Y 的影响,往往是周期期中的投资额最大,因此对产出的贡献最大. 设滞后期为 4,则一组权数可取为

$$\frac{1}{6},\frac{1}{4},\frac{1}{2},\frac{1}{3},\frac{1}{5}.$$

于是新变量为

$$W_{3t}=\frac{1}{6}X_t+\frac{1}{4}X_{t-1}+\frac{1}{2}X_{t-2}+\frac{1}{3}X_{t-3}+\frac{1}{5}X_{t-4}. \tag{5.44}$$

例 5.2 对一个分布滞后模型

$$Y_t=\alpha_0+\beta_0X_t+\beta_1X_{t-1}+\beta_2X_{t-2}+\beta_3X_{t-3}+u_t \tag{5.45}$$

给定递减权数 $\frac{1}{2},\frac{1}{4},\frac{1}{6},\frac{1}{8},$

构成新变量

$$W_{1t}=\frac{1}{2}X_t+\frac{1}{4}X_{t-1}+\frac{1}{6}X_{t-2}+\frac{1}{8}X_{t-3}, \tag{5.46}$$

则原模型变为

$$Y_t=\alpha_0+\alpha_1 W_{1t}+\mu_t. \tag{5.47}$$

如果该模型满足 OLS 法的经典假设，就可进行 OLS 估计，估计出参数 $\hat{\alpha}_0$，$\hat{\alpha}_1$.

假设 $\hat{\alpha}_0$，$\hat{\alpha}_1$ 已估计出，其值分别为 0.5 和 0.8，则可写出原模型的估计结果：

$$\hat{Y}_t=0.5+\frac{0.8}{2}X_t+\frac{0.8}{4}X_{t-1}+\frac{0.8}{6}X_{t-2}+\frac{0.8}{8}X_{t-3}; \tag{5.48}$$

或

$$\hat{Y}_t=0.5+0.4X_t+0.2X_{t-1}+0.133X_{t-2}+0.1X_{t-3}. \tag{5.49}$$

经验加权法的优点是简单易行，缺点是设置权数的随意性较大. 通常的做法是多选几组权数，分别估计出几个模型，然后根据各统计检验（R^2 检验，F 检验，t 检验，DW 检验），从中选择最佳估计式.

（2）阿尔蒙多项式法. 该方法的主要思想仍是针对有限滞后期模型，通过阿尔蒙变换，定义新变量，以减少解释变量个数，然后用 OLS 法估计参数. 主要步骤如下：

第一步，阿尔蒙变换：对于分布滞后模型

$$Y_t=\alpha+\sum_{i=0}^{s}\beta_i X_{t-i}+\mu_t, \tag{5.50}$$

假定其回归系数 β_i 可用一个关于滞后期 i 的适当阶多项式来表示，即

$$\beta_i=\sum_{k=0}^{m}\alpha_k(i+1)^k,\quad i=0,1,\cdots,s. \tag{5.51}$$

其中，$m<s$. 阿尔蒙变换要求先验地确定阶数 m，如取 $m=2$，得

$$\beta_i=\sum_{k=0}^{2}\alpha_k(i+1)^k=\alpha_0+\alpha_1(i+1)+\alpha_2(i+1)^2. \tag{5.52}$$

将（5.52）代入式（5.50）式得

$$\begin{aligned}Y_t&=\alpha+\sum_{i=0}^{s}\Big[\sum_{k=0}^{2}\alpha_k(i+1)^k\Big]X_{t-i}+\mu_t\\&=\alpha+\alpha_0\sum_{i=0}^{s}X_{t-i}+\alpha_1\sum_{i=0}^{s}(i+1)X_{t-i}+\alpha_2\sum_{i=0}^{s}(i+1)^2X_{t-i}+\mu_t.\end{aligned} \tag{5.53}$$

定义新变量

$$W_{0t}=\sum_{i=0}^{s}X_{t-i},\quad W_{1t}=\sum_{i=0}^{s}(i+1)X_{t-i},\quad W_{2t}=\sum_{i=0}^{s}(i+1)^2X_{t-i}.$$

将原模型转换为

$$Y_t=\alpha+\alpha_0W_{0t}+\alpha_1W_{1t}+\alpha_2W_{2t}+\mu_t. \tag{5.54}$$

第二步,模型的 OLS 估计. 对变换后的模型(5.54)式进行 OLS 估计,将得到的参数估计值 $\hat{\alpha}_0,\hat{\alpha}_1,\hat{\alpha}_2$ 代入(5.52)式,求出滞后分布模型参数的估计值 $\hat{\beta}_0$,$\hat{\beta}_1,\cdots,\hat{\beta}_s$.

由于 $m<s$,所以原模型存在的自由度不足和多重共线性问题会改善. 需要注意的是,在实际估计中,阿尔蒙多项式的阶数 m 一般取 2 或 3,不超过 4,否则达不到有效减少变量个数的目的.

例 5.3 表 5.5 给出了中国电力工业基本建设投资 X 与发电量 Y 的相关资料,拟建立一多项式分布滞后模型来考察两者的关系.

表 5.5 中国电力工业基本建设投资与发电量

年份	基本建设投资/亿元	发电量/亿元	年份	基本建设投资/亿元	发电量/亿元
1975	30.65	1 958	1986	161.60	4 495
1976	39.98	2 031	1987	210.88	4 973
1977	34.72	2 234	1988	249.73	5 452
1978	50.91	2 566	1989	267.85	5 848
1979	50.99	2 820	1990	334.55	6 212
1980	48.14	3 006	1991	377.75	6 775
1981	40.14	3 093	1992	489.69	7 539
1982	46.23	3 277	1993	675.13	8 395
1983	57.46	3 514	1994	1033.42	9 218
1984	76.99	3 770	1995	1124.15	10 070
1985	107.86	4 107			

由于无法预知电力行业基本建设投资对发电量影响的时滞期,需取不同的滞后期试算. 经过试算发现,在二阶阿尔蒙多项式变换下,滞后期数取到第 6 期,估计结果的经济意义比较合理. 二阶阿尔蒙多项式估计结果如下:

$$\begin{gathered}\hat{Y}_t = 3\,319.5 + 3.061W_{0t} + 0.101W_{1t} - 0.271W_{2t};\\ (13.62)\quad(1.86)\qquad(0.15)\qquad(-0.67)\\ \bar{R}^2 = 0.940\,5,\quad F = 74.81,\quad DW = 0.42.\end{gathered}\tag{5.55}$$

通过(5.55)式求得的分布滞后模型参数估计值为

$$\hat{\beta}_0 = 0.323,\ \hat{\beta}_1 = 1.777,\ \hat{\beta}_2 = 2.690,\ \hat{\beta}_3 = 3.061,\ \hat{\beta}_4 = 2.891,\ \hat{\beta}_5 = 2.180,\ \hat{\beta}_6 = 0.927.$$

最后得到分布滞后模型估计式为:

$$\begin{gathered}\hat{Y}_t = 3\,319.5 + 0.323X_t + 1.777X_{t-1} + 2.690X_{t-2} + 3.061X_{t-3} +\\ (13.62)\quad(0.19)\qquad(2.14)\qquad(1.88)\qquad(1.86)\end{gathered}$$

$$2.891X_{t-4}+2.180X_{t-5}+0.927X_{t-6}. \qquad (5.56)$$
$$(1.96) \qquad (1.10) \qquad (0.24)$$

需要说明的是,二阶阿尔蒙多项式估计显示出较低的 t 值,但却有着较高的拟合优度及 F 值,说明模型总体的线性性是存在的,但可能存在变量间的多重共线性. 另外,尽管从估计的 α 的标准差换算估计的 β 的标准差较为繁琐,但大多数应用软件都具有此功能,本例是 Eviews 软件的估计结果. 最后,为了比较,下面给出直接对滞后 6 期的模型进行 OLS 估计的结果:

$$\hat{Y}_t=3\ 361.9+8.424X_t-11.43X_{t-1}+15.14X_{t-2}+4.71X_{t-3}-$$
$$(12.43) \ (1.80) \ (-1.89) \qquad (1.21) \qquad (0.36)$$
$$14.70X_{t-4}+26.94X_{t-5}-25.42X_{t-6}; \qquad (5.57)$$
$$(-0.93) \quad (1.09) \quad (-1.12)$$
$$\overline{R}^2=0.977\ 0, \quad F=42.54, \quad DW=1.03.$$

可以看出,尽管拟合优度有所提高,但所有变量均未通过 t 检验,而且负值的出现也与实际经济意义不相符.

(3)科伊克方法. 科伊克方法是将无限期分布滞后模型转换为自回归模型,然后进行估计. 对于无限期分布滞后模型

$$Y_t = \alpha + \sum_{i=0}^{\infty}\beta_i X_{t-i} + \mu_t, \qquad (5.58)$$

科伊克变换假设偏回归系数 β_i 随滞后期 i 按几何级数衰减:

$$\beta_i=\beta_0\lambda^i, \quad i=0,1,2,\cdots. \qquad (5.59)$$

其中,$0<\lambda<1$,λ 称为分布滞后衰减率;$1-\lambda$ 称为调整速率.

科伊克变换的具体做法是:将科伊克假定(5.59)式代入模型(5.58)式,得

$$Y_t = \alpha + \beta_0 \sum_{i=0}^{\infty}\lambda^i X_{t-i} + \mu_t. \qquad (5.60)$$

将(5.60)式滞后一期并乘以 λ,得

$$\lambda Y_{t-1} = \lambda\alpha + \beta_0 \sum_{i=1}^{\infty}\lambda^i X_{t-i} + \lambda\mu_{t-1}. \qquad (5.61)$$

将(5.60)式减去(5.61)式得科伊克变换模型

$$Y_t-\lambda Y_{t-1}=(1-\lambda)\alpha+\beta_0X_t+u_t-\lambda u_{t-1}. \qquad (5.62)$$

整理得科伊克模型的一般形式

$$Y_t=(1-\lambda)\alpha+\beta_0X_t+\lambda Y_{t-1}+v_t. \qquad (5.63)$$

其中,$v_t=\mu_t-\lambda\mu_{t-1}$

科伊克模型有两个特点:一是以一个滞后被解释变量 Y_{t-1} 代替了大量的滞后解释变量 X_{t-i},最大限度地节省了自由度,解决了滞后期长度 S 难以确定的问

题;二是由于滞后一期的被解释变量 Y_{t-1} 与 X_t 的线性相关程度通常小于 X 的各期滞后值之间的相关程度,从而缓解了多重共线性.

但科伊克变换同时也产生了两个新问题:一是模型存在随机干扰项 v_t 的一阶自相关性;二是滞后被解释变量 Y_{t-1} 与随机项 v_t 不独立,即 $\mathrm{Cov}(Y_{t-1},v_t)\neq 0$. 这些新问题需要进一步解决.

5.2.4 自回归模型的参数估计

5.2.4.1 自回归模型的构造

从上面讨论中已看出,一个无限期分布滞后模型可以通过科伊克变换转化成为自回归模型. 事实上,许多滞后变量模型都可以转化为自回归模型,下面我们以自适应预期模型以及局部调整模型为例进行说明.

(1)自适应预期模型. 在某些实际问题中,被解释变量 Y_t 并不取决于解释变量的当前实际值 X_t,而取决于 X_t 的"预期水平"或"长期均衡水平" X_t^e. 例如,家庭本期消费水平,取决于本期收入的预期值;市场上某种商品供求量,决定于本期该商品价格的均衡值. 因此,自适应预期模型最初的表现形式是:

$$Y_t=\beta_0+\beta_1 X_t^e+\mu_t. \tag{5.64}$$

由于预期变量是不可实际观测的,所以往往作如下自适应预期假定:

$$X_t^e-X_{t-1}^e=r(X_t-X_{t-1}^e). \tag{5.65}$$

其中,r 为预期系数,$0\leqslant r\leqslant 1$. 该式的经济含义为:"经济行为者将根据过去的经验修改他们的预期",即本期预期值的形成是一个逐步调整的过程. 本期预期值也可写为本期真值与前期预期值的加权和,即

$$X_t^e=rX_t+(1-r)X_{t-1}^e. \tag{5.66}$$

将(5.66)式代入(5.64)式得

$$Y_t=\beta_0+\beta_1[rX_t+(1-r)X_{t-1}^e]+\mu_t. \tag{5.67}$$

将(5.64)式滞后一期并乘以 $1-r$,得

$$(1-r)Y_{t-1}=(1-r)\beta_0+\beta_1(1-r)X_{t-1}^e+(1-r)\mu_{t-1}. \tag{5.68}$$

以(5.67)式减去(5.68)式,整理得

$$Y_t=\beta_0 r+\beta_1 rX_t+(1-r)Y_{t-1}+v_t. \tag{5.69}$$

其中,$v_t=\mu_t-(1-r)\mu_{t-1}$. 可见自适应预期模型转化为一个自回归模型.

(2)局部调整模型. 局部调整模型主要是用来研究物资储备问题的. 例如,企业为了保证生产和销售,必须保持一定的原材料储备. 对应于一定的产量或销售量 X_t,存在着预期的最佳库存 Y_t^e. 局部调整模型的最初形式为:

$$Y_t^e=\beta_0+\beta_1 X_t+\mu_t. \tag{5.70}$$

显然，Y_t^e 不可观测. 由于生产条件的波动，生产管理方面的原因，库存储备 Y_t 的实际变化量只是预期变化的一部分. 储备按预定水平逐步进行调整，故有如下局部调整假设：

$$Y_t - Y_{t-1} = \delta(Y_t^e - Y_{t-1}). \tag{5.71}$$

其中，δ 为调整系数，$0 \leqslant \delta \leqslant 1$. 局部调整假设也可写成：

$$Y_t = \delta Y_t^e + (1-\delta)Y_{t-1}. \tag{5.72}$$

表明实际库存储备是本期最佳预期库存与上期实际库存的加权和.

将(5.70)代入(5.72)式得

$$Y_t = \delta\beta_0 + \delta\beta_1 X_t + (1-\delta)Y_{t-1} + \delta\mu_t. \tag{5.73}$$

可见，局部调整模型可转化为一个自回归模型.

5.2.4.2 自回归模型的参数估计

对于自回归模型(5.40)式，估计时的主要问题在于，滞后被解释变量的存在可能导致它与随机干扰项相关，以及随机干扰项之间出现序列相关性. 如科伊克模型(5.63)式与自适应预期模型(5.69)式，就存在着滞后被解释变量 Y_{t-1} 与随机干扰项的同期相关性，同时，随机干扰项还是自相关的. 而局部调整模型(5.73)式则存在着滞后被解释变量 Y_{t-1} 与随机干扰项的异期相关性. 因此，对自回归模型的估计主要视滞后被解释变量与随机干扰项的不同关系进行估计. 下面以一阶自回归模型为例说明.

(1)工具变量法. 对于一阶自回归模型

$$Y_t = \alpha_0 + \alpha_1 X_t + \alpha_2 Y_{t-1} + \mu_t,$$

若滞后被解释变量 Y_{t-1} 与随机干扰项 u_t 同期相关(如科伊克模型与自适应预期模型)，则 OLS 估计是有偏的，并且不是一致估计. 因此，对上述模型，通常采用工具变量法，即寻找一个新的经济变量 Z_t 作为 Y_{t-1} 的工具变量进行估计. 参数估计量具有一致性.

在实际估计中，一般用 $\hat{Y}_{t-1}$ 作为 Y_{t-1} 的工具变量，其中 $\hat{Y}_{t-1}$ 是 X 的若干滞后的线性组合.

$$\hat{Y}_{t-1} = \alpha_0 + \alpha_1 X_{t-1} + \alpha_2 X_{t-2} + \cdots + \alpha_s X_{t-s}. \tag{5.74}$$

由于模型(5.41)式中已假设随机干扰项 u_t 与解释变量 X 及其滞后项不存在相关性，因此(5.41)式中的 u_t 与 $\hat{Y}_{t-1}$ 不再线性相关. 一个更简单的情形是直接用 X_{t-1} 作为 Y_{t-1} 的工具变量.

(2)普通最小二乘法. 若滞后被解释变量 Y_{t-1} 与随机干扰项 u_t 同期无关(如局部调整模型)，可直接使用 OLS 法进行估计，得到一致估计量.

需要指出的是，上述工具变量法只解决了解释变量与随机干扰项相关对参数估计所造成的影响，但没有解决 u_t 的自相关问题. 事实上，对于自回归模型，随机干扰项的自相关问题始终是存在的，对于此问题，至今没有完全有效的解决方法. 唯一可做的，就是尽可能地建立“正确”的模型，以使序列相关性的程度减轻.

例 5.4 试建立中国长期货币流通量需求模型. 考虑到适度的货币流通量是市场稳定的一个基本要素，而影响货币需求的因素，不仅在本期，而且在长期内发挥作用. 中国改革开放以来，对货币需求量的影响因素，主要有资金运用中的贷款额以及反映价格变化的居民消费者价格指数. 显然，贷款额的增加，将使贷款转化为现金投放的需求增加，而物价水平的上升，则需要有更多的货币来支付同等的商品购买量(参见表 5.6).

表 5.6 中国货币流通量、贷款额和居民消费价格指数数据

年份	货币流通量 Y/亿元	居民消费价格指数 P(上年为 100)	贷款额 X/亿元	年份	货币流通量 Y/亿元	居民消费价格指数 P(上年为 100)	贷款额 X/亿元
1978	212.0	100.7	1 850	1990	2 644.4	101.3	17 680.7
1979	267.7	101.9	2 039.6	1991	3 177.8	105.1	21 337.8
1980	346.2	107.5	2 414.3	1992	4 336.0	108.6	26 322.9
1981	396.3	102.5	2 860.2	1993	5 864.7	116.1	32 943.1
1982	439.1	102.0	3 180.6	1994	7 288.6	125.0	39 976.0
1983	529.8	102.0	3 589.9	1995	7 885.3	116.8	50 544.1
1984	792.1	102.7	4 766.1	1996	8 802.0	108.8	61 156.6
1985	987.8	111.9	5 905.6	1997	10 177.6	103.1	74 914.1
1986	1 218.4	107.0	7 590.8	1998	11 204.2	99.4	86 524.1
1987	1 454.5	108.8	9 032.5	1999	13 455.5	98.7	93 734.3
1988	2 134.0	120.7	10 551.3	2000	14 652.7	100.8	99 371.1
1989	2 344.0	116.3	14 360.1				

资料来源:《中国统计年鉴》(2001)、《中国统计资料 50 年汇编》.

长期货币流通量模型可设定为

$$Y_t^e = \beta_0 + \beta_1 X_t + \beta_2 P_t + \mu_t. \tag{5.75}$$

其中，Y_t^e 为长期货币流通需求量. 由于长期货币流通需求量不可观测，作局部调整：

$$Y_t - Y_{t-1} = \delta(Y_t^e - Y_{t-1}). \tag{5.76}$$

其中，Y_t 为实际货币流通量. 表明每年货币流通量的调整，只是预期调整的一部分. 将(5.75)式代入(5.76)式得短期货币流通量需求模型：

$$Y_t = \delta\beta_0 + \delta\beta_1 X_t + \delta\beta_2 P_t + (1-\delta) Y_{t-1} + \delta\mu_t. \tag{5.77}$$

(5.77)式为一局部调整模型，OLS 估计结果如下：

$$\hat{Y}_t = -3\,700.4 + 0.071\,4X_t + 36.10P_t + 0.563\,7Y_{t-1}; \tag{5.78}$$

$$(-2.93)\quad(2.86)\quad\quad(3.10)\quad(2.87)$$

$$\overline{R}^2 = 0.995\,9,\quad \overline{R}^2 = 0.995\,3,\quad F = 1\,467.96,\quad DW = 1.733.$$

由参数估计结果 $1-\hat{\delta} = 0.563\,8$，得 $\hat{\delta} = 0.436\,2$.

最后得到长期货币流通需求模型的估计式：

$$\hat{Y}_t^e = -8\,483.3 + 0.163\,7X_t + 82.75P_t. \tag{5.79}$$

估计结果表明，贷款额对中国货币流通量的影响，短期为 0.07，长期为 0.16，即贷款额每增加 1 亿元，短期货币流通需求量将增加 0.07 亿元，长期货币流通需求将增加 0.16 亿元. 反映物价水平的居民消费价格指数对中国货币流通量的影响，短期为 36.10，长期为 82.75，即价格指数每增加 1 个百分点，将导致短期货币流通需求量增加 36.10 亿元，长期货币流通需求量增加 82.75 亿元.

尽管回归结果表明 $DW = 1.733$，但不能据此判断自回归模型不存在自相关，拉格朗日乘数统计量 $LM = 0.7855$，小于 5% 显著性水平下自由度为 1 的 X^2 分布的临界值 $X^2_{0.05}(1) = 3.84$，可判断模型已不存在一阶自相关. 如果直接对下式做 OLS 回归：

$$Y_t = \beta_0 + \beta_1 X_t + \beta_2 P_t + \mu_t, \tag{5.80}$$

可得

$$\hat{Y}_t = -5\,611.66 + 0.142\,7X_t + 54.19P_t; \tag{5.81}$$

$$(-4.81)\,(58.79)\quad(5.05)$$

$$R^2 = 0.994\,3,\quad \overline{R}^2 = 0.993\,7,\quad F = 1\,735.36,\quad DW = 1.204.$$

由 DW 值容易判断该模型随机干扰项具有序列相关性，因此，(5.77)式的设定更"正确".

5.2.5 格兰杰(Granger)因果关系检验

自回归分布滞后模型旨在揭示某变量的变化受其自身及其他变量过去行为的影响. 然而，许多经济变量有着相互的影响关系. 例如，GDP 的增长能够促进消费的增长，而反过来，消费的变化又是 GDP 变化的一个组成部分，因此，消费增加又能促进 GDP 的增加. 现在的问题是：当两个变量间在时间上有先导—滞后关系时，能否从统计上考察这种关系是单向还是双向的？即主要是一个变量过去的行为在影响另一个变量的当前行为呢？还是双方的过去行为在相互影响着对方的当前行为？格兰杰提出了一个简单的检验程序，习惯上称之为格兰杰因果关系检验.

对两变量 Y 与 X,格兰杰因果关系检验要求估计以下回归:

$$Y_t = \sum_{i=1}^{m} \alpha_i X_{t-i} + \sum_{i=1}^{m} \beta_i Y_{t-i} + \mu_{1i}, \tag{5.82}$$

$$X_t = \sum_{i=1}^{m} \lambda_i Y_{t-i} + \sum_{i=1}^{m} \delta_i X_{t-i} + \mu_{2i}. \tag{5.83}$$

可能存在4种检验结果:

(1) X 对 Y 有单向影响,表现为(5.82)式 X 各滞后项前的参数整体不为0,而(5.83)式 Y 各滞后项前的参数整体为0;

(2) Y 对 X 有单向影响,表现为(5.83)式 Y 各滞后项前的参数整体不为0,而(5.82)式 X 各滞后项前的参数整体为0;

(3) Y 与 X 间存在双向影响,表现为 Y 与 X 各滞后项前的参数整体不为0;

(4) Y 与 X 间不存在影响,表现为 Y 与 X 各滞后项前的参数整体为0.

格兰杰检验是通过受约束的 F 检验完成的. 如针对 X 不是 Y 的格兰杰原因这一假设,即针对(5.82)式中 X 滞后项前的参数整体为0的假设,分别做包含与不包含 X 滞后项的回归,记前者的残差平方和为 RSS_u,后者的残差平方和为 RSS_R;再计算 F 统计量:

$$F = \frac{(\mathrm{RSS}_R - \mathrm{RSS}_u)/m}{\mathrm{RSS}_u/(n-k)}. \tag{5.84}$$

式中,m 为 X 的滞后项的个数;n 为样本容量;k 为包含可能存在的常数项及其他变量在内的无约束回归模型的待估参数的个数.

如果计算的 F 值大于给定显著性水平 α 下 F 分布的相应的临界值 $F_\alpha(m, n-k)$,则拒绝原假设,认为 X 是 Y 的格兰杰原因.

需要指出的是,格兰杰因果关系检验对于滞后期长度的选择有时很敏感,不同的滞后期可能会得到完全不同的检验结果. 因此,一般而言,常进行不同滞后期长度的检验,以检验模型中随机干扰项不存在序列相关的滞后期长度来选取滞后期.

由于假设检验的原假设不存在因果关系,在该假设下 F 统计量服从 F 分布,因此严格地说,该检验应该称为格兰杰非因果关系检验.

练习题

1. 什么是分布滞后现象? 产生分布滞后现象的原因主要有哪些?

2. 对分布滞后模型进行估计时存在哪些困难? 实际应用中如何克服这些困难?

3. 回归模型中引入虚拟变量的作用是什么？有哪几种基本的引入方式？它们各适用于什么情况？

4. 科伊克模型、自适应模型与局部调整模型有哪些共同和不同之处？模型估计时可能遇到哪些困难？这些困难如何解决？

5. 检验一阶自回归模型随机扰动项是否存在自相关，为什么用拉格朗日乘数检验而不用 DW 检验？

6. 格兰杰因果关系检验是怎样进行的？它应满足什么条件？

7. 在做下列假设检验时，你需引入多少虚拟变量？

(1)1 年中的 12 个月呈现季节趋势；

(2)1 年中的双月呈现季节趋势.

8. 请判断下列陈述是否正确：

(1)在回归模型 $Y_i = \beta_1 + \beta_2 D_i + \mu_i$ 中，如果虚拟变量 D 的取值为 0 或 2，而非通常情况下的 0 或 1，那么参数的估计值将减半，其 T 值也将减半；

(2)在引入虚拟解释变量后，普通最小二乘法的估计值只有在大样本情况下才无偏.

9. 一项对北京某大学学生月消费支出的研究认为，学生的消费支出除了受家庭月收入水平的影响外，还受到是否有奖学金、来自城市还是来自农村、来自经济发达地区还是欠发达地区以及性别等因素的影响. 试设定适当的模型，并导出如下情形下学生消费支出的平均水平.

(1)来自欠发达农村地区的女生，且未得到奖学金；

(2)来自欠发达城市地区的男生，且得到奖学金；

(3)来自发达农村地区的女生，且得到奖学金；

(4)来自发达城市地区的男生，且未得到奖学金.

10. 表 5.7 给出了某地区 1970—1991 年固定资产投资 Y 与销售额 X 的资料. 试就下列模型，按照一定的处理方法估计模型参数，并解释模型的经济意义，探测模型随机扰动项的一阶自相关性. 其中 Y^* 和 X^* 分别表示 Y 和 X 的理想值或长期均衡值.

表 5.7 单位:亿元

年度	Y	X	年度	Y	X
1970	36.99	52.805	1974	52.48	84.790
1971	33.60	55.906	1975	53.66	86.589
1972	35.42	63.027	1976	68.53	98.797
1973	42.35	72.931	1977	67.48	113.201

续表

年度	Y	X	年度	Y	X
1978	78.13	126.905	1985	152.88	194.538
1979	95.13	143.936	1986	137.95	194.657
1980	112.60	154.391	1987	141.06	206.326
1981	128.68	168.129	1988	163.45	223.547
1982	123.97	163.351	1989	183.80	323.724
1983	117.35	172.547	1990	192.61	239.459
1984	139.61	190.682	1991	182.81	235.142

(1)设定模型 $Y_t^* = \alpha + \beta X_t + \mu_t$,运用局部调整假定;

(2)设定模型 $Y_t^* = \alpha X_t^{\beta} e^{\mu_t}$,运用局部调整假定;

(3)设定模型 $Y_t = \alpha + \beta X_t^* + \mu_t$,运用自适应预期假定.

11. 根据上题的数据,研究下面的问题:

(1)运用阿尔蒙多项式变换法,估计分布滞后模型

$$Y_t = \alpha + \beta_0 X_t + \beta_1 X_{t-1} + \beta_2 X_{t-2} + \beta_3 X_{t-3} + \beta_4 X_{t-4} + \mu_t.$$

(2)估计分布滞后模型检验销售额 X 对厂房设备支出 Y 的格兰杰因果关系,使用直至6期为止的滞后,并评述你的结果.

(3)为了决定分布滞后模型中的滞后长度,施瓦兹(Schwarz)建议选择使得施瓦兹信息准则数(Schwarz Criterion,SC)最小的滞后期长度作为模型的滞后期长度. 请按照施瓦兹建议确定模型的滞后期长度.

12. 考虑以下回归模型:$Y_i = \beta_0 + \beta_1 X_i + \beta_2 D_{2i} + \beta_3 D_{3i} + \mu_i$,其中,$Y$ = MBA 毕业生的年收入;X = 工作年数

$$D_2 = \begin{cases} 1,\text{哈佛 MBA 毕业}; \\ 0,\text{其他}. \end{cases} \quad ; \quad D_3 = \begin{cases} 1,\text{沃顿 MBA 毕业}; \\ 0,\text{其他}. \end{cases}$$

请回答下面的问题:

(1)模型中各参数的符号应该为正,还是为负?

(2)请解释 β_2 与 β_3 的含义.

13. 根据美国1961年第一季度至1977年第二季度的季度数据,我们得到了如下的咖啡需求函数的回归方程:

$$\ln \hat{Q}_t = 1.278\,9 - 0.164\,7\ln P_t + 0.511\,5\ln I_t + 0.148\,3\ln P_t';$$
$$(-2.14) \qquad (1.23) \qquad (0.55)$$
$$-0.008\,9T - 0.096\,1D_{1t} - 0.157\,0D_{2t} - 0.009\,7D_{3t};$$
$$(-3.36) \quad (-3.74) \qquad (-6.03) \qquad (-0.37)$$

$R^2 = 0.80.$

其中,Q 为人均咖啡消费量(单位:磅);P 为咖啡的价格(以 1967 年价格为不变价格);I 为人均可支配收入(单位:千美元,以 1967 年价格为不变价格);P'为茶的价格(单位:千美元,以 1967 年价格为不变价格);T = 时间趋势变量(1961 年第一季度为1……1977 年第二季度为 66);$D_1 = 1$:第一季度;$D_2 = 1$:第二季度;$D_3 = 1$:第三季度.请回答以下问题:

(1)模型中 P,I 和 P'的系数的经济含义是什么?

(2)咖啡的价格需求是否很有弹性?

(3)咖啡和茶是互补品还是替代品?

(4)你如何解释时间变量 T 的系数?

(5)你如何解释模型中虚拟变量的作用?

(6)哪一个虚拟变量在统计上是显著的?

(7)咖啡的需求是否存在季节效应?

14. 为研究体重与身高的关系,我们随机抽样调查了 51 名学生(其中 36 名男生、15 名女生),并得到如下两种回归模型:

$$\hat{W} = -232.06551 + 5.5662h,$$
$$t = (-5.2006) \quad (8.6246);$$
$$\hat{W} = -122.9621 + 23.8238D + 3.07402h,$$
$$t = (-2.5884) \quad (4.0149) \quad (5.1613).$$

其中,W(weight) = 体重(单位:磅);h(height) = 身高(单位:英寸);

$$D = \begin{cases} 1 & \text{男生} \\ 0 & \text{女生} \end{cases}$$

请回答以下问题:

(1)你将选择哪一个模型? 为什么?

(2)如果第二个模型确实比第一个更好,而你却选择第一个模型,这意味着你犯了什么错误?

(3)D 的系数说明了什么?

15. 表 5.8 给出了 1983 ~ 1986 年期间服装季度销售额的原始数据,考虑如下模型 $S_t = \beta_1 + \beta_2 D_{2t} + \beta_3 D_{3t} + \beta_4 D_{4t} + \mu_t$. 其中,$D_2 = 1$:第二季度;$D_3 = 1$:第三季度;$D_4 = 1$:第四季度.请回答以下问题:

(1)估计此模型;

(2)解释 β_1,β_2,β_3 和 β_4 的含义;

(3)如何消除数据的季节性?

表 5.8 单位:百万元

年/季度	1	2	3	4
1983	4190	4927	6843	6912
1984	4521	5522	5350	7204
1985	4902	5912	5972	7987
1986	5458	6359	6501	8607

16. 接上题,如果考虑模型 $S_t=\beta_1 D_{1t}+\beta_2 D_{2t}+\beta_3 D_{3t}+\beta_4 D_{4t}+\mu$,请回答以下问题:

(1)此模型与上题中的模型有什么区别?

(2)估计此模型;

(3)比较两模型的结果.

17. 表 5.9 给出了美国 1970—1987 年个人消费支出(C)与个人可支配收入(I)的数据.(单位:千亿美元,1982 年为基期)

表 5.9

年	C	I	年	C	I
1970	1 492	1 668.1	1979	2 004.4	2 212.6
1971	1 538.8	1 728.4	1980	2 004.4	2 214.3
1972	1 621.9	1 797.4	1981	2 024.2	2 248.6
1973	1 689.6	1 916.3	1982	2 050.7	2 261.5
1974	1 674	1 896.6	1983	2 146	2 331.9
1975	1 711.9	1 931.7	1984	2 249.3	2 469.8
1976	1 803.9	2 001	1985	2 354.8	2 542.8
1977	1 883.8	2 066.6	1986	2 455.2	2 640.9
1978	1 961	2 167.4	1987	2 521	2 686.3

考虑下面的模型:

$$C_t=\alpha_1+\alpha_2 I_t+\mu_t,$$

$$C_t=\beta_1+\beta_2 I_t+\beta_3 C_{t-1}+\mu_t.$$

请回答以下问题:

(1)估计上面的两个模型;

(2)估计边际消费倾向(MPC)

18. 如果考虑如下模型:

$$\ln C_t = \alpha_1 + \alpha_2 \ln I_t + \mu_t,$$
$$\ln C_t = \beta_1 + \beta_2 \ln I_t + \beta_3 \ln C_{t-1} + \mu_t.$$

请回答以下问题：

(1)估计以上两模型；

(2)估算个人消费支出对个人可支配收入的弹性系数.

19. 如果考虑如下模型：

$$\hat{Y}_t = -30.12 + 0.1408X_t + 0.2360X_{t-1},$$
$$t = (-6.27)\ (2.6)\qquad (4.26),$$
$$R^2 = 0.727.$$

其中，Y 为通货膨胀率；X 为生产设备使用率. 请回答以下问题：

(1)为什么通货膨胀率和生产设备使用率之间存在一个正的关系？

(2)生产设备使用率对通货膨胀率的短期影响和长期影响分别是多大？

20. 接上题. 如果你手中无原始数据，并让你估计下列回归模型：

$$Y_t = \beta_1 + \beta_2 X_t + \beta_3 Y_{t-1} + \mu_t.$$

你怎样估计生产设备使用率对通货膨胀率的短期和长期影响.

6 联立方程模型

教学内容:经典计量经济学中的联立方程计量经济学模型理论与方法部分,包括联立方程模型的一般问题以及模型的识别、估计和检验.

教学目的:要求学生理解线性联立方程计量经济学模型的基本概念和有关模型识别、检验的理论与方法;熟练掌握几种主要的单方程估计方法,能够运用矩阵描述、推导和证明与这些方法有关的过程和结论;能够独立完成由 3 ~ 5 个方程组成的简单联立方程计量经济学模型的建模全过程工作.

重点及难点:教学重点放在联立方程的识别和几种基本的单方程估计方法上.教学难点是如何使学生能够用矩阵形式描述、推导和证明有关过程和结论,真正从理论上弄懂,并在实际中应用联立方程计量经济学模型.

联立方程计量经济学模型是相对于单方程模型而言的.它以经济系统为研究对象,以揭示经济系统中各部分、各因素之间的数量关系和系统的数量特征为目标,用于经济系统的预测、分析和评价,是计量经济学模型的重要组成部分.

6.1 联立方程模型的一般问题

6.1.1 一个实例

我们在研究宏观经济系统时经常会用到宏观经济的历史数据,如表 6.1 所列.

表 6.1 1978—2003 年中国宏观经济的历史数据 单位:亿元

年份	支出法 GDP(Y)	居民消费(C)	投资(I)	政府支出(G)
1978	3 605.6	1 759.1	1 377.9	480.0

续表

年份	支出法 GDP(Y)	居民消费(C)	投资(I)	政府支出(G)
1979	4 074.0	2 005.4	1 474.2	614.0
1980	4 551.3	2 317.1	1 590.0	659.0
1981	4 901.4	2 604.1	1 581.0	705.0
1982	5 489.2	2 867.9	1 760.2	770.0
1983	6 076.3	3 182.5	2 005.0	838.0
1984	7 164.4	3 674.5	2 468.6	1 020.0
1985	8 792.1	4 589.0	3 386.0	1 184.0
1986	10 132.8	5 175.0	3 846.0	1 367.0
1987	11 784.7	5 961.2	4 322.0	1 490.0
1988	14 704.0	7 633.1	5 495.0	1 727.0
1989	16 466.0	8 523.5	6 095.0	2 033.0
1990	18 319.5	9 113.2	6 444.0	2 252.0
1991	21 280.4	10 315.9	7 517.0	2 830.0
1992	25 863.7	12 459.8	9 636.0	3 492.3
1993	34 500.7	15 682.4	14 998.0	4 499.7
1994	46 690.7	20 809.8	19 260.6	5 986.2
1995	58 510.5	26 944.5	23 877.0	6 690.5
1996	68 330.4	32 152.3	26 867.2	7 851.6
1997	74 894.2	34 854.6	28 457.6	8 724.8
1998	79 003.3	36 921.1	29 545.9	9 484.8
1999	82 673.1	39 334.4	30 701.6	10 388.3
2000	89 340.9	42 895.6	32 499.8	11 705.3
2001	98 592.9	45 898.1	37 460.8	13 029.3
2002	107 897.6	48 881.6	42 304.9	13 916.9
2003	121 511.4	52 678.5	51 382.7	14 764.0

资料来源:《中国统计年鉴》(2004),中国统计出版社,2004.

根据表 6.1 的数据我们可以建立简单的宏观经济模型:

$$
\begin{cases}
C_t = \alpha_0 + \alpha_1 Y_t + \mu_{1t}, \\
I_t = \beta_0 + \beta_1 Y_t + \beta_2 Y_{t-1} + \mu_{2t}, \\
Y_t = C_t + I_t + G_t.
\end{cases}
\tag{6.1}
$$

其中,第一个方程表示居民消费总额由国内生产总值(GDP)决定;第二个方程表示投资总额由国内生产总值和前一年的国内生产总值共同决定;第三个方程表示国内生产总值由居民消费总额、投资总额和政府消费额共同决定,在假定进出口平衡的情况下,是一个恒等方程.这就是一个简单的描述宏观经济系统的联立方程模型.可见,在研究经济系统方面,单方程模型是不能和联立方程模型相比拟的.

另一方面,估计联立方程模型也不能沿用估计单方程模型的方法.首先,在联立方程中,一个方程的被解释变量可能是另一个方程的解释变量,如上例中,第一个方程中的被解释变量 C 在第三个方程中是解释变量,C 与 μ_1 相关,引起 Y 也与 μ_1 相关,必然存在随机解释变量问题.其次,用单方程估计方法估计联立方程会损失变量信息,如上例中,单独估计第一个方程时,会损失掉第二个方程中的 Y_{t-1}和第三个方程中的 G 的信息.其三,用单方程估计方法估计联立方程会损失方程之间的相关信息.如上例中,第一个消费方程与第二个投资方程都与经济景气相关,而经济景气分别包含在 μ_1 与 μ_2 中,导致在同一个样本点上 μ_{1t}与 μ_{2t}是相关的.如果用单方程估计方法估计某一个方程是不可能考虑这种相关性的,必然造成方程之间相关信息的损失.

因此,从研究对象的角度看,经济系统研究需要建立联立方程;从计量经济学理论与方法角度看,估计联立方程模型需要发展新的理论与方法,于是提出了联立方程计量经济学模型问题.

6.1.2 联立方程的若干概念

在联立方程计量经济学模型中,有一些在单方程模型中没有出现的概念,即使已经出现的概念,其内涵也发生了变化,所以搞清楚基本概念是十分重要的.

6.1.2.1 变量

(1)内生变量.具有某种概率分布的随机变量,其参数是联立方程系统估计的元素.内生变量由模型系统决定,同时也对模型系统产生影响.内生变量一般都是经济变量.

一般情况下,内生变量 Y 满足

$$
\begin{aligned}
&\mathrm{Cov}(Y_i,\mu_i) \neq 0, \\
&\mathrm{Cov}(Y_i,\mu_i) = E\{[Y_i - E(Y_i)][\mu_i - E(\mu_i)]\} \\
&\qquad\qquad\quad = E\{[Y_i - E(Y_i)]\mu_i\}
\end{aligned}
$$

$$=E(Y_i\mu_i)-E(Y_i)E(\mu_i)$$
$$=E(Y_i\mu_i).$$

即 $E(Y_i\mu_i)\neq 0$

在(6.1)式中,支出法 GDP(Y)、居民消费总额(C)、投资总额(I)为内生变量.

(2)外生变量.一般是确定性变量,或者是具有临界概率分布的随机变量,其参数不是模型系统研究的元素.外生变量影响系统,但本身不受系统的影响.外生变量 X 一般是经济变量、条件变量、政策变量或虚变量.

外生变量 X 一般满足

$$E(X_i\mu_i)=0.$$

在(6.1)式中,假设政府消费 G 是外生变量.

(3)先决变量.外生变量与滞后内生变量统称为先决变量.滞后内生变量是联立方程计量经济学模型中重要的、不可缺少的一部分变量,用以反映经济系统的动态性与连续性.如果模型满足

$$E(\mu_i\mu_{i-s})=0,\quad s\neq 0,$$

那么

$$E(Y_{i-s}\mu_i)=0,\quad s\neq 0.$$

在(6.1)式中,前期支出法 GDP(Y_{t-1})为滞后内生变量,它与政府消费 G 一起构成先决变量.

在单方程计量经济学模型中,内生变量作为被解释变量,外生变量与滞后内生变量作为解释变量.而在联立方程计量经济学模型中,内生变量既作为被解释变量,又可以在不同的方程中作为解释变量.

6.1.2.2　结构式模型

根据经济理论和行为规律建立的描述经济变量之间直接关系结构的计量经济学方程系统统称为结构模型.

例如,(6.1)式

$$\begin{cases}C_t=\alpha_0+\alpha_1 Y_t+\mu_{1t},\\ I_t=\beta_0+\beta_1 Y_t+\beta_2 Y_{t-1}+\mu_{2t}, & t=1,2,\cdots,n\\ Y_t=C_t+I_t+G_t\end{cases}$$

就是一个结构式模型.

结构式模型中的每一个方程都称为结构式方程.各个结构方程的参数被称为结构参数.在结构方程中,解释变量可以是先决变量,也可以是内生变量.将一个内生变量表示为其他内生变量、先决变量和随机干扰项的函数形式,被称为结构方程的正规形式.

结构方程的类型如下:

(1)行为方程式. 即解释或描述居民、企业或政府经济行为的方程式. 例如,需求函数和消费函数反映消费者行为,供给函数描述生产者行为. 如(6.1)式中第一个方程是消费函数,第二个方程是投资函数,它们都是行为方程.

(2)技术方程式. 即反映要素投入与产出之间技术关系的方程式. 生产函数就是常见的技术方程式.

(3)制度方程式. 即由法律、政策法令、规章制度等决定的经济数量关系. 例如,根据税收制度建立的税收方程就是制度方程式.

(4)恒等方程式. 由恒等式组成的方程式,主要有定义方程和平衡方程. 定义方程由经济学或经济统计学的定义决定,如国内生产总值等于第一、二、三产业增加值之和. 平衡方程是由变量所代表的指标之间的平衡关系决定的,如期末库存等于期初库存加入库量减出库量. (6.1)式中第三个方程为定义方程.

上述方程式中,行为方程、技术方程、制度方程为随机方程. 此外,在随机方程中还有统计方程,恒等方程中还有经验方程,这些方程应尽可能避免出现.

习惯上用 Y 表示内生变量;X 表示先决变量;μ 表示随机干扰项;β 表示内生变量的结构参数;r 表示先决变量的结构参数;如果模型中有常数项,可以看成为一个外生的虚变量 X,它的观测值始终取 1. 那么,具有 g 个内生变量,k 个先决变量,g 个结构方程的模型被称为完备的结构模型. 在完备的结构式模型中,独立的结构方程的数目等于内生变量的数目,每个内生变量都分别由一个方程来描述. 一个完备的结构式模型可以写成:

$$\boldsymbol{BY}+\boldsymbol{\Gamma X}=\boldsymbol{M}, \tag{6.2}$$

或

$$(\boldsymbol{B\Gamma})\begin{pmatrix}\boldsymbol{Y}\\ \boldsymbol{X}\end{pmatrix}=\boldsymbol{M}. \tag{6.3}$$

其中,

$$\boldsymbol{Y}=\begin{pmatrix}Y_1\\ Y_2\\ \vdots\\ Y_g\end{pmatrix},\quad \boldsymbol{X}=\begin{pmatrix}X_1\\ X_2\\ \vdots\\ X_k\end{pmatrix},\quad \boldsymbol{M}=\begin{pmatrix}M_1\\ M_2\\ \vdots\\ M_g\end{pmatrix}.$$

用 n 表示样本容量,则

$$\boldsymbol{Y}=\begin{pmatrix}Y_1\\ Y_2\\ \vdots\\ Y_g\end{pmatrix}=\begin{pmatrix}y_{11} & y_{12} & \cdots & y_{1n}\\ y_{21} & y_{22} & \cdots & y_{2n}\\ \cdots & & & \\ y_{g1} & y_{g2} & \cdots & y_{gn}\end{pmatrix},$$

$$\boldsymbol{X}=\begin{pmatrix}X_1\\ X_2\\ \vdots\\ X_k\end{pmatrix}=\begin{pmatrix}x_{11} & x_{12} & \cdots & x_{1n}\\ x_{21} & x_{22} & \cdots & x_{2n}\\ \cdots & & & \\ x_{k1} & x_{k2} & \cdots & x_{kn}\end{pmatrix},$$

$$\boldsymbol{M}=\begin{pmatrix}M_1\\M_2\\\vdots\\M_g\end{pmatrix}=\begin{pmatrix}\mu_{11}&\mu_{12}&\cdots&\mu_{2n}\\\mu_{21}&\mu_{22}&\cdots&\mu_{2n}\\\cdots&&&\\\mu_{g1}&\mu_{g2}&\cdots&\mu_{gn}\end{pmatrix}.$$

参数矩阵为

$$\boldsymbol{\beta}=\begin{pmatrix}\beta_{11}&\beta_{12}&\cdots&\beta_{1g}\\\beta_{21}&\beta_{22}&\cdots&\beta_{2g}\\\vdots&\vdots&&\vdots\\\beta_{g1}&\beta_{g2}&\cdots&\beta_{gg}\end{pmatrix},$$

$$\boldsymbol{\Gamma}=\begin{pmatrix}r_{11}&r_{12}&\cdots&r_{1k}\\r_{21}&r_{22}&\cdots&r_{2k}\\\vdots&\vdots&&\vdots\\r_{g1}&r_{g2}&\cdots&r_{gk}\end{pmatrix}.$$

$\boldsymbol{B\Gamma}$ 为结构参数矩阵.

将(6.1)式表示的宏观经济模型写成矩阵方程(6.2)的形式,其中各个矩阵为

$$\boldsymbol{Y}=\begin{pmatrix}C_t\\I_t\\Y_t\end{pmatrix}=\begin{pmatrix}C_1&C_2&\cdots&C_n\\I_1&I_2&\cdots&I_n\\Y_1&Y_2&\cdots&Y_n\end{pmatrix},$$

$$\boldsymbol{X}=\begin{pmatrix}\mathbf{1}\\Y_{t-1}\\G_t\end{pmatrix}=\begin{pmatrix}1&1&\cdots&1\\Y_0&Y_1&\cdots&Y_{n-1}\\G_1&G_2&\cdots&G_n\end{pmatrix},$$

$$\boldsymbol{M}=\begin{pmatrix}M_1\\M_2\\0\end{pmatrix}=\begin{pmatrix}\mu_{11}&\mu_{12}&\cdots&\mu_{1n}\\\mu_{21}&\mu_{22}&\cdots&\mu_{2n}\\0&0&\cdots&0\end{pmatrix},$$

$$\boldsymbol{B\Gamma}=\begin{pmatrix}1&0&-\alpha_1&-\alpha_0&0&0\\0&1&-\beta_1&-\beta_0&-\beta_2&0\\-1&-1&1&0&0&-1\end{pmatrix}.$$

在一些教科书中,也采用(6.2)、(6.3)式的转置形式表示结构式模型:

$$\boldsymbol{YB}+\boldsymbol{X\Gamma}=\boldsymbol{M}. \tag{6.4}$$

$$(\boldsymbol{YX})\begin{pmatrix}\boldsymbol{B}\\\boldsymbol{\Gamma}\end{pmatrix}=\boldsymbol{M}. \tag{6.5}$$

注意,(6.4)式、(6.5)式中各个矩阵都是(6.2)、(6.3)式中各个矩阵的转置,尽管在书写符号上未加区分.

6.1.2.3　简化式模型

将联立方程计量经济学模型的每个内生变量表示成所有先决变量和随机干扰项的函数,即用所有先决变量作为每个内生变量的解释变量,所形成的模型称为简化式模型. 显然简化式模型并不反映经济系统中变量之间的直接关系,并不是经济系统的客观描述,因此也不是我们研究的对象. 但是,由于简化式模型中作为解释变量的变量中没有内生变量,可以采用普通最小二乘法估计每个方程的参数,所以它在联立方程计量经济学模型研究中具有重要的作用. 简化式模型中每个方程称为简化式方程,方程的参数称为简化式参数. 通常用 $\boldsymbol{\Pi}$ 表示简化式参数,于是简化式模型的矩阵形式为

$$\boldsymbol{Y}=\boldsymbol{\Pi X}+\boldsymbol{E}. \tag{6.6}$$

其中

$$\boldsymbol{\Pi}=\begin{pmatrix}\pi_{11} & \pi_{12} & \cdots & \pi_{1k}\\ \pi_{21} & \pi_{22} & \cdots & \pi_{2k}\\ \vdots & \vdots & & \vdots\\ \pi_{g1} & \pi_{g2} & \cdots & \pi_{gk}\end{pmatrix}$$

$$\boldsymbol{E}=\begin{pmatrix}E_1\\ E_2\\ \vdots\\ E_g\end{pmatrix}=\begin{pmatrix}\varepsilon_{11} & \varepsilon_{12} & \cdots & \varepsilon_{1n}\\ \varepsilon_{21} & \varepsilon_{22} & \cdots & \varepsilon_{2n}\\ \vdots & \vdots & & \vdots\\ \varepsilon_{g1} & \varepsilon_{g2} & \cdots & \varepsilon_{gn}\end{pmatrix}.$$

同样也可以用(6.6)式的转置形式表示简化式模型:

$$\boldsymbol{Y}=\boldsymbol{X\Pi}+\boldsymbol{E}. \tag{6.7}$$

其中,每个矩阵都是(6.6)式中同各矩阵的转置.

宏观经济模型(6.1)式的简化式模型为

$$\begin{cases}C_t=\pi_{10}+\pi_{11}Y_{t-1}+\pi_{12}G_t+\varepsilon_{1t},\\ I_t=\pi_{20}+\pi_{21}Y_{t-1}+\pi_{22}G_t+\varepsilon_{2t} \qquad t=1,2,\cdots,n\\ Y_t=\pi_{30}+\pi_{31}Y_{t-1}+\pi_{32}G_t+\varepsilon_{3t}.\end{cases} \tag{6.8}$$

6.1.2.4　参数关系体系

将(6.2)式作如下变换:

$$\boldsymbol{BY}=-\boldsymbol{\Gamma X}+\boldsymbol{M},$$

$$\boldsymbol{Y}=-\boldsymbol{B}^{-1}\boldsymbol{\Gamma X}+\boldsymbol{B}^{-1}\boldsymbol{M}.$$

与(6.6)式比较,可以得到

$$\boldsymbol{\Pi}=-\boldsymbol{B}^{-1}\boldsymbol{\Gamma}. \tag{6.9}$$

该式描述了简化式参数与结构式参数之间的关系,称为参数关系体系.

将(6.1)式进行变量连续替代:

$$\begin{cases} C_t = \alpha_0 + \alpha_1 Y_t + \mu_{1t}, \\ I_t = \beta_0 + \beta_1 Y_t + \beta_2 Y_{t-1} + \mu_{2t}, \\ Y_t = C_t + I_t + G_t. \end{cases}$$

$$Y_t = \alpha_0 + \alpha_1 Y_t + \mu_{1t} + \beta_0 + \beta_1 Y_t + \beta_2 Y_{t-1} + \mu_{2t} + G_t.$$

$$Y_t - \alpha_1 Y_t - \beta_1 Y_t = (\alpha_0 + \beta_0) + \beta_2 Y_{t-1} + G_t + (\mu_{1t} + \mu_{2t}).$$

$$Y_t = \frac{\alpha_0 + \beta_0}{1 - \alpha_1 - \beta_1} + \frac{\beta_2}{1 - \alpha_1 - \beta_1} Y_{t-1} + \frac{1}{1 - \alpha_1 - \beta_1} G_t + \frac{\mu_{1t} + \mu_{2t}}{1 - \alpha_1 - \beta_1}$$

$$\begin{aligned} C_t &= \alpha_0 + \alpha_1 \left(\frac{\alpha_0 + \beta_0}{1 - \alpha_1 - \beta_1} + \frac{\beta_2}{1 - \alpha_1 - \beta_1} Y_{t-1} + \frac{1}{1 - \alpha_1 - \beta_1} G_t + \frac{\mu_{1t} + \mu_{2t}}{1 - \alpha_1 - \beta_1} \right) + \mu_{1t} \\ &= \frac{\alpha_0 - \alpha_0 \beta_1 + \alpha_1 \beta_0}{1 - \alpha_1 - \beta_1} + \frac{\alpha_1 \beta_2}{1 - \alpha_1 - \beta_1} Y_{t-1} + \frac{\alpha_1}{1 - \alpha_1 - \beta_1} G_t + \frac{\mu_{1t} + \alpha_1 \mu_{2t} - \beta_1 \mu_{1t}}{1 - \alpha_1 - \beta_1}. \end{aligned}$$

$$\begin{aligned} I_t &= \beta_0 + \beta_1 \left(\frac{\alpha_0 + \beta_0}{1 - \alpha_1 - \beta_1} + \frac{\beta_2}{1 - \alpha_1 - \beta_1} Y_{t-1} + \frac{1}{1 - \alpha_1 - \beta_1} G_t + \frac{\mu_{1t} + \mu_{2t}}{1 - \alpha_1 - \beta_1} \right) + \beta_2 Y_{t-1} + \mu_{2t} \\ &= \frac{\beta_0 - \alpha_1 \beta_0 + \alpha_0 \beta_1}{1 - \alpha_1 - \beta_1} + \frac{\beta_2 - \alpha_1 \beta_2}{1 - \alpha_1 - \beta_1} Y_{t-1} + \frac{\beta_1}{1 - \alpha_1 - \beta_1} G_t + \frac{\mu_{2t} - \alpha_1 \mu_{2t} + \beta_1 \mu_{1t}}{1 - \alpha_1 - \beta_1}. \end{aligned}$$

与(6.8)式对照,得到简化式参数与结构式参数之间关系体系为

$$\pi_{10} = \frac{\alpha_0 - \alpha_0 \beta_1 + \alpha_1 \beta_0}{1 - \alpha_1 - \beta_1}, \quad \pi_{11} = \frac{\alpha_1 \beta_2}{1 - \alpha_1 - \beta_1}, \quad \pi_{12} = \frac{\alpha_1}{1 - \alpha_1 - \beta_1},$$

$$\pi_{20} = \frac{\beta_0 - \alpha_1 \beta_0 + \alpha_0 \beta_1}{1 - \alpha_1 - \beta_1}, \quad \pi_{21} = \frac{\beta_2 - \alpha_1 \beta_2}{1 - \alpha_1 - \beta_1}, \quad \pi_{22} = \frac{\beta_1}{1 - \alpha_1 - \beta_1},$$

$$\pi_{30} = \frac{\alpha_0 + \beta_0}{1 - \alpha_1 - \beta_1}, \quad \pi_{31} = \frac{\beta_2}{1 - \alpha_1 - \beta_2}, \quad \pi_{32} = \frac{1}{1 - \alpha_1 - \beta_1}.$$

利用参数关系体系,首先估计简化式参数,然后可以计算得出结构式参数.从参数关系体系还可以看出,简化式参数反映了先决变量对内生变量的直接与间接影响之和,这是简化式模型的另一个重要作用.例如,π_{21}表示 Y_{t-1}对 I_t 的影响,即 Y_{t-1}增加 1 个单位时对 I_t 的影响.根据

$$\pi_{21} = \frac{\beta_2 - \alpha_1 \beta_2}{1 - \alpha_1 - \beta_1} = \beta_2 + \frac{\beta_1 \beta_2}{1 - \alpha_1 - \beta_1},$$

这种影响被分成两部分,其中前一项β_2 正是结构式方程中反映 Y_{t-1}对 I_t 的直接影响的参数,后一部分反映 Y_{t-1} 对 I_t 的间接影响,只有通过简化式模型才能得到.

6.2 联立方程模型的识别

联立方程模型是由多个方程组成,对方程之间关系有严格的要求,否则模型就可能无法估计.因此,在进行模型估计之前首先要判断它是否可以估计,这

就是模型的识别.

6.2.1 识别的概念

我们先看一个例子. 有如下 3 个方程构成的简单宏观经济模型:

$$\begin{cases} C_t = \alpha_0 + \alpha_1 Y_t + \mu_{1t}, \\ I_t = \beta_0 + \beta_1 Y_t + \mu_{2t} \qquad t = 1, 2, \cdots, n \\ Y_t = C_t + I_t. \end{cases} \tag{6.10}$$

其中, C 为消费总额, 包括居民消费和政府消费, 在假定进出口平衡的情况下, 国内生产总值为消费总额与投资总额之和. 模型中消费总额与投资总额都用国内生产总值解释, 在经济学上也是可以接受的. 所以, 如果该模型可以估计, 不失为一个描述消费总额、投资总额和国内生产总值关系的总量宏观经济模型. 但是分析发现, 第 2,3 个式子进行线性组合后

$$\begin{aligned} C_t &= Y_t - I_t \\ &= Y_t - \beta_0 - \beta_1 Y_t - \mu_{2t} \\ &= -\beta_0 + (1 - \beta_1) Y_t - \mu_{2t}. \end{aligned}$$

其数学表达式与第 1 式形式相同. 这样问题就出现了, 当我们收集了 C, Y 的样本观测值并进行参数估计后, 很难判断得到的是消费方程的参数估计量还是新组合方程的参数估计量. 这时我们只能认为原模型中的消费方程是不可估计的. 这种情况被称为不可识别.

6.2.1.1 识别的定义

如果联立方程计量经济学模型中某个结构方程不具有确定的统计形式, 则称该方程为不可识别.

什么是"统计形式"? 即变量和方程关系式. 什么是"具有确定的统计形式"? 即模型系统中其他方程或所有方程的任意线性组合所构成的新的方程都不再具有这种统计形式. 模型(6.10)式中的消费方程已经被证明不具有确定的统计形式, 因为其他两个方程的线性组合形式的新方程与它的统计形式完全相同. 如果某个结构方程不具有确定的统计形式, 那么根据参数关系体系, 在已知简化式模型参数估计值时, 就不能得到该结构方程的确定的结构参数估计值.

上述识别的定义是针对结构方程而言的. 模型中每个需要估计其参数的随机方程都存在识别问题. 如果一个模型中的所有随机方程都是可以识别的, 则认为该联立方程计量经济学模型系统是可以识别的. 反过来, 如果一个模型系统中存在一个不可识别的随机方程, 则认为该联立方程计量经济学模型系统是不可识别的. 恒等方程由于不存在参数估计问题, 所以也不存在识别问题. 但是, 必须注意, 在判断随机方程的识别性问题时, 应该将恒等方程考虑在内. 例

如,模型(6.10)式中正是恒等方程与投资方程的线性组合,构成了与消费方程具有相同统计形式的新方程,使得消费方程不可识别.

6.2.1.2 恰好识别与过度识别

我们讲"某一个随机方程,当给定有关变量的样本观测值,其参数具有确定的估计量",包括两种情况:一是只有一组参数估计量;二是具有有限组参数估计量.如果某一个随机方程具有一组参数估计量,称其为恰好识别;如果某一个随机方程具有多组参数估计量,称其为过度识别.

为了更好地理解上述概念,我们通过模型(6.10)式及其改进形式逐步加以说明.

(1)模型1.

$$\begin{cases} C_t = \alpha_0 + \alpha_1 Y_t + \mu_{1t}, \\ I_t = \beta_0 + \beta_1 Y_t + \mu_{2t} \qquad t = 1, 2, \cdots, n \\ Y_t = C_t + I_t. \end{cases}$$

已经判断消费方程不可识别.同样第1与第3个方程的线性组合得到的新方程具有与投资方程相同的统计形式,所以投资方程也是不可识别的.于是,该模型系统不可识别.

该模型的简化式模型为:

$$C_t = \pi_{10} + \varepsilon_{1t},$$
$$I_t = \pi_{20} + \varepsilon_{2t},$$
$$Y_t = \pi_{30} + \varepsilon_{3t}.$$

参数关系体系为:

$$Y_t = \alpha_0 + \alpha_1 Y_t + \mu_{1t} + \beta_0 + \beta_1 Y_t + \mu_{2t},$$
$$Y_t - \alpha_1 Y_t - \beta_1 Y_t = (\alpha_0 + \beta_0) + (\mu_{1t} + \mu_{2t}),$$
$$Y_t = \frac{\alpha_0 + \beta_0}{1 - \alpha_1 - \beta_1} + \frac{\mu_{1t} + \mu_{2t}}{1 - \alpha_1 - \beta_1}.$$
$$\begin{aligned} C_t &= \alpha_0 + \alpha_1(\pi_{30} + \varepsilon_{3t}) + \mu_{1t} \\ &= (\alpha_0 + \alpha_1 \pi_{30}) + (\alpha_1 \varepsilon_{3t} + \mu_{1t}) \\ &= \frac{\alpha_0 - \alpha_0\beta_1 + \alpha_1\beta_0}{1 - \alpha_1 - \beta_1} + \frac{\mu_{1t} + \alpha_1\mu_{2t} - \beta_1\mu_{1t}}{1 - \alpha_1 - \beta_1}. \end{aligned}$$
$$\begin{aligned} I_t &= \beta_0 + \beta_1(\pi_{30} + \varepsilon_{3t}) + \mu_{2t} \\ &= (\beta_0 + \beta_1 \pi_{30}) + (\beta_1 \varepsilon_{3t} + \mu_{2t}) \\ &= \frac{\beta_0 - \alpha_1\beta_0 + \alpha_0\beta_1}{1 - \alpha_1 - \beta_1} + \frac{\mu_{2t} + \alpha_1\mu_{2t} + \beta_1\mu_{1t}}{1 - \alpha_1 - \beta_1}. \end{aligned}$$

整理得:

$$\pi_{10} = \frac{\alpha_0 - \alpha_0\beta_1 + \alpha_1\beta_0}{1 - \alpha_1 - \beta_1} \quad (\alpha_0 + \alpha_1 \pi_{30}),$$

$$\pi_{20}=\frac{\beta_0-\alpha_1\beta_0+\alpha_0\beta_1}{1-\alpha_1-\beta_1}\quad(\beta_0+\beta_1\pi_{30}),$$

$$\pi_{30}=\frac{\alpha_0+\beta_0}{1-\alpha_1-\beta_1}\quad(\pi_{30}).$$

已知 $\hat{\pi}_{10},\hat{\pi}_{20},\hat{\pi}_{30}$ 3 个参数不可求得 $\hat{\alpha}_0,\hat{\alpha}_1,\hat{\beta}_0,\hat{\beta}_1$ 4 个参数的估计值,因此该模型不可识别.

(2)模型 2. 在模型 1 的投资方程中增加解释变量 Y_{t-1},模型变为

$$\begin{cases}C_t=\alpha_0+\alpha_1 Y_t+\mu_{1t},\\ I_t=\beta_0+\beta_1 Y_t+\beta_2 Y_{t-1}+\mu_{2t}, \quad t=1,2,\cdots,n\\ Y_t=C_t+I_t.\end{cases}\tag{6.11}$$

这时,消费方程是可以识别的,因为任何方程的线性组合都不能构成与它相同的统计形式. 但是,投资方程仍然是不可识别的,因为第 1、第 2 与第 3 个方程的线性组合(消费 C)构成与它相同的统计形式. 于是,该模型系统仍然是不可识别.

该模型的简化式模型为:

$$C_t=\pi_{10}+\pi_{11}Y_{t-1}+\varepsilon_{1t},$$
$$I_t=\pi_{20}+\pi_{21}Y_{t-1}+\varepsilon_{2t},$$
$$Y_t=\pi_{30}+\pi_{31}Y_{t-1}+\varepsilon_{3t}.$$

按模型 1 相同的推导方法,其参数体系为

$$\pi_{10}=\frac{\alpha_0-\alpha_0\beta_1+\alpha_1\beta_0}{1-\alpha_1-\beta_1}(\alpha_0+\alpha_1\pi_{30}),\quad \pi_{11}=\frac{\alpha_1\beta_2}{1-\alpha_1-\beta_1}(\alpha_1\pi_{31});$$

$$\pi_{20}=\frac{\beta_0-\alpha_1\beta_0+\alpha_0\beta_1}{1-\alpha_1-\beta_1}(\beta_0+\beta_1\pi_{30}),\quad \pi_{21}=\frac{\beta_2-\alpha_1\beta_2}{1-\alpha_1-\beta_1}(\beta_1\pi_{31}+\beta_2);$$

$$\pi_{30}=\frac{\alpha_0+\beta_0}{1-\alpha_1-\beta_1}(\pi_{30}),\quad \pi_{31}=\frac{\beta_2}{1-\alpha_1-\beta_1}(\pi_{31}).$$

因为 $\hat{\pi}_{11}=\alpha_1\hat{\pi}_{31}$,则 $\hat{\alpha}_1=\hat{\pi}_{11}/\hat{\pi}_{31}$;$\hat{\pi}_{10}=\alpha_0+\alpha_1\hat{\pi}_{30}$,则 $\hat{\alpha}_0=\hat{\pi}_{10}-\hat{\alpha}_1\hat{\pi}_{30}$.

消费方程有解,可以识别. 而投资方程 $\hat{\pi}_{20}=\beta_0+\beta_1\hat{\pi}_{30}$,$\hat{\pi}_{21}=\beta_1\hat{\pi}_{31}+\beta_2$,无解,不可识别.

(3)模型 3. 在模型 2 的消费方程中增加解释变量 C_{t-1},模型变为

$$\begin{cases}C_t=\alpha_0+\alpha_1 Y_t+\alpha_2 C_{t-1}+\mu_{1t},\\ I_t=\beta_0+\beta_1 Y_t+\beta_2 Y_{t-1}+\mu_{2t}, \quad t=1,2,\cdots,n\\ Y_t=C_t+I_t,\end{cases}\tag{6.12}$$

这时,消费方程仍然是可以识别的,因为任何方程的线性组合都不能构成与它相同的统计形式. 而且,投资方程也是可以识别的,因为任何方程的线性组合都不能构成与它相同的统计形式. 于是,该模型系统是可以识别的.

该模型的简化式模型为:

$$C_t=\pi_{10}+\pi_{11}Y_{t-1}+\pi_{12}C_{t-1}+\varepsilon_{1t},$$
$$I_t=\pi_{20}+\pi_{21}Y_{t-1}+\pi_{22}C_{t-1}+\varepsilon_{2t},$$
$$Y_t=\pi_{30}+\pi_{31}Y_{t-1}+\pi_{32}C_{t-1}+\varepsilon_{3t}.$$

在模型 2 的基础上推导,其参数关系体系为

$$\pi_{10}=\frac{\alpha_0-\alpha_0\beta_1+\alpha_1\beta_0}{1-\alpha_1-\beta_1}(\alpha_0+\alpha_1\pi_{30}),\quad \pi_{11}=\frac{\alpha_1\beta_2}{1-\alpha_1-\beta_1}(\alpha_1\pi_{31});$$

$$\pi_{20}=\frac{\beta_0-\alpha_1\beta_0+\alpha_0\beta_1}{1-\alpha_1-\beta_1}(\beta_0+\beta_1\pi_{30}),\quad \pi_{21}=\frac{\beta_2-\alpha_1\beta_2}{1-\alpha_1-\beta_1}(\beta_1\pi_{31}+\beta_2);$$

$$\pi_{30}=\frac{\alpha_0+\beta_0}{1-\alpha_1-\beta_1}(\pi_{30}),\quad \pi_{31}=\frac{\beta_2}{1-\alpha_1-\beta_1}(\pi_{31});$$

$$\pi_{12}=\frac{\alpha_2-\alpha_2\beta_1}{1-\alpha_1-\beta_1}(\alpha_1\pi_{32}+\alpha_2),\quad \pi_{22}=\frac{\alpha_2\beta_1}{1-\alpha_1-\beta_1}(\beta_1\pi_{32}),\quad \pi_{32}=\frac{\alpha_2}{1-\alpha_1-\beta_1}(\pi_{32}).$$

因为
$$\alpha_1\hat{\pi}_{31}=\hat{\pi}_{11},\quad \hat{\alpha}_1=\hat{\pi}_{11}/\hat{\pi}_{31};$$
$$\alpha_1\hat{\pi}_{32}+\alpha_2=\hat{\pi}_{12},\quad \hat{\alpha}_2=\hat{\pi}_{12}-\hat{\alpha}_1\hat{\pi}_{32};$$
$$\alpha_0+\alpha_1\hat{\pi}_{30}=\hat{\pi}_{10},\quad \hat{\alpha}_0=\hat{\pi}_{10}-\hat{\alpha}_1\hat{\pi}_{30},$$

所以消费方程有解,可以识别.

又因为
$$\beta_1\hat{\pi}_{32}=\hat{\pi}_{22},\quad \hat{\beta}_1=\hat{\pi}_{22}/\hat{\pi}_{32};$$
$$\beta_1\hat{\pi}_{31}+\beta_2=\hat{\pi}_{21},\quad \hat{\beta}_2=\hat{\pi}_{21}-\hat{\beta}_1\hat{\pi}_{31};$$
$$\beta_0+\beta_1\hat{\pi}_{30}=\hat{\pi}_{20},\quad \hat{\beta}_0=\hat{\pi}_{20}-\hat{\beta}_1\hat{\pi}_{30},$$

所以投资方程有解,可以识别.

(4)模型 4. 在模型 3 的消费方程中增加解释变量前一年的价格指数 P_{t-1},模型变为:

$$\begin{cases}C_t=\alpha_0+\alpha_1Y_t+\alpha_2C_{t-1}+\alpha_3P_{t-1}+\mu_{1t},\\ I_t=\beta_0+\beta_1Y_t+\beta_2Y_{t-1}+\mu_{2t}, \qquad t=1,2,\cdots,n\\ Y_t=C_t+I_t.\end{cases}\tag{6.13}$$

这时,消费方程和投资方程仍然是可以识别的,因为任何方程的线性组合都不能构成与它所相同的统计形式. 于是,该模型系统是可以识别的. 该模型的简化式模型为:

$$C_t=\pi_{10}+\pi_{11}Y_{t-1}+\pi_{12}C_{t-1}+\pi_{13}P_{t-1}+\varepsilon_{1t},$$
$$I_t=\pi_{20}+\pi_{21}Y_{t-1}+\pi_{22}C_{t-1}+\pi_{23}P_{t-1}+\varepsilon_{2t},$$
$$Y_t=\pi_{30}+\pi_{31}Y_{t-1}+\pi_{32}C_{t-1}+\pi_{33}P_{t-1}+\varepsilon_{3t}.$$

在模型 3 的基础上推导,参数关系体系为

$$\pi_{10}=\frac{\alpha_0-\alpha_0\beta_1+\alpha_1\beta_0}{1-\alpha_1-\beta_1}(\alpha_0+\alpha_1\pi_{30}),\quad \pi_{11}=\frac{\alpha_1\beta_2}{1-\alpha_1-\beta_1}(\alpha_1\pi_{31});$$

$$\pi_{20}=\frac{\beta_0-\alpha_1\beta_0+\alpha_0\beta_1}{1-\alpha_1-\beta_1}(\beta_0+\beta_1\pi_{30}),\quad \pi_{21}=\frac{\beta_2-\alpha_1\beta_2}{1-\alpha_1-\beta_1}(\beta_1\pi_{31}+\beta_2);$$

$$\pi_{30}=\frac{\alpha_0+\beta_0}{1-\alpha_1-\beta_1}(\pi_{30}),\quad \pi_{31}=\frac{\beta_2}{1-\alpha_1-\beta_1}(\pi_{31});$$

$$\pi_{12}=\frac{\alpha_2-\alpha_2\beta_1}{1-\alpha_1-\beta_1}(\alpha_1\pi_{32}+\alpha_2),\quad \pi_{13}=\frac{\alpha_3-\alpha_3\beta_1}{1-\alpha_1-\beta_1}(\alpha_1\pi_{33}+\alpha_3);$$

$$\pi_{22}=\frac{\alpha_2\beta_1}{1-\alpha_1-\beta_1}(\beta_1\pi_{32}),\quad \pi_{23}=\frac{\alpha_3\beta_1}{1-\alpha_1-\beta_1}(\beta_1\pi_{33});$$

$$\pi_{32}=\frac{\alpha_2}{1-\alpha_1-\beta_1}(\pi_{32}),\quad \pi_{33}=\frac{\alpha_3}{1-\alpha_1-\beta_1}(\pi_{33}).$$

因为

$$\alpha_1\hat{\pi}_{31}=\hat{\pi}_{11},\quad \hat{\alpha}_1=\hat{\pi}_{11}/\hat{\pi}_{31};$$

$$\alpha_0+\alpha_1\hat{\pi}_{30}=\hat{\pi}_{10},\quad \hat{\alpha}_0=\hat{\pi}_{10}-\hat{\alpha}_1\hat{\pi}_{30};$$

$$\alpha_1\hat{\pi}_{32}+\alpha_2=\hat{\pi}_{12},\quad \hat{\alpha}_2=\hat{\pi}_{12}-\hat{\alpha}_1\hat{\pi}_{32};$$

$$\alpha_1\hat{\pi}_{33}+\alpha_3=\hat{\pi}_{13},\quad \hat{\alpha}_3=\hat{\pi}_{13}-\hat{\alpha}_1\hat{\pi}_{33}.$$

所以消费方程有唯一解,恰好识别.

又因为:

$$\beta_1\hat{\pi}_{32}=\hat{\pi}_{22},\quad \hat{\beta}_1=\hat{\pi}_{22}/\hat{\pi}_{32};$$

$$\beta_1\hat{\pi}_{33}=\hat{\pi}_{23},\quad \hat{\beta}_1=\hat{\pi}_{23}/\hat{\pi}_{33}.$$

$\hat{\beta}_1$ 有两个解.

$$\beta_0+\beta_1\hat{\pi}_{30}=\hat{\pi}_{20},\quad \hat{\beta}_0=\hat{\pi}_{20}-\hat{\beta}_1\hat{\pi}_{30},$$

$\hat{\beta}_0$ 也有两个解.

$$\beta_2+\beta_1\hat{\pi}_{31}=\hat{\pi}_{21},\quad \hat{\beta}_2=\hat{\pi}_{21}-\hat{\beta}_1\hat{\pi}_{31},$$

同样, $\hat{\beta}_2$ 也有两个解. 所以投资方程有多组解,为过度识别.

需要特别指出,如果参数关系体系中有效方程数目小于未知结构参数估计量数目,被认为不可识别. 如果参数关系体系中有效方程数目大于未知结构参数估计量数目,那么每次从中选择与未知结构参数估计量数目相等的方程数,可以解得一组结构参数估计值,换一组方程,又可以解得一组结构参数估计值,这样就可以得到多组结构参数估计值,被认为可以识别,但不是恰好识别,而是过度识别. 模型4中投资方程就是这种情况.

6.2.2 结构式识别条件

从识别的概念出发,完全可以对联立方程计量经济学模型的识别状态进行判断,实际中也是这样做的. 但从理论的角度出发,人们总希望有一些规范的判断方法. 这里首先介绍一种直接从待判断的结构方程出发的方法,称为结构式条件.

联立方程计量经济学模型的结构式(6.2)式:

$$\boldsymbol{BY}+\boldsymbol{\Gamma X}=\boldsymbol{M}$$

中的第 i 个方程中包含 g_i 个内生变量(含被解释变量)和 k_i 个先决变量(含常

数项),模型系统中内生变量和先决变量的数目仍用 g 和 k 表示,矩阵 $\boldsymbol{B}_0\boldsymbol{\Gamma}_0$ 表示第 i 个方程中未包含的变量(包括内生变量和先决变量)在其他 $g-1$ 个方程中对应系数所组成的矩阵. 于是,判断第 i 个结构方程识别状态的结构式条件为:

如果 $R(\boldsymbol{B}_0\boldsymbol{\Gamma}_0)<g-1$,则第 i 个结构方程不可识别.

如果 $R(\boldsymbol{B}_0\boldsymbol{\Gamma}_0)=g-1$,则第 i 个结构方程可以识别,并

如果 $k-k_i=g_i-1$,则第 i 个结构方程恰好识别;

如果 $k-k_i>g_i-1$,则第 i 个结构方程过度识别.

其中,符号 $\boldsymbol{R}$ 表示矩阵的秩. 一般将该条件的前一部分称为秩条件,用以判断结构方程是否识别;后一部分称为阶条件,用以判断结构方程恰好识别或者过度识别.

例 6.1 现在以模型(6.13)式为例解释结构式条件的应用. 模型为

$$\begin{cases} C_t=\alpha_0+\alpha_1 Y_t+\alpha_2 C_{t-1}+\alpha_3 P_{t-1}+\mu_{1t}, \\ I_t=\beta_0+\beta_1 Y_t+\beta_2 Y_{t-1}+\mu_{2t}, t=1,2,\cdots,n, \\ Y_t=C_t+I_t. \end{cases}$$

结构参数矩阵为

$$(\boldsymbol{B},\boldsymbol{\Gamma})=\left(\begin{array}{ccc:cccc} 1 & 0 & -\alpha_1 & -\alpha_0 & 0 & -\alpha_2 & -\alpha_3 \\ 0 & 1 & -\beta_1 & -\beta_0 & -\beta_2 & 0 & 0 \\ -1 & -1 & 1 & 0 & 0 & 0 & 0 \end{array}\right)$$

首先判断第 1 个结构方程的识别状态. 对于第 1 个方程,有

$$(\boldsymbol{B}_0\boldsymbol{\Gamma}_0)=\begin{pmatrix} 1 & -\beta_2 \\ -1 & 0 \end{pmatrix},$$

$$\boldsymbol{R}(\boldsymbol{B}_0\boldsymbol{\Gamma}_0)=2=g-1.$$

所以,该方程可以识别. 我们看到,矩阵 $\boldsymbol{B}_0\boldsymbol{\Gamma}_0$ 实际上就是矩阵 $\boldsymbol{B\Gamma}$ 除去第 1 个结构方程参数所在的行(第 1 行)和第 1 行中非 0 元素(对应于第 1 个结构方程包含的元素)所在的列之后剩下的元素按照原次序排列而得到的. 先写出矩阵 $\boldsymbol{B\Gamma}$,然后再从中得到与所判断的方程对应的矩阵 $\boldsymbol{B}_0\boldsymbol{\Gamma}_0$,既简单,又不容易出错. 又因为有

$$k-k_1=g_1-1,$$

$$4-3=2-1,$$

所以,第 1 个结构方程为恰好识别的结构方程,与我们上面的判断结论是一致的.

再看第 2 个结构方程,有

$$(\boldsymbol{B}_0\boldsymbol{\Gamma}_0)=\begin{pmatrix} 1 & -\alpha_2 & -\alpha_3 \\ -1 & 0 & 0 \end{pmatrix},$$

$$R(B_0\Gamma_0)=2=g-1,$$

所以,该方程可以识别. 并且

$$k-k_2>g_2-1,$$
$$4-2>2-1.$$

所以,第 2 个结构方程为过度识别的结构方程,与我们上面的判断结论也是一致的.

第 3 个方程是平衡方程,不存在识别问题.

综合以上结果,该联立方程计量经济学模型是可以识别的.

例 6.2 再以(6.11)式模型为例. 模型为

$$\begin{cases} C_t=\alpha_0+\alpha_1Y_t+\mu_{1t}, \\ I_t=\beta_0+\beta_1Y_t+\beta_2Y_{t-1}+\mu_{2t}, t=1,2,\cdots,n, \\ Y_t=C_t+I_t. \end{cases}$$

结构参数矩阵为

$$(B,\Gamma)=\left(\begin{array}{ccc:cc} 1 & 0 & -\alpha_1 & -\alpha_0 & 0 \\ 0 & 1 & -\beta_1 & -\beta_0 & -\beta_2 \\ -1 & -1 & 1 & 0 & 0 \end{array}\right)$$

首先判断第 1 个结构方程的识别状态. 对于第 1 个方程,有

$$(B_0\Gamma_0)=\begin{pmatrix} 1 & -\beta_2 \\ -1 & 0 \end{pmatrix},$$
$$R(B_0\Gamma_0)=2=g-1.$$

所以,该方程可以识别. 并且

$$k-k_1=g_1-1,$$
$$2-1=2-1.$$

所以,第 1 个结构方程为恰好识别的结构方程.

再看第 2 个结构方程,有

$$(B_0\Gamma_0)=\begin{pmatrix} 1 \\ -1 \end{pmatrix},$$
$$R(B_0\Gamma_0)=1<g-1.$$

所以,该方程不可以识别.

综合以上结果,该联立方程计量经济学模型不可以识别,与上面的判断结论是一致的.

6.2.3 简化式识别条件

如果已经知道联立方程计量经济学模型的简化式模型参数,那么可以通过对简化式模型的研究达到判断结构式模型是否识别的目的. 对于简化式模型

(6.6)式

$$Y=\Pi X+E,$$

简化式识别条件为

如果 $R(\Pi_2)<g_i-1$,则第 i 个结构方程不可识别.

如果 $R(\Pi_2)=g_i-1$,则第 i 个结构方程可以识别,并且

如果 $k-k_i=g_i-1$,则第 i 个结构方程恰好识别;

如果 $k-k_i>g_i-1$,则第 i 个结构方程过度识别.

其中,Π_2 是简化式参数矩阵 Π 中划去第 i 个结构方程所不包含的内生变量所对应的行和第 i 个结构方程中包含的先决变量所对应的列之后,剩下的参数按原次序组成的矩阵. 至于为什么用 Π_2 而不用其他符号,与它在矩阵 Π 中的分块位置有关. 其他符号、变量的含义与结构式识别条件相同. 一般也将该条件的前一部分称为秩条件,用以判断结构方程是否识别;后一部分称为阶条件,用以判断结构方程恰好识别或者过度识别.

例 6.3 有一联立方程计量经济学模型,其结构式模型如下:

$$\begin{cases}y_{1i}=3y_{2i}-2x_{1i}+x_{2i}+\mu_{1i},\\ y_{2i}=y_{3i}+x_{3i}+\mu_{2i}, \qquad\qquad i=1,2,\cdots,n.\\ y_{3i}=y_{1i}-y_{2i}-2x_{3i}+\mu_{3i},\end{cases}$$

$k=3,g=3$,已知

$$(\boldsymbol{B},\boldsymbol{\Gamma})=\left(\begin{array}{ccc:ccc}1&-3&0&2&-1&0\\0&1&-1&0&0&-1\\-1&1&1&0&0&2\end{array}\right)$$

$$\boldsymbol{B}^{-1}=\begin{pmatrix}-2&-3&-3\\-1&-1&-1\\-1&-2&-1\end{pmatrix},\quad \boldsymbol{\Pi}=-\boldsymbol{B}^{-1}\boldsymbol{\Gamma}=\begin{pmatrix}4&-2&3\\2&-1&1\\2&-1&0\end{pmatrix}$$

现在利用简化式条件判断结构式模型的识别状态.

对于第 1 个结构式方程:

$$k_1=2,\quad g_1=2;$$

$$\boldsymbol{\Pi}_2=\begin{pmatrix}3\\1\end{pmatrix}.$$

因为

$$R(\boldsymbol{\Pi}_2)=1=g_1-1,$$

所以该方程是可以识别的. 又因为

$$k-k_1=g_1-1,$$

$$3-2=2-1,$$

所以该方程是恰好识别的.

对于第 2 个结构式方程:

$$k_2 = 1, g_2 = 2;$$

$$\boldsymbol{\Pi}_2 = \begin{pmatrix} 2 & -1 \\ 2 & -1 \end{pmatrix}.$$

因为

$$R(\boldsymbol{\Pi}_2) = 1 = g_2 - 1,$$

所以该方程是可以识别的. 又因为

$$k - k_2 > g_2 - 1,$$

$$3 - 1 > 2 - 1,$$

所以该方程是过度识别的.

对于第 3 个结构式方程：

$$k_3 = 1, g_3 = 3;$$

$$\boldsymbol{\Pi}_2 = \begin{pmatrix} 4 & -2 \\ 2 & -1 \\ 2 & -1 \end{pmatrix}.$$

因为

$$R(\boldsymbol{\Pi}_2) = 1 < g_3 - 1,$$

所以该方程是不可以识别的.

综合上述结果,该联立方程计量经济学模型系统不可识别.

可以从数学上严格证明,简化式识别条件和结构式识别条件是等价的.

6.2.4 实际应用中的经验方法

当一个联立方程计量经济学模型系统中的方程数目比较多时,无论是从识别的概念出发,还是利用规范的结构式或简化式识别条件,对模型进行识别,困难都是很大的,或者说是不可能的. 即理论上很严格的方法在实际中往往是无法应用的,在实际中应用的往往是一些经验方法.

在实际建模中,我们并不是等到理论模型已经建立以后再去识别,而是在建模的过程中设法保证模型的可识别性. 在建立模型时就要遵循如下原则:在建立某个结构方程时,要使该方程包含前面每一个方程中都不包含的至少 1 个变量(内生或先决变量);同时使前面每一个方程中都包含至少 1 个该方程所未包含的变量,并且互不相同.

该原则的前一句话是保证该方程的引入不破坏前面已有方程的可识别性. 只要新引入方程包含前面每一个方程中都不包含的至少 1 个变量,那么它与前面方程的任意线性组合都不能构成与前面方程相同的统计形式,原来可以识别的方程仍然是可以识别的.

该原则的后一句话是保证该新引入方程本身是可以识别的. 只要前面每个方程都包含至少 1 个该方程所未包含的变量,并且互不相同. 那么所有方程的任意线性组合都不能构成与该方程相同的统计形式.

在实际建模时,将每个方程所包含的变量记录在如表 6.2 所示的表式中,将是有帮助的. 例如,在建立第 4 个方程时,必须包含变量 1,2,3,4,5,6 之外的至少一个变量;同时需要检查方程 1,2,3 是否都存在至少 1 个方程 4 所未包含的变量,且互不相同,这里可以认为方程 1 中的变量 1,方程 2 中的变量 4 和 5,方程 3 中的变量 6 满足要求. 于是,所建立的方程 4 是可以识别的.

表 6.2　变量记录表

	变量 1	变量 2	变量 3	变量 4	变量 5	变量 6	…
方程 1	×	×		×			
方程 2		×	×	×	×		
方程 3	×		×			×	
方程 4		×	×				×
⋮							

6.3　联立方程模型的估计

6.3.1　概述

联立方程计量经济学模型的估计方法分为两大类:单方程估计方法与系统估计方法. 所谓单方程估计方法,指每次只估计模型系统中的一个方程,依次逐个估计;所谓系统估计方法,指同时对全部方程进行估计,同时得到所有方程的参数估计量. 显然,从模型估计的性质来讲,系统估计方法必然优于单方程方法,但从方法的复杂性来讲,单方程方法又优于系统估计方法. 在实际中,单方程方法得到广泛的应用.

单方程估计方法主要解决的是联立方程计量经济学模型系统中每一个方程中的随机解释变量问题,同时尽可能地利用单个方程中没有包含的而在模型系统中包含的变量样本观测值的信息,但是没有考虑模型系统方程之间的相关性对单个方程参数估计量的影响. 因此,也将单方程估计方法称为有限信息估计方法.

单方程估计方法按其原理又分为两类:一类以最小二乘为原理,如间接最小二乘法、两个阶段最小二乘法、工具变量法等,我们称其为经典方法;一类不以最小二乘为原理,或者不直接从最小二乘原理出发,如以最大似然为原理的有限信息最大似然法,以及仍然应用最小二乘原理,但并不以残差平方和最小为判断标准的最小方差比等.

联立方程计量经济学模型的单方程估计方法不同于单方程计量经济学模型的估计方法，无论是研究对象还是方法本身都是不同的，不要将二者混淆．但是，单方程计量经济学模型估计方法的原理构成了联立方程计量经济学模型单方程估计方法的基础．

系统估计方法利用了模型系统提供的所有信息，包括方程之间的相关性信息．因此也将系统估计方法称为完全信息估计方法．系统估计方法主要包括三阶段最小二乘法和完全信息最大似然法．

本节只介绍几种简单常用的单方程估计方法．

6.3.2 狭义的工具变量法(IV)

工具变量法是一类估计方法的统称，可以有各种不同的选择工具变量的方法．在这里仅指一种特定的工具变量而言，故称为狭义的工具变量法．

6.3.2.1 工具变量的选取

对于联立方程计量经济学模型

$$\boldsymbol{BY}+\boldsymbol{\Gamma X}=\boldsymbol{M} \tag{6.14}$$

的每一个结构方程，如第 1 个方程，可以写成如下形式：

$$Y_1=\beta_{12}Y_2+\beta_{13}Y_3+\cdots+\beta_{1g_1}Y_{g_1}+\gamma_{11}X_1+\gamma_{12}X_2+\cdots+\gamma_{1k_1}X_{k_1}+M_1. \tag{6.15}$$

该方程包含 g_1-1 个内生解释变量和 k_1 个先决解释变量．写成矩阵形式为：

$$Y_1=(\boldsymbol{Y}_0\quad \boldsymbol{X}_0)\begin{pmatrix}\boldsymbol{B}_0\\ \boldsymbol{\Gamma}_0\end{pmatrix}+\boldsymbol{M}_1 \tag{6.16}$$

其中，

$$\boldsymbol{Y}_0=(Y_2Y_3\cdots Y_{g_1})=\begin{pmatrix}y_{21} & y_{31}\cdots y_{g_11}\\ y_{22} & y_{32}\cdots y_{g_12}\\ \vdots & \vdots \quad \vdots\\ y_{2n} & y_{3n}\cdots y_{g_1n}\end{pmatrix},$$

$$\boldsymbol{X}_0=(X_1X_2\cdots X_{k_1})=\begin{pmatrix}x_{11} & x_{21}\cdots x_{k_11}\\ x_{12} & x_{22}\cdots x_{k_12}\\ \vdots & \vdots \quad \vdots\\ x_{1n} & x_{2n}\cdots x_{k_1n}\end{pmatrix},$$

$$\boldsymbol{B}_0=\begin{pmatrix}\beta_{12}\\ \beta_{13}\\ \vdots\\ \beta_{1g_1}\end{pmatrix},\quad \boldsymbol{\Gamma}_0=\begin{pmatrix}\gamma_{11}\\ \gamma_{12}\\ \vdots\\ \gamma_{1k_1}\end{pmatrix},\quad \boldsymbol{Y}_1=\begin{pmatrix}y_{11}\\ y_{12}\\ \vdots\\ y_{1n}\end{pmatrix},\quad \boldsymbol{M}_1=\begin{pmatrix}\mu_{11}\\ \mu_{12}\\ \vdots\\ \mu_{1n}\end{pmatrix}.$$

n 为样本容量. 请读者注意,这里的 $\boldsymbol{B}_0$,$\boldsymbol{\Gamma}_0$ 的含义已不同于结构式识别条件中的 B_0,Γ_0.

欲估计结构方程(6.16)式,必须克服随机解释变量问题,有效的方法是工具变量法. 在第四章讨论随机解释变量问题时已经给出了工具变量的条件,在这里,自然就会想到,方程中没有包含的 $k-k_1$ 个先决变量基本满足工具变量的条件,可以选择它们作为方程中包含的 g_1-1 个内生解释变量的工具变量. 如此选择工具变量的方法称为狭义的工具变量法.

如果结构方程(6.16)式是恰好识别的,即满足 $k-k_1=g_1-1$,那么工具变量选择就很简单. 如果结构方程(6.16)式是过度识别的,即满足 $k-k_1>g_1-1$,那么,工具变量的选择就比较麻烦. 而且参数估计结果有一定的任意性,因为每从 $k-k_1$ 个没有包含在方程之中的先决变量中选出 g_1-1 个变量作为工具变量,就得到一组参数估计值,共计可能有 $C_{k-k_1}^{g_1-1}$ 种不同的参数估计值. 所以,一般认为,这种工具变量方法只适用于恰好识别的结构方程的估计.

6.3.2.2　IV 参数估计量及其统计性质

选择 X_0^* 作为 Y_0 的工具变量,得到参数估计量为

$$\begin{pmatrix}\hat{\boldsymbol{B}}_0\\ \hat{\boldsymbol{\Gamma}}_0\end{pmatrix}_{IV}=((\boldsymbol{X}_0^*\ \boldsymbol{X}_0)'(\boldsymbol{Y}_0\ \boldsymbol{X}_0))^{-1}(\boldsymbol{X}_0^*\ \boldsymbol{X}_0)'\boldsymbol{Y}_1. \tag{6.17}$$

其中,

$$\boldsymbol{X}_0^*=(X_{k_1+1}\ X_{K_1+2}\cdots X_k)=\begin{pmatrix}X_{k_1+1,1} & X_{k_1+2,1}\cdots X_{k,1}\\ X_{k_1+1,2} & X_{k_1+2,2}\cdots X_{k,2}\\ \vdots & \vdots\quad\ \vdots\\ X_{k_1+1,n} & X_{k_1+2,n}\cdots X_{k,n}\end{pmatrix}$$

(6.17)式估计量的估计过程已经在第四章随机解释变量问题中介绍了,这里不再重复.

工具变量法参数估计量,正如在第四章随机解释变量问题中已经说明的,一般情况下,在小样本下是有偏的,但在大样本下是渐近无偏的. 如果选取的工具变量与方程随机干扰项完全不相关,那么其参数估计量是无偏性估计量.

6.3.2.3　参数估计量与工具变量的次序无关

对于恰好识别的结构方程,选择该方程中没有包含的 $k-k_1$ 个先决变量作为方程中包含的 g_1-1 个内生解释变量的工具变量,虽然只能有一组选择,但在这一组中具体哪个先决变量作为哪个内生变量的工具变量,仍然具有任意性. 但是这种任意性对参数估计量没有影响. 这是为什么呢?

从第四章随机解释变量问题中知道,工具变量法参数估计量是一个关于该

参数估计量的正规方程组的解. 从该正规方程组的形成过程可以看出,如果工具变量的次序不同,也就是工具变量被使用的先后不同,那么正规方程组中方程的次序将不相同. 但是由代数知识可知,在一个线性代数方程组中,方程的次序不影响方程组的解. 所以,只要选择的工具变量组中的变量是相同的,只能得到一种参数估计量,而与变量的次序无关.

6.3.3 间接最小二乘法(ILS)

联立方程计量经济学模型的结构方程中包含有内生解释变量,不能直接采用普通最小二乘法估计其参数. 但是对于简化式方程,正如在关于简化式模型概念介绍中提到的,可以采用普通最小二乘法直接估计其参数. 于是就提出了间接最小二乘法:先对关于内生解释变量的简化式方程采用普通最小二乘法估计简化式参数,得到简化式参数估计量,然后通过参数关系体系,计算得到结构式参数的估计量.

间接最小二乘法只适用于恰好识别的结构方程的参数估计,因为只有恰好识别的结构方程,才能从参数关系体系中得到唯一一组结构参数的估计量.

6.3.3.1 一个简单的例子

现有一个联立方程计量经济学模型,其结构式模型为

$$\begin{cases} Y_1 = \beta_{12} Y_2 + \gamma_{11} X_1 + \gamma_{12} X_2 + \mu_1, \\ Y_2 = \beta_{23} Y_3 + \gamma_{23} X_3 + \mu_2, \\ Y_3 = \beta_{31} Y_1 + \beta_{32} Y_2 + \gamma_{33} X_3 + \mu_3. \end{cases}$$

现欲估计第 1 个结构方程的参数,可以证明,该方程是恰好识别的,可以采用间接最小二乘法. 该方程有两个内生变量,相应的简化式方程为:

$$\begin{cases} Y_1 = \pi_{11} X_1 + \pi_{12} X_2 + \pi_{13} X_3 + \varepsilon_1 \\ Y_2 = \pi_{21} X_1 + \pi_{22} X_2 + \pi_{23} X_3 + \varepsilon_2 \end{cases}$$

应用普通最小二乘法估计,得到参数估计量 $\hat{\pi}_{ij}(i=1,2,j=1,2,3)$,将简化式模型(参数)代入第 1 个结构方程,得到参数关系体系.

$$Y_1 = \beta_{12} Y_2 + \gamma_{11} X_1 + \gamma_{12} X_2 + \mu_1,$$

$$\pi_{11} X_1 + \pi_{12} X_2 + \pi_{13} X_3 + \varepsilon_1 = \beta_{12}\pi_{21} X_1 + \beta_{12}\pi_{22} X_2 + \beta_{13}\pi_{23} X_3 + \beta_{12}\varepsilon_2 + \gamma_{11} X_1 + \gamma_{12} X_2 + \mu_1,$$

$$(\pi_{11} - \beta_{12}\pi_{21}) X_1 + (\pi_{12} - \beta_{12}\pi_{22}) X_2 + (\pi_{13} - \beta_{12}\pi_{23}) X_3 + (\varepsilon_1 - \beta_{12}\varepsilon_2) = \gamma_{11} X_1 + \gamma_{12} X_2 + 0 \cdot X_3 + \mu_1,$$

$$\begin{cases} \pi_{11} - \beta_{12}\pi_{21} = \gamma_{11}, \\ \pi_{12} - \beta_{12}\pi_{22} = \gamma_{12}, \\ \pi_{13} - \beta_{12}\pi_{23} = 0. \end{cases}$$

由此计算得到结构参数估计值

$$\begin{cases}\hat{\beta}_{12}=\hat{\pi}_{13}/\hat{\pi}_{23},\\ \hat{\gamma}_{11}=\hat{\pi}_{11}-\hat{\beta}_{12}\hat{\pi}_{21},\\ \hat{\gamma}_{12}=\hat{\pi}_{12}-\hat{\beta}_{12}\hat{\pi}_{22}.\end{cases}$$

6.3.3.2　一般间接最小二乘法的估计过程

现在对结构方程(6.15)式的参数进行间接最小二乘估计. 将(6.16)式改写成

$$\boldsymbol{Y}_1-\boldsymbol{B}_0\boldsymbol{Y}_0-\boldsymbol{\Gamma}_0\boldsymbol{X}_0=\boldsymbol{M}_1,$$

即

$$(1-\boldsymbol{B}_0-\boldsymbol{\Gamma}_0)\begin{pmatrix}\boldsymbol{Y}_1\\ \boldsymbol{Y}_0\\ \boldsymbol{X}_0\end{pmatrix}=\boldsymbol{M}_1. \tag{6.18}$$

$$(\boldsymbol{B}_{00}\ \boldsymbol{\Gamma}_{00})\begin{pmatrix}\boldsymbol{Y}_{00}\\ \boldsymbol{X}_0\end{pmatrix}=\boldsymbol{M}_1.$$

其中,

$$\boldsymbol{B}_{00}=(1-\boldsymbol{B}_0),\boldsymbol{\Gamma}_{00}=-\boldsymbol{\Gamma}_0,\boldsymbol{Y}_{00}=\begin{pmatrix}\boldsymbol{Y}_1\\ \boldsymbol{Y}_0\end{pmatrix}.$$

内生变量的简化式模型为

$$\boldsymbol{Y}_{00}=\boldsymbol{\pi}_{00}\boldsymbol{X}+\boldsymbol{E}. \tag{6.19}$$

代入结构式模型,得到

$$\boldsymbol{B}_{00}\boldsymbol{\pi}_{00}\boldsymbol{X}+\boldsymbol{B}_{00}\boldsymbol{E}+\boldsymbol{\Gamma}_{00}\boldsymbol{X}_0=\boldsymbol{M}_1.$$

因为

$$\boldsymbol{E}=\boldsymbol{B}^{-1}\boldsymbol{M}\quad \boldsymbol{BE}=\boldsymbol{M},$$

有

$$\boldsymbol{B}_{00}\boldsymbol{\pi}_{00}\boldsymbol{X}+\boldsymbol{\Gamma}_{00}\boldsymbol{X}_0=0,$$

$$\boldsymbol{B}_{00}\boldsymbol{\pi}_{00}\begin{pmatrix}\boldsymbol{X}_0\\ \boldsymbol{X}_0^*\end{pmatrix}+\boldsymbol{\Gamma}_{00}\boldsymbol{X}_0=0.$$

将 $\boldsymbol{\pi}_{00}$ 分成两部分,一部分对应结构方程中包含的先决变量 $\boldsymbol{X}_0$,一部分对应结构方程中未包含的选择变量 $\boldsymbol{X}_0^*$,即

$$\boldsymbol{\pi}_{00}=(\boldsymbol{\pi}_{00}^1\ \boldsymbol{\pi}_{00}^2).$$

于是有参数关系体系

$$\boldsymbol{B}_{00}\boldsymbol{\pi}_{00}^1=\boldsymbol{\Gamma}_0,$$

$$\boldsymbol{B}_{00}\boldsymbol{\pi}_{00}^2=0. \tag{6.20}$$

用普通最小二乘法估计简化式模型(6.19)式,得到 $\hat{\boldsymbol{\pi}}_{00}$,代入参数关系体系

(6.20)式,先由第 2 组方程计算得到 $\hat{\boldsymbol{B}}_{00}$,然后再代入第 1 组方程计算得到 $\hat{\boldsymbol{\Gamma}}_0$. 于是得到了结构方程(6.15)式的结构参数估计量.

6.3.3.3 间接最小二乘法参数估计的统计性质

对于简化式模型,应用普通最小二乘法得到的参数估计量具有线性性、无偏性、有效性. 通过参数关系体系计算得到结构方程的结构参数估计量在小样本下是有偏的,在大样本下是渐近无偏的.

6.3.3.4 间接最小二乘法也是一种工具变量方法

可以从数学上严格证明,采用间接最小二乘法估计结构方程(6.16)式等价于一种工具变量方法,选择 $\boldsymbol{X}$ 作为$(\boldsymbol{Y}_0,\boldsymbol{X}_0)$的工具变量,即有$(X_1,X_2,\cdots,X_{k_1},X_{k_1+1},X_{k_1+2},\cdots,X_k)$依次作为$(Y_2,Y_3,\cdots Y_{g1},X_1,X_2,\cdots,X_{k_1})$的工具变量. 请注意,这里对于结构方程中包含的先决变量也选择了其他先决变量作为工具变量. 于是,结构方程(6.16)式参数的间接最小二乘估计量可以写作

$$\begin{pmatrix}\hat{\boldsymbol{B}}_0\\ \hat{\boldsymbol{\Gamma}}_0\end{pmatrix}_{\mathrm{ILS}}=(\boldsymbol{X}'(\boldsymbol{Y}_0\ \boldsymbol{X}_0))^{-1}\boldsymbol{X}'\boldsymbol{Y}_1. \tag{6.21}$$

这是一个重要的结论.

6.3.4 二阶段最小二乘法(2SLS)

狭义的工具变量方法和间接最小二乘法一般只适用于联立方程计量经济学模型中恰好识别的结构方程的估计. 但是,在实际的联立方程计量经济学模型中,恰好识别的结构方程很少出现,一般情况下结构方程都是过度识别的. 因为实际的联立方程计量经济学模型一般包含较多数目的结构方程和先决变量,例如,一个 100 个方程,30 个先决变量的宏观经济模型不是大模型;而在每个结构方程中,如宏观经济模型中的生产方程、消费方程,一般仅包含了 3 ~5 个变量,包括内生变量和先决变量. 于是就出现了

$$k-k_i>g_i-1$$

的情况,所以,结构方程大多是过度识别的.

二阶段最小二乘法是一种既适用于恰好识别的结构方程,又适用于过度识别的结构方程的单方程估计方法.

6.3.4.1 二阶段最小二乘法估计过程

对于联立方程计量经济学模型(6.14)式中的第 1 个结构方程(6.16)式,由于内生解释变量 Y_0 是随机变量,不能直接采用普通最小二乘法. 但是对于 Y_0 的简化式方程,即简化式模型

$$\boldsymbol{Y}_0=X\Pi_0+\boldsymbol{E}_0 \tag{6.22}$$

中的每个方程，不存在随机解释变量问题，可以直接采用普通最小二乘法估计其参数，并得到关于 Y_0 的估计值：

$$\hat{Y}_0 = X\hat{\Pi}_0 = \boldsymbol{X}[(\boldsymbol{X}'\boldsymbol{X})^{-1}\boldsymbol{X}'\boldsymbol{Y}_0]. \tag{6.23}$$

这就是二阶段最小二乘法的第一阶段，即对简化式方程第一次使用普通最小二乘法.

用 $\boldsymbol{Y}_0$ 的估计量 $\hat{\boldsymbol{Y}}_0$ 替换(6.16)中的 $\boldsymbol{Y}_0$，得到新的方程

$$\boldsymbol{Y}_1 = (\hat{\boldsymbol{Y}}_0\ \boldsymbol{X}_0)\begin{pmatrix}\boldsymbol{B}_0\\ \boldsymbol{\Gamma}_0\end{pmatrix} + \boldsymbol{M}_1. \tag{6.24}$$

显然，该方程中不存在随机解释变量问题，可以直接采用普通最小二乘法估计其参数，得到：

$$\begin{pmatrix}\hat{\boldsymbol{B}}_0\\ \hat{\boldsymbol{\Gamma}}_0\end{pmatrix}_{2SLS} = ((\hat{\boldsymbol{Y}}_0\ \boldsymbol{X}_0)'(\hat{\boldsymbol{Y}}_0\ \boldsymbol{X}_0))^{-1}(\hat{\boldsymbol{Y}}_0\ \boldsymbol{X}_0)'\boldsymbol{Y}_1. \tag{6.25}$$

这就是二阶段最小二乘法的第二阶段. 即对变换了的结构式方程使用普通最小二乘法，得到的参数估计量即为原结构方程(6.16)式参数的二阶段最小二乘估计量.

在应用二阶段最小二乘法的整个过程中，并没有涉及结构方程中内生解释变量和先决解释变量的数目，所以二阶段最小二乘法的应用与方程的识别状态无关. 既适用于恰好识别的结构方程，又适用于过度识别的结构方程.

6.3.4.2　二阶段最小二乘估计量的统计性质

采用二阶段最小二乘法得到结构方程的结构参数估计量在小样本下是有偏的，在大样本下是渐近无偏的. 下面我们将看到，由于二阶段最小二乘法也是一种工具变量方法，它的估计量与工具变量法估计量是等价的，所以具有相同的统计性质.

6.3.4.3　二阶段最小二乘法也是一种工具变量方法

如果我们不是用 $\boldsymbol{Y}_0$ 的估计量 $\hat{\boldsymbol{Y}}_0$ 替换(6.16)式中的 $\boldsymbol{Y}_0$，而是用 $\boldsymbol{Y}_0$ 的估计量 $\hat{\boldsymbol{Y}}_0$ 作为(6.16)式中的 $\boldsymbol{Y}_0$ 的工具变量，显然，因为 $\hat{\boldsymbol{Y}}_0$ 是 $\boldsymbol{X}$ 的线性组合，基本符合工具变量的条件. 那么，按照工具变量方法的估计过程，应该得到如下的结构参数估计量：

$$\begin{pmatrix}\hat{\boldsymbol{B}}_0\\ \hat{\boldsymbol{\Gamma}}_0\end{pmatrix}_{2SLS} = ((\hat{\boldsymbol{Y}}_0\ \boldsymbol{X}_0)'(\boldsymbol{Y}_0\ \boldsymbol{X}_0))^{-1}(\hat{\boldsymbol{Y}}_0\ \boldsymbol{X}_0)'\boldsymbol{Y}_1 \tag{6.26}$$

将(6.25)式与(6.26)式进行比较发现，它们的区别仅仅是后者没有改变原方程中的解释变量($\boldsymbol{Y}_0\ \boldsymbol{X}_0$). 从数学上可以严格证明(6.25)与(6.26)式表示的两组参数估计量是完全等价的，所以可以把二阶段最小二乘法也看成为一种工具

变量方法,选择 $\boldsymbol{Y}_0$ 的简化式方程的估计量 $\hat{\boldsymbol{Y}}_0$ 作为结构式方程中 $\boldsymbol{Y}_0$ 的工具变量. 显然,工具变量的选取不同于上述的狭义工具变量法和间接最小二乘法,但都属于工具变量方法.

6.3.5 对于恰好识别的结构方程,三种方法是等价的

上述三种单方程估计方法都适用于恰好识别的结构方程,对于同一个结构方程,选择不同的方法,应该得到相同的参数估计量.

对于(6.16)式所表示结构方程

$$\boldsymbol{Y}_1=(\boldsymbol{Y}_0\ \boldsymbol{X}_0)\begin{pmatrix}\boldsymbol{B}_0\\ \boldsymbol{\Gamma}_0\end{pmatrix}+\boldsymbol{M}_1,$$

分别采用三种单方程估计方法得到的参数估计量如下:

$$\begin{pmatrix}\hat{\boldsymbol{B}}_0\\ \hat{\boldsymbol{\Gamma}}_0\end{pmatrix}_{\mathrm{IV}}=((\boldsymbol{X}_0^*\ \boldsymbol{X}_0)'(\boldsymbol{Y}_0\ \boldsymbol{X}_0))^{-1}(\boldsymbol{X}_0^*\ \boldsymbol{X}_0)'\boldsymbol{Y}_1,$$

$$\begin{pmatrix}\hat{\boldsymbol{B}}_0\\ \hat{\boldsymbol{\Gamma}}_0\end{pmatrix}_{\mathrm{ILS}}=(\boldsymbol{X}'(\boldsymbol{Y}_0\ \boldsymbol{X}_0))^{-1}\boldsymbol{X}'\boldsymbol{Y}_1,$$

$$\begin{pmatrix}\hat{\boldsymbol{B}}_0\\ \hat{\boldsymbol{\Gamma}}_0\end{pmatrix}_{\mathrm{2SLS}}=((\hat{\boldsymbol{Y}}_0\ \boldsymbol{X}_0)'(\boldsymbol{Y}_0\ \boldsymbol{X}_0))^{-1}(\hat{\boldsymbol{Y}}_0\ \boldsymbol{X}_0)'\boldsymbol{Y}_1.$$

可以看到,三种结果是用不同的工具变量方法估计得到的,区别仅在于工具变量选取不同.

比较狭义工具变量法和间接最小二乘法的参数估计量(6.17)式与(6.21)式,它们选取了同样一组变量 $\boldsymbol{X}$ 作为结构方程中解释变量$(\boldsymbol{Y}_0,\boldsymbol{X}_0)$的工具变量,只是次序不同. 狭义工具变量法用结构方程中未包含的先决变量 $\boldsymbol{X}_0^*$ 作为 $\boldsymbol{Y}_0$ 的工具变量,用结构方程中包含的先决变量 $\boldsymbol{X}_0$ 作为自己的工具变量;而间接最小二乘法则将先决变量 $\boldsymbol{X}$ 按自己的顺序作为$(\boldsymbol{Y}_0\ \boldsymbol{X}_0)$的工具变量,这就使得结构方程中包含的先决变量 $\boldsymbol{X}_0$ 也选择了其他先决变量作为工具变量,而不是自身. 从前面的课程内容中已经知道,这两种不同的选取只影响正规方程组中方程的次序,并不影响方程组的解. 所以狭义工具变量法和间接最小二乘法的参数估计量是等价的.

比较二阶段最小二乘法和间接最小二乘法的参数估计量(6.26)式与(6.21)式. 间接最小二乘法选取 $\boldsymbol{X}$ 作为结构方程中解释变量$(\boldsymbol{Y}_0,\boldsymbol{X}_0)$的工具变量,二阶段最小二乘法选取 X 的线性组合

$$\hat{\boldsymbol{Y}}_0=\boldsymbol{X}\hat{\boldsymbol{\Pi}}_0=\boldsymbol{X}[(\boldsymbol{X}'\boldsymbol{X})^{-1}\boldsymbol{X}'\boldsymbol{Y}_0]$$

作为结构方程中内生解释变量 $\boldsymbol{Y}_0$ 的工具变量,选取 $\boldsymbol{X}_0$ 作为自己的工具变量.

这样使得关于二者参数估计量的正规方程组是不同的,分别为

$$X'Y_1 = (X'(Y_0\ X_0))\begin{pmatrix}\hat{B}_0\\ \hat{\Gamma}_0\end{pmatrix}_{\text{ILS}},$$

$$(\hat{Y}_0\ X_0)'Y_1 = ((\hat{Y}_0\ X_0)'(Y_0\ X_0))\begin{pmatrix}\hat{B}_0\\ \hat{\Gamma}_0\end{pmatrix}_{\text{2SLS}}.$$

比较这两个正规方程组发现,后者可以由前者经过初等线性变换得到. 而根据代数知识,初等线性变换不影响方程组的解. 所以二阶段最小二乘法和间接最小二乘法的参数估计量是等价的. 也可以对比进行严格证明.

假设

$$\begin{pmatrix}\hat{B}_0\\ \hat{\Gamma}_0\end{pmatrix}_{\text{ILS}} = \begin{pmatrix}\hat{B}_0\\ \hat{\Gamma}_0\end{pmatrix}_{\text{2SLS}},$$

即
$$((\hat{Y}_0\ X_0)'(Y_0\ X_0))^{-1}(\hat{Y}_0\ X_0)' = (X'(Y_0\ X_0))^{-1}X'.$$

两边同时左乘 $X'(Y_0\ X_0)$,有

$$(X'(Y_0\ X_0))((\hat{Y}_0\ X_0)'(Y_0\ X_0))^{-1}(\hat{Y}_0\ X_0)' = X'.$$

两边同时右乘 $Y_0\ X_0$,有

$$X'(Y_0\ X_0) = X'(Y_0\ X_0).$$

该式显然成立. 所以两种参数估计量是等价的假设成立.

结论是,对于恰好识别的结构方程,狭义工具变量法、间接最小二乘法和二阶段最小二乘法三种方法是等价的.

6.3.6 简单宏观经济模型实例演示

例 6.4 下面建立一个包含 3 个方程的中国宏观经济模型,主要借此进行方法上的演示.

这是一个包含 3 个方程的中国宏观经济模型. 模型包含 3 个内生变量,即国内生产总值 Y(为了简化问题,方程中不考虑国际联系,Y 中不包含净出口),居民消费总额 C 和投资总额 I;3 个先决变量,即政府消费 G,前期居民消费总额 G_{t-1}和常数项. 完备的结构式模型为

$$\begin{cases}C_t = \alpha_0 + \alpha_1 Y_t + \alpha_2 C_{t-1} + \mu_{1t}\\ I_t = \beta_0 + \beta_1 Y_t + \mu_{2t}\\ Y_t = C_t + I_t + G_t\end{cases}\quad t = 1978, 1979, \cdots, 2002 \tag{6.27}$$

容易判断,消费方程是恰好识别的方程,投资方程是过度识别的方程,模型是可以识别的. 现在对模型进行估计. 样本观测值见表 6.3,数据来自于国家统计局. 在 Eviews 中,C 代表常数项,为了避免重复,下面在示范 Eviews 操作时都

将模型中的所有变量原名后加了一个 T 字符.

表 6.3 中国宏观经济数据 单位:亿元

年份	Y	C	I	G	年份	Y	C	I	G
1978	3 645.6	1 759.1	1 412.7	473.8	1997	76 474.8	36 626.3	28 966.2	10 882.3
1979	4 098.2	2 014.0	1 519.9	564.3	1998	81 857.0	38 821.8	30 396.6	12 638.6
1980	4 590.0	2 336.9	1 623.1	630.0	1999	88 287.2	41 914.9	31 665.6	14 706.7
1981	4 940.1	2 627.5	1 662.8	649.8	2000	98 193.8	46 987.8	34 526.1	16 679.9
1982	5 335.2	2 867.1	1 759.6	708.5	2001	108 925.5	50 708.8	40 378.8	17 837.9
1983	6 027.8	3 220.9	1 968.3	838.6	2002	119 198.0	55 076.4	45 129.8	18 991.8
1984	7 344.6	3 689.5	2 560.2	1 094.9	2003	135 349.8	59 343.8	55 836.7	20 169.3
1985	9 547.5	4 627.4	3 629.6	1 290.5	2004	158 506.6	66 587.0	69 420.5	22 499.1
1986	10 728.9	5 293.5	4 001.9	1 433.5	2005	178 981.4	75 232.4	77 533.6	26 215.4
1987	12 283.4	6 047.6	4 644.7	1 591.1	2006	204 551.9	84 119.1	89 823.3	30 609.5
1988	15 483.3	7 532.1	6 060.3	1 890.9	2007	248 276.3	99 793.3	112 046.8	36 436.2
1989	17 545.1	8 778.0	6 511.8	2 255.3	2008	295 709.1	115 338.3	138 242.8	42 128.0
1990	18 556.7	9 435.0	6 555.3	2 566.4	2009	334 846.2	126 660.9	162 117.9	46 067.4
1991	21 506.7	10 544.5	7 892.5	3 069.7	2010	395 651.2	146 057.6	196 653.1	52 940.5
1992	27 058.5	12 312.2	10 833.5	3 912.8	2011	474 349.3	176 532	233 327.2	64 490.1
1993	36 579.6	15 696.2	15 782.9	5 100.5	2012	526 352.9	198 536.8	255 240.0	72 576.1
1994	48 188.6	21 446.1	19 916.3	6 826.2	2013	582 410.7	219 762.5	282 072.9	80 575.3
1995	60 540.5	28 072.9	24 342.5	8 125.1	2014	631 030.1	242 539.7	302 717.5	85 772.9
1996	70 643.3	33 660.3	27 556.6	9 426.4					

6.3.6.1 用狭义的工具变量法估计消费方程

工具变量法只能用于恰好识别的方程,在此例中只能用于消费方程的估计.选取消费方程中未包含的先决变量 G 作为内生解释变量 Y 的工具变量.利用 Eviews,在命令窗口中输入命令:

TSLS CT C YT CT(-1) @ C GT GT(-1)

得到如表 6.4 所示的结果:

表 6.4 狭义工具变量法的估计结果

Dependent Variable：CT				
Method：Two – Stage Least Squares				
Date：11/26/16　Time：16:25				
Sample（adjusted）：1979 2014				
Included observations：36 after adjustments				
Instrument specification：C GT CT(–1)				
Variable	Coefficient	Std. Error	t – Statistic	Prob.
C	2 391.056	534.397 4	4.474 303	0.000 1
YT	0.214 382	0.030 291	7.077 359	0.000 0
CT(–1)	0.481 929	0.090 884	5.302 667	0.000 0
R – squared	0.999 092	Mean dependentvar		57 245.59
Adjusted R – squared	0.999 037	S. D. dependentvar		66 916.16
S. E. of regression	2 076.620	Sum squaredresid		1.42E +08
F – statistic	18 161.28	Durbin – Watson stat		0.577 395
Prob(F – statistic)	0.000 000	Second – Stage SSR		86 481 253
J – statistic	0.000 000	Instrument rank		3

由此得到消费方程为：$\hat{C}_t = 2\ 391.056 + 0.214Y_t + 0.482C_{t-1}$

得到结构参数的工具变量法估计值：

$$\hat{\alpha}_0 = 2\ 391.056$$
$$\hat{\alpha}_1 = 0.214\ 382$$
$$\hat{\alpha}_2 = 0.481\ 929$$

6.3.6.2 用间接最小二乘法估计消费方程

间接最小二乘法也只能用于恰好识别的方程，因此也只能用于消费方程的估计. 消费方程中包含的内生变量的简化式方程为

$$\begin{cases} C_t = \pi_{10} + \pi_{11}C_{t-1} + \pi_{12}G_t + \varepsilon_{1t} \\ Y_t = \pi_{20} + \pi_{21}C_{t-1} + \pi_{22}G_t + \varepsilon_{2t} \end{cases}$$

参数关系体系为

$$\begin{cases} \pi_{11} - \alpha_1\pi_{21} - \alpha_2 = 0 \\ \pi_{10} - \alpha_1\pi_{20} - \alpha_0 = 0 \\ \pi_{12} - \alpha_1\pi_{22} = 0 \end{cases}$$

用普通最小二乘法估计简化式方程，在 Eviews 命令窗口中输入命令：

LS	CT	C	CT(-1)	GT
LS	YT	C	CT(-1)	GT

得出两个简化方程的估计结果见表 6.5 和表 6.6.

表 6.5 简化式方程中消费方程的估计结果

Dependent Variable: CT

Method: Least Squares

Date: 11/26/16 Time: 17:21

Sample (adjusted): 1979 2014

Included observations: 36 after adjustments

Variable	Coefficient	Std. Error	t - Statistic	Prob.
C	1 554.669	377.136 0	4.122 304	0.000 2
CT(-1)	0.427 760	0.076 804	5.569 470	0.000 0
GT	1.693 371	0.186 521	9.078 711	0.000 0

R - squared	0.999 448	Mean dependentvar	57 245.59
Adjusted R - squared	0.999 415	S. D. dependentvar	66 916.16
S. E. of regression	1 618.840	Akaike info criterion	17.696 46
Sum squaredresid	86 481 253	Schwarz criterion	17.828 42
Log likelihood	-315.536 3	Hannan - Quinn criter.	17.742 52
F - statistic	29 884.94	Durbin - Watson stat	1.146 618
Prob(F - statistic)	0.000 000		

表 6.6 简化式方程中国内生产总值方程的估计结果

Dependent Variable: YT

Method: Least Squares

Date: 11/26/16 Time: 17:28

Sample (adjusted): 1979 2014

Included observations: 36 after adjustments

Variable	Coefficient	Std. Error	t - Statistic	Prob.
C	-3 901.393	1 981.278	-1.969 130	0.057 4
CT(-1)	-0.252 678	0.403 491	-0.626 229	0.535 5
GT	7.898 861	0.979 885	8.061 007	0.000 0

续表

R - squared	0.997 864	Mean dependentvar	142 220.8
Adjusted R - squared	0.997 734	S.D. dependentvar	178 674.3
S.E. of regression	8 504.552	Akaike info criterion	21.014 25
Sum squaredresid	2.39E +09	Schwarz criterion	21.146 21
Log likelihood	-375.256 4	Hannan - Quinn criter.	21.060 30
F - statistic	7 707.807	Durbin - Watson stat	0.392 390
Prob(F - statistic)	0.000 000		

由表6.5和表6.6得出简化式方程的系数估计值,将其代入参数关系体系中,得:

$$\begin{cases} 0.428 - (-0.253\hat{\alpha}_1) - \hat{\alpha}_2 = 0 \\ 1\,554.669 - (-3\,901.393\hat{\alpha}_1) - \hat{\alpha}_0 = 0 \\ 1.693 - 7.899\hat{\alpha}_1 = 0 \end{cases}$$

由此计算得到结构参数间接最小二乘估计值为:

$$\hat{\alpha}_0 = 2\,391.056$$

$$\hat{\alpha}_1 = 0.214\,382$$

$$\hat{\alpha}_2 = 0.481\,929$$

6.3.6.3 用二阶段最小二乘法估计消费方程

两阶段最小二乘法的第一阶段是用普通最小二乘法估计内生解释变量的简化式方程,并求得拟合值序列(YF):

LS YT C CT(-1) GT

GENR YF = YT - RESID

第二阶段,用计算的拟合值序列替换结构方程中的Y,再用普通最小二乘法估计变换了的结构式方程,得到消费方程的两阶段最小二乘参数估计:

LS CT C YF CT(-1)

第二阶段运行结果见表6.7.

表6.7 2SLS法对消费方程的估计结果

Dependent Variable: CT
Method: Least Squares
Date: 11/26/16 Time: 18:13
Sample (adjusted): 1979 2014
Included observations: 36 after adjustments

续表

Variable	Coefficient	Std. Error	t - Statistic	Prob.
C	2 391.056	416.592 5	5.739 556	0.000 0
YF	0.214 382	0.023 614	9.078 711	0.000 0
CT(-1)	0.481 929	0.070 849	6.802 167	0.000 0
R - squared	0.999 448	Mean dependentvar		57 245.59
Adjusted R - squared	0.999 415	S. D. dependentvar		66 916.16
S. E. of regression	1 618.840	Akaike info criterion		17.696 46
Sum squaredresid	86 481 253	Schwarz criterion		17.828 42
Log likelihood	-315.536 3	Hannan - Quinn criter.		17.742 52
F - statistic	29 884.94	Durbin - Watson stat		1.146 618
Prob(F - statistic)	0.000 000			

消费方程参数的估计值为

$$\hat{\alpha}_0 = 2\ 391.056$$

$$\hat{\alpha}_1 = 0.214\ 382$$

$$\hat{\alpha}_2 = 0.481\ 929$$

比较以上三种估计方法的结果相同，证明三种方法对于恰好识别的方程是等价的.

6.3.6.4 用二阶段最小二乘法估计投资方程

投资方程是过度识别的方程，只能用 2SLS 估计，估计方法同消费方程，第一阶段亦完全一样，第二阶段的实现命令如下：

LS　　IT　　C　　YF

运行结果如下：

表 6.8　2SLS 法对投资方程的估计结果

Dependent Variable: IT				
Method: Least Squares				
Date: 11/26/16　Time: 18:23				
Sample (adjusted): 1979 2014				
Included observations: 36 after adjustments				
Variable	Coefficient	Std. Error	t - Statistic	Prob.
C	-4 558.238	1 785.262	-2.553 259	0.015 3
YF	0.488 093	0.007 890	61.862 60	0.000 0

续表

R - squared	0.991 194	Mean dependentvar	64 858.81
Adjusted R - squared	0.990 935	S. D. dependentvar	87 502.70
S. E. of regression	8 331.182	Akaike info criterion	20.947 35
Sum squaredresid	2.36E +09	Schwarz criterion	21.035 32
Log likelihood	-375.052 3	Hannan - Quinn criter.	20.978 06
F - statistic	3 826.982	Durbin - Watson stat	0.226 865
Prob(F - statistic)	0.000 000		

由此得估计得投资方程为:

$$\hat{I}_t = -4\ 558.238 + 0.48\ 8Y_t$$

说明:对于 2SLS 法,还可以借助于 Eviews 中的 System 命令,可以直接对上述宏观经济模型的所有随机方程同时进行估计,其步骤如下:

(1)创建系统. 在主菜单上点击 Object/New Object,并在弹出的对象列表中选择 System,然后在打开的系统窗口输入结构式模型的所有随机方程:

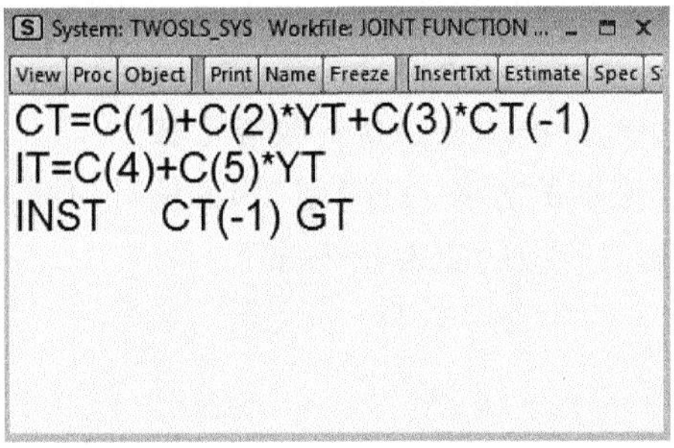

注:由于是估计所有随机方程,工具变量合起来就是除常数项外所有的先决变量.

(2)估计模型. 在系统窗口点击 Estimate 按钮,弹出估计方法选择窗口,选择 Two - Stage - Least Squares 方法后,点击“确定”.

输出估计结果如表 6.9,表格从上往下分三个部分,第一部分是方程的参数估计情况,第二部分是消费方程的有关检验统计情况,第三部分是投资方程的有关检验统计情况. 可以看到,这种方式做出来的估计结果与前述的结果也是完全相同的.

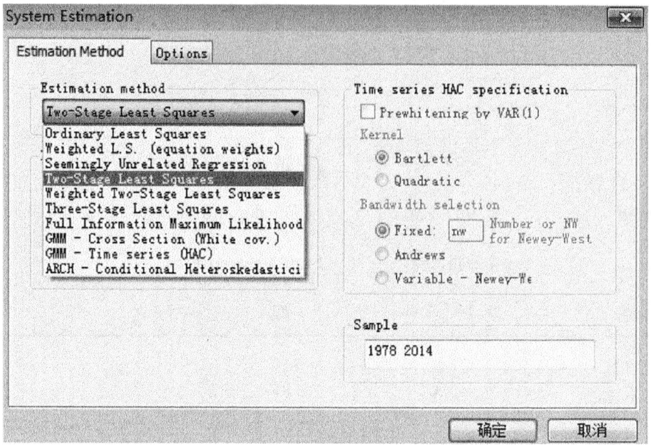

表 6.9　利用 System 做 2SLS 的估计结果

System: TWOSLS_SYS				
Estimation Method: Two – Stage Least Squares				
Date: 11/26/16　Time: 22:00				
Sample: 1979 2014				
Included observations: 36				
Total system (balanced) observations 72				
	Coefficient	Std. Error	t – Statistic	Prob.
C(1)	2 391.056	534.397 4	4.474 303	0.000 0
C(2)	0.214 382	0.030 291	7.077 359	0.000 0
C(3)	0.481 929	0.090 884	5.302 667	0.000 0
C(4)	–4 558.238	986.920 5	–4.618 648	0.000 0
C(5)	0.488 093	0.004 362	111.904 6	0.000 0
Determinant residual covariance	2.82E+13			
Equation: CT = C(1) + C(2) * YT + C(3) * CT(–1)				
Instruments: CT(–1) GT C				
Observations: 36				
R – squared	0.999 092	Mean dependentvar		57 245.59
Adjusted R – squared	0.999 037	S. D. dependentvar		66 916.16
S. E. of regression	2 076.620	Sum squaredresid		1.42E+08
Durbin – Watson stat	0.577 395			

续表

Equation: IT = C(4) + C(5) * YT			
Instruments: CT(-1) GT C			
Observations: 36			
R - squared	0.997 309	Mean dependentvar	64 858.81
Adjusted R - squared	0.997 230	S. D. dependentvar	87 502.70
S. E. of regression	4 605.605	Sum squaredresid	7.21E +08
Durbin - Watson stat	0.163 664		

6.4 联立方程模型的检验

联立方程检验包括单方程检验和模型系统检验. 凡是在单方程计量经济学模型中必须进行的各项检验对于联立方程计量模型的结构方程,以及应用 2SLS 方法过程中的简化式方程,都是适用和需要的. 在此不必重复.

下面介绍模型系统的检验.

6.4.1 拟合效果检验

对于联立方程模型

$$\boldsymbol{YB} + \boldsymbol{X\Gamma} = \boldsymbol{M}, \tag{6.28}$$

当参数估计量已经得到,并通过了对单个方程检验之后,有

$$\hat{\boldsymbol{Y}}\hat{\boldsymbol{B}} + \boldsymbol{X}\hat{\boldsymbol{\Gamma}} = 0. \tag{6.29}$$

将样本期的先决变量观测值代入(6.29)式,求解该方程组,即得到内生变量估计值 $\hat{Y}$. 将 $\hat{Y}$ 与 Y 进行比较,据此判断模型系统拟合效果. 常用的判断模型系统拟合效果的检验统计量是均方百分比误差,用 RMS 表示. 其计算方法为:

$$\mathrm{RMS}_i = \sqrt{\sum_{t=1}^{n} e_{it}^2/n}, \quad e_{it} = \frac{y_{it} - \hat{y}_{it}}{y_{it}}, \quad i = 1,2,\cdots,g.$$

其中,RMS_i 为第 i 个内生变量的均方百分比误差,n 为样本容量. 一般认为,在各种检验统计量中,RMS 具有更普遍的意义,对检验系统的总体拟合优度更为有效.

显然 $\mathrm{RMS}_i = 0$,表示第 i 个内生变量估计值与观测值完全拟合. 一般地,RMS 值 $<5\%$ 的变量数目占 70% 以上,RMS 值不大于 10% ,则认为模型系统总

体拟合效果较好.

6.4.2 预测性能检验

建立联立方程模型,一般要花费较长的时间,当模型建成后,实际值已经知道,有条件进行预测检验,可以计算预测值与实际值的"相对误差".

$$RE=\frac{y_{i0}-\hat{y}_{i0}}{y_{i0}},\quad i=1,2,\cdots,g.$$

其中 $y_{i0},\hat{y}_{i0}$ 分别为第 i 个内生变量的观测值与预测值,g 为模型中内生变量数目.

一般认为,$RE<5\%$ 的变量数目占 70% 以上,RE 值不大于 10%,则认为模型系统总体预测性能较好.但 5% 的标准对粮食产量预测显然不符合实际,此时应建立增量模型.

6.4.3 方程间误差传递检验

联立方程模型系统中变量之间互为解释变量,那么就存在误差的传递,需要对此进行检验.

一个总体结构清晰的计量模型,应该存在一些明显的关键路径,在关键路径上进行误差传递分析,可以检验总体模型的模拟优度和预测精度.

如果关键路径上方程数目为 T,e_i 为第 i 个方程的随机误差估计值,下列三个统计量都可以用来衡量关键路径上的误差水平.

$$\text{误差均值}=\frac{1}{T}\sum_{i=1}^{T}e_i,$$

$$\text{均方根误差}=\sqrt{\frac{1}{T}\sum_{i=1}^{T}e_i^2},$$

$$\text{冯·诺曼比}=\frac{\sum_{i=2}^{T}(e_i-e_{i-1})^2}{\sum_{i=1}^{T}e_i^2}\cdot\frac{T}{T-1}.$$

误差均值应用较少,有正负抵消问题.均方根误差和冯·诺曼比应用较多,显然是越小越好.

6.4.4 样本间误差传递检验

由于滞后内生变量的存在,使得模型预测误差不仅在方程之间传递,而且在不同的时间截面之间,即样本点之间传递.所以对模型进行滚动预测检验是必要的.

如果样本期为 $t=1,2,\cdots,n$,对于模型

$$\hat{Y}\hat{B}+X\hat{\Gamma}=0, \tag{6.30}$$

给定$t=1$ 时,用所有先决变量观测值,得到预测值 $\hat{Y}_1$,

$t=2$ 时,用外生变量观测值与滞后内生变量 $\hat{Y}_1$,得到 $\hat{Y}_2$,

…… ……

$t=n$ 时,用外生变量观测值与滞后内生变量 $\hat{Y}_{n-1}$,得到 $\hat{Y}_n$,

并求出滚动预测值 $\hat{Y}_n$ 与实际观测值 Y 的相对误差. 另外求非滚动预测值 $\hat{Y}'_n$,即 $t=n$ 时将所有先决变量值代入得到. 并求出非滚动预测值 $\hat{Y}'_n$ 与实际观测值 Y 的相对误差. 二者的差异表明模型预测误差在不同时间截面之间的传递.

从上述检验过程可以看出,滚动预测检验是较为严格有效的检验.

练习题

1. 为什么要建立联立方程计量经济学模型? 联立方程计量经济学模型适用于什么样的经济现象?

2. 联立方程计量经济学模型的识别状况可以分为几类? 其含义各是什么?

3. 联立方程计量经济学模型的单方程估计有哪些主要的方法? 其适用条件和统计性质各是什么?

4. 一个有 2 个方程构成的简单商品供求模型如下:

供给方程 $Q_t=\alpha_0+\alpha_1 P_t+u_{1t}$,

需求方程 $Q_t=\beta_0+\beta_1 P_t+u_{2t}$.

其中,P 为均衡价格;Q_t 是供求平衡状态下的供给量或需求量. 试从模型简化式与结构式关系体系回答下列问题:

(1) 该模型两个方程是否可识别?

(2) 如果对该模型需求函数增加消费者收入变量 Y_t,则两方程的识别状态有何变化?

(3) 如果再在上述模型的供给方程中引入新变量上期商品价格 P_{t-1},则两方程的识别状态有何变化?

(4) 如在需求函数中继续引入表示消费者财富的变量 W_t,则两方程的识别状态又有何变化?

5. 考虑以下凯恩斯收入决定模型

$$C_t=\beta_{10}+\beta_{11}Y_t+\mu_{1t},$$

$$I_t = \beta_{20} + \beta_{21} Y_t + \beta_{22} Y_{t-1} + \mu_{2t},$$
$$Y_t = C_t + I_t + G_t.$$

其中,C 为消费支出;I 为投资支出;Y 为收入;G 为政府支出;G_t 与 Y_{t-1} 为先决变量.

(1)导出模型的简化型方程并判定上述方程中哪些是可识别(恰好或过度)的.

(2)你将用什么方法估计过度可识别方程和恰好可识别方程中的参数.

6. 某联立方程计量经济学模型有 3 个方程,3 个内生变量(Y_1, Y_2, Y_3),3 个外生变量(X_1, X_2, X_3)和样本观测值始终为 1 的虚变量 C,样本容量为 n,其中第 2 个方程

$$Y_2 = \alpha_0 + \alpha_1 X_1 + \alpha_2 Y_3 + \alpha_3 X_3 + \mu_2$$

为恰好识别的结构方程.

(1)写出用 IV 法估计该方程参数的正规方程组;

(2)用 ILS 方法估计该方程参数,也可以看成一种工具变量方法,指出工具变量是如何选取的,并写出参数估计量的矩阵表达式;

(3)用 2SLS 方法估计该方程参数,也可以看成一种工具变量方法,指出 Y_3 的工具变量是什么,并写出参数估计量的矩阵表达式.

7. 下列为一完备的联立方程计量经济学模型:

$$Y_t = \beta_0 + \beta_1 M_t + \gamma_1 C_t + \gamma_2 I_t + \mu_{1t},$$
$$M_t = \alpha_0 + \alpha_1 Y_t + \gamma_3 P_t + \mu_{2t}.$$

其中,M 为货币供给量;Y 为国内生产总值;P 为价格总指数;C,I 分别为居民消费与投资.

(1)指出模型的内生变量、外生变量、先决变量;

(2)写出简化式模型,并导出结构式参数与简化式参数之间的关系;

(3)用结构式条件确定模型的识别状态;

(4)指出 ILS,IV,2SLS 中哪些可用于原模型第 1,2 个方程的参数估计.

8. 考虑以下货币供求模型:

货币需求　$M_t^d = \beta_0 + \beta_1 Y_t + \beta_2 R_t + \beta_3 P_t + \mu_{1t},$

货币供给　$M_t^s = \alpha_0 + \alpha_1 Y_t + \mu_{2t}.$

其中,M 为货币;Y 为收入;R 为利率;P 为价格;μ_{1t},μ_{2t} 为误差项;R 和 P 是前定变量.

(1)需求函数可识别吗?

(2)供给函数可识别吗?

(3)你会用什么方法估计可识别方程中的参数? 为什么?

(4)假设我们把供给函数加以修改,多加进两个解释变量 Y_{t-1} 和 M_{t-1},会出现什么识别问题?你还会用你在(3)中用的方法吗?为什么?

9. 我国的工资、消费、价格模型被设定为

$$W_t = \alpha_1 + \alpha_2 I_t + \mu_{1t},$$
$$C_t = \beta_1 + \beta_2 I_t + \beta_3 W_t + \mu_{2t},$$
$$P_t = \gamma_1 + \gamma_2 I_t + \gamma_3 W_t + \gamma_4 C_t + \mu_{3t}.$$

其中,I 为固定资产投资;W 为国有企业职工年平均工资;C 为居民消费水平指数;P 为价格指数;C,P 均以上一年为 100%,样本数据见表 6.10.

表 6.10

年份	固定资产投资 I(亿元)	职工年均工资 W(元)	消费水平指数 C	价格指数 P
1975	544.94	613	101.9	100.2
1976	523.94	605	101.8	100.3
1977	548.30	602	100.9	102.0
1978	668.72	644	105.1	100.7
1979	699.36	705	106.7	102.0
1980	745.90	803	109.5	106.0
1981	667.51	812	106.8	102.4
1982	945.31	831	105.4	101.9
1983	851.96	865	107.1	101.5
1984	1185.18	1034	111.4	102.8
1985	1680.51	1213	113.2	108.8
1986	1978.50	1414	104.9	106.0

试完成以下问题:

(1)该方程组是否可识别?

(2)选用适当的方法估计模型的未知参数(要求分别用 OLS 和 2TSLS 两种方法方法估计参数).

(3)比较所选方法的估计的结果.

10. 某国宏观经济统计资料见表 6.11. 其中,C_t,I_t 和 Y_t 分别表示消费、投资和收入;G_t 和 X_t 分别表示政府支出和净出口.

表 6.11 单位:亿美元

年份	C_t	I_t	Y_t	G_t	X_t
1978	1759	989	3036	869	-11
1979	1710	1026	3880	963	-19
1980	2129	1185	4083	881	-12
1981	2322	1169	4371	869	11
1982	2478	1279	4742	906	79
1983	2736	1432	5225	1013	44
1984	3070	1711	5985	1204	0
1985	3630	2356	6955	1259	-290
1986	3744	2453	7330	1319	-186
1987	4274	2742	8180	1424	-260
1988	4880	3237	9400	1380	-97
1989	5064	3403	9782	1425	-110
1990	5053	3355	10157	1467	282
1991	5376	3719	11091	1673	323
1992	6104	4550	12670	1881	135
1993	6536	6049	14379	2077	-283
1994	7300	6441	16200	2241	218
1995	8389	7008	17902	2204	301
1996	9335	7516	19620	2353	416
1997	10629	8006	21345	2684	-34

根据以上数据资料建立以下宏观经济模型

$$C_t = \alpha_0 + \alpha_1 Y_t + \mu_{1t},$$
$$I_t = \beta_0 + \beta_1 Y_t + \beta_2 Y_{t-1} + \mu_{1t},$$
$$Y_t = C_t + I_t + G_t + X_t.$$

要求:(1)判断模型的识别性;

(2)用 2SLS 法估计模型参数.

11. 设联立方程组模型为

$$Q_t^d = \alpha_0 + \alpha_1 P_t + \alpha_2 Y_t + \mu_{1t},$$
$$Q_t^s = \beta_0 + \beta_1 P_t + \beta_2 W_t + \mu_{2t},$$
$$Q_t^d = Q_t^s = Q_t.$$

其中，Q_t^d，Q_t^s，P_t 分别为需求量、供给量和价格，它们是内生变量；Y_t，W_t 分别为收入和气候条件，它们是外生变量. 样本数据见表 6.12.

表 6.12

t	Q_t	P_t	Y_t	W_t
1	11	20	8.1	42
2	16	18	8.4	58
3	11	12	8.5	35
4	14	21	8.5	46
5	13	27	8.8	41
6	17	28	9.0	56
7	14	25	8.9	48
8	15	27	9.4	50
9	12	30	9.5	39
10	18	28	9.9	52

要求：(1) 判断模型的识别性；

(2) 分别用 OLS 法和 2SLS 法求参数的估计，对所估计模型进行评价.

7 计量经济学应用模型

教学内容:经典计量经济学应用模型,包括单方程应用模型和联立方程应用模型. 其中单方程应用模型包括需求函数模型、消费函数模型和生产函数模型;联立方程模型包括宏观计量经济学模型.

教学目的:要求学生熟悉常用的计量经济学应用模型的理论模型和估计方法;使学生了解这些模型是如何提出与发展的,为学生在未来的实践中自己提出与发展新的模型打下方法论基础.

重点及难点:教学重点是需求函数、消费函数、生产函数各自的经济理论基础以及发展的线索,不同模型各自的应用范围. 根据时间可以让学生掌握宏观计量经济学模型的设定理论,了解中国宏观计量经济学模型的主要特征. 教学难点是有些模型推导运用了一些数学公式,要使学生了解其推导过程;使学生理解建立应用模型其理论是第一位的,采用数学方法是第二位的.

从本章开始,我们将转入应用计量经济学内容. 计量经济学模型主要用于结构分析、政策评价、经济预测、检验与发展经济理论,从应用的领域来讲,主要有需求、消费、生产、投资、货币需求与供给、国际贸易与汇率、就业、福利以及宏观经济. 本章将选择其中的需求、消费、生产以及宏观经济几个领域作为例子,介绍一些计量经济学应用模型.

7.1 需求函数模型

需求理论是微观经济学理论体系中的重要组成部分,需求函数的描述与估计是应用计量经济学中的一个重要研究领域. 在市场经济体制下,需求对生产起着导向与拉动作用,关于需求的实证研究具有重要的意义. 在本节中我们将通过具体实例讨论建立与应用需求函数模型的方法论.

7.1.1 一个实例

7.1.1.1 公式

建立存量调整模型：

$$q_t = \beta_0 + \beta_1 p_t + \beta_2 I_t + \beta_3 S_{t-1} + \mu_t.$$

其中，q_t 为对耐用品的需求；p 为价格；I 为可支配收入；S 为存货，表示为去年存货剔除报废商品并加上新购商品量.

7.1.1.2 数据

这里用《北京统计年鉴》(2005)中城镇百户家庭平均拥有彩电台数数据来反映对彩电的需求，用商品零售价格指数来反映价格，用10年来估计彩电的使用寿命，从而折旧率为0.1，采用城镇居民可支配收入作为 I，数据如表7.1所示.

表7.1

年份	百户家庭平均拥有彩电台数(q)	商品零售价格指数(上年为100)(P)	存量(S)	人均可支配收入(元)(I)
1985	32.2	118.6	32.2	907.7
1986	50.9	106.7	78.01	1 067.52
1987	57.5	108.7	129.76	1 181.87
1988	69.7	121.9	192.49	1 436.97
1989	80.5	118.5	264.94	1597.1
1990	90.9	104.1	346.75	1 787.08
1991	97.1	108.5	434.14	2 040.43
1992	101.4	108.3	525.4	2 363.68
1993	107.2	116.9	621.88	3 296.04
1994	111.8	117.9	722.5	4 731.24
1995	113.6	112.6	824.74	5 868.36
1996	119.2	107.3	932.02	6 885.48
1997	123.8	103.8	1 043.44	7 813.11
1998	133.2	98.3	1 163.32	8 471.98
1999	141.4	98.8	1 290.58	9 182.8
2000	145.5	98.9	1 421.53	10 349.7
2001	148.9	98.8	1 555.54	11 577.8
2002	148.4	98.4	1 689.1	12 463.9
2003	147.0	98.2	1 821.4	13 882.6
2004	150.6	99.2	1 956.94	15 637.8

7.1.1.3 Eviews 结果

直接建立回归模型(参见表7.2)

表7.2

Dependent Variable: Q
Method: Least Squares
Date: 01/07/06Time: 21:08
Sample(adjusted): 1986 2004
Included observations: 19 after adjusting endpoints
Newey-West HAC Standard Errors & Covariance (lag truncation = 2)

Variable	Coefficient	Std. Error	t-Statistic	Prob.
C	59.508 22	31.56751	1.885110	0.078 9
P	0.077 217	0.261063	0.295778	0.771 5
$S(-1)$	0.176 105	0.031034	5.674663	0.000 0
I	-0.014 847	0.003675	-4.040157	0.001 1

R-squared	0.960 839	Mean dependent var	112.557 9
Adjusted R - squared	0.953 007	S. D. dependent var	31.896 50
S. E. of regression	6.914 459	Akaike info criterion	6.889 770
Sum squared resid	717.146 2	Schwarz criterion	7.088 600
Log likelihood	-61.452 82	F-statistic	122.679 4
Durbin-Watson stat	0.536 900	*Prob*(F-statistic)	0.000 000

这里采用 Newey-West 对协方差矩阵进行处理. 这时 DW 检验认为有序列相关,序列相关 LM 检验值为 13.097 3,伴随概率为 0.001 432,说明序列相关现象很严重. 同时,该模型自回归条件异方差 LM 检验值为 1.023 3,伴随概率为 0.311 7,说明自回归条件异方差并不显著,考虑到系数问题,下面采用对数模型,同时添加 AR(1)项(参见表7.3)

表7.3

Dependent Variable: LOG(Q)
Method: Least Squares
Date: 01/07/06Time: 21:26
Sample(adjusted): 1990 2004
Included observations: 15 after adjusting endpoints
Convergence achieved after 7 iterations
Newey-West HAC Standard Errors & Covariance (lag truncation = 2)

Variable	Coefficient	Std. Error	t-Statistic	Prob.
C	2.045 481	0.280 344	7.296 316	0.000 0

续表

Variable	Coefficient	Std. Error	t-Statistic	Prob.
P	0.002 707	0.001 355	1.998 003	0.073 6
LOG(S(−1))	0.133 951	0.031 226	4.289 682	0.001 6
LOG(I)	0.180 176	0.039 873	4.518 741	0.001 1
AR(4)	−0.655 817	0.056 581	−11.590 71	0.000 0
R-squared	0.993 620	Mean dependent var		4.817 334
Adjusted R-squared	0.991 068	S. D. dependent var		0.172 821
S. E. of regression	0.016 333	Akaike info criterion		−5.130 049
Sum squared resid	0.002 668	Schwarz criterion		−4.894 032
Log likelihood	43.475 37	F-statistic		389.356 5
Durbin-Watson stat	1.690 969	Prob(F-statistic)		0.000 000
Inverted AR Roots	.64 −.64i	.64 −.64i	−.64 +.64i	−.64 +.64i

这里采用 Newey-West 对协方差矩阵进行处理，此时 DW 检验已经失效，然而序列相关性的 LM 检验值为 0.194 0，不显著，伴随概率为 0.907 6. 同时可以采用游程检验，N_1 为 8，N_2 为 7，游程为 5，大于临界值 4，所以认为序列相关不显著. 自回归条件异方差 LM 检验值为 2.323 5，伴随概率为 0.127 4，说明自回归条件异方差不显著.

7.1.1.4 简述

回归结果如下：

$$\widehat{\mathrm{LOG}}(Q) = 2.045\,5 + 0.002\,7p + 0.134\,0 \times \mathrm{LOG}[S(-1)] + 0.180\,2\ \mathrm{LOG}(I) + [\mathrm{AR}(4) = -0.655\,8]$$

$$(t)\quad (7.296\,3)\quad (1.998\,0)\quad (4.289\,7)\quad (4.518\,7)\quad (-11.590\,7)$$

$$R^2 = 0.993\,6, \bar{R}^2 = 0.991\,1, DW = 1.691\,0, F = 389.356\,5.$$

由上式可知，个人彩电的需求对可支配收入的弹性为 0.1802，非常大. 价格水平是影响需求的重要因素，一般来说，应该是一个负值，表示价格对于需求的负向作用. 然而，这里价格并不显著，没有通过 t 检验，可以当 0 看待，而对于一个为 0 的数，正负已经没有什么意义了. 而存货则可以理解为一种消费的不可逆性：去年消费高了，今年一时半刻很难下调，经济学中称为“棘轮效应”.

7.1.2 几个重要的概念

7.1.2.1 需求函数

需求函数是描述商品的需求量与影响因素（如收入、价格、其他商品的价格等）之间关系的数学表达式，即

$$q_i = f(I, p_1, p_2, \cdots, p_i, \cdots, p_n). \tag{7.1}$$

其中，q_i为对第 i 种商品的需求量；I 为收入；$p_1, \cdots, p_i, \cdots p_n$为各种商品的价格；$n$ 为商品数目. 一般来讲，影响需求量的主要因素是收入与价格；对于一些特定的商品和特定的情况，也会在需求函数中引入其他的解释变量，如耐用品的存量、一般消费品的消费习惯等. 需求函数反映了商品的需求行为和需求规律，可以用于需求的结构分析和需求预测.

7.1.2.2　需求弹性

(1)需求的收入弹性. 需求的收入弹性定义为当所有商品的价格不变时，收入变化一个百分点所引起的第 i 种商品需求量的变化百分比，即

$$\eta_i = \frac{\Delta q_i}{q_i} \Big/ \frac{\Delta I}{I} \to \frac{\partial q_i}{\partial I} \cdot \frac{I}{q_i}. \tag{7.2}$$

一般来讲，对于生活必需品，如食品、日用必需品、燃料等，随着收入的增加，对这些商品的需求量将增加，但在总收入中用于购买这些商品的支出将下降. 也就是说，收入增加 1%，对这些商品的需求量的增加小于 1%，所以 $0 < \eta_i < 1$. 对于高档消费品，可能出现 $\eta_i > 1$ 的情况. 而对于某些低质商品，η_i将小于 0，即随着收入的增加，对这些商品的需求量将下降.

(2)需求的自价格弹性. 需求的自价格弹性定义为当收入和其他商品的价格不变时，第 i 种商品价格变化一个百分点所引起的第 i 种商品需求量的变化百分比，即

$$\varepsilon_{ii} = \frac{\Delta q_i}{q_i} \Big/ \frac{\Delta p_i}{p_i} \to \frac{\partial q_i}{\partial p_i} \cdot \frac{p_i}{q_i}. \tag{7.3}$$

一般来讲，对于生活必需品，如食品、日用必需品、燃料等，随着自身价格的上升，对这些商品的需求量将减少，但减少得很有限，于是在总收入中用于购买这些商品的支出将上升. 也就是说，自身价格上升一个百分点，对这些商品的需求量的下降小于 1%，所以 $-1 < \varepsilon_{ii} < 0$. 对于高档消费品，可能出现 $\varepsilon_{ii} < -1$ 的情况. 而对于某些特殊商品，ε_{ii}将大于 0，即随着自身价格上升，对这些商品的需求量将上升，这就是经济学中的“吉芬品之谜”.

(3)需求的互价格弹性. 需求的互价格弹性定义为收入和其他商品的价格不变时，第 j 种商品价格变化一个百分点所引起的第 i 种商品需求量的变化百分比，即

$$\varepsilon_{ij} = \frac{\Delta q_i}{q_i} \Big/ \frac{\Delta p_j}{p_j} \to \frac{\partial q_i}{\partial p_j} \cdot \frac{p_j}{q_i}. \tag{7.4}$$

一般来讲，对于替代品，如鱼和蛋，随着鱼的价格的上升，对它的需求量将减少，导致对蛋的需求量的增加. 也就是说，第 j 种商品价格上升 1%，引起的第

i 种商品需求量的上升,所以 $\varepsilon_{ij}>0$. 对于互补品,如西装和领带,随着西装价格的上升,对它的需求量将减少,导致对领带的需求量的减少,所以 $\varepsilon_{ij}<0$. 而对于互相无关的商品,ε_{ij}应该等于0. 但如果第 j 种商品是必需品,随着价格上升,对这些商品的需求量的减少是有限的,导致在总收入中该种商品的支出增加,迫使其他商品的需求量下降,即 ε_{ij}小于0.

7.1.2.3　需求函数的特性

(1)非负性. 需求量总是正的. 即

$$q_i=f(I,p_1,p_2,\cdots,p_i,\cdots,p_n)\geqslant 0. \tag{7.5}$$

(2)可加性. 表示所有商品支出之和等于总支出. 若支出项中包括储蓄,则 I 表示总收入. 即

$$\sum_{i=1}^{n} q_i p_i = I. \tag{7.6}$$

(3)对称性. 表示第 j 种商品替代第 i 种的能力等于第 i 种商品替代第 j 种商品的能力. 即

$$\frac{\partial q_i}{\partial p_j}+\frac{\partial q_i}{\partial I}q_j=\frac{\partial q_j}{\partial p_i}+\frac{\partial q_j}{\partial I}q_i. \tag{7.7}$$

(4)单调性. 表示在某种商品的价格上升时,若实际收入水平不变,则消费者对该种商品的需求量将减少. 即

$$\frac{\partial q_i}{\partial p_i}+q_i\frac{\partial q_i}{\partial I}<0. \tag{7.8}$$

(5)零阶齐次性条件. 当收入、价格、其他商品的价格等都增长 λ 倍时,对商品的需求量没有影响. 即

$$f(\lambda I,\lambda p_1,\cdots,\lambda p_i,\cdots,\lambda p_n)=\lambda^0 f(I,p_1,\cdots,p_i,\cdots,p_i,\cdots,p_n). \tag{7.9}$$

这就是需求函数的零阶齐次性条件,是需求函数的一个重要特征. 可以用该条件检验实际建立的需求函数模型是否正确.

7.1.2.4　效用函数与需求函数

需求函数不是经验产物,而是由效用函数在效用最大化条件下导出的. 效用函数分直接效用函数和间接效用函数两大类.

直接效用函数表示为商品需求量的函数,即

$$U=u(q_1,q_2,\cdots,q_n). \tag{7.10}$$

在预算

$$\sum_{i=1}^{n} q_i p_i = I$$

约束下,对(7.10)式极大化,得到的商品需求量组合为最优商品组合,该组合中的商品需求量是收入和价格的函数,就是需求函数. 需求函数的推导过程如下:

构造如下的拉格朗日函数：

$$L(q_1,q_2,\cdots,q_n,\lambda) = u(q_1,q_2,\cdots,q_n) + \lambda(I - \sum_{i=1}^{n} q_i p_i). \tag{7.11}$$

最优商品组合必须满足

$$\begin{cases} \dfrac{\partial L}{\partial q_i} = \dfrac{\partial u}{\partial q_i} - \lambda p_i = 0, \\ \dfrac{\partial L}{\partial \lambda} = I - \sum\limits_{i=1}^{n} q_i p_i = 0, \end{cases} \qquad i = 1,2,\cdots,n.$$

求解该方程组即可得到所求的需求函数.

间接效用函数将效用表示为收入和商品价格的函数,即

$$V = v(p_1,p_2,\cdots,p_n,I). \tag{7.12}$$

利用公式

$$q_i = -\frac{\partial V}{\partial p_i} \Big/ \frac{\partial V}{\partial I}, i = 1,2,\cdots,n \tag{7.13}$$

也可以得到所求的使效用达到最大的商品需求函数. 从效用函数到需求函数,概念清楚,所求得的商品需求可以满足效用最大化,那么效用函数如何得到?这属于高级层次的微观经济学中的内容,是在一定的假设下,根据效用理论推导出来的.

7.1.3 几个重要的单方程需求函数模型及其参数估计

7.1.3.1 线性需求函数模型

线性需求函数模型将商品的需求量与收入、价格、其他商品的价格等影响因素之间的关系描述为直接线性关系,即

$$q_i = \alpha + \sum_{j=1}^{n} \beta_j p_j + \gamma I + \mu. \tag{7.14}$$

这种需求函数模型缺少合理的经济解释,参数没有经济意义,并且不满足需求函数的零阶齐次性条件,但在实际中确实存在. 它是由样本观测值拟合而得到的一种模型形式. 可以采用单方程线性模型的估计方法估计该需求函数模型.

7.1.3.2 对数线性需求函数模型

对数线性需求函数模型同样是由样本观测值拟合而得到的一种模型形式. 由于它具有合理的经济解释,参数具有明确的经济意义,所以是一种常用的需求函数模型. 其的数学表达式为:

$$\ln q_i = \alpha + \sum_{j=1}^{n} \beta_j \ln p_j + \gamma \ln I + \mu. \tag{7.15}$$

显然,根据弹性的定义, γ 为需求的收入弹性;β_i 为需求的自价格弹性;$\beta_j(j \neq i)$

为需求的互价格弹性. 根据需求函数的零阶齐次性条件,应该有

$$\beta_1+\beta_2+\cdots+\beta_n+\gamma=0.$$

可以采用单方程线性模型的估计方法估计该需求函数模型.

若将(7.15)式改写为:

$$q_i=\alpha+\sum_{j=1}^{n}\beta_j\ln p_j+\gamma\ln I+\mu, \tag{7.16}$$

则称为半对数线性需求函数模型. 这种函数的恩格尔曲线曾被普瑞斯和胡塔克用来研究1938年英国中产阶级家庭的预算问题.

7.1.3.3 耐用品的存量调整模型

对于耐用品,它的需求量不仅受到收入与价格的影响,而且与该种商品的存量有关,理由是显而易见的. 著名的存量调整模型是一个具有很强实用价值的商品需求模型. 有人认为,它是商品需求模型,但不是需求函数模型,因为需求函数专门研究需求量与收入、价格之间的关系. 这是从狭义的需求函数意义上讲的. 从广义上讲,也把它看做需求函数模型的一类.

耐用品存量调整模型的理论模型的推导过程如下:

假设某种耐用品 t 时刻的期望存量 S_t^e 是实际支出和有关价格的线性函数,即

$$S_t^e=\alpha_0+\alpha_1 p_t+\alpha_2 I_t+\mu_t.$$

实际存量通常不等于期望存量,二者之间的关系可用下式描述:

$$S_t-S_{t-1}=\lambda(S_t^e-S_{t-1}).$$

设 δ 为报废率,有

$$S_t=(1-\delta)S_{t-1}+q_t.$$

于是 t 时刻的需求量可表示为

$$\begin{aligned}q_t&=S_t-S_{t-1}+\delta S_{t-1}\\&=\lambda(S_t^e-S_{t-1})+\delta S_{t-1}\\&=\lambda\alpha_0+\lambda\alpha_1 p_t+\lambda\alpha_2 I_t+(\delta-\lambda)S_{t-1}+\lambda\mu_t.\end{aligned} \tag{7.17}$$

即为存量调整模型.

一般直接将存量调整模型设定为

$$q_t=\beta_0+\beta_1 p_t+\beta_2 I_t+\beta_3 S_{t-1}+\mu_t, \tag{7.18}$$

并且直接用单方程计量经济学模型的估计方法估计该模型. 但是必须清楚该理论模型的由来.

直接估计(7.18)式,得到的参数估计量的经济意义不明确. 必须反过来求得(7.17)式中的每个参数估计量,才有明确的经济意义. 由(7.18)式的4个参数估计量求(7.17)式的5个参数估计量,必须外生给定 δ.

存量调整模型的一个成功的例子是邹至庄所进行的美国汽车需求分析. 利

用美国1921~1953年的数据,采用OLS方法估计(7.18)式,得到

$$q_t = 0.08 - 0.020p_t + 0.012I_t - 0.23S_{t-1}.$$

外生给定 $\delta = 0.25$,求得

$$\lambda = 0.48, \quad \alpha_0 = 0.17, \quad \alpha_1 = -0.042, \quad \alpha_2 = 0.025.$$

7.1.3.4 状态调整模型

霍撒克(Houthakker)和泰勒(Taylor)于1970年建议用(7.18)式

$$q_t = \beta_0 + \beta_1 p_t + \beta_2 I_t + \beta_3 S_{t-1} + \mu_t$$

描述耐用品和非耐用品的需求. 其中 S_{t-1} 为状态变量,对于耐用品即为存量;对于非耐用品,它表示消费习惯等“心理存量”,可以用上一期的实际实现了的需求(即消费)量作为样本观测值. 于是,对于非耐用品的需求函数模型,可以表示为

$$q_t = \beta_0 + \beta_1 p_t + \beta_2 I_t + \beta_3 q_{t-1} + \mu_t. \tag{7.19}$$

霍撒克和泰勒利用美国1929—1964的数据,对81类商品分别估计该模型,发现对于其中的65类商品,该模型是成功的. 清华大学李子奈也曾经用中国的数据估计该模型,结果发现 q_{t-1} 成为最显著的变量,而价格变量变得不显著,这反映了我国的实际情况,但使得模型不能用于分析价格变化对需求量的影响.

在估计中发现,由于采用时间序列数据为样本,加上 q_{t-1} 的引入,使得随机干扰项序列相关性普遍存在,必须采用广义差分法或广义最小二乘法.

7.1.4 线性支出系统需求函数模型及其参数估计

线性支出系统需求函数模型(LES),主要是它的扩展形式,即扩展的线性支出系统需求函数模型(ELES)是一类经济意义清楚,具有广泛应用价值的需求函数模型,属于联立方程计量经济学模型.

7.1.4.1 线性支出系统(LES)

(1)模型的导出. 正如前面提到的,西方国家发展的需求函数理论模型,尤其是联立方程计量经济学模型系统,是由效用函数在效用最大化下导出的. 线性支出系统需求函数模型正是如此.

克莱因(Klein)和鲁宾(Rubin)于1947年提出了如下形式的直接效用函数:

$$U = \sum_{i=1}^{n} u_i(q_i) = \sum_{i=1}^{n} b_i \ln(q_i - r_i). \tag{7.20}$$

其中,r_i 为对第 i 种商品的基本需求量;b_i 为边际预算份额. 该效用函数认为,效用具有可加性,即总效用为各种商品的效用之和;而各种商品的效用取决于实际需求量与基本需求量之差.

英国计量经济学家斯通(R. Stone)于1954年以(7.20)式为基础,提出了

线性支出系统需求函数. (7.20) 式在预算约束

$$\sum_{i=1}^{n} q_i p_i = V$$

下极大化,即构造如下的拉格朗日函数:

$$L(q_1,q_2,\cdots,q_n,\lambda) = \sum_{i=1}^{n} b_i \ln (q_i - r_i) + \lambda(V - \sum_{i=1}^{n} q_i p_i). \tag{7.21}$$

由极值条件得到如下方程组:

$$\begin{cases} \dfrac{\partial L}{\partial q_i} = \dfrac{b_i}{q_i - r_i} - \lambda p_i = 0, \\ \dfrac{\partial L}{\partial \lambda} = \sum\limits_{i=1}^{n} q_i p_i - V = 0, \end{cases} \quad i = 1,2,\cdots,n. \tag{7.22}$$

该方程组中共有 $n+1$ 个方程,求解该方程组即得到线性支出系统需求函数.

求解方程组 (7.22) 的过程如下:对于前 n 个方程,消去 λ 可得

$$\frac{p_i}{p_j} = \frac{b_i}{b_j} \cdot \frac{q_j - r_j}{q_i - r_i}, \qquad i,j = 1,2,\cdots,n.$$

即

$$b_j(p_i q_i - p_i r_i) = b_i(p_j q_j - p_j r_j), \qquad i = 1,2,\cdots,n, i \neq j.$$

两边对 i 求和,有

$$\sum_{i=1}^{n} b_j(p_i q_i - p_i r_i) = \sum_{i=1}^{n} b_i(p_j q_j - p_j r_j),$$

$$b_j \sum_{i=1}^{n} (p_i q_i - p_i r_i) = (p_j q_j - p_j r_j) \sum_{i=1}^{n} b_i,$$

$$p_j q_j = p_j r_j + b_j \sum_{i=1}^{n} (p_i q_i - p_i r_i),$$

$$p_j q_j = p_j r_j + b_j [V - \sum_{i=1}^{n} (p_i r_i)]. \tag{7.23}$$

其中利用了

$$\sum_{i=1}^{n} p_i q_i = V,$$

$$\sum_{i=1}^{n} b_i = 1.$$

可以将 (7.23) 式写成

$$q_i = r_i + \frac{b_i}{p_i}(V - \sum_j p_j r_j), \qquad i = 1,2,\cdots,n. \tag{7.24}$$

即为线性支出系统需求函数.

(2)模型的经济意义. 线性支出系统需求函数的经济意义十分清楚,对第 i 种商品的需求量等于两部分之和:第一部分为基本需求量,即维持基本生活所需的;第二部分为总预算扣除对所有商品的基本需求支出后剩余部分中愿意用

于对第 i 种商品的需求，与消费者的偏好有关.

(3)模型估计的困难. 线性支出系统需求函数（7.24）式中待估参数为基本需求量 r_i 和边际预算份额 b_i. 但是，由于总预算 V 是对所有商品的需求支出之和，是内生变量，无法外生给出，使得模型难以估计，所以线性支出系统需求函数并没有被实际应用.

7.1.4.2. 扩展的线性支出系统(ELES)

为克服 LES 在估计上的困难，1973 年路迟(Liuch)对 LES 作了两点修改，提出了扩展的线性支出系统需求函数模型. 这两点修改是：以收入 I 代替预算 V；将 b_i 的概念由边际预算份额改为边际消费倾向，于是模型表达式为：

$$q_i = r_i + \frac{b_i}{p_i}(I - \sum_j p_j r_j), \qquad i = 1,2,\cdots,n. \tag{7.25}$$

其中，待估参数为基本需求量 r_i 和边际消费倾向 b_i. 按照它们的经济意义，应该有

$$r_i > 0,$$
$$0 \leqslant b_i < 1,$$
$$\sum_i b_i \leqslant 1.$$

由收入和价格的样本观测值可以对模型进行估计.

7.1.4.3 扩展的线性支出系统需求函数的零阶齐次性证明

对于（7.25）式

$$q_i = r_i + \frac{b_i}{p_i}(I - \sum_j p_j r_j), \qquad i = 1,2,\cdots,n,$$

需求的收入弹性为：

$$\eta_i = \frac{\partial q_i}{\partial I} \cdot \frac{I}{q_i} = \frac{b_i I}{p_i q_i}.$$

需求的自价格弹性为：

$$\begin{aligned}
\varepsilon_{ii} &= \frac{\partial q_i}{\partial p_i} \cdot \frac{p_i}{q_i} = \left(-\frac{b_i I}{p_i^2} + b_i \sum_{\substack{j=1 \\ j\neq i}}^{n} \frac{p_j r_j}{p_i^2}\right) \cdot \frac{p_i}{q_i} \\
&= \frac{1}{p_i q_i}(-b_i I + b_i \sum_{j\neq i} p_j r_j + b_i p_i r_i - b_i p_i r_i) \\
&= \frac{1}{p_i q_i}[-b_i(I - \sum_{j=1}^{n} p_j r_j) - b_i p_i r_i] \\
&= \frac{1}{p_i q_i}[p_i r_i - b_i(I - \sum_{j=1}^{n} p_j r_j) - p_i r_i - b_i p_i r_i] \\
&= \frac{(1-b_i)p_i r_i}{p_i q_i} - \frac{p_i r_i + b_i(I - \sum_{j=1}^{n} p_j r_j)}{p_i q_i}
\end{aligned}$$

$$= \frac{(1-b_i)p_ir_i}{p_iq_i} - 1\ .$$

需求的互价格弹性为

$$\varepsilon_{ij} = \frac{\partial q_i}{\partial p_j}\cdot\frac{p_j}{q_i} = -\frac{b_ir_j}{p_i}\cdot\frac{p_j}{q_i} = -\frac{b_ip_jr_j}{p_iq_i},\qquad j=1,2,\cdots,n,\qquad j\neq i\ .$$

于是有

$$\eta_i + \varepsilon_{ii} + \sum_{j\neq i}\varepsilon_{ij} = \frac{p_ir_i + b_i(I - \sum_{j=1}^{n} p_jr_j)}{p_iq_i} - 1 = 0.$$

即当收入、自价格、互价格同时增长1%时，商品的需求量不变.

7.1.4.4　扩展的线性支出系统需求函数模型的估计方法

模型(7.25)式是关于参数的非线性模型，它无法采用简单方法使其线性化. 对于它的估计方法，有许多研究成果，最完善的方法是非线性联立方程计量经济学模型的完全信息最大似然法. 但是这种方法的数学描述和计算过程都较复杂，超出了本书的范围. 下面仅介绍两种实用的估计方法.

(1)迭代法. 迭代法是估计非线性模型的常用方法. 设法将(7.25)式用两种不同的线性形式表达，并将参数分为两组，在一种形式的方程中只含一组待估参数，可以用单方程线性模型的方法进行估计，反复迭代直至收敛.

将(7.25)式改写为

$$q_ip_i = r_ip_i + b_i(I - \sum_j p_jr_j) + \mu_i, i = 1,2,\cdots,n\ .$$

令 $V_i = q_ip_i$，有

$$V_i = r_ip_i + b_i(I - \sum_j p_jr_j) + \mu_i, i = 1,2,\cdots,n. \tag{7.26}$$

首先将(7.26)式改写成如下形式：

$$\boldsymbol{Y} = \boldsymbol{XR} + \boldsymbol{N}. \tag{7.27}$$

其中

$$\boldsymbol{Y} = \begin{pmatrix} Y_1 \\ Y_2 \\ \vdots \\ Y_n \end{pmatrix},\qquad \boldsymbol{X} = \begin{pmatrix} X_1 \\ X_2 \\ \vdots \\ X_n \end{pmatrix},\qquad \boldsymbol{R} = \begin{pmatrix} r_1 \\ r_2 \\ \vdots \\ r_n \end{pmatrix},\qquad \boldsymbol{N} = \begin{pmatrix} \mu_1 \\ \mu_2 \\ \vdots \\ \mu_n \end{pmatrix};$$

$$Y_i = V_i - b_iI,$$

$$X_i = (-b_ip_1,\cdots,-b_ip_{i-1},(1-b_i)p_i,-b_ip_{i+1},\cdots,-b_ip_n)\ .$$

再将(7.26)式改写成如下形式：

$$\boldsymbol{W} = \boldsymbol{ZB} + \boldsymbol{N}. \tag{7.28}$$

其中，

$$\boldsymbol{W}=\begin{pmatrix}W_1\\W_2\\\vdots\\W_n\end{pmatrix},\quad \boldsymbol{Z}=\begin{pmatrix}Z&&&\\&Z&&\\&&\ddots&\\&&&Z\end{pmatrix},\quad \boldsymbol{B}=\begin{pmatrix}b_1\\b_2\\\vdots\\b_n\end{pmatrix},\quad \boldsymbol{N}=\begin{pmatrix}\mu_1\\\mu_2\\\vdots\\\mu_n\end{pmatrix};$$

$$Z=I-\sum_{j=1}^{n}p_jr_j;$$

$$W_i=V_i-p_ir_i.$$

如果首先给定一组边际消费倾向 b_i的初始值 $b_i^{(0)}$，可以计算(7.27)式中 X_i的样本观测值,并可采用普通最小二乘法估计(7.27)式,得到参数基本需求量 r_i的第一次估计值 $r_i^{(1)}$；然后将估计值 $r_i^{(1)}$ 代入(7.28)式的 Z 和 W_i中,计算 Z 和 W_i的样本观测值,并可采用普通最小二乘法估计(7.28)式,得到参数 b_i的第一次估计值 $b_i^{(1)}$. 再用 $b_i^{(1)}$ 计算(7.27)式中 X_i的样本观测值,进行第二次迭代……反复迭代,直至两次迭代得到的参数估计值满足收敛条件为止,即完成了模型的估计.

注意,采用普通最小二乘法估计(7.27)式时,应该首先将 n 个方程相加,然后将相加得到的方程进行最小二乘估计,得到一组基本需求量 r_i的估计值. 如果分别对每个方程进行估计,就会得到 n 组 r_i的估计值.

在迭代法中,首先给定 b_i的初始值与首先给定 r_i的初始值,不影响估计结果.

迭代法思路清楚,计算工作量也不大,是一种较好的估计方法.

(2)截面数据作样本的最小二乘法. 当采用截面数据($k=1,2,\cdots,m$)作样本时,可以假设在同一截面上相对于不同的收入,其商品的价格是相同的,于是可以使模型变得简单,并可以直接采用普通最小二乘法进行估计. (7.26)式可以写成

$$V_{ik}=r_ip_i-b_i\sum_j p_jr_j+b_iI_k+\mu_{ik},i=1,2,\cdots,n,\quad k=1,2,\cdots,m. \tag{7.29}$$

式中, $r_ip_i-b_i\sum\limits_j p_jr_j$ 中的价格在同一截面上是不变的已知数,所以这一项只与 i 有关,设其为 a_i,则有

$$V_{ik}=a_i+b_iI_k+\mu_{ik},i=1,2,\cdots\lambda,n,\quad k=1,2,\cdots,m. \tag{7.30}$$

对模型(7.30)式采用普通最小二乘法进行估计,得到$\hat{a}_i$ $\hat{b}_i(i=1,2,\cdots,n)$. 然后利用参数之间的关系计算 $r_i(i=1,2,\cdots,n)$.

因为

$$a_i=r_ip_i-b_i\sum_j p_jr_j, \tag{7.31}$$

故有

$$\sum_{i=1}^{n} a_i = (1 - \sum_i b_i) \sum_{i=1}^{n} p_i r_i,$$

$$\sum_i p_i r_i = \frac{\sum_i a_i}{1 - \sum_i b_i}.$$

代入(7.31)式得到

$$p_i r_i = a_i + b_i \cdot \frac{\sum_i a_i}{1 - \sum_i b_i}.$$

根据该式,由$\hat{a}_i$ $\hat{b}_i(i=1,2,\cdots,n)$ 和已知的价格 p_i,可以计算得到基本需求量 r_i 的估计值. 至此完成模型的估计.

这种方法的优点是简单,但也存在两个主要缺点:一是关于价格的假设并不完全符合实际;二是不能用于价格弹性的分析.

7.1.5 大类商品的数量与价格

在需求函数研究中,尤其采用线性支出系统这样的联立方程计量经济学模型时,必须对商品和服务进行分类,因为不可能将成千上万种商品和服务单独建立模型. 那么一个实际问题就是如何计量"类商品"的数量与价格. 例如,通常将衣服、鞋子、帽子等归入衣着类,那么如何度量衣着类商品的数量与价格?

7.1.5.1 以购买支出额度量数量,以价格指数度量价格

最常用的处理方式是以购买支出额度量数量,以价格指数度量价格. 例如,对于扩展的线性支出系统模型,采用如下形式:

$$q_i p_i = r_i p_i + b_i(I - \sum_j p_j r_j) + \mu_i, i = 1,2,\cdots,n. \tag{7.32}$$

进一步改写为

$$V_i = R_i + b_i(I - \sum_{j=1}^{n} R_j) + \mu_i, i = 1,2,\cdots,n. \tag{7.33}$$

以 V_i为内生变量,以 R_i,b_i为待估参数. 对于对数线性需求函数模型,假设其他商品的价格对第 i 种商品的需求量没有影响,采用如下形式:

$$\ln V_i = \alpha_0 + \alpha_1 \ln I + \alpha_2 \ln p_i + \mu_i. \tag{7.34}$$

以对第 i 种商品的购买支出额 V_i为被解释变量,以价格指数 p_i为解释变量.

这样处理可以取得样本观测值,并完成模型的估计. 但必须注意,由于购买支出额 V_i为被解释变量,模型不再满足零阶齐次性条件,而应该满足一阶齐次性条件,因为当收入和所有商品的价格都同时增长1%时,尽管作为实物量的需求量没有改变,但作为被解释变量的购买支出额应该增长 1%. 而且对于(7.33)式所表示的扩展的线性支出系统模型,已失去分析价格影响的功能.

7.1.5.2 对于具有相同计量单位的类商品的处理

有些类商品，如汽车，尽管包含许多种不同的具体品种，但它们都具有相同的计量单位. 对于这类类商品，用所有商品的数量和表示类商品的数量，用混合平均价表示类商品的价格，即

$$\bar{q}=\sum_{i=1}^{l}q_i,$$

$$\bar{p}=\frac{\sum_{i=1}^{l}p_iq_i}{\sum_{i=1}^{l}q_i}.$$

其中，l 为该类商品中包含的具体商品的种类数；$\bar{q}$ 为类商品的数量；$\bar{p}$ 为混合平均价.

7.1.5.3 对于具有不同计量单位的类商品的处理

对于更多的具有不同计量单位的类商品，如衣着类，可以如下定义"类价格"：

$$\bar{p}=\frac{\sum_{i=1}^{l}[(p_iq_i)p_i]}{\sum_{i=1}^{l}(p_iq_i)}.$$

其含义是：由于商品计量单位不一，难以用混合平均价表示类价格，但是可以把各种不同计量单位的商品都用货币单位来表示，如 ×× 元的衣服，×× 元的帽子，然后再求它们的混合平均价. 可以如下定义"类量"：

$$\bar{q}=\frac{\sum_{i=1}^{l}p_iq_i}{\bar{p}}.$$

例如，假设衣着类商品中包括 3 双鞋子，2 件衣服，4 顶帽子，各自的价格是 10 元/双，20 元/件和 5 元/顶，按照上式计算，类价格为 13.3 元，类量为 7.

这是一种经验方法，从理论上讲是否合理，尚需要进一步研究.

7.2 消费函数模型

消费理论是宏观经济学理论的重要内容之一，旨在研究消费行为. 这里的消费指消费总量，而不是对具体商品或服务的消费需求，这是有别于需求理论的主要之处. 它的研究对象可以是一个国家、一个群体，甚至一个个体，但一定是对象的总消费. 消费函数模型是关于研究对象的总消费支出与影响因素，主要是可支配收入之间关系的数学表达式. 研究消费问题有着重要意义，其一，自

从亚当·斯密以来,评价一个经济制度的运行情况,一直看它能够如何有效地分配稀缺资源来满足消费者的欲望;其二,消费支出在 GDP 支出中占较大的比重,从各国情况来看,消费约占 GDP 的 2/3.

消费活动是经济活动的终点,一切经济活动的目的就是为了满足人们不断增长的消费需求;但另一方面,消费活动又是经济活动的起点,是拉动经济增长的动力.正因为此,关于消费行为的研究,一直受到重视,出现了各种消费理论.消费函数模型正是这些消费理论的数学描述,或者说消费函数是在消费理论的指导下建立与发展的,是一类与行为理论联系最为密切的经济数学模型.这也是消费函数模型既不同于需求函数模型,也不同于后面将要介绍的生产函数模型的地方.

7.2.1 一个实例

7.2.1.1 公式

(1)凯思斯(Keynesian)认为,消费取决于收入,消费和收入之间的关系可以表述为:

$$c_t = \alpha + \beta Y_t + \mu_t.$$

而

$$\beta = \beta_0 + \beta_1 Y_t,$$

整理得到:

$$c_t = \alpha + \beta_0 Y_t + \beta_1 Y_t^2 + \mu_t.$$

(2)杜森伯里(Duesenberry)提出相对收入假说来解释消费之谜:

$$\frac{c_t}{Y_t} = \alpha_0 + \beta_0 \frac{Y_0}{Y_t}.$$

计量建模表述为:

$$c_t = \alpha + \beta Y_t + \gamma Y_{t-1} + \mu_t.$$

7.2.1.2 数据

这里采用《北京市统计年鉴》(2005)数据进行分析,结合《北京五十年》数据,列举北京市城镇居民消费和可支配收入数据,参见表 7.4.

表 7.4 北京市城镇居民消费和可支配收入 单位:元/人

年份	可支配收入(Y)	消费支出(CUM)	年份	可支配收入(Y)	消费支出(CUM)
1978	365.4	359.86	1992	2363.68	2 134.65
1979	414.95	408.66	1993	3296.04	2 939.6
1980	501.36	490.44	1994	4731.24	4 134.12
1981	514.1	511.43	1995	5868.36	5 019.76
1982	561.1	534.82	1996	6885.48	5 729.45

续表

年份	可支配收入(Y)	消费支出(CUM)	年份	可支配收入(Y)	消费支出(CUM)
1983	590.5	574.06	1997	7813.11	6 531.81
1984	693.7	666.75	1998	8471.98	6 970.83
1985	907.7	923.3	1999	9182.8	7 498.5
1986	1 067.52	1 067.38	2000	1 0349.7	8 493.5
1987	1 181.87	1 147.6	2001	1 1577.8	8 922.7
1988	1 436.97	1 455.55	2002	1 2463.9	10 285.83
1989	1 597.1	1 520.41	2003	1 3882.6	11 123.8
1990	1 787.08	1 646.05	2004	1 5637.8	12 200.4
1991	2 040.43	1 860.17			

7.2.1.3 Eviews 结果

首先采用相对收入假说,先直接进行回归,这时 DW 检验失效,序列相关性的 LM 检验值为 3.124 0,不显著,伴随概率为 0.209 7,所以认为序列相关不显著.但自回归条件异方差 LM 检验值为 5.378 2,伴随概率为 0.020 3.说明有自回归条件异方差,为了简化,这里采用 Newey-West 对协方差矩阵进行处理,回归结果(见表 7.5)

表 7.5

Dependent Variable: CUM

Method: Least Squares

Date: 01/06/06Time: 23:52

Sample(adjusted): 1981 2004

Included observations: 24 after adjusting endpoints

Newey-West HAC Standard Errors & Covariance (lag truncation = 2)

Variable	Coefficient	Std. Error	t – Statistic	Prob.
C	210.506 1	39.127 08	5.380 062	0.000 0
Y	0.869 755	0.018 705	46.49 761	0.000 0
$Y(-3)$	−0.116 322	0.025 239	−4.608 730	0.000 2

R-squared	0.998 695	Mean dependent var	4 328.853
Adjusted R – squared	0.998 571	S. D. dependent var	3 796.076
S. E. of regression	143.499 5	Akaike info criterion	12.887 01
Sum squared resid	432 434.5	Schwarz criterion	13.034 27
Log likelihood	−151.644 1	F – statistic	8 037.102
Durbin-Watson stat	2.317 023	$Prob(F$ – statistic)	0.000 000

这时 ARCH 有了一定程度的提高,但是不是特别理想,下面再采用绝对收入假说(见表 7.6)

表 7.6

Dependent Variable: CUM				
Method: Least Squares				
Date: 01/06/06Time: 23:58				
Sample: 1978 2004				
Included observations: 27				
Newey-West HAC Standard Errors & Covariance (lag truncation = 2)				
Variable	Coefficient	Std. Error	t – Statistic	Prob.
C	106.111 5	27.929 40	3.799 276	0.000 9
Y	0.863 582	0.011 469	75.294 13	0.000 0
Y^2	–5.62E-06	7.36E-07	–7.641 509	0.000 0
R-squared	0.999 085	Mean dependent var		3 894.497
Adjusted R – squared	0.999 009	S. D. dependent var		3 783.540
S. E. of regression	119.094 0	Akaike info criterion		12.502 14
Sum squared resid	340 401.0	Schwarz criterion		12.646 12
Log likelihood	–165.778 9	F-statistic		13 108.81
Durbin-Watson stat	2.513 028	*Prob*(F-statistic)		0.000 000

序列相关性的 LM 检验值为 2.018 0,伴随概率为 0.364 6. 可以认为序列相关性不显著. 这时,若采用 Newey – West 对协方差矩阵进行处理,则 ARCH 的 LM 检验值为3.094 9,伴随概率为 0.078 5,可以认为自回归条件异方差不显著.

7.2.1.4 简述

综合比较,相对收入假说效果没有绝对收入假说的效果好,下面列举绝对收入假说的结果:

$$\hat{CUM} = 106.111\ 5 + 0.863\ 6Y - 5.622\ 0e - 06Y^2;$$
$$(t) \qquad (3.799\ 3) \quad (75.294\ 1) \qquad (-7.641\ 5)$$
$$R^2 = 0.999\ 1, \bar{R}^2 = 0.999\ 0, DW = 2.513\ 0, F = 13\ 108.81.$$

说明北京地区的消费的确满足边际消费递减规律,其中递减系数为 –5.622 0e – 06,边际消费常系数为 0.863 6,非常高,按照北京市城镇居民平均可支配收入 15 637.8估计,北京市边际消费倾向为 0.77.

7.2.2 几个重要的消费函数模型及其参数估计

7.2.2.1 绝对收入假设消费函数模型

凯恩斯认为,消费是由收入唯一决定的,消费与收入之间存在着稳定的函数关系. 随着收入的增加,消费将增加,但消费的增长低于收入的增长,即边际消费倾向递减. 根据这一理论假设,可以建立如下消费函数模型:

$$C_t = \alpha + \beta Y_t + \mu_t, t = 1, 2, \cdots, T. \tag{7.35}$$

其中,C 表示消费额;Y 表示收入;α ,β 为待估参数. 从经济意义上讲, α 为自发性消费,β 为边际消费倾向,于是有

$$0 < \beta < 1, \alpha > 0.$$

模型 (7.35) 式可以直接采用单方程计量经济学模型的估计方法估计其参数.

模型 (7.35) 式表达了凯恩斯的消费是由收入唯一决定的假设,但是由于边际消费倾向 β 为常数,并没有真正反映边际消费倾向递减规律. 在一般的教科书上,以 (7.35) 式满足

$$0 < \frac{\partial C}{\partial Y} < 1 \ , \frac{\partial C}{\partial Y} < \frac{C}{Y} \ ,$$

为由,认为模型反映了边际消费倾向递减规律. 实际上,建立变参数模型,即假设

$$\beta = \beta_0 + \beta_1 Y_t ,$$

其中,$\beta_1 < 0$,代入 (7.35) 式得到

$$C_t = \alpha + \beta_0 Y_t + \beta_1 Y_t^2 + \mu_t, t = 1, 2, \cdots, T. \tag{7.36}$$

可以较好地反映边际消费倾向递减规律. (7.36) 式仍然可以直接采用单方程计量经济学模型的估计方法估计其参数.

7.2.2.2 相对收入假设消费函数模型

杜森贝里于 1949 年提出了关于消费函数的相对收入假设理论,其一是示范性假设;其二是不可逆性假设.

(1)示范性假设消费函数模型. 绝对收入假设消费函数模型认为,消费者的消费行为是独立的,不受周围环境的影响. 这种消费行为假设是不符合客观实际的. 杜森贝里认为,消费者的消费行为不仅受自身收入的影响,也受周围人的消费水平的影响. 例如,若周围人的消费水平较高,即使某个消费者的收入水平较低,也企图接近周围人的消费水平,于是他的边际消费倾向就会比较高,这种现象被称为消费的示范性.

由消费的示范性,个人的平均消费倾向不仅与收入有关,而且与个人所处的群体的收入分布有关,在收入分布中处于低收入的个人,往往有较高的消费

倾向,即

$$\frac{C_i}{Y_i}=\alpha_0+\alpha_1\frac{\bar{Y}}{Y_i}, \tag{7.37}$$

$$\bar{Y}=\sum_i Y_i/n.$$

其中,$\bar{Y}$ 为该消费者所处的群体的平均收入水平. 从 (7.37) 式可以看出,当 α_0,α_1,$\bar{Y}$ 一定时,对于较低的 Y_i,其 C_i/Y_i 较高,这就是示范性的作用. (7.37) 式的计量形态可表示为

$$C_i=\alpha_0 Y_i+\alpha_1\bar{Y}+\mu_i \qquad i=1,2,\cdots,n. \tag{7.38}$$

其中,待估参数 $0<\alpha_0<1$,反映个人的边际消费倾向;$0<\alpha_1<1$,反映群体平均收入水平对个体消费的影响.

该模型可以直接采用单方程计量经济学模型的估计方法估计其参数. 但是,样本必须取自不同的群体,否则不能反映示范性对消费的影响.

(2)不可逆性假设消费函数模型. 绝对收入假设消费函数模型认为,消费者的消费行为只由当前收入水平决定,与历史上曾经发生的消费活动无关. 这种消费行为假设也是不符合客观实际的. 杜森贝里认为,消费者的消费支出水平不仅受当前收入的影响,也受自己历史上曾经实现的消费水平的影响. 例如,若历史上曾经达到较高的消费水平,即使当前的收入水平较低,也企图接近历史上曾经达到的消费水平,于是他当前的边际消费倾向就会比较高,这种现象被称为消费的不可逆性.

由消费的不可逆性,当前的平均消费倾向不仅与收入有关,而且与所曾经达到的消费水平,即曾经达到的最高收入水平有关. 当前收入低于曾经达到的最高收入时,往往有较高的消费倾向,即

$$\frac{C_t}{Y_t}=\alpha_0+\alpha_1\frac{Y_0}{Y_t}. \tag{7.39}$$

其中,Y_0为该消费者曾经达到的最高收入水平. 从 (7.39) 式可以看出,当 α_0,α_1,Y_0 一定时,对于较低的 Y_t,其 C_t/Y_t 较高,这就是不可逆性的作用. (7.39) 式的计量形态可表示为

$$C_t=\alpha_0 Y_t+\alpha_1 Y_0+\mu_t,t=1,2,\cdots,T. \tag{7.40}$$

其中,待估参数 $0<\alpha_0<1$,反映当前的边际消费倾向;$0<\alpha_1<1$,反映曾经达到的最高收入水平对当前消费的影响. 一般情况下,收入具有随时间递增的趋势,所以可以用前一个时期的收入代替曾经达到的最高收入. 于是模型 (7.40) 式可以改写为

$$C_t=\alpha_0 Y_t+\alpha_1 Y_{t-1}+\mu_t, \qquad t=1,2,\cdots,T. \tag{7.41}$$

该模型也可以直接采用单方程计量经济学模型的估计方法估计其参数.

7.2.2.3 生命周期假设消费函数模型

莫迪里亚尼于1954年提出了关于消费的生命周期理论. 他认为,人们通盘考虑一生的收入,将其适当分配于一生的消费. 消费者现期消费不仅与现期收入有关,而且与消费者以后各期收入的期望值、开始时的资产数量和年龄大小有关. 消费者一生中消费支出流量的现值要等于一生中各期期望收入流量的现值,所以,消费者的预算约束为

$$\sum_{t=1}^{T}\frac{C_t}{(1+r)^{t-1}}=\sum_{t=1}^{T}\frac{Y_t}{(1+r)^{t-1}}.$$

其中,r 为贴现率. 在预算约束下,消费者总希望将自己一生的全部收入在消费支出中进行最优分配,使得效用函数 $U(C_1,C_2,\cdots,C_T)$ 达到最大. 于是推导消费函数问题就变成下列拉格朗日函数的极值问题:

$$L(C_1,C_2,\cdots,C_T,\lambda)=U(C_1,C_2,\cdots,C_T)+\lambda\left[\sum_{t=1}^{T}\frac{Y_t}{(1+r)^{t-1}}-\sum_{t=1}^{T}\frac{C_t}{(1+r)^{t-1}}\right]. \tag{7.42}$$

(7.42)式的极值条件为

$$\begin{cases}\dfrac{\partial L}{\partial C_t}=\dfrac{\partial U}{\partial C_t}-\dfrac{\lambda}{(1+r)^{t-1}}=0, \\ \dfrac{\partial L}{\partial \lambda}=\sum\limits_{t=1}^{T}\dfrac{Y_t}{(1+r)^{t-1}}-\sum\limits_{t=1}^{T}\dfrac{C_t}{(1+r)^{t-1}}=0,\end{cases}\quad t=1,2.\cdots,T.$$

求解该方程组,即可得到最优消费的消费函数为

$$C_t=c_t(Y_1,Y_2,\cdots,Y_T,r).$$

表明消费是各个时期的收入和贴现率的函数.

一般近似地用下列函数描述生命周期假设消费函数模型:

$$C_t=\alpha_1Y_t+\alpha_2A_t+\mu_t,\qquad t=1,2,\cdots,T. \tag{7.43}$$

其中,A_t为 t 时刻的资产存量;待估参数 $0<\alpha_1<1$,反映当前的边际消费倾向;$0<\alpha_2<1$,反映消费者已经积累的财富对当前消费的影响. 对(7.43)式的理论形式(即不出现随机干扰项)作如下变换:

$$\frac{C_t}{Y_t}=\alpha_1+\alpha_2\frac{A_t}{Y_t}.$$

从上式中可以看出,已经积累的财富越多,其当前的消费倾向 C_t/Y_t越高. 模型(7.43)式可以直接采用单方程计量经济学模型的估计方法估计其参数.

不难看出,模型(7.43)式没有考虑年龄的影响. 两个消费者具有同样的资产和当前收入,但一个是年轻的,一个是年老的,他们的消费行为肯定是不同的.

7.2.2.4 持久收入假设消费函数模型

弗里德曼于1957年提出了消费的持久收入理论,它与相对收入理论不同,

不把人们的消费支出与过去的收入相联系，也不强调人们消费支出同周围人消费支出的关系. 它是对凯恩斯绝对收入理论的补充与修正. 分析消费者的消费行为发现，在消费中有一部分是经常的必须保证的基本消费，另一部分是非经常的额外消费；而收入也可以分成两部分，一部分是可以预料到的长久性的、带有常规性的持久收入，另一部分是非连续性的、带有偶然性的瞬时收入，即

$$Y_t = Y_t^p + Y_t^t,$$

$$C_t = C_t^p + C_t^t.$$

其中，Y_t, Y_t^p, Y_t^t分别为实际收入、持久收入和瞬时收入；C_t, C_t^p, C_t^t分别为实际消费、持久消费和瞬时消费. 持久消费由持久收入决定，瞬时消费由瞬时收入决定. 于是持久收入假设消费函数模型的一种计量形态是：

$$C_t = \alpha_0 + \alpha_1 Y_t^p + \alpha_2 Y_t^t + \mu_t, \qquad t = 1, 2, \cdots, T. \tag{7.44}$$

估计（7.44）式的参数的困难在于样本观测值的选取，因为能够得到的是实际收入，而不是持久收入和瞬时收入. 弗里德曼建议，对于时间序列数据，t 时刻的持久收入可以表示为各期实际收入的加权和：

$$Y_t^p = \lambda Y_t + \lambda(1-\lambda) Y_{t-1} + \lambda (1-\lambda)^2 Y_{t-2} + \cdots, \qquad 0 < \lambda < 1.$$

即

$$Y_t^p - Y_{t-1}^p = \lambda(Y_t - Y_{t-1}^p).$$

在实际应用时，首先给定一个 λ 值，计算每年的持久收入观测值，再由此计算瞬时收入观测值，然后估计模型（7.44）式. 反复修改 λ 值，直至取得满意的拟合结果.

7.2.2.5　合理预期的消费函数模型

理性预期理论认为，人们可以对原因变量进行预期，然后根据原因变量的预期值对结果变量进行预测. 于是，在消费函数研究中，假设第 t 期的消费是收入预期值 Y_t^e的函数，即

$$C_t = \alpha + \beta Y_t^e. \tag{7.45}$$

表示消费者按收入预期决定自己的消费和实现消费. 而收入预期值 Y_t^e是现期实际收入与前一期预期收入的加权和：

$$Y_t^e = (1-\lambda) Y_t + \lambda Y_{t-1}^e = (1-\lambda)(Y_t + \lambda Y_{t-1} + \lambda^2 Y_{t-2} + \cdots).$$

代入（7.45）式得到

$$C_t = \alpha + \beta(1-\lambda)(Y_t + \lambda Y_{t-1} + \lambda^2 Y_{t-2} + \cdots),$$

$$C_{t-1} = \alpha + \beta(1-\lambda)(Y_{t-1} + \lambda Y_{t-2} + \lambda^2 Y_{t-3} + \cdots),$$

$$C_t - \lambda C_{t-1} = \alpha(1-\lambda) + \beta(1-\lambda) Y_t.$$

于是可以将合理预期的消费函数模型的计量形态表示为

$$C_t = \alpha(1-\lambda) + \lambda C_{t-1} + \beta(1-\lambda) Y_t + \mu_t, t = 1, 2, \cdots, T. \tag{7.46}$$

模型（7.46）式可以直接采用单方程计量经济学模型的估计方法估计其参数.

7.2.2.6 适应预期的消费函数模型

适应预期理论认为，人们可以根据原因变量的实际值对结果变量进行预期，但是实际上往往达不到预期的结果，这就需要对结果变量的预期值进行调整. 于是，在消费函数研究中，假设第 t 期的消费预期值 C_t^e 是收入的函数，即

$$C_t^e = \alpha + \beta Y_t. \tag{7.47}$$

表示消费者按收入决定自己的消费预期. 而由于种种原因，实际消费与消费预期值之间存在如下关系：

$$C_t - C_{t-1} = \lambda(C_t^e - C_{t-1}).$$

λ 为调整系数. 可以将该式写成

$$C_t^e = \frac{1}{\lambda}C_t + \frac{\lambda - 1}{\lambda}C_{t-1}.$$

代入（7.47）式即可求得消费函数模型，其计量形态为：

$$C_t = \lambda\alpha + (1-\lambda)C_{t-1} + \lambda\beta Y_t + \mu_t, t = 1,2,\cdots,T. \tag{7.48}$$

模型（7.48）式可以直接采用单方程计量经济学模型的估计方法估计其参数.

注意模型（7.46）式与（7.48）式具有相同的统计形式，在样本数据的支持下也可以得到相同的估计结果. 但是，它们却是来自不同的理论假设，是两种不同的消费行为理论假设的数学描述. 这种现象在计量经济学应用模型中是经常发生的，所以，当我们试图应用已有的模型时，不仅要理解它的数学表达式，还要理解它的理论假设.

7.2.3 消费函数模型的一般形式

上述 6 种消费函数模型，除了绝对收入假设消费函数外，都可以近似表达为

$$C_t = f(Y_t, C_{t-1}) + \mu_t$$

的形式. 这就是目前建立消费函数模型一般选择 Y_t，C_{t-1} 作为解释变量的原因.

对于（7.41）式所表示的相对收入假设消费函数模型

$$C_t = \alpha_0 Y_t + \alpha_1 Y_{t-1} + \mu_t,$$

因为

$$C_{t-1} = \alpha_0 Y_{t-1} + \alpha_1 Y_{t-2} + \mu_{t-1},$$

将该式变换后代入（7.41）式，忽略收入的两期滞后量的影响，则有

$$C_t = \beta_0 + \beta_1 Y_t + \beta_2 C_{t-1} + \varepsilon_t \tag{7.49}$$

对于（7.43）式所表示的生命周期假设消费函数模型

$$C_t = \alpha_1 Y_t + \alpha_2 A_t + \mu_t,$$

将其中的 A_t 表述为

$$A_t = Y_{t-1} - (\alpha_1 Y_{t-1} + \alpha_2 A_{t-1}) + A_{t-1}$$
$$= Y_{t-1} - \alpha_1 Y_{t-1} + (1-\alpha_2)A_{t-1}. \qquad (7.50)$$

利用

$$C_{t-1} = \alpha_1 Y_{t-1} + \alpha_2 A_{t-1},$$
$$C_{t-1} - \alpha_1 Y_{t-1} = \alpha_2 A_{t-1},$$
$$A_{t-1} = \frac{1}{\alpha_2}C_{t-1} - \frac{\alpha_1}{\alpha_2}Y_{t-1},$$

代入（7.50）式,得到

$$\begin{aligned} A_t &= Y_{t-1} - \alpha_1 Y_{t-1} + \frac{1-\alpha_2}{\alpha_2}C_{t-1} - \frac{\alpha_1(1-\alpha_2)}{\alpha_2}Y_{t-1} \\ &= \frac{\alpha_2 - \alpha_1\alpha_2 - \alpha_1(1-\alpha_2)}{\alpha_2}Y_{t-1} + \frac{1-\alpha_2}{\alpha_2}C_{t-1} \\ &= \frac{\alpha_2 - \alpha_1}{\alpha_2}Y_{t-1} + \frac{1-\alpha_2}{\alpha_2}C_{t-1}. \end{aligned}$$

代入模型（7.43）式,得到

$$C_t = \alpha_1 Y_t + (\alpha_2 - \alpha_1)Y_{t-1} + (1-\alpha_2)C_{t-1} + \mu_t.$$

去掉明显共线性的 Y_{t-1},引入常数项,即得到（7.49）式形式的计量模型

$$C_t = \beta_0 + \beta_1 Y_t + \beta_2 C_{t-1} + \varepsilon_t.$$

对于持久收入假设消费函数模型,假设 $C_t^p = kY_t^p$,将 $C_t = C_t^p + C_t^t$ 中的 C_t^t 归入随机

干扰项,利用

$$Y_t^p = \lambda Y_t + (1-\lambda)Y_{t-1}^p$$

于是有

$$\begin{aligned} C_t &= C_t^p + \varepsilon_t \\ &= kY_t^p + \varepsilon_t \\ &= k\lambda Y_t + k(1-\lambda)Y_{t-1}^p + \varepsilon_t. \end{aligned}$$

即

$$C_t = k\lambda Y_t + (1-\lambda)C_{t-1} + \varepsilon_t.$$

引入常数项后可以表示成与（7.49）式相同的统计形式.

对于合理预期假设与适应预期假设消费函数模型,已经是（7.49）式的统计形式.

7.3 生产函数模型

在经济学中,生产理论是最重要的内容之一.生产理论研究的问题是在一

定的技术条件限制下，如何合理地配置各种生产要素，生产出尽可能多的适合于人们需要的商品. 对于个别生产者来说，就是如何实现利润最大化. 实现利润最大化涉及两个问题，一是投入的生产要素与产出之间的物质技术关系；二是生产中使用的成本与收益之间的经济关系. 由此引出生产函数和技术进步等方面的问题，使得生产函数模型的研究始终成为计量经济学研究的一个重要领域.

7.3.1 一个实例

7.3.1.1 公式

根据著名的 C－D 生产函数：

$$Y = AK^{\alpha}L^{\beta}.$$

建立计量模型如下：

$$\ln(Y) = \ln(A) + \alpha\ln(K) + \beta\ln(L) + \mu.$$

7.3.1.2 数据

选用 2004 年北京市工业固定资产年均净额和流动资产年平均余额来表示总资产（资本），利用从业人数表示劳动，剔除没有数据的产品部门，数据如表 7.7 所列.

表 7.7

产品部门	No	工业增加值(Y)（万元）	平均从业人数(L)（人）	流动资产平均余额 ABCF（万元）	固定资产年均余额 ANVFA（万元）	总资产(K)（万元）
煤炭开采和洗选业	1	288 162	24 292	248 388	98 132	346 520
黑色金属矿采选业	2	22 073	2 896	42 911	23 793	66 704
非金属矿采选业	3	5 448	1 125	7 257	11 312	18 569
农副食品加工业	4	215 143	31 143	439 162	222 783	661 945
食品制造业	5	295 920	33 459	483 983	388 292	872 275
饮料制造业	6	300 035	24 178	585 011	514 135	1 099 146
烟草制造业	7	96 838	800	83 996	30 034	114 030
纺织业	8	174 720	35 652	487 786	218 192	705 978
纺织服装、鞋、帽制造业	9	195 517	71 049	342 308	147 583	489 891
皮革、毛皮、羽毛(绒)及其 制品业	10	11 345	3 938	38 457	16 546	55 003
木材加工及竹、藤、棕、草制品业	11	22 729	3 821	87 257	76 761	164 018
家具制造业	12	50 683	12 240	142 639	63 225	205 864
造纸及纸制品业	13	100 320	10 237	211 053	96 782	307 835
印刷业和记录媒介的复制	14	158 835	42 323	511 192	565 025	1 076 217
文教体育用品制造业	15	39 472	7 608	99 117	43 499	142 616

续表

产品部门	No	工业增加值（Y）（万元）	平均从业人数（L）（人）	流动资产平均余额 ABCF（万元）	固定资产年均余额 ANVFA（万元）	总资产（K）（万元）
石油加工、炼焦及核燃料加工业	16	478 678	12 723	527 552	442 876	970 428
化学原料及化学制品制造业	17	983 661	48 822	1 311 180	1 591 579	2 902 759
医药制造业	18	598 380	33 761	1 008 578	457 696	1 466 274
橡胶制品业	19	31 709	5 288	70 193	58 866	129 059
塑料制品业	20	108 848	18 236	298 858	228 792	527 650
非金属矿物制品业	21	527 773	68 885	1 539 125	966 237	2 505 362
黑色金属冶炼及压延加工业	22	954 646	57 823	2 081 008	1 526 309	3 607 317
有色金属冶炼及压延加工业	23	101 144	6 220	281 107	52 227	333 334
金属制品业	24	282 970	34 452	608 674	273 418	882 092
通用设备制造业	25	516 802	52 491	1 622 163	565 397	2 187 560
专用设备制造业	26	722 144	48 490	1 794 541	514 661	2 309 202
交通运输设备制造业	27	1 409 430	98 515	2 824 099	1 144 092	3 968 191
电气机械及器材制造业	28	557 998	41 201	1 362 558	364 918	1 727 476
通信设备、计算机及其他电子设备	29	2 016 829	88 619	6 513 247	1 330 011	7 843 258
仪器仪表及文化、办公用机械制造	30	319 691	25 107	942 050	223 111	1 165 161
工艺品及其他制造业	31	31 105	6 761	68 264	39 799	108 063
电力、热力的生产和供应业	32	742 379	33 076	1 073 498	3 766 530	4 840 028
燃气生产和供应业	33	138 916	7 699	222 961	677 428	900 389
水的生产和供应业	34	94 692	5 644	453 848	618 687	1 072 535

资料来源：根据《北京统计年鉴》（2005）整理.

7.3.1.3 Eviews 结果

若直接建立模型，结果如表 7.8.

表 7.8

Dependent Variable: LOG(Y)

Method: Least Squares

Date: 01/07/06Time: 01:07

Sample: 1 34

Included observations: 34

Newey-West HAC Standard Errors & Covariance (lag truncation = 3)

Variable	Coefficient	Std. Error	t-Statistic	Prob.
C	−0.681 963	0.722 147	−0.944 356	0.352 3
LOG(K)	0.857 626	0.176 378	4.862 421	0.000 0
LOG(L)	0.133 598	0.241 672	0.552 808	0.584 4

续表

Variable	Coefficient	Std. Error	*t*-Statistic	Prob.
R-squared	0.907 828	Mean dependent var		12.065 66
Adjusted *R*-squared	0.901 881	S. D. dependent var		1.427 690
S. E. of regression	0.447 209	Akaike info criterion		1.312 516
Sum squared resid	6.199 873	Schwarz criterion		1.447 195
Log likelihood	-19.312 77	F-statistic		152.663 0
Durbin-Watson stat	1.333 823	Prob(F-statistic)		0.000 000

说明全要素生产率不显著(可以认为其值为 1),劳动不显著,资本对产值起了决定性的作用.若剔除不显著的量,最终结果见表 7.9.

表 7.9

Dependent Variable: LOG(*Y*) Method: Least Squares

Date: 01/07/06 Time: 01:10

Sample: 1 34

Included observations: 34

Newey-West HAC Standard Errors & Covariance (lag truncation = 3)

Variable	Coefficient	Std. Error	*t*-Statistic	Prob.
LOG(*K*)	0.904 700	0.006 849	132.097 8	0.000 0
R-squared	0.901 502	Mean dependent var		12.065 66
Adjusted *R*-squared	0.901 502	S. D. dependent var		1.427 690
S. E. of regression	0.448 072	Akaike info criterion		1.261 247
Sum squared resid	6.625 373	Schwarz criterion		1.306 140
Log likelihood	-20.441 19	Durbin-Watson stat		1.138 051

这里采用 Newey - West 对协方差矩阵进行处理.没有常数项,这时 DW 检验失效,序列相关性的 LM 检验值为 2.7982,不显著,伴随概率为 0.2468,所以认为序列相关不显著.但自回归条件异方差 LM 检验值为 0.0140,伴随概率为 0.9057,说明没有自回归条件异方差.

当然,剔除掉劳动之后的方程已经不再是 C - D 生产函数,这样明显违背了劳动价值论,因此,还是采用第一个模型.也就是说,即使不显著,理论上劳动的贡献也绝对不能忽略.

7.3.1.4 简述

这时的生产函数为：

$$\hat{Y}=e^{-0.6820}K^{0.8576}L^{0.1336};$$
$$(t)\quad(-0.9444)(4.8624)(0.5528);$$
$$R^2=0.9078,\bar{R}^2=0.9019,DW=1.3338,F=152.663.$$

$0.8576+0.1336<1$，说明规模报酬递减.

7.3.2 生产函数的特性及其有关概念

7.3.2.1 生产函数

(1)定义. 生产函数是描述生产过程中投入的生产要素的某种组合同它可能的最大产出量之间的依存关系的数学表达式，即

$$Y=f(A,K,L,\cdots). \tag{7.51}$$

其中，Y 为产出量；A,K,L 分别为技术、资本、劳动等投入要素. 这里“投入的生产要素”指生产过程中发挥作用，对产出量产生贡献的生产要素；“可能的最大产出量”指这种要素组合应该形成的产出量，而不一定是实际产出量. 生产函数对产出量的作用与影响，主要是由一定的技术条件决定的，所以，从本质上讲，生产函数反映了生产过程中投入要素与产出量之间的技术关系.

(2)产生与发展. 从 20 世纪 20 年代末，美国数学家柯布(Charles Cobb)和经济学家道格拉斯(Paul Dauglas)提出生产函数这一名词，并用 1899—1922 年的数据资料，导出著名的柯布—道格拉斯生产函数以来，不断有新的研究成果出现，使生产函数的研究与应用呈现长盛不衰的局面. 下面列出的是其发展的主要成果.

1928 年	(Cobb, Dauglas)	C－D 生产函数
1937 年	(Dauglas, Durand)	C－D 生产函数改进型
1957 年	(Solow)	C－D 生产函数改进型
1960 年	(Solow)	含体现型技术进步生产函数
1961 年	(Arrow)等	两要素 CES 生产函数
1967 年	(Sato)	二级 CES 生产函数
1968 年	(Sato, Hoffman)	VES 生产函数
1968 年	(Aigner, Chu)	边界生产函数
1971 年	(Revanker)	VES 生产函数
1973 年	(Christensen, Jorgenson)	超越对数生产函数
1980 年		三级 CES 生产函数

在这期间，关于生产函数估计方法的研究成果也很多，在本节将结合生产

函数的估计加以介绍.

(3)生产函数是经验的产物.生产函数是经验的产物,这是它不同于需求函数与消费函数的地方.需求函数是由效用最大化理论推导出来的,消费函数是根据消费者的行为规律建立的,而生产函数则是用数学公式对现实发生的生产过程中的投入要素与产出之间的技术关系进行拟合而形成的,是对生产过程中量的关系的经验描述.具体地讲,生产函数虽然与特定的生产理论相联系,但它并不是生产理论直接推导的结果,而是用样本数据反复拟合、检验、修正后得到的,是经验的产物.

7.3.2.2 生产函数的特性

生产函数的特性主要通过下面这些概念来描述.

(1)一阶齐次性.如果生产函数(7.51)式中资本、劳动等非技术要素的投入量同时增长 λ 倍,根据生产理论中规模报酬不变法则,产出量也应该增长 λ 倍.即

$$f(\lambda K,\lambda L,\cdots)=\lambda f(K,L,\cdots).$$

称为生产函数的一阶齐次性.但是在实际生产活动中,存在着规模报酬递增或者规模报酬递减的现象,所以并非所有生产函数模型都具有一阶齐次性.

(2)要素的边际产量.生产函数具有以下特性,即其要素的边际产量不为负,但要素的边际产量呈现递减规律.边际产量是指其他条件不变时,某一种投入要素增加一个单位时导致的产出量的增加量.用于描述投入要素对产出量的影响程度.边际产量可以表示为:

$$MP_K=\frac{\partial f}{\partial K},$$

$$MP_L=\frac{\partial f}{\partial L},$$

$$\cdots\cdots$$

在一般情况下,边际产量满足

$$MP_K\geq 0, MP_L\geq 0.$$

即边际产量不为负.在大多数情况下,边际产量还满足

$$\frac{\partial(MP_K)}{\partial K}=\frac{\partial^2 f}{\partial K^2}\leq 0,$$

$$\frac{\partial(MP_L)}{\partial L}=\frac{\partial^2 f}{\partial L^2}\leq 0,$$

$$\cdots\cdots$$

即边际产量递减规律.

(3)要素替代弹性.生产函数的另一个重要特性是投入要素之间的替代性.对这种替代性的局部度量是用替代弹性进行的.所谓要素替代弹性,是描述投

入要素之间替代性质的一个量，主要用于描述要素之间替代能力的大小. 要素替代弹性是与研究对象、样本区间甚至样本点联系在一起的. 所以，在建立生产函数模型之前，需要对要素替代弹性作出假设. 不同的假设，会导致差异甚大的生产函数模型.

在引入要素替代弹性的定义之前，需要先引入要素的边际替代率的概念. 当两种要素可以相互替代时，就可以采用不同的要素组合生产相同数量的产出量. 要素的边际替代率是指在产量一定的情况下，某一种要素的增加与另一种要素的减少之间的比例. 用 $\mathrm{MRS}_{K\to L}$表示 K 对 L 的边际替代率，即在保持产量不变的情况下，替代 1 单位 L 所需要增加的 K 的数量. 于是有

$$\mathrm{MRS}_{K\to L}=\frac{\Delta K}{\Delta L}.\ (Y\text{ 保持不变})$$

因为边际产量也可以表示为

$$MP_K=\frac{\Delta Y}{\Delta K},$$

$$MP_L=\frac{\Delta Y}{\Delta L}.$$

所以有

$$\frac{MP_L}{MP_K}=\frac{\Delta Y}{\Delta L}\Big/\frac{\Delta Y}{\Delta K}=\frac{\Delta K}{\Delta L}.$$

于是要素的边际替代率可以表示为要素的边际产量之比，即

$$\mathrm{MRS}_{K\to L}=\frac{MP_L}{MP_K},$$

$$\mathrm{MRS}_{L\to K}=\frac{MP_K}{MP_L}.$$

了解了要素的边际替代率的概念之后，就能较为容易地定义要素的替代弹性. 要素替代弹性为两种要素的比例的变化率与边际替代率的变化率之比. 一般用 σ 表示，则有

$$\sigma=\frac{\mathrm{d}(K/L)}{(K/L)}\Big/\frac{\mathrm{d}(MP_L/MP_K)}{(MP_L/MP_K)},\tag{7.52}$$

也可以表示为

$$\sigma=\mathrm{d}\left[\ln\left(\frac{K}{L}\right)\right]\Big/\mathrm{d}\left[\ln\left(\frac{MP_L}{MP_K}\right)\right].$$

一般情况下，要素替代弹性 σ 为一个正数. 如果用 K 替代 L，则 (7.52) 式分子大于 0. 由于 L 减少，其边际产量 MP_L增大，而由于 K 增加，其边际产量 MP_K减小，于是 (7.52) 式分母也大于 0，所以替代弹性 σ 大于 0，表明要素之间具有有限可替代性. 在特殊情况下，要素之间不可以替代，此时 K/L 不变，则

(7.52) 式分子等于0,所以替代弹性 σ 等于0. 另一种极端情况是,无论要素的数量增加或者减少,其边际产量不变,此时 (7.52) 式分母等于0,替代弹性 σ 为∞,表明要素之间具有无限可替代性.

7.3.2.3 要素的产出弹性

某投入要素的产出弹性被定义为,当其他投入要素不变时,该要素增加1%所引起的产出量的变化率. 它是从动态变化的角度衡量生产要素对产出量的影响的指标. 如果用 E_K表示资本的产出弹性,用 K_L表示劳动的产出弹性,则有

$$E_K = \frac{\Delta Y}{Y} \Big/ \frac{\Delta K}{K} = \frac{\partial f}{\partial K} \cdot \frac{K}{Y},$$

$$E_L = \frac{\Delta Y}{Y} \Big/ \frac{\Delta L}{L} = \frac{\partial f}{\partial L} \cdot \frac{L}{Y}. \tag{7.53}$$

一般情况下,要素的产出弹性大于0小于1.

7.3.2.4 技术进步

从本质上讲,生产函数所描述的是投入要素与产出量之间的技术关系. 即是说,同样的投入要素组合,在不同的技术条件下,产出量是不同的. 所以在生产函数模型中必须引入技术进步因素. 技术进步是一个广泛的研究领域,这里仅就生产函数模型中涉及的有关技术进步的一些概念略作说明.

(1)广义技术进步与狭义技术进步. 所谓狭义技术进步,仅指要素质量的提高. 例如,由于性能的改进,同样数量的资本在生产过程中的贡献是不一样的;由于文化水平的提高,同样数量的劳动在生产过程中的贡献也是不一样的. 狭义的技术进步体现在要素上,可以通过要素的"等价数量"来表示. 例如,如果1个具有大学文化水平的劳动者对产出量的贡献是1个具有中学文化水平劳动者的3倍,那么就可以将1个具有大学文化水平的劳动者等价于3个具有中学文化水平的劳动者,求得"等价劳动数量",作为生产函数的样本观测值,以这样的方法引入技术进步因素.

所谓广义技术进步,除了要素质量提高因素外,还包括管理水平的提高等对产出量具有重要影响的因素,这些因素是独立于要素之外的,在生产函数模型中需要特别处理.

(2)中性技术进步. 假设在生产活动中除了技术以外,只有资本与劳动两种要素,定义两要素的产出弹性之比为相对资本密集度,用 ω 表示,即 $\omega = E_L/E_K$.

如果技术进步使得 ω 越来越大,即劳动的产出弹性比资本的产出弹性增长得快,则称为节约劳动型技术进步;如果技术进步使得 ω 越来越小,即劳动的产出弹性比资本的产出弹性增长得慢,则称为节约资本型技术进步;如果技术进

步前后 ω 不变,即劳动的产出弹性与资本的产出弹性同步增长,则称为中性技术进步.

在中性技术进步中,如果要素之比 K/L 不随时间变化,则称为希克斯中性技术进步;如果劳动产出率 Y/L 不随时间变化,则称为索洛中性技术进步;如果资本产出率Y/K不随时间变化,则称为哈罗德中性技术进步.

不同的技术进步类型是建立生产函数模型时必须要考虑的重要因素,对生产函数模型将产生重要影响.

7.3.3　以要素间替代性质为线索发展起来的生产函数模型

模型是对现实的模拟,生产函数模型是对生产活动中产出量与投入要素组合之间关系的模拟. 模型总是建立在一定的假设的基础上的,没有假设,就没有模型. 而假设与现实之间是有差距的,差距越小,模型对现实的描述越准确. 假设对现实的逼近,导致了模型的不断发展.

生产函数模型的一个基本假设是关于要素之间替代性质的的假设,由于该假设不同,导致生产函数的发展,出现了各种不同的生产函数模型. 在下面的讨论中我们只考虑两种要素的情况,最后将问题推广到多要素的情况. 同时为了书写简便,在讨论模型的发展时,只写出它们的数理形态(即不写出随机干扰项).

7.3.3.1　线性生产函数模型

如果假设资本 K 与劳动 L 之间是无限可替代的,则产出量 Y 与投入要素组合之间的关系可以用如下形式的模型描述:

$$Y = \alpha_0 + \alpha_1 K + \alpha_2 L . \tag{7.54}$$

对于该模型,要素的边际产量

$$MP_K = \alpha_1 , \qquad MP_L = \alpha_2 .$$

边际产量之比

$$\frac{MP_K}{MP_L} = \frac{\alpha_1}{\alpha_2} .$$

于是有

$$\mathrm{d}\left(\frac{MP_K}{MP_L}\right) = 0.$$

代入(7.52)式得到 $\sigma = \infty$,即要素的替代弹性为 ∞ . 从(7.54)式也可以直观地看出,一种要素可以被另一种要素替代直至减少为 0,产出量仍然不变.

7.3.3.2　投入产出生产函数模型

另一种极端的情况是假设资本 K 与劳动 L 之间是完全不可替代的,则产出量 Y 与投入要素之间的关系可用如下形式的模型描述:

$$Y=\min\left(\frac{K}{a},\frac{L}{b}\right), \tag{7.55}$$

称为投入产出型生产函数. 其中 a ，b 为生产 1 单位的产出量所必须投入的资本、劳动的数量. 由于 a,b 为常数,所以产出量 Y 所必须的资本投入量 $K=aY$，劳动投入量 $L=bY$;二者之比 $K/L=a/b$ 为常数，$\mathrm{d}(K/L)=0$. 代入 (7.52) 式得到 $\sigma=0$,即要素替代弹性为 0,资本 K 与劳动 L 之间完全不可以替代.

7.3.3.3　C－D 生产函数

(1) 模型的形式与参数的含义. 1928 年美国数学家柯布(Charles Cobb)和经济学家道格拉斯(Paul Dauglas)提出的生产函数的数学形式为

$$Y=AK^{\alpha}L^{\beta}. \tag{7.56}$$

根据要素的产出弹性的定义,很容易推出

$$E_K=\frac{\partial Y}{\partial K}\cdot\frac{K}{Y}=A\alpha K^{\alpha-1}L^{\beta}\cdot\frac{K}{Y}=\alpha,$$

$$E_L=\frac{\partial Y}{\partial L}\cdot\frac{L}{Y}=AK^{\alpha}\beta L^{\beta-1}\cdot\frac{L}{Y}=\beta.$$

即参数 α,β 分别是资本与劳动的产出弹性. 那么由产出弹性的经济意义,应该有

$$0\leqslant\alpha\leqslant1,\qquad 0\leqslant\beta\leqslant1.$$

在最初提出的 C－D 生产函数中,假定参数满足 $\alpha+\beta=1$,即生产函数的一阶齐次性,也就是假定研究对象满足规模报酬不变. 因为

$$A(\lambda K)^{\alpha}(\lambda L)^{\beta}=\lambda^{\alpha+\beta}AK^{\alpha}L^{\beta}=\lambda AK^{\alpha}L^{\beta},$$

即当资本与劳动的数量同时增长 λ 倍时,产出量也增长 λ 倍. 1937 年,杜兰德(Durand)提出了 C－D 生产函数的改进型,即取消了 $\alpha+\beta=1$ 的假定,允许要素的产出弹性之和大于 1 或小于 1,即承认研究对象可以是规模报酬递增的,也可以是规模报酬递减的,这也取决于其参数的估计结果.

模型(7.56)式中的待估参数 A 为效率系数,是广义技术进步水平的反映,在本节中还将对它进行专门讨论. 显然,应该有 $A>0$.

由上述可见,C－D 生产函数模型的参数具有明确的经济意义,这是它的一个显著特点,也是被广泛应用的重要原因.

(2) 要素替代弹性. 现在来讨论模型(7.56)式对要素替代弹性的假设. 根据(7.52)式,可以得到

$$\sigma=\frac{\mathrm{d}(K/L)}{(K/L)}\Bigg/\frac{\mathrm{d}(MP_L/MP_K)}{(MP_L/MP_K)}$$

$$=\mathrm{d}\left(\ln\frac{K}{L}\right)\Bigg/\mathrm{d}\left(\ln\frac{MP_L}{MP_K}\right)$$

$$= d\left(\ln \frac{K}{L}\right) \Big/ d\left(\ln \frac{\beta K}{\alpha L}\right)$$

$$= d\left(\ln \frac{K}{L}\right) \Big/ d\left(\ln \frac{\beta}{\alpha} + \ln \frac{K}{L}\right)$$

$$= 1$$

这是一个重要的结论,它表明,C－D 生产函数模型假设要素替代弹性为 1.

显然,与要素之间可以无限替代的线性生产函数和要素之间完全不可替代的投入产出生产函数模型相比较,C－D 生产函数模型假设要素替代弹性为 1,更加逼近于生产活动的实际,是一个很大的进步. 正因为此,加之 C－D 生产函数模型的参数具有明确的经济意义,使得它一经提出,就得到广泛的应用. 直到今天,它仍然是应用最广泛的一种生产函数模型.

但是,C－D 生产函数模型关于要素替代弹性为 1 的假设仍然具有缺陷. 根据这一假设,不管研究对象是什么,不管样本区间是什么,不管样本观测值是什么,要素替代弹性都为 1,这是与实际不符的. 例如,劳动密集型产业与资本密集型产业,资本与劳动之间的替代性质是明显不同的;再如,对于同一个研究对象,如果样本区间不同,即考察的区间不同,要素之间的替代性质也应该是不同的;即使研究对象相同、样本区间相同,对于不同的样本点,由于要素的比例不同,相互之间的替代性质也应该是不同的. 所有这些,都需要人们发展新的生产函数.

7.3.3.4 CES(不变替代弹性)生产函数模型

(1) 模型形式与参数的含义. 1961 年,由阿曼等(Arrow,Chenery,Mihas 和 Solow)学者提出了两要素不变替代弹性(constant elasticity of substitution)生产函数模型,简称 CES 生产函数模型,其基本形式如下:

$$Y = A(\delta_1 K^{-\rho} + \delta_2 L^{-\rho})^{-\frac{1}{\rho}}. \qquad (7.57)$$

其中,待估参数 A 为效率系数,是广义技术进步水平的反映,显然应该有 $A > 0$;δ_1 和 δ_2 为分配系数,$0 < \delta_1 < 1$,$0 < \delta_2 < 1$,并且满足 $\delta_1 + \delta_2 = 1$,ρ 为替代参数,下面将专门讨论. (7.57)式假定研究对象具有不变规模报酬,因为

$$A[\delta_1(\lambda K)^{-\rho} + \delta_2(\lambda L)^{-\rho}]^{-\frac{1}{\rho}} = \lambda[A(\delta_1 K^{-\rho} + \delta_2 L^{-\rho})^{-\frac{1}{\rho}}].$$

即当资本与劳动的数量同时增长 λ 倍时,产出量也增长 λ 倍. 后来,在应用中取消了这一假定,将(7.57)式改写

$$Y = A(\delta_1 K^{-\rho} + \delta_2 L^{-\rho})^{-\frac{m}{\rho}}. \qquad (7.58)$$

对(7.58)式,有

$$A[\delta_1(\lambda K)^{-\rho} + \delta_2(\lambda L)^{-\rho}]^{-\frac{m}{\rho}} = \lambda^m[A(\delta_1 K^{-\rho} + \delta_2 L^{-\rho})^{-\frac{m}{\rho}}].$$

即承认研究对象可以是规模报酬递增的,也可以是规模报酬递减的,这取决于

其参数 m 的估计结果. 于是参数 m 为规模报酬参数，当 $m=1(<1,>1)$ 时，表明研究对象是规模报酬不变(递减，递增)的. (7.58)式为实际应用的 CES 生产函数模型的理论形式.

(3) 要素替代弹性. 现在来讨论模型(7.57)式对要素替代弹性的假设. 根据(7.52)式，要素替代弹性为

$$\sigma = \mathrm{d}\left(\ln \frac{K}{L}\right) \Big/ \mathrm{d}\left(\ln \frac{MP_L}{MP_K}\right),$$

有：

$$\begin{aligned} MP_K &= \frac{\partial Y}{\partial K} \\ &= A\left(-\frac{1}{\rho}\right)(\delta_1 K^{-\rho}+\delta_2 L^{-\rho})^{-\frac{1}{\rho}-1}\cdot \delta_1(-\rho)K^{-\rho-1} \\ &= AK^{-1-\rho}(\delta_1 K^{-\rho}+\delta_2 L^{-\rho})^{-\frac{1}{\rho}-1}\cdot \delta_1, \\ MP_L &= AL^{-1-\rho}(\delta_1 K^{-\rho}+\delta_2 L^{-\rho})^{-\frac{1}{\rho}-1}\cdot \delta_2 \\ \frac{MP_L}{MP_K} &= \frac{\delta_2}{\delta_1}\left(\frac{K}{L}\right)^{1+\rho}. \end{aligned}$$

所以

$$\begin{aligned} \sigma &= \mathrm{d}\left(\ln \frac{K}{L}\right) \Big/ \mathrm{d}\left\{\ln\left[\frac{\delta_2}{\delta_1}\left(\frac{K}{L}\right)^{1+\rho}\right]\right\} \\ &= \mathrm{d}\left(\ln \frac{K}{L}\right) \Big/ \mathrm{d}\left[\ln\left(\frac{\delta_2}{\delta_1}\right)+(1+\rho)\ln \frac{K}{L}\right] \\ &= \frac{1}{1+\rho}. \end{aligned} \tag{7.59}$$

由于要素替代弹性 σ 为一正数，所以参数 ρ 的取值范围为 $-1<\rho<\infty$. 如果参数 ρ 的估计值为 -1 时，要素替代弹性 σ 的估计值为∞，此时，CES 生产函数退化为线性生产函数；如果参数 ρ 的估计值为∞时，要素替代弹性 σ 的估计值为 0，此时，CES 生产函数退化为投入产出式生产函数；如果参数 ρ 的估计值为 0 时，要素替代弹性 σ 的估计值为 1，此时，CES 生产函数退化为 C－D 生产函数.

由(7.59)式可以看出，一旦研究对象确定、样本观测值给定，可以得到参数 ρ 的估计值，并计算得到要素替代弹性 σ 的估计值. 对于不同的研究对象，或者同一研究对象的不同样本区间，由于样本观测值不同，要素替代弹性是不同的，这使得 CES 生产函数比 C－D 生产函数更接近现实. 但是，在 CES 生产函数中，仍然假定要素替代弹性与样本点无关，这就是不变替代弹性生产函数模型的“不变”的含义. 而这一点，仍然是与实际不符的. 对于不同的样本点，由于要素的比例不同，相互之间的替代性质也应该是不同的. 所以，不变替代弹性生产函

数模型还需要发展.

7.3.3.5 VES(变替代弹性)生产函数模型

变替代弹性(variable elasticity of substitution)生产函数模型,简称 VES 生产函数模型,是生产函数研究的一个前沿领域,取得的许多理论和方法方面的研究成果,较著名的是瑞万卡(Revankar)于 1971 年提出的模型和佐藤和霍夫曼(Sato & Hoffman)于 1968 年提出的模型.

前者假定要素替代弹性 σ 为要素比例的线性函数,即

$$\sigma = a + b\frac{K}{L}.$$

容易理解,要素比例不同,要素之间的替代性能是不同的. 当 K/L 较大时,资本替代劳动就比较困难;当 K/L 较小时,资本替代劳动就比较容易. 生产函数的一般形式为

$$Z = A\exp\left[\int\frac{\mathrm{d}k}{k + c\left(\dfrac{k}{a+bk}\right)^{\frac{1}{a}}}\right]. \tag{7.60}$$

其中,$Z = Y/L, k = K/L$.

后者假定要素替代弹性 σ 为时间的线性函数,即

$$\sigma = \sigma(t) = a + bt .$$

随着时间的推移,技术的进步将使得要素之间的替代变得容易. 生产函数的一般形式为

$$Y = B\left[\lambda L^{\frac{\sigma(t)-1}{\sigma(t)}} + (1-\lambda)K^{\frac{\sigma(t)-1}{\sigma(t)}}\right]^{\frac{\sigma(t)}{\sigma(t)-1}} . \tag{7.61}$$

在实际应用中,前者可以与样本观测值相联系,因而实用价值更大. 下面将着重讨论(7.60)式所表示的 VES 生产函数模型.

当 $b=0$ 时,(7.60)式变为

$$\begin{aligned}\frac{Y}{L} &= A\exp\left[\int\frac{\mathrm{d}k}{k + c\left(\dfrac{k}{a}\right)^{\frac{1}{a}}}\right]\\ &= A\exp\left[\frac{a}{1-a}\ln\frac{k^{\frac{1-a}{a}}}{1+\dfrac{c}{a^{\frac{1}{a}}}k^{\frac{1-a}{a}}} + \mu\right].\end{aligned}$$

令 $\dfrac{1-a}{a} = \rho$, $Ae^{\mu} = A'$,则有

$$\begin{aligned}\frac{Y}{L} &= A'\left(\frac{a^{\frac{1}{a}} + ck^{\rho}}{a^{\frac{1}{a}}k^{\rho}}\right)^{-\frac{1}{\rho}}\\ &= A''\left(a^{\frac{1}{a}}k^{-\rho} + c\right)^{-\frac{1}{\rho}},\end{aligned}$$

$$Y = A''\left[a^{\frac{1}{a}}\left(\frac{K}{L}\right)^{-\rho} + c\right]^{-\frac{1}{\rho}} \cdot L$$

$$= A''(a^{\frac{1}{a}}K^{-\rho} + cL^{-\rho})^{-\frac{1}{\rho}}. \tag{7.62}$$

此时,VES 生产函数模型退化为(7.62)式所表示的 CES 生产函数模型.

当 $b=0, a=1$ 时,(7.60)式变为

$$\frac{Y}{L} = A\exp\left[\int\frac{\mathrm{d}k}{k(1+c)}\right]$$

$$= A'\exp\left(\frac{\ln k}{1+c}\right) = A'k^{\frac{1}{1+c}}$$

$$Y = A'K^{\frac{1}{1+c}}L^{-\frac{1}{1+c}}L = A'K^{\frac{1}{1+c}}L^{\frac{c}{1+c}}. \tag{7.63}$$

此时,VES 生产函数模型退化为(7.63)式所表示的 C－D 生产函数模型.

当 $a=1$ 时,$\sigma = 1 + bk$,(7.60)式可写成

$$Y = AK^{\frac{1}{1+c}}\left(L + \frac{b}{1+c}K\right)^{\frac{c}{1+c}}. \tag{7.64}$$

即为一般常用的 VES 生产函数模型.其中 A, b, c 是待估参数.(7.64)式为规模报酬不变的情况.如果将规模报酬系数 m 作为一个待估参数,则 VES 生产函数模型的理论形式为

$$Y = AK^{\frac{1}{1+c}m}\left(L + \frac{b}{1+c}K\right)^{\frac{c}{1+c}m}. \tag{7.65}$$

7.3.3.6 多要素生产函数模型

如果作为产出量的解释变量的投入量要素多于 2 个,可以有不同的处理方法,关键在于对要素之间替代性质的认识.下面以三要素(资本 K,劳动 L 和能源 E)为例介绍几种多要素生产函数模型.

(1)多要素线性生产函数模型.如果资本 K,劳动 L 和能源 E 互相之间都是无限可替代的,则产出量 Y 与投入要素组合之间的关系可以用如下形式的模型描述:

$$Y = \alpha_0 + \alpha_1 K + \alpha_2 L + \alpha_3 E. \tag{7.66}$$

(2)多要素投入产出生产函数模型.如果资本 K,劳动 L 和能源 E 互相之间都是完全不可替代的,则产出量 Y 与投入要素组合之间的关系可以用如下形式的模型描述:

$$Y = \min\left(\frac{K}{a}, \frac{L}{b}, \frac{E}{c}\right). \tag{7.67}$$

(3)多要素 C－D 生产函数模型.如果资本 K,劳动 L 和能源 E 互相之间的替代弹性都为 1,则产出量 Y 与投入要素组合之间的关系可以用如下形式的模型描述:

$$Y = AK^{\alpha}L^{\beta}E^{\gamma}. \tag{7.68}$$

(4)多要素一级 CES 生产函数模型. 如果资本 K,劳动 L 和能源 E 互相之间的替代弹性相同,为同一个待估参数,则产出量 Y 与投入要素组合之间的关系可以用如下形式的模型描述:

$$Y=A\ (\delta_1 K^{-\rho}+\delta_2 L^{-\rho}+\delta_3 E^{-\rho})^{-\frac{m}{\rho}}. \tag{7.69}$$

其中,$\delta_1,\delta_2,\delta_3$ 为分配系数,$0<\delta_1<1,0<\delta_2<1,0<\delta_3<1$,并且满足 $\delta_1+\delta_2+\delta_3=1$. 要素之间的替代弹性为 $\sigma=\dfrac{1}{1+\rho}$.

(5)多要素二级 CES 生产函数模型. 假设资本 K,劳动 L 和能源 E 互相之间的替代弹性不相同,例如,资本与能源之间替代弹性不同于它们与劳动之间的替代弹性,这是比较符合实际的,那么一级 CES 生产函数模型就不能描述要素之间的替代性质. 许多人在探索如何既保持 CES 生产函数的性质,又能解决多要素之间不同替代弹性的问题. 1967 年 Sato 提出的多要素二级 CES 生产函数模型,是一个比较成功的具有实用价值的成果. 以三要素为例,二级 CES 生产函数模型表达如下:

$$\begin{aligned} Y_{KE}&=(a_1K^{-\rho_1}+a_2E^{-\rho_1})^{-\frac{1}{\rho_1}},\\ Y&=A(b_1Y_{KE}^{-\rho}+b_2L^{-\rho})^{-\frac{m}{\rho}}. \end{aligned} \tag{7.70}$$

其中,Y_{KE} 为第一级 CES 生产函数. 在第二级 CES 生产函数中,将它作为一个组合要素.

(6)多要素三级 CES 生产函数模型. 当投入要素多于 3 个时,还可以根据要素之间的替代性质,构造三级 CES 生产函数模型,其原理与二级 CES 生产函数模型相同,这里不再展开讨论. 第一个三级 CES 生产函数模型出现在 1980 年美国的一篇博士论文中.

7.3.3.7 超越对数生产函数模型

一个更具一般性的变替代弹性生产函数模型是由克里斯坦森等(L. Christensen, D. Jorgenson, Lau)于 1973 年提出的,即超越对数生产函数模型. 其形式为

$$\ln Y=\beta_0+\beta_K\ln K+\beta_L\ln L+\beta_{KK}(\ln K)^2+\beta_{LL}(\ln L)^2+\beta_{KL}\ln K\ln L. \tag{7.71}$$

该生产函数模型的显著特点是它的易估计和包容性. 所谓易估计,是指它为一个简单线性模型,可以直接采用单方程线性模型的估计方法进行估计. 所谓包容性,是指它可以被认为是任何形式的生产函数的近似. 例如,如果 $\beta_{KK}=\beta_{LL}=\beta_{KL}=0$,则表现为C-D生产函数;如果 $\beta_{KK}=\beta_{LL}=-1/2\beta_{KL}$,则表现为 CES 生产函数. 所以可以根据该生产函数的估计结果判断要素的替代弹性.

以上是以要素之间的替代性质为线索发展的一系列生产函数模型. 从中可以看出,即使没有前人的研究成果,只要掌握模型发展的思路,我们也有可能发

展生产函数模型. 正是从这个意义上说,掌握研究思路比了解几种模型具有更大的意义.

7.3.4 以技术要素为线索发展起来的生产函数模型

技术是一种重要的生产要素,在现代生产活动中尤其重要,所以在生产函数模型中不能不考虑技术要素. 如何将技术要素引入生产函数模型,如何使得模型对技术要素的描述更逼近现实,是生产函数研究的一个重要领域,也是迄今没有很好解决的一个难题.

7.3.4.1 将技术要素作为不变参数的生产函数模型

在模型(7.56)式和(7.58)式中,已经引入了技术要素,但是仅仅将它作为独立于其他投入要素之外的一个不变的参数. 其基本假设是:技术进步是广义的;技术进步是中性的;技术进步改变了由其他投入要素的数量决定的生产活动的效率;技术进步的作用在所有样本点上都是相同的.

显然这些假设是不符合实际的. 例如,技术进步的作用在所有样本点上是不同的. 在生产函数研究中,经常以时间序列数据为样本,不同的样本点表示不同的时间,而技术的发展恰恰是与时间紧密相关的. 又如,技术进步的一部分是以其他要素质量的提高为体现的,而各种要素质量提高的速度是不同的,所以技术进步不可能等同地改变所有要素的效率. 这就需要发展新的生产函数模型.

7.3.4.2 改进的 C－D,CES 生产函数模型

早在 1942 年,丁伯根(Tinbergen)就提出在生产函数中加入时间指数趋势项以测定技术进步,1957 年索洛(Solow)提出如下改进的 C－D 生产函数模型:

$$Y = A(t) K^{\alpha} L^{\beta}.$$

关于 $A(t)$ 的形式,通常有两种设定:

$$A(t) = A_0 (1+r)^t,$$

$$A(t) = A_0 e^{\lambda t}.$$

前一种表达式中,r 具有明确的经济含义,即表示技术的年进步速度;在后一种表达式中, λ 的经济含义不明确. 但是,当技术进步速度很低时,由于

$$\ln(1+r) \approx r$$

于是有

$$\ln[A_0 (1+r)^t] = \ln A_0 + \ln(1+r)^t = \ln A_0 + tr,$$

$$\ln(A_0 e^{\lambda t}) = \ln A_0 + t\lambda.$$

所以也可以将后一种表达式中的 λ 看作技术进步速度. 改进的 C－D 生产函数模型的表达式为

$$Y = A_0\ (1+r)^t K^{\alpha} L^{\beta}, \tag{7.72}$$

或

$$Y = A_0 e^{\lambda t} K^{\alpha} L^{\beta}. \tag{7.73}$$

同样的思路,改进的 CES 生产函数模型的表达式为

$$Y = A_0\ (1+r)^t\ (\delta_1 K^{-\rho} + \delta_2 L^{-\rho})^{-\frac{m}{\rho}}, \tag{7.74}$$

或

$$Y = A_0 e^{\lambda t}(\delta_1 K^{-\rho} + \delta_2 L^{-\rho})^{-\frac{m}{\rho}}. \tag{7.75}$$

需要指出的是,上述改进的 C－D,CES 生产函数模型是在关于技术进步的特定假设下成立的,离开了特定的假设,这些模型表达式就不正确了.

在本节关于技术进步的概念中曾经提到了 3 类技术进步和 3 类中性技术进步.在改进的 C－D,CES 生产函数模型中,作为资本和劳动产出弹性的参数不随样本点变化,这就是说技术进步不是节约资本型或节约劳动型,而是中性的.

而在中性技术进步中,希克斯中性技术进步假设要素之比 K/L 不随时间变化,其生产函数的形式为

$$Y = A(t) f(K, L).$$

即技术进步的作用相当于在要素投入不变的情况下,使产出增长 $A(t)$ 倍.

索洛中性技术进步假设劳动产出率 Y/L 不随时间变化,其生产函数的形式为

$$Y = f[A(t)K, L]$$

即技术进步的作用相当于使资本要素投入增长 $A(t)$ 倍.

哈罗德中性技术进步假设资本产出率 Y/K 不随时间变化,其生产函数的形式为

$$Y = f[K, A(t)L].$$

即技术进步的作用相当于使劳动要素投入增长 $A(t)$ 倍.

若稍加推导,就可以发现,对于改进的 C－D 生产函数模型(7.72)式和(7.73)式,3 类中性技术进步假设都是适宜的;而对于改进的 CES 生产函数模型(7.74)式和(7.75)式,则只有希克斯中性技术进步假设是适宜的,因为在索洛中性或哈罗德中性技术进步假设下无法得到(7.74)式和(7.75)式形式的生产函数模型表达式.

从这里我们得到一个启示,任何经济数学模型都是建立在一定假设基础上的,在学习与应用已有的模型时,必须搞清楚模型的假设条件,否则就会发生错误.

7.3.4.3 含体现型技术进步的生产函数模型

技术进步要素中有一部分是体现为资本、劳动等要素质量的提高,而资本、

劳动等要素质量的提高使得相同数量的要素投入量具有不同的产出效果. 所以,如果能将体现为资本、劳动等要素质量提高的技术进步因素从广义技术进步中分离出来,无论是对技术进步的作用机制描述,还是对技术进步作用的数量描述都是十分重要的. 由索洛(Solow)于1964年首先提出并由纳尔逊(Nelson)于1964年应用的含体现型技术进步的生产函数模型(也称为Solow-Nelson同期模型),就是在这个思路下发展起来的,是生产函数模型的一个重大进展.

(1)总量增长方程. 1957年索洛提出了用总量生产函数度量技术进步的总量增长方程. 他认为,产出量的增长是由资本数量的增长、劳动数量的增长和技术的进步共同贡献的结果. 用数学表达式表示为:

$$\frac{\Delta Y}{Y}=\frac{\Delta A}{A}+\alpha\frac{\Delta K}{K}+\beta\frac{\Delta L}{L}. \tag{7.76}$$

其中,α 和 β 分别为资本和劳动的产出弹性,那么式中后两项分别表示资本数量的增长和劳动数量的增长对产出增长的贡献;$\Delta A/A$为索洛余值,用来度量技术进步对产出增长的贡献. 但是,实际上$\Delta A/A$作为一个余项,是产出增长中不能被要素数量增长所解释的那一部分,是一个大杂烩,甚至被称为“垃圾箱”. 如何从$\Delta A/A$中将不同类型的技术进步因素分离出来,显然是有意义的.

(2)分离资本质量的含体现型技术进步的生产函数模型. 将C-D生产函数模型改变为

$$Y_t=A'_tJ_t^{\alpha}L_t^{\beta}. \tag{7.77}$$

其中,J_t是以质量加权的资本数量,也称为有效资本; A'_t是除了体现为资本质量提高以外的技术效率系数. J_t的计算式为

$$J_t=\sum_{m=0}^{t}K_{mt}(1+\lambda)^m. \tag{7.78}$$

其中,K_{mt}为在第 m 年形成的第 t 年仍然使用的资本数量,λ 为由于资本质量提高带来的资本效率年提高速度. 即认为新资本具有更高的质量,因而具有更高的效率,相当于资本数量增加了. (7.77)式即为含体现型技术进步的生产函数模型. 在实际应用时,给定 λ ,计算其 J_t的样本观测值,即可以估计该生产函数模型.

人们经常不直接应用(7.77)式,而是采用另外一种近似形式. 引入第 t 年资本的平均寿命 $\bar{a}_t$,则有效资本的增长率可以近似写成

$$\frac{\Delta J}{J}=\frac{\Delta K}{K}+\lambda-\lambda\cdot\Delta\bar{a}. \tag{7.79}$$

其中,$\Delta\bar{a}$ 为资本平均年龄的变化,当资本平均年龄降低时,$\Delta\bar{a}$ 为负值;$\Delta K/K$为实际资本数量的变化率;引入调整量 $\lambda\Delta\bar{a}$,反映资本平均年龄变化的作用. 于是总量增长方程(7.76)式变为

$$\frac{\Delta Y}{Y}=\left(\frac{\Delta A'}{A'}+\alpha\lambda-\alpha\lambda\Delta\bar{a}\right)+\alpha\frac{\Delta K}{K}+\beta\frac{\Delta L}{L}. \tag{7.80}$$

其中,括号中部分相当于原方程中的$\Delta A/A$,现在从这个“垃圾箱”中将体现资本质量提高的部分 $\alpha\lambda$ 和反映资本平均年龄变化的部分 $\alpha\lambda\Delta\bar{a}$ 分离出来了.(7.80)式可以改写为

$$\frac{\Delta Y}{Y}=\frac{\Delta A'}{A'}+\alpha\left(\lambda-\lambda\Delta\bar{a}+\frac{\Delta K}{K}\right)+\beta\frac{\Delta L}{L}. \tag{7.81}$$

这是常用的分离资本质量的含体现型技术进步的生产函数模型.

(3)分离劳动质量的含体现型技术进步的生产函数模型.按照同样的思路,可以从上述$\Delta A'/A'$中将体现为劳动质量提高的技术进步因素分离出来.例如,用δ表示由于劳动者平均受教育水平的提高带来的劳动效率年提高速度,用$\Delta\bar{b}$表示劳动者平均年龄的变化.于是(7.81)式可以改写为

$$\frac{\Delta Y}{Y}=\frac{\Delta A''}{A''}+\alpha\left(\lambda-\lambda\Delta\bar{a}+\frac{\Delta K}{K}\right)+\beta\left(\delta-\delta\Delta\bar{b}+\frac{\Delta L}{L}\right). \tag{7.82}$$

其中,$\Delta A''/A''$仅表示由于管理水平的提高等技术进步因素对产出增长的贡献.当然,劳动质量比资本质量更为复杂,(7.82)式只是一个示意性模型,有待于我们进一步发展.

7.3.4.4 边界生产函数模型

前面曾经提及,从理论上讲,生产函数描述一定的投入要素组合与最大产出量之间的关系.但是在实际应用中,人们无法得到最大产出量的样本观测值,只能用实际产出量作为样本观测值估计生产函数模型,因而得到的生产函数仅描述一定的投入要素组合与平均产出量之间的关系.人们已经习惯将后者称为生产函数,为了区别起见,我们把前者称为边界生产函数.

对于平均生产函数,实际产出量可以在它的上方,也可以在它的下方;而对于边界生产函数,实际产出量只能在它的下方.边界生产函数正是根据这一点设置的,它实质上是平均生产函数向上的平移.正是由于这一点,边界生产函数在比较不同样本点的技术效率方面具有重要的应用价值.

边界生产函数按照边界的性质分为确定性边界生产函数和随机边界生产函数两大类.

确定性边界生产函数对影响产出量的不可控因素(如观测误差,方程设定误差等)和可控因素(如生产非效率因素)不加区别,统统归入一个单侧的误差项中,作为对非效率的反映.其模型可以写成

$$Y=f(K,L,\cdots)\mathrm{e}^{-u}.\ (u\geq 0) \tag{7.83}$$

其中,Y为实际产出量;$f(K,L,\cdots)$ 为边界生产函数,$0\leq \mathrm{e}^{-u}\leq 1$ 反映生产非效率,实际产出量总是在 $f(K,L,\cdots)$ 的下方,可见边界生产函数 $f(K,L,\cdots)$ 为确

定性的.

确定性边界生产函数又可以分为确定性非参数边界、确定性参数边界和确定性统计边界生产函数. 它们之间的区别在于估计方法的不同.

随机边界生产函数对影响产出量的不可控因素和可控因素加以区别. 其模型可以写成

$$Y=f(K,L,\cdots)\mathrm{e}^{v-u}=[f(K,L,\cdots)\mathrm{e}^{v}]\mathrm{e}^{-u}. \tag{7.84}$$

其中,Y为实际产出量;$f(K,L,\cdots)\mathrm{e}^v$为边界生产函数,$0\leq \mathrm{e}^{-u}\leq 1$ 反映相对于随机边界的生产非效率,实际产出量总是在$f(K,L,\cdots)\mathrm{e}^v$的下方,但可以由于随机因素的作用而处于$f(K,L,\cdots)$ 的上方,可见边界生产函数$f(K,L,\cdots)\mathrm{e}^v$为随机性的.

7.3.5 几个重要生产函数模型的参数估计

7.3.5.1 C－D 生产函数模型及其改进型的估计

对于 C－D 生产函数模型(7.56)式及其改进型(7.72)式和(7.73)式,两边取对数,即可化成线性模型,然后采用单方程线性计量经济学模型的估计方法估计其参数. 但是其假设条件是随机干扰项可以作为方程的一个因子与理论模型相乘,即模型的计量经济学形态为

$$Y=AK^{\alpha}L^{\beta}\mu .$$

如果随机干扰项可以作为方程的一个因子与理论模型相加,即

$$Y=AK^{\alpha}L^{\beta}+\mu,$$

则要采用非线性模型的估计方法估计其参数. 在实际应用中,都假设为前一种情况.

7.3.5.2 CES 生产函数模型及其改进型的估计

对于(7.58)式所表示的 CES 生产函数模型

$$Y=A\left(\delta_1K^{-\rho}+\delta_2L^{-\rho}\right)^{-\frac{m}{\rho}},$$

为一个关于参数的非线性模型,采用简单的方法难以化为线性模型. 自 1961 年以来,关于它的估计问题有许多研究结果,主要有两类方法,即利用边际生产力条件的估计方法和直接估计方法.

所谓边际生产力条件,即当生产活动处于均衡的情况下,存在

$$\frac{\partial Y}{\partial K}=\frac{r}{p},\qquad \frac{\partial Y}{\partial L}=\frac{w}{p}.$$

其中,r,w,p 分别表示资本的利率、劳动的工资率和产出品的价格. 将该条件应用于(7.58)式,经过适当的变换,可以得到线性计量经济学方程. 由于边际生产力条件与实际生产活动有较大距离,实际上我们基本不采用这类估计方法.

直接估计方法是将 CES 生产函数模型的计量形态假设为

$$Y=A\left(\delta_1K^{-\rho}+\delta_2L^{-\rho}\right)^{-\frac{m}{\rho}}\mu .$$

两边取对数,得到

$$\ln Y=\ln A-\frac{m}{\rho}\ln\left(\delta_1K^{-\rho}+\delta_2L^{-\rho}\right)+\varepsilon. \tag{7.85}$$

将其中的 $\ln\left(\delta_1K^{-\rho}+\delta_2L^{-\rho}\right)$ 在 $\rho=0$ 处展开泰勒级数,取 0 阶、1 阶和 2 阶项,代入(7.85)式,得到

$$\ln Y=\ln A+\delta_1m\ln K+\delta_2m\ln L-\frac{1}{2}\rho m\delta_1\delta_2\left(\ln\frac{K}{L}\right)^2+\varepsilon. \tag{7.86}$$

(7.86)式为一个简单线性模型,通过变量置换,可以表示成

$$Z=\alpha_0+\alpha_1X_1+\alpha_2X_2+\alpha_3X_3+\varepsilon.$$

采用单方程计量经济学模型的估计方法,得到 $\alpha_0,\alpha_1,\alpha_2,\alpha_3$的估计值,利用对应关系和 $\delta_1+\delta_2=1$, 可以计算得到关于参数 $A,\rho,m,\delta_1,\delta_2$的估计值.

选择在 $\rho=0$ 处展开泰勒级数,是因为当 $\rho=0$ 时,要素替代弹性等于 1,即模型退化为 C－D 生产函数,由于 C－D 生产函数的普遍适用性,所以可以假设 ρ 为接近于0 的数. 当参数估计完成后,可以根据 ρ 的估计值是否接近于 0 来检验这种估计方法的可用性.

从(7.86)式可以看出,当 $\rho=0$ 时,方程为

$$\ln Y=\ln A+\delta_1m\ln K+\delta_2m\ln L+\varepsilon.$$

即为 C－D 生产函数模型. 所以可以认为,CES 生产函数模型是对 C－D 生产函数模型的修正.

对改进的 CES 生产函数模型(7.84)式和(7.85)式的估计方法是相同的.

7.3.5.3　VES 生产函数模型的估计

这里仅讨论(7.65)式

$$Y=AK^{\frac{1}{1+c}m}\left(L+\frac{b}{1+c}K\right)^{\frac{c}{1+c}m}$$

的直接估计方法. 将它的计量形态假设为

$$Y=AK^{\frac{1}{1+c}m}\left(L+\frac{b}{1+c}K\right)^{\frac{c}{1+c}m}\cdot\mu . \tag{7.87}$$

其对数形式为

$$\ln Y=\ln A+\frac{m}{1+c}\ln K+\frac{cm}{1+c}\ln\left(L+\frac{b}{1+c}K\right)+\varepsilon. \tag{7.88}$$

令

$$\ln\left(L+\frac{b}{1+c}K\right)=\ln\left(L+\lambda K\right)=Z(\lambda) .$$

在 $\lambda=0$,即 $b=0$ 处展开泰勒级数:

$$Z(\lambda)=\ln L+\frac{K}{L}\lambda+0(\lambda).$$

代入(7.88)式得到

$$\ln Y=\ln A+\frac{m}{1+c}\ln K+\frac{cm}{1+c}\ln L+\frac{cmb}{(1+c)^2}\cdot\frac{K}{L}+\varepsilon. \qquad (7.89)$$

对(7.89)式进行变量置换,得到

$$Z=\alpha_0+\alpha_1X_1+\alpha_2X_2+\alpha_3X_3+\varepsilon.$$

采用单方程计量经济学模型的估计方法,得到 $\alpha_0,\alpha_1,\alpha_2,\alpha_3$的估计值,利用对应关系可以计算得到关于参数 A,c,m,b 的估计值. 当参数估计完成后,可以根据 b 的估计值是否接近于 0 来检验这种估计方法的可用性.

7.3.5.4 二级 CES 生产函数模型的估计

对于二级 CES 生产函数模型(7.68)式

$$Y_{KE}=(a_1K^{-\rho1}+a_2E^{-\rho1})^{-\frac{1}{\rho1}},$$

$$Y=A(b_1Y_{KE}^{-\rho}+b_2L^{-\rho})^{-\frac{m}{\rho}}.$$

首先将第二级 CES 生产函数取对数,在 $\rho=0$ 处展开泰勒级数,得到如下近似式:

$$\ln Y=\ln A+b_1m\ln Y_{KE}+b_2m\ln L-\frac{1}{2}\rho mb_1b_2\left(\ln\frac{Y_{KE}}{L}\right)^2+\varepsilon.$$

式中包含 Y_{KE}. 再将第一级 CES 生产函数在 $\rho_1=0$ 处展开泰勒级数,得到关于 Y_{KE}的近似式:

$$\ln Y_{KE}=a_1\ln K+a_2\ln E-\frac{1}{2}\rho_1a_1a_2\left(\ln\frac{K}{E}\right)^2.$$

将 Y_{KE}的近似式代入第二级 CES 生产函数的展开近似式中,考虑到可能引起共线性和计算复杂性等因素,用逐步回归筛选出如下线性方程:

$$\ln Y=\ln A+b_1ma_1\ln K+b_1ma_2\ln E+b_2m\ln L-$$
$$\frac{1}{2}mb_1\rho_1a_1a_2\left(\ln\frac{K}{E}\right)^2-\frac{1}{2}\rho mb_1b_2\left(\ln\frac{K}{L}\right)^2+\varepsilon. \qquad (7.90)$$

通过变量置换,可以表示成

$$Z=\alpha_0+\alpha_1X_1+\alpha_2X_2+\alpha_3X_3+\alpha_4X_4+\alpha_5X_5+\varepsilon.$$

采用单方程计量经济学模型的估计方法,得到 $\alpha_0,\alpha_1,\alpha_2,\alpha_3,\alpha_4,\alpha_5$的估计值,利用对应关系和 $a_1+a_2=1,b_1+b_2=1$,可以计算得到关于参数 $A,\rho,\rho_1,m,a_1,a_2,b_1,b_2$的估计值. 对于这些估计值,除了级数展开时展开点的选择误差和逼近误差外,代入后的筛选也带来了误差.

7.3.5.5 含体现型技术进步的生产函数模型的估计

以分离资本质量的含体现型技术进步的生产函数模型(7.79)式

$$\frac{\Delta Y}{Y}=\frac{\Delta A'}{A'}+\alpha\left(\lambda-\lambda\Delta\bar{a}+\frac{\Delta K}{K}\right)+\beta\frac{\Delta L}{L}+\varepsilon$$

为例. 将模型进行变量置换,得到

$$Z_t=\alpha_0+\alpha X_{1t}+\beta X_{2t}+\varepsilon_t.$$

其中,Z,X_2的样本观测值可以直接取得. 在 X_1中, $\Delta\bar{a}$,$\Delta K/K$ 的样本观测值也可以直接取得,需要给定不同的 λ 值,进行反复估计,以拟合效果最好者作为最后估计结果.

7.3.5.6 确定性统计边界生产函数模型的修正的普通最小二乘估计(COLS)

修正的普通最小二乘估计(COLS)是(Richmand)于 1974 年首先提出的,它是在普通最小二乘估计结果的基础上对常数项进行修正的一种估计方法,得到了广泛的应用.

对于确定性统计边界生产函数(7.83)式

$$Y=f(K,L,\cdots)e^{-u}. \qquad (u\geqslant 0)$$

如果用 C－D 生产函数的形式表示,则写成

$$Y=AK^{\alpha}L^{\beta}e^{-u}. \qquad (u\geqslant 0)$$

其对数形式为

$$\ln Y=\ln A+\alpha\ln K+\beta\ln L-u. \tag{7.91}$$

其中,实质上的边界生产函数为

$$\ln Y'=\ln A+\alpha\ln K+\beta\ln L.$$

Y'为理论上的最大产出量. 设 $E(u)=u_0$,$\ln A=a$,将(7.91)式写成

$$\ln Y=(a-u_0)+\alpha\ln K+\beta\ln L-(u-u_0). \tag{7.92}$$

其中,$E(u-\mu)=0$,可以用普通最小二乘法估计模型(7.90)式,得到

$$\ln\hat{Y}=(a-\hat{\mu})+\hat{\alpha}\ln K+\hat{\beta}\ln L. \tag{7.93}$$

这就是我们所说的平均生产函数,它与我们所要求的边界生产函数的差别在于常数项. 那么,如何才能求得边界生产函数的常数项 a 的估计值? 显然应该有

$$\hat{a}=(a-\hat{\mu})+\hat{\mu}. \tag{7.94}$$

根据边界生产函数应该使得所有实际产出量都在它的下面的特点,可以用

$$\mathrm{Max}(\ln Y_i-\ln\hat{Y}_i)=\mathrm{Max}\{\ln Y_i-[(a-\hat{\mu})+\hat{a}\ln K_i+\hat{\beta}\ln L_i]\} \tag{7.95}$$

作为$\hat{\mu}$ 的值,代入(7.94)式得到$\hat{a}$. 于是所要求的边界生产函数为

$$\hat{Y}'=e^{\hat{a}}K^{\hat{\alpha}}L^{\hat{\beta}}.$$

该边界生产函数即是平均生产函数(7.91)式向上平移了 $\hat{\mu}$.

概括起来,用修正的普通最小二乘法估计确定性统计边界生产函数模型,即是首先用最小二乘法估计平均生产函数,然后计算所有样本点的产出量的观测值与平均生产函数估计值之差,取其最大者加到平均生产函数的常数项上,

即得到边界生产函数的常数项,从而得到边界生产函数.

7.3.6 生产函数模型在技术进步分析中的应用

经济增长取决于生产要素投入量的增加和生产技术的进步.分析和测定技术进步对经济增长的影响和贡献有着十分重要的意义.而生产函数模型在技术进步分析方面,有着其显著的功能.

技术进步的定量分析,主要包括两方面内容,一是测算技术进步速度及其对经济增长的贡献,显然这是从纵向研究技术进步;一是关于部门之间,企业之间技术进步水平的比较研究,这是从横向研究技术进步.对于这两方面研究,生产函数模型都是有效的方法.

7.3.6.1 技术进步速度的测定

年技术进步速度,是一项反映在一定时期内技术进步快慢的综合指标.通常用下式定义:

$$r = y - \alpha k - \beta l. \tag{7.96}$$

其中,r 为技术进步速度;α,β 为资本与劳动的产出弹性;y,k,l 分别为产出、资本和劳动数量的增长速度.显然,在(7.96)式中是将资本与劳动数量增长之外的所有因素全部归入“技术进步”之中.

α,β 可以通过生产函数模型估计得到,y,k,l 则是由样本观测值计算得到,根据(7.96)式就可以计算得到技术进步速度 r 的值.

李子奈教授曾经用1963—1984年我国国有工业的数据作为样本,估计改进的C-D生产函数模型,得到如下估计结果:

$$Y = 0.6479 e^{0.0128t} K^{0.3608} L^{0.6756}.$$

由样本数据计算得到1963—1984年国有工业不变价总产出、不变价固定资产原值和劳动者人数的平均增长速度为

$$y = 10.5\%,$$
$$k = 8.74\%,$$
$$l = 5.71\%.$$

并且由 $\alpha = 0.3608$,$\beta = 0.6756$,根据(7.96)式计算得到1963~1984年间我国国有工业平均技术进步速度为 $r = 3.49\%$.

7.3.6.2 技术进步对增长的贡献

技术进步对增长的贡献,是一项直接反映技术进步对增长影响的综合指标.它的定义由下式给出:

$$E_A = \frac{r}{y} \times 100\%. \tag{7.97}$$

它是由(7.96)式的两边同除以 y 后得到的:

$$\frac{r}{y}=1-\frac{\alpha k}{y}-\frac{\beta l}{y}.$$

对于 1963～1984 年间我国国有工业，计算得到技术进步对增长的贡献为：

$$E_A=\frac{3.49\%}{10.5\%}\times100\%=33.2\%.$$

当然，这是除了资本与劳动数量增长的贡献外所有因素对增长的贡献.

根据最新的计算，我国的经济增长中，技术进步的贡献一直维持在 30%～40%之间，而一些发达国家，该项指标达到 60%以上.

7.3.6.3　部门之间、企业之间技术进步水平的比较分析

对部门之间、企业之间的技术进步水平进行比较分析，无论是正确地评价部门或企业，或是确定技术进步的方向，都是十分重要的. 边界生产函数模型是一种有效的方法.

例如，建立某行业的企业确定性统计边界生产函数模型

$$Y=AK^{\alpha}L^{\beta}e^{-u}.\qquad(u\geq0)$$

进行变换后用普通最小二乘法估计得到

$$\ln\hat{Y}=(a-\hat{\mu})+\hat{\alpha}\ln K+\hat{\beta}\ln L.$$

设

$$\hat{\mu}_j=\ln Y_j-\ln\hat{Y}_j,$$

定义 $(a-\hat{\mu})+\hat{\mu}_j$为第 j 个样本企业的技术水平. 如果第 m 个企业处在边界上，根据修正的最小二乘法的原理，应该有

$$\begin{aligned}\hat{\mu}_m&=\max(\ln Y_i-\ln\hat{Y}_i)\\&=\max\{\ln Y_i-[(a-\hat{\mu})+\ln K_i+\hat{\beta}\ln L_i]\}.\end{aligned}$$

那么，我们将该企业的技术效率定义为 1，即认为它处于最佳技术状态. 这样第 j 个样本企业的技术效率为

$$E_j=e^{(a-\hat{\mu})+\hat{\mu}_j}/e^{(a-\hat{\mu})+\hat{\mu}_m}=e^{\hat{\mu}_j-\hat{\mu}_m}.\qquad(7.98)$$

根据(7.98)式可以对同一时间截面上不同样本企业的技术水平进行定量比较.

李子奈教授曾经以 1985 年煤炭行业 63 个大型企业的截面数据为样本分别估计煤炭企业平均生产函数和边界生产函数模型：

$$\ln\hat{Y}=-4.3279+0.4074\ln K+0.2766\ln L+0.2885\ln E,\qquad(7.99)$$

$$\ln\hat{Y}'=-3.6477+0.4074\ln K+0.2766\ln L+0.2885\ln E.\qquad(7.100)$$

其中，$\hat{Y}'$为应该达到的最大产出量的估计量；E 为钢材消耗量. 可见，平均生产函数(7.99)式和边界生产函数(7.100)式的差别仅在常数项. 根据(7.98)式计算每个企业的技术效率，结果如下：

$E_j^{1985} \geq 80\%$ 2

$60\% \leq E_j^{1985} < 80\%$ 9

$40\% \leq E_j^{1985} < 60\%$ 43

$E_j^{1985} < 40\%$ 9

即技术效率比较高的只有 2 个企业,有 9 个企业技术效率相当低. 这样就将 63 个大型企业按技术水平排了队,无论对行业主管部门,还是对企业,这都是具有重要意义的.

7.4 宏观计量经济学模型简介

宏观计量经济学模型是以宏观经济学理论为指导,在总量水平上反映宏观经济活动的动态特征,研究宏观经济变量之间的相互依存关系的经济数学模型;是应用计量经济学方法建立的宏观经济模型. 它是宏观经济模型中的一类,是联立方程计量经济学模型理论与方法的主要应用领域.

7.4.1 一个实例

7.4.1.1 公式

$$C_t = \alpha_0 + \alpha_1 Y_t + \alpha_2 C_{t-1} + \mu_{1t},$$
$$I_t = \beta_0 + \beta_1 Y_t + \mu_{2t},$$
$$Y_t = C_t + I_t + G_t.$$

这是一个简单的 3 个方程的宏观计量经济学模型. 式中,C 为居民消费,Y 为国内生产总值,I 为投资,G 为政府消费.

7.4.1.2 数据

这里选择北京市生产总值、居民消费、政府消费和固定资产形成数据来进行分析,见表 7.10.

表 7.10

年份	Y	I	C	G
1986	284.86	129.75	92.4	32.76
1987	326.82	170.12	107.73	40.14
1988	410.22	197.79	131.98	46.51
1989	455.96	200.26	138.99	58.68
1990	500.82	227.95	169.83	61.13

续表

年份	Y	I	C	G
1991	598.89	184.37	153.62	71.85
1992	709.1	200.98	177.08	85.89
1993	863.53	326.82	207.21	103.07
1994	1 084.03	519.01	264.55	131.74
1995	1 394.89	888.31	375.46	131.12
1996	1 615.73	922.48	451.96	165.89
1997	1 810.09	1 001.73	492.88	210.48
1998	2 011.31	1 171.9	563.62	246.2
1999	2 174.46	1 233.46	633.76	320.38
2000	2 478.76	1 376.98	808.53	412.8
2001	2 845.65	1 631.83	913.95	553.76
2002	3 212.71	1 913.12	1 049.21	650.6
2003	3 663.1	2 211.56	1 209.27	758.6
2004	4 283.31	2 600.8	1 354.23	910.32

资料来源:《北京统计年鉴》(2005).

7.4.1.3 Eviews 结果

参见表 7.11.

表 7.11

Estimation Method: Weighted Least Squares				
Date: 02/17/06Time: 11:40				
Sample: 1986 2004				
Included observations: 19				
Total system (unbalanced) observations 37				
	Coefficient	Std. Error	t - Statistic	Prob.
$C(1)$	-11.998 92	11.943 22	-1.004 663	0.322 6
$C(2)$	0.122 818	0.040 036	3.067 673	0.004 4
$C(3)$	0.715 350	0.137 773	5.192 223	0.000 0
$C(4)$	-113.543 4	24.422 11	-4.649 206	0.000 1
$C(5)$	0.627 080	0.012 169	51.532 90	0.000 0
Determinant residual covariance			2217228.	
Equation: $CU = C(1) + C(2) * Y + C(3) * C(-1)$				
Observations: 18				

续表

R-squared	0.996 065	Mean dependent var		511.325 6
Adjusted *R*-squared	0.995 541	S. D. dependent var		400.919 8
S. E. of regression	26.772 10	Sum squared resid		10 751.18
	Coefficient	Std. Error	*t* – Statistic	Prob.
Durbin-Watson stat	2.003 765			
Equation：I = C(4) + C(5) * Y				
Observations：19				
R-squared	0.992 896	Mean dependent var		900.485 3
Adjusted *R*-squared	0.992 478	S. D. dependent var		768.597 5
S. E. of regression	66.658 40	Sum squared resid		75 536.82
Durbin-Watson stat	0.945 969			

这里是采用加权最小二乘法计算的. 第一个方程效果非常好,可以认为序列相关不显著,但第二个模型 *DW* 值不很理想. 从统计检验和计量经济学检验来看,回归系数(第一个方程的常数相除外)及总体方程,效果都比较显著.

7.4.1.4　简述

由以上回归结果,整理如下:

$$C = -11.998\,5 + +0.122\,8Y + 0.715\,4C(-1),$$
$$(-1.000\,5)\quad(3.067\,7)\quad(5.192\,2)$$
$$R^2 = 0.996\,1, \bar{R}^2 = 0.995\,5, DW = 2.00\,4;$$
$$I = -113.543\,4 + 0.627\,1Y,$$
$$(-4.649\,2)\quad(51.532\,9)$$
$$R^2 = 0.992\,9, \bar{R}^2 = 0.992\,5, DW = 0.946\,0.$$

7.4.2　宏观计量经济学模型的设定理论

宏观计量经济学模型与它的建模理论与方法一样,是在西方国家首先发展起来的. 20 世纪 80 年代初开始在我国传播与发展. 我国的许多研究机构与研究者迅速建立了一大批各种类型的宏观计量经济学模型. 既有经验,也有教训,其中最重要的一条就是关于宏观计量经济学模型的设定理论. 为此,我们将对建立宏观计量经济学模型的指导理论展开讨论,提出一些见解.

7.4.2.1　宏观经济模型的分类

宏观经济模型是相当广泛的一类模型的总称,它可以按照不同的方法分类.

按照建立宏观经济模型的方法,可以将模型分为以下几类:计量经济学模型、投入产出模型、最优化模型、经济控制论模型和系统动力学模型等.

按照建立宏观经济模型的目的,可以将模型分为以下几类:预测模型、决策模型和专门模型等.

按照模型所研究的范围将宏观经济模型分为国家模型、地区模型、国家间或地区间模型和世界模型.

按照模型所适用的时间长度将宏观经济模型分为季度模型、年度模型和中长期模型. 这种分类主要针对宏观计量经济学模型. 季度模型以季度数据为样本,主要用于短期经济预测和结构分析;年度模型以年度数据为样本,是最广泛、应用最为普遍的一类模型,决策模型以年度模型为主;中长期模型仍然以年度数据为样本,在建模技术上与年度模型没有显著区别,只是总量化程度更高.

按照模型研究的社会经济系统的性质,可以将宏观经济模型分为发达市场经济国家模型和发展中国家模型. 发达市场经济国家模型建模的主要任务是研究怎样通过财政、货币和金融政策的作用,来保证社会经济的稳定发展. 而发展中国家模型建模的主要任务是研究经济增长和各类支付平衡问题.

也可以按照经济理论基础分类. 传统的宏观经济模型,总是以一定的经济理论为基础. 以计量经济学方法建立的宏观经济模型,可以是均衡模型,也可以是非均衡模型,但非均衡模型在技术上还不成熟,所以现有的宏观计量经济学模型基本上都属于均衡模型. 对于宏观计量经济学模型,依据不同的经济学理论流派,具有不同的模型结构.

7.4.2.2　传统宏观计量经济学模型的设定

(1)基本设定理论. 宏观计量经济学模型的基本理论形成于 20 世纪 40 年代,大部分基础性工作是由美国考尔斯经济研究委员会完成的. 其基本理论可以概括为以下几点:①依据某种已经存在的经济理论或者已经提出的对经济行为规律的某种解释设定模型的总体结构和个体结构,即模型是建立在已有的经济理论和经济行为规律假设的基础之上的;②引进概率论思想作为模型研究的方法论基础,选择随机联立线性方程组作为模型的一般形式;③模型的识别、参数的估计、模型的检验是主要的技术问题;④以模型对样本数据的拟合优度作为检验模型的主要标准.

(2)模型设定方法. 在模型设定的方法上,传统宏观计量经济学模型经历了“从简单到复杂”向“从一般到简单”的转变.

从简单到复杂的方法. 自 20 世纪 40 年代到 60 年代,在宏观计量经济学模型的个体方程的设定上,大体遵循从简单到复杂的原则,既以一个简单的模型为起点,在这个简单的模型中只包含按照已有的经济理论和经济行为规律假设而选择的少数被认为最主要的变量;然后对该模型进行参数估计和检验,如果具有比较高的对样本数据的拟合优度,就将它作为最终模型. 如果模型对样本数据的拟合优度比较低,则说明模型的解释能力不够,于是增加解释变量,再进行估计与检验,直到达到满意的拟合优度为止,得到最后的比较复杂的模型. 在当时计算技术尚不发达的情况下,这是一种可行的方法. 但不同的研究者对于同样的研究对象,由于对拟合优度的标准要求不同,初始模型变量选择不同,增加变量选择不同,都可以得到不同的最终模型.

从一般到简单的方法. 到了20世纪60和70年代,由于计算技术的发展,模型的估计已经很方便了,变量多与少其计算工作量已无区别. 人们以另一种思路设定模型,即开始时建立一个一般的模型,将根据已有经济理论和经济行为规律假设而认为对被解释变量具有影响的变量都作为解释变量,不管它们的影响是否显著;然后在模型的估计过程中逐步剔除不显著的变量,最后得到一个比较简单的模型. 与从简单到复杂的方法相比,这种方法是一大进步. 不同研究者对于同样的研究对象,如果他们对经济理论和经济行为规律假设的理解是相同的,应该具有同样的起点,那么最后得到的模型也应该是相同的.

(3)评价. 传统宏观计量经济学模型的设定理论是在宏观计量经济学模型的发展过程中逐渐形成的,反过来又极大地推动了宏观计量经济学模型的发展. 现在世界各国众多的宏观计量经济学模型,都是在该设定理论的指导下建立起来的. 尤其是采用从一般到简单的建模思路,在很大程度上消除了建模过程中的主观性.

但是,这种设定理论是以某种既定的经济理论和经济行为规律假设为基础的,那么对于同样的研究对象,不同的研究者只要对理论假设理解不同,仍然可以建立不同的模型. 另外,从应用的方面看,按照这种设定理论建立的模型,只能起到检验理论的作用,不能从中发现理论.

7.4.2.3 影响宏观计量经济学模型设定的三大因素

宏观计量经济学模型是在宏观总量水平上、用联立方程计量经济学模型把握和反映经济运动的全面特征,反映主要指标间的相互依存关系,描述经济系统和社会再生产过程各环节之间的联系,那么宏观经济环境、体制以及核算等对模型的设定必然产生重要的影响. 这里所说的宏观经济环境,主要是指宏观经济从总体上讲是处于需求导向还是供给导向,通俗讲是需求不足还是供给不足;关于体制,主要是宏观经济决策方式,是集中决策还是分散决策,它是计划经济体制与市场经济体制的集中体现;所谓核算,指所采用哪种国民经济核算体系. 它们构成影响宏观计量经济学模型设定的三大因素.

(1)宏观经济环境对模型设定的影响. 需求不足和供给不足是两类不同的

宏观经济环境.

在需求不足的环境下,需求成为经济增长的主要制约,刺激需求成为宏观经济政策的主要目标.描述这种宏观经济环境的宏观计量经济学模型,从总体结构上讲,需求模块,包括消费、投资、出口,成为第一的和最重要的模块.由需求决定生产,由生产决定就业、收入和收入分配,并由此形成模型的总体结构.从模型的个体结构上讲,主要方程的解释变量都是从需求方面来选择.决定投资的不是它的供给方,即资金来源;而是它的需求方,即产出的增长,加速模型成为投资方程的主要理论形式.决定产出的不是它的供给方,即生产要素投入量;而是它的需求方,即需求量,生产函数模型就不能成为生产方程的主要理论形式.决定出口的不是它的供给方,即国内产出量;而是它的需求方,即国际市场的需求,等等.

在供给不足的环境下,供给成为经济增长的主要制约,刺激生产成为宏观经济政策的主要目标.描述这种宏观经济环境的宏观计量经济学模型,从总体结构上讲,生产模块,包括消费资料、生产资料、服务的生产,成为第一的和最重要的模块.由生产决定就业、收入和收入分配;由收入,包括居民、企业、政府和国外各个主体的收入决定消费、投资;由投资形成的新的生产能力决定产出的增长,并由此形成模型的总体结构.从模型的个体结构上讲,主要方程的解释变量都是从投入方面来选择.决定投资的是它的供给方,即资金来源,也就是居民、企业、政府和国外各个主体的收入;而不是它的需求方,即产出的增长,加速模型就不能成为投资方程的理论形式.决定产出的是它的供给方,即生产要素投入量;而不是它的需求方,即需求量,生产函数模型就成为生产方程的主要理论形式.决定出口的是它的供给方,即国内产出量;而不是它的需求方,即国际市场的需求,等等.

绝对的需求不足和供给不足对许多宏观经济模型也并不适用,于是出现了供需双约束的情况,尤其在个体模型的设定时需要从供需双方选择解释变量.

(2)宏观经济决策方式对模型设定的影响.宏观经济决策方式主要分为以集中决策为主和以分散决策为主两类.前者是计划经济体制的重要体现,后者则是市场经济体制的主要反映.

在市场经济体制下,资源是由市场配置的,关于资源配置的决策是分散的.而分散决策的决策目标是效益最大化,决策的导向是需求,价格是由供求关系决定的.这种决策方式对宏观计量经济学模型的总体结构和个体结构都将产生影响.例如,投资总量是由各个投资主体,即企业、居民、政府和国外各自决定的投资量的加总,而不是政府独立决定的;价格模块成为模型的一个极重要的模块,因为价格是各个消费主体和投资主体的消费和投资方程中的重要解释变量,而价格方程的解释变量应该是反映供给和需求状况的变量;财政模块和金融模块变得十分重要,政府对宏观经济的调控主要是通过财政政策和货币政策间接实现的,等等.

在计划经济体制下,资源是由计划配置的,关于资源配置的决策是集中的.这些也将在宏观计量经济学模型的总体结构和个体结构中得到反映.例如,投资总额是由政府这个单一投资主体决定的,关于各个产业的投资是由政府分配的;价格不是由供求关系决定,而是外生给定的,价格也不是消费和投资决策的主要依据,所以价格模块在整个模型中只起到核算的作用,等等.

同样,绝对的集中决策和分散决策在实际经济生活中也不多见,无非是以哪一种决策为主的问题.所以在许多宏观计量经济学模型中,出现了两种决策方式共存的情况,尤其在不同的个体模型的设定时需要分析其各自的决策方式.

(3)经济核算体系对模型设定的影响.宏观计量经济学模型是在一定的核算体系基础上建立起来的.由经济总量指标体系组成的核算体系反映了宏观经济的运行过程和状态,是宏观计量经济学模型的数据来源,也是设定宏观计量经济学模型的重要依据.核算体系的结构直接影响宏观计量经济学模型的总体和个体结构.一个宏观计量经济学模型只能以一种核算体系为参考系来设计,当然可以包括另一核算体系的主要指标的计算.

从 20 世纪 50 年代开始,由联合国颁布实行的核算体系有两类:一类是社会产品平衡表体系,简称 MPS 体系,由于主要在原苏联和东欧国家采用,又称东方体系,它是适应计划经济体制需要而建立的;一类是国民经济账户体系,简称 SNA 体系,由于主要在美国和西欧国家采用,又称西方体系,它是适应市场经济体制需要而建立的.在 20 世纪 90 年代,由于原苏联的解体,原苏联和东欧国家放弃了东方体系,1993 年由联合国颁布了新的国民经济账户体系,简称 1993 新 SNA 体系.我国 1949—1985 年采用 MPS 体系,1985—1992 年采用 MPS 和 SNA 混合体系,1992 年起开始采用具有自己特色的新核算体系.目前已与国际接轨,采用联合国 1993 年新 SNA 体系.

核算体系对宏观计量经济学模型的影响在于指标体系以及主要指标的核算方法.模型中主要变量的设置必须与指标体系中的主要指标相一致;模型中模块之间和方程之间的关系必须与核算体系中指标的核算方法相一致.

7.4.2.4 模型外生性程度的决定

所谓外生性程度,简单说就是模型中外生变量与内生变量数目之间的比例.选择合理的外生性程度,也是宏观计量经济学模型设定中一个重要问题.

(1)影响外生性程度的因素.确定模型的外生性程度主要应考虑以下因素.

一是模型的功能. 如上所述，建立模型的目的不同，外生变量的设置也不相同. 对于预测模型，为了减少给定外生变量预测值的困难和造成的预测误差，模型中外生变量应尽可能的少；而对于决策模型，为了使得模型能够起到经济政策实验室的作用，试图通过模型进行评价的政策变量必须是外生变量，这样才可能进行不同政策方案的模拟计算与比较，那么外生变量的数目一般就比较多.

二是决策方式. 不同的决策方式对模型的外生性程度有显著影响. 在集中决策下，许多变量不是由经济系统内部产生的，而是由决策者从外部强加给经济系统的. 例如，价格变量就不是在经济系统内由供求关系决定，而是外生给定的，所以比分散体制下的模型具有较多的外生变量.

三是可解释性. 所谓可解释性是指能否建立关于某个内生变量的解释方程，并对其进行较准确的解释. 有些变量，从行为上分析，应该是由经济系统内生决定的，但是在建立模型时又很难得到质量比较好的模型，在这种情况下，将其作为外生变量处理会收到更好的效果. 汇率就是一个例子. 从理论上讲，在西方国家，汇率是由外汇市场决定的；但是由于决定汇率的因素十分复杂，用一个数学表达式是很难描述的，所以即使在西方国家的宏观计量经济学模型中，汇率也经常作为外生变量处理.

四是样本容量. 在第六章曾经讲到，在估计联立方程计量经济学模型时，若采用 2SLS 法，其第一阶段需要估计简化式模型，若模型系统的外生变量较多，很难有足够的样本容量.

(2)较高外生性程度的优缺点. 外生性程度高有如下优点：①可以控制模型规模. 因为每增加一个内生变量，就要增加一个方程和与其相关的外生变量，使模型中方程与外生变量数目增加. ②可以减少方程设定误差，甚至总体误差. 例如. 上述的汇率变量，如果一定要作为内生变量，那么就会带来较大的方程设定误差，往往会超过人为外生给定所带来的误差. ③模型应用灵活，方便于政策模拟和多方案计算.

外生性程度高也有如下缺点：①估计模型时需要较大的样本容量，带来收集数据的困难. ②模型用于预测时，预测外生变量值的困难增大，甚至带来较大的预测误差.

7.4.2.5　模型分解性程度的决定

选择合适的总量分解水平是建立宏观计量经济学模型中的又一个重要问题，我们把它称为模型分解性程度.

(1)影响模型分解性程度的因素. 模型分解性程度受到如下因素的影响.

一是宏观经济中的结构性变化. 宏观经济体系是由各个部分组成的，各个组成部分又由更细的部分组成,它们各自在宏观总量中的地位与所占的份额称为结构.如果其地位与份额是固定不变的,即宏观经济中没有发生结构性变化,那么,总量化的指标就足以反映经济的总量问题和结构问题.例如,如果我国农业中种植业、林业、牧业、渔业和其他农业的结构是不变的,那么只要设置一个农业总产出变量就行了;但是如果内部结构是变化的,一个农业总产出方程是无法建立的,或者建立了也没有实用价值,我们称这样的方程结构性功能差.那么就要将农业分解为5个部门,分别建立每个部门的生产方程,然后再用一个衡等方程求农业总产出.

二是建模目的的影响.用于预测的模型,必须具有较好的结构功能,才能适应结构变化情况下预测的需要,因此具有较高的分解性程度.用于进行政策评价的模型,尤其对宏观经济政策进行评价,目的在于对不同政策方案的宏观经济结果进行比较,不要求过高的分解性.对于一些专门模型,正如前面提到的,局部分解性程度高些,其他部分趋于总量化.

三是模型规模的限制.分解性程度越高,模型规模越大.而模型规模受到其他因素的制约,例如,样本数据的收集问题、模型研制时间和经费问题等.

(2)较高分解性程度的优缺点.具有较高的分解性程度的宏观计量经济学模型具有以下优点:①模型能较好地反映客观存在的结构现象,在应用中具有较好的结构功能.②方程能较好地描述经济行为.例如,上述的农业总产出方程,实际上是很难建立的,即使建立了,也很难较好地描述农业生产行为,而如果按照分部门建立生产方程,则是比较容易的,也能够较好地描述各自的生产行为.③模型样本期模拟精度和样本期外的预测精度都较高.④可以使偏差多样化和分散化.

较高的分解性程度同时也带来一些问题:①数据收集和调整的工作量和难度增大;②模型中包含了更多的方程,会带来更大的方程设定误差.

实际建模时关键是找到一种平衡,选择合适的模型分解性程度.

7.4.2.6 建立宏观计量经济学模型的工作程序

建立宏观计量经济学模型是一项复杂的工作,一般按照一定的工作程序逐步进行.首先是对宏观经济理论与运行状况进行分析,根据分析确定宏观计量经济学模型的总体框架并画出框图;而后根据模型的总体框架确定主要内生变量和外生变量,并逐个模块设计模型的理论形式;然后进行模型数据的收集,模型估计与检验,不断进行修改与补充.一个好的宏观计量经济学模型,还要每经过一段时间后进行一次修正,根据经济中出现的新规律和新的数据,对模型进行重新设定与估计,形成模型的一个新的版本,因为没有永远适用的宏观计量经济学模型.

7.4.3 宏观计量经济学模型介绍

从1939年丁伯根建立美国商业循环模型开始，西方国家，尤其是美国，一直很重视国家宏观计量经济模型的研究与应用. 大部分实际工作开始于20世纪50年代，盛行于60年代，模型的规模也逐渐增大. 20世纪50年代初，最大的宏观经济年度模型只有20个方程，而目前最大的季度模型达到数千个方程的规模. 我国宏观计量经济学模型的研究与开发也有了20多年的历史，而且发展非常迅速. 下面简要介绍宏观计量经济学模型的特点、克莱因的战争之间模型和中国宏观计量经济学模型的研究与发展情况.

7.4.3.1 宏观计量经济学模型的特点

发达市场经济国家与发展中国家宏观计量经济学模型有着不同特点.

(1)发达市场经济国家模型的特点. 发达市场经济国家宏观计量经济学模型的奠基人是丁伯根和克莱因. 经过几十年的发展，现在已经达到了一个较高的水平，形成了一个庞大的谱系. 发达市场经济国家的模型具有各种不同类型，可用于各种不同的目的，其主要特点可概括为以下两点：

第一，建模所依据的经济理论可以是各种不同流派的理论，即兼容并蓄各流派的经济理论. 就西方主流派宏观计量经济学模型来说，它们不像不同流派理论的经济学家那样强调的是各流派理论的对立分歧之点，而更多的是强调不同流派理论的共同点，尽量兼容并蓄，将不同流派的所长、精辟之处融合到模型中，以求发挥各家之长，使宏观计量经济学模型能够更好地反映社会经济现实. 这样的处理是与宏观经济模型方法的应用性特点相联系的，也是模型方法的一个重要优势.

第二，全面反映西方核算体系(SNA)的主要内容. 发达市场经济国家宏观计量经济学模型的核心部分包括三部分内容，即总需求部门；总供给部门(包括劳动力的供给、产出及价格形成)；关于总需求、生产和收入的衡等关系. 在从核心部分扩展到反映产业部门间关系和货币金融部分这两个重要内容之后，发达市场经济国家宏观计量经济学模型就全面反映了三个基本核算关系，即关于最终产品的国民收入和生产核算；关于货币和产品的中间流量的投入产出核算；关于社会经济中各种金融资源使用的资金流量核算. 这三个基本核算关系正是适用于市场经济国家的国民经济核算体系(SNA)的主要内容. 因此，发达市场经济国家的模型反映了其核算体系的主要内容.

(2)发展中国家模型的特点. 发展中国家建立宏观计量经济学模型开始于20世纪50年代中期，自20世纪60、70年代以来，其应用已相当广泛. 基于对众多发展中国家宏观计量经济学模型的分析，克莱因曾专门撰文总结其5个特点:①产出能力而不是有效需求是生产的主要限制;②由于存在着投资机会和不存在有组织的资本市场,使得外国资本和直接投资是影响经济的重要变量;③政府经济政策起着重要作用;④环境因素,例如,气候或政治因素对经济政策有重要影响;⑤对外贸易以及与国际组织和发达国家的合作是十分重要的.

除了克莱因总结的5个特点之外,一位研究发展中国家经济与经济模型的著名学者兰斯·泰勒还进一步从4个方面阐述了发展中国家模型的特点,他指出:①合理划分发展中国家的经济部门对建立宏观计量经济学模型相当重要,这包括用于外贸的产品和国内使用的产品的划分,农业和工业的部门划分,投资品与消费品的划分等;②由于在发展中国家,货币和其他资产的作用很不完全,因而使得货币政策和财政政策变得混淆不清,信贷对工商业的限制也十分严格,将这种状况真实地反映在模型中却有很大困难;③发展中国家分配、再分配过程较之发达国家要重要得多,并且,再分配的特点明显地影响着模型的结构;④统计手段落后,统计制度不健全,造成数据资料贫乏,很难得到连贯的时序数据,因而使得模型参数很难用时间序列估计得到,只能或使用横截面数据,或凭核算恒等式估算,或凭直觉判断.

7.4.3.2 克莱因的战争之间模型

这是克莱因于1950年建立的,旨在分析美国在两次世界大战之间经济发展的小型宏观计量经济学模型. 模型规模虽小,但在宏观计量经济学模型的发展史上占有重要地位. 以后的美国宏观计量经济学模型大都是在此模型的基础上扩充、改进和发展起来的. 以至于萨缪尔森认为:"美国的许多模型,剥到当中,发现都有一个小的克莱因."

该模型共包括6个内生变量,4个外生变量,它们是

$$\left.\begin{array}{l} Y\text{:收入} \\ C\text{:消费} \\ I\text{:净投资} \\ W_P\text{:私人工资} \\ \Pi\text{:利润} \\ K\text{:年末的股本} \end{array}\right\}\text{内生变量}$$

$$\left.\begin{array}{l} G\text{:政府非工资开支} \\ W_G\text{:政府工资} \\ T\text{:企业税收} \\ t\text{:时间} \end{array}\right\}\text{外生变量}$$

外生变量中除时间外,其余都是属于政府控制的变量.

模型共有6个方程:

(1) $C_t = \alpha_0 + \alpha_1 \Pi_t + \alpha_2 \Pi_{t-1} + \alpha_3 (W_{Pt} + W_{Gt}) + \varepsilon_{1t}$;

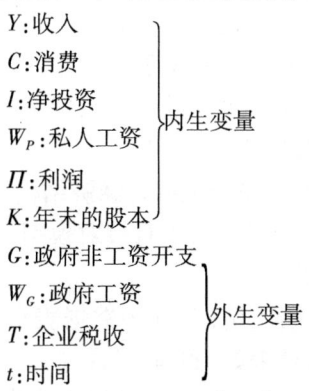

(2) $I_t=\beta_0+\beta_1\Pi_t+\beta_2\Pi_{t-1}+\beta_3K_{t-1}+\varepsilon_{2t}$;

(3) $W_{Pt}=\gamma_0+\gamma_1(Y_t+T_t-W_{Gt})+\gamma_2(Y_{t-1}+T_{t-1}-W_{Gt-1})+\gamma_3t+\varepsilon_{3t}$;

(4) $Y_t=C_t+I_t+G_t-T_t$;

(5) $\Pi_t=Y_t-W_{Pt}-W_{Gt}$;

(6) $K_t=I_t+K_{t-1}$.

其中,方程(1)是消费方程,总消费主要受当期收入影响,也受前期利润影响,显然这是一个描述了消费行为的行为方程.方程(2)是投资方程,净投资额由前期资本和当期利润及前期利润来解释,这里没有产出的增长作解释变量,像后来的许多西方国家模型那样.可见,在20世纪30年代,美国的投资行为主要由资金决定,或者说在投资行为上还是供给导向.方程(3)是就业方程,用私人工资额作为就业的指标,将它与当期、前期的总的私人产出联系起来,由生产规模决定就业,时间趋势项考虑了日益增强的非经济因素对就业的压力.方程(4)为定义方程,而方程(5)和方程(6)为平衡方程,其含义是明确的.

利用结构式识别条件或者分析每个随机方程是否具有唯一的统计形式,可以判断该模型是可以识别的,且每个方程都具备 $k-k_i>g_i-1$ 的条件,即每个方程都是过度识别的,所以可用多种方法,如 OLS,2SLS,FIML,LIML,3SLS 等估计模型结构参数.

以美国1920—1941年的数据为样本,参数的FIML估计量是:

$$\hat{\alpha}_0=16.78,\quad \hat{\alpha}_1=0.020,\quad \hat{\alpha}_2=0.235,\quad \hat{\alpha}_3=0.800;$$

$$\hat{\beta}_0=17.79,\quad \hat{\beta}_1=0.231,\quad \hat{\beta}_2=0.546,\quad \hat{\beta}_3=-0.146;$$

$$\hat{\gamma}_0=1.600,\quad \hat{\gamma}_1=0.420,\quad \hat{\gamma}_2=0.164,\quad \hat{\gamma}_3=0.135.$$

所有参数估计量均能通过经济含义的检验.

现在再分析方程(1)所示的消费方程,工资收入是私人工资和政府工资之和,其边际消费倾向是0.8,即工资增加1美元,消费就增加0.8美元;现期利润的边际消费倾向0.02,而前期利润的边际消费倾向0.235.由此可见,现期工资收入是消费的一个决定性因素.

为了进一步利用宏观经济模型进行经济结构分析,可以由上述结构式参数估计量计算简化式参数,当然也可以直接对模型的简化形式进行估计.表7.12中列出了全部简化式参数.

表中政府控制变量 W_{Gt}, G_t, T_t列中数据表示这些变量对每一个内生变量的影响乘数,当然只是短期乘数.例如,当税收 T_t增加10 000美元,引起消费 C_t下降1 880美元,投资减少2 960美元;当政府支出 G_t增加10 000美元,引起收入 Y_t增加19 300美元,如果同时增加税收10 000美元,收入 Y_t减少14 840美元,二者的平衡预算影响乘数(对收入)为二者之和,即4 460美元.

表 7.12　克莱因模型简化式参数表

	Y_{t-1}	Π_{t-1}	K_{t-1}	W_{Gt}	G_t	T_t	t	W_{Gt-1}
C_t	0.189	0.743	-0.098	0.666	0.671	-0.188	0.155	-0.189
I_t	-0.015	0.746	-0.184	-0.052	0.259	-0.296	-0.012	0.015
W_{Pt}	0.237	0.626	-0.119	-0.162	0.811	-0.204	0.195	-0.237
Y_t	0.174	1.489	-0.283	0.614	1.930	-1.484	0.143	-0.174
Π_t	-0.063	0.363	-0.164	0.224	1.119	-1.281	-0.052	0.063
K_t	-0.015	0.746	0.816	-0.052	0.259	-0.296	-0.012	0.015

还可以计算 3 个政府控制变量的长期均衡乘数，参见表 7.13. 由此可见，各政策变量的投资均衡乘数为 0，因为在均衡情况下，资本存量不变，没有投资发生；政府支出对收入的长期影响乘数是 2.323，而短期乘数是 1.930，即 80% 的影响是当期发生的.

表 7.13　克莱因模型长期均衡乘数表

	C	I	W_P	Y	Π	K
W_G	0.536	0	-0.271	0.536	-0.192	-1.024
G	1.323	0	1.358	2.323	0.965	5.123
T	-0.569	0	-0.333	-1.569	-1.237	-6.564

通过这个小型模型的分析，可以清楚什么是宏观计量经济学模型，以及它的应用.

7.4.3.3　中国宏观计量经济学模型介绍

(1) 概况. 在中国，宏观计量经济学模型的研究与开发工作虽然只有近 20 年的历史，但其发展是极为迅速的. 目前已经建立的宏观计量经济学模型种类齐全，数量众多. 例如，由复旦大学研制的 91 个方程的"中国宏观计量经济学模型"，由清华大学研制的 256 个方程的"中国宏观计量经济学模型 CEMT - 1"，由中国社会科学院数量经济与技术经济研究所和国家统计局共同研制的 176 个方程的"中国宏观经济年度模型"，由国家信息中心研制的与 LINK 模型连接的 98 个方程的"中国宏观经济模型"，由北京大学与国务院发展研究中心共同研制的 157 个方程的"中国宏观经济运行计量模型"，由原航空航天部 710 研究所研制的 88 个方程的"中国宏观经济预测模型"，由首都经济贸易大学研制的 93 个方程的"中国宏观经济计量优化模型"，由国家信息中心研制的 60 个方程的"中国宏观经济计划预测计量模型"，由国家统计局研制的 67 个方程的"中长期预测经济模型”,等等. 这些模型是几年前已经投入应用的,近年来这些模型又有了新的发展,同时又有一些单位研制了一些新的模型.

在地区层次上,几乎每个省级地区都建立了本地区的宏观计量经济学模型,在一些市、县级地区也建立了具有特色的本地区的宏观计量经济学模型.

已经建立的宏观计量经济学模型,以年度模型为主,或者说绝大部分都是年度模型,只有国家综合经济管理部门或者独立或者与研究机构合作开发了仅有的几个季度模型. 这是由两个因素决定的:一是数据的可得性,目前我国的大部分季度数据还没有对公众公开;二是由模型功能决定的,目前的模型以决策模型和中长期预测模型为主,这样的模型以年度模型为宜.

已经建立的宏观计量经济学模型,基本上采用供给导向的总体结构,在少数个体方程中采用供需双导向或者需求导向的结构. 这是由我国的经济发展阶段和实际的宏观经济环境决定的.

已经建立的宏观计量经济学模型,以 1990 年为界,之前的模型基本上采用 MPS 核算体系的结构和指标体系,之后的模型基本上采用新国民经济核算体系的结构和指标体系,但是由于历史数据的原因,还不能完全独立地采用新国民经济核算体系.

(2)“中国宏观计量经济学模型 CEMT - 1”个案介绍. 在“中国宏观计量经济学模型 CEMT - 1”中,共有 12 个模块,分别是生产、投资、财政、信贷、企业、事业、居民、国际 8 个部门和消费、价格、就业和总供求. 模型共包含 256 个方程,其中随机方程 102 个,衡等方程 154 个. 在随机方程中绝大多数是描述经济关系的行为方程,几乎没有统计方程;在衡等方程中主要是定义或平衡方程. 模型包括 256 个内生变量和 41 个外生变量.

该模型在总体设计上具有一些自己的特点. 第一,采用国民经济核算矩阵为模型总体结构的基础. 模型中将整个国民经济体系分为生产、投资、财政、信贷、企业、事业、居民、国际 8 个部门,这里的“部门”是国民经济的活动部门(如生产、投资、财政、信贷)和主体部门(如企业、事业、居民、国际),而不是通常关于部门的概念,体现了模型以国民经济综合平衡为中心,着重描述国民经济总量及其相互关系. 这使得模型既反映实物运动,又反映价值运动;既反映流量变动,又反映存量变动;既反映供给结构,又反映需求结构;既反映国内经济,又反映对外经济联系. 按照经济活动和经济主体分别划分部门,可以更准确地描述总收入经过分配和再分配活动首先形成各经济主体的收入,然后再由各经济主体的投资行为和消费行为决定最终需求的经济运行机制,也使得模型的总体结构更加清晰.

第二,采用新国民经济核算体系. 模型以国内生产总值为体现国民经济活动总水平的最重要的指标，生产、分配和使用都是以此为基础展开的．这样设计模型虽然需要对大量历史数据进行调整，但为模型的应用带来了方便，比较接近国民经济核算体系转轨后的实际情况．当然 CEMT－1 模型并没有彻底遵循新国民经济核算体系，而且为了克服两种核算体系转换带来的问题，模型设计了大量的衡等方程，其数目超过了随机方程．

(3)中国宏观计量经济模型的主要模块设定．下面以复旦大学研制的 91 个方程的“中国宏观计量经济学模型”和清华大学研制的 256 个方程的“中国宏观计量经济学模型 CEMT－1”等为例，分析其模型的主要模块设定．

第一，生产模块．生产部门按产业活动划分为第一、二、三产业．第一产业为农业，包括种植业与养殖业，种植业方程中耕地是重要的解释变量，而养殖业方程中耕地一般不作为解释变量，因此需要分别建立方程．第二产业包括工业与建筑业，工业又分为采掘业、制造业和水、电、气的产供业，矿藏资源与需求分别是它们的主要制约因素，因此需要分别建立方程．第三产业为服务业，可以分为四个层次，第一层次为流通部门，第二层次为为生产和生活服务的部门，第三层次为提高人们素质的部门，第四层次为管理部门，由于其总产出的计算方法不同（有按收入计算的，也有按支出计算的），应分别建立方程．生产方程如果仅以生产要素作为解释变量，它的形式为生产函数，如果包含其他解释变量，方程的形式就要视具体对象而定．如“中国宏观计量经济学模型”中农业生产方程为

$$
\begin{aligned}
\mathrm{GAG} = &-76.784\,0 + 0.640\,4\,SA + 0.067\,0\,CF - 0.012\,1\,\mathrm{AAD} + \\
&\quad(-1.90)\qquad(3.87)\qquad\quad(3.49)\qquad\quad(-5.23)\\
&0.004\,0\,\mathrm{KFM}_{-1} + 0.002\,9\,LR;\\
&\quad(3.42)\qquad\qquad(4.70)\\
R^2 = 0.991,&\qquad DW = 1.206.\ (1953—1983)
\end{aligned}
$$

其中，GAG 为农业总产出指数（1952 为 100），SA 为播种面积（单位：千万亩），CF 为化肥使用量（单位：万吨），AAD 为成灾面积（单位：万公顷），KFM 为农机总动力（单位：万马力，取前一年末的收据），LR 为农业劳动力（单位：万人）．

其工业生产方程为

$$
\begin{aligned}
\ln \mathrm{GIS} = &-0.805\,3 + 0.233\,5\ln \mathrm{LSWSI} + 0.336\,1\ln \mathrm{NKFI}_{-1} + \\
&\quad(-6.17)\qquad(8.94)\qquad\qquad(18.91)\\
&0.199\,6\left(\ln\frac{\mathrm{NIA}_{-1}}{\mathrm{PIR}_{-1}} + \ln\frac{YW_{-1}}{\mathrm{PIV}_{-1}}\right) + 0.4956\ln\left(\mathrm{ECC} + ED - 80DD_{79} - 40DD_{80}\right);\\
&\quad(-5.06)\qquad\qquad\qquad\qquad(20.40)\\
R^2 = 0.999,&\qquad DW = 2.227.\ (1953—1983)
\end{aligned}
$$

其中 GIS 为国有工业总产出指数（1952 为 100），用来表示产出；LSWSI 为国有工业职工人数（单位：万人），NKFI 为国有工业固定资产净值（单位：亿元），是

表示生产要素投入的两个变量；NIA 为农业生产净值(单位:亿元)，PIR 为农村工业品价格指数(1952 为 100)，二者相除表示农民的实际收入；*YW* 为工资总额(单位:亿元)，PIV 为职工生活费用价格指数(1952 为 100)，二者相除表示城镇居民的实际收入；ECC 为基本建设投资额(单位:亿元)，*ED* 为国防建设费(单位:亿元)；这 4 项用来表示对工业品的消费和投资需求. 所以这是一个供需双约束方程. 方程中还设置了两个虚变量 DD_{79} 和 DD_{80}，它们的观测值分别在 1979 年和 1980 年为 1，其他年份为 0. 这两个虚变量的引入，主要是考虑这两年虽然基本建设投资额和国防建设费都比较大，但是由于大量进口成套设备，并没有形成对国内工业生产的较大的需求. 所以设置了两个虚变量分别用以消除进口的影响，即 1979 年基本建设投资额和国防建设费的观测值减少 80 亿元，1980 年基本建设投资额和国防建设费减少 40 亿元. 其他产业的生产方程不再一一分析.

第二，国民收入及其分配模块. 国民收入(或者国内生产总值)分配模块的任务是将生产的国民收入(或者国内生产总值)分配给各个经济主体，即居民、企业、政府、国外等，以形成各个主体的收入. 由于一般的宏观计量经济学模型都包括财政、金融、国际收支等模块，所以国民收入(或者国内生产总值)通过税收分配给政府的部分可以由财政模块中的财政收入方程描述，于是在这里的分配模块中最重要的方程是职工工资方程. 一般讲，工资收入可以用国民收入、前一年的工资收入、物价总水平、新增职工人数和政策变量来解释，其中国民收入表示可供分配的总量，前一年的工资收入表示收入的连续性，物价总水平表示居民的实际收入水平应不断提高，新增职工人数的经济意义是很明显的，政策变量表示政府对工资收入的调控. 但是由于我国的工资收入具有行为不规范性，在目前已有的模型中，工资收入方程很多是统计方程，能够描述行为的方程不多. 例如，在社会科学院的中国宏观计量经济学模型中，职工工资收入方程为

$$\begin{aligned}\mathrm{WULC} = {}& -296.34 + 0.0332\ \mathrm{PRNA} + 0.045\ NAL + 3.81\ PC \\ & (-2.84) \qquad (1.37) \qquad\quad (6.25) \qquad\quad (2.65)\end{aligned}$$

$$R^2 = 0.992, DW = 2.12. \ (1966—1987)$$

其中，WULC 为以不变价格表示的职工工资收入；PRNA 为非农部门劳动生产率；NAL 为非农部门职工人数；*PC* 为消费品价格指数. 该方程反映了部分经济行为，但仍不是令人满意的职工工资收入方程.

第三，财政模块. 财政模块由财政收入与财政支出方程组成. 财政收入中 90% 左右是税收收入，所以财政总收入方程一般设定为一个统计方程，以税收收入作为解释变量，即

$$财政收入 = f(税收收入, \mu).$$

税收收入中包含增值税、企业所得税、个人所得税、关税等主要项目和许多小项目，对主要税收项目分别建立税收方程. 税收方程属于制度方程，其主要解释变量是税基、税率，即

$$各项税收 = f(税基,税率,\mu).$$

在“中国宏观计量经济学模型 CEMT－1”中就是这样建立了有关税收的方程，例如，关税 TA 的解释变量是进出口总额 TIE 和关税 TR：

$$\ln TA = 0.882 \ln \mathrm{TIE} + 0.424 \ln TR - 0.776;$$
$$(11.30) \qquad (1.43) \qquad (-0.80)$$
$$R^2 = 0.930, \qquad DW = 1.73. \ (1976—1988)$$

平均关税税率的样本观测值按下式计算：

$$TR_t = \frac{TA_{t-1}}{\mathrm{TIE}_{t-1}}.$$

财政支出由各项支出组成，如基本建设支出、事业发展与社会保障支出、国家政权建设支出等，是各项支出之和，所以应按主要支出项目建立支出方程. 一般来讲，各项支出方程的解释变量应该包括财政总收入、该项目前一年实际支出和政策变量. 用财政总收入作为解释变量体现了我国财政量入为出的原则，该项目前一年实际支出用以反映各项财政支出逐年有所增加的实际情况，政策变量反映政府对各项支出的宏观调控. 于是有

$$各项财政支出 = f(财政收入,该项目前一年实际支出,政策,\mu).$$

根据我国首先确定财政总支出然后确定各项支出，以及财政赤字由外生给定的实际情况，于是有

$$财政支出 = 财政收入 + 财政赤字.$$
$$各项财政支出 = f(财政支出,该项目前一年实际支出,政策,\mu).$$

例如，在“中国宏观计量经济学模型 CEMT－1”中，国防建设财政支出 ND 的方程为

$$ND = 0.023\ \mathrm{TFE} + 0.397\ ND_{-1} + 72.153 + 56.376\ D_{79}$$
$$(4.54) \qquad (3.31) \qquad (4.59) \qquad (5.82)$$
$$R^2 = 0.942, \qquad DW = 1.53. \ (1971—1989)$$

其中，TFE 为财政总支出，D_{79} 为虚变量. 再如文化、教育、科技、卫生事业费支出 SECH 的方程为

$$\mathrm{SECH} = 0.067\ \mathrm{TFE} + 0.821\ \mathrm{SECH}_{-1} - 35.782 - 33.815 D_{87}$$
$$(6.35) \qquad (14.95) \qquad (-6.31) \quad (-6.63)$$
$$R^2 = 0.999, DW = 2.24. \ (1971—1989)$$

这些方程都具有比较好的统计性质.

第四，金融模块. 金融是现代经济活动的中心，金融模块在西方国家宏观计

量经济学模型中具有重要的地位.由于我国适应市场经济体制需要的金融体制和金融体系尚未完全形成,加之计量经济学模型需要依赖历史数据,所以目前模型中的金融模块基本上是由一些统计方程组成的.例如,城镇居民储蓄存款方程为

$$\text{城镇居民储蓄存款} = f(\text{前一年末城镇居民储蓄存款余额,城镇居民收入,存款利率},\mu).$$

工业企业贷款方程为

$$\text{工业企业贷款} = f(\text{贷款总额,前一年工业企业贷款,工业总产出},\mu).$$

第五,消费模块.消费模块一般由农村居民消费方程、城镇居民消费方程和政府消费方程组成,关于消费方程的设定,已经在本章的第二节进行了讨论.

第六,投资模块.在宏观计量经济学模型中,投资的部门分类一般与生产的部门分类相同,因为由投资形成固定资产,而固定资产是生产方程的重要解释变量.关于每个部门的投资方程,则以资金来源和滞后期的投资作为解释变量,前者反映投资行为的"供给导向",后者是投资行为的连续性所要求的.

第七,对外贸易模块.对外贸易模块包括出口方程、进口方程和进出口衡等方程.

①出口方程.由于出口商品与服务的结构的变化,需要将出口按大类商品和服务建立方程.各类商品的出口方程一般设定为

$$\text{出口额} = f(\text{国内供给能力,国际市场需求,价格,汇率,政策},\mu).$$

具体到每一类商品,情况各不相同.例如纺织品,政策因素是最重要的,体现在出口配额上.所以必须对每类商品的出口行为进行深入的分析,才能作出正确的设定.

②进口方程.同样,由于进口商品的结构变化,需要将进口商品按大类分别建立方程.各大类商品进口方程一般设定为

$$\text{进口额} = f(\text{国际市场供给,国内需求,外汇支付能力,价格,汇率,政策},\mu).$$

在已经建立的宏观计量经济学模型中,一般将进口商品分成生活消费品和资本品两大类,而且认为国际市场具有无限供给能力,对应于消费品的国内需求用居民收入表示,对应于资本品的国内需求用全社会固定资产投资总额表示,外汇支付能力用同期出口额表示,价格因素用国际市场与国内市场价格比表示,政策因素通过设置必要的虚变量表示.

③进出口衡等方程.

$$\text{进出口差额} = \text{出口总额} - \text{进口总额};$$

$$\text{贸易依存度} = (\text{出口总额} + \text{进口总额})/\text{国内生产总值}.$$

第八,固定资产形成模块.固定资产形成模块的部门分类一般与生产模块、投资模块的部门分类相同.各部门的固定资产方程一般选择固定资产原值或净值作为被解释变量,它们可以直接作为生产方程的解释变量.固定资产原值或

净值是存量指标而不是流量指标,可以直接建立如下方程:

固定资产原值或净值 = f(前一年固定资产原值或净值,当年投资额,μ).

也可以选择如下方程形式:

固定资产原值或净值 - 前一年固定资产原值或净值 = f(当年投资额, μ).

在实际建立固定资产形成方程时,还要考虑投资的延滞,即当年投资额并不能全部形成当年的可以投入使用的固定资产,前1年、2年……的投资额中的一部分却在该年形成可以投入使用的固定资产,所以在解释变量中要引入投资的滞后量.

第九,就业模块. 就业模块在西方国家宏观计量经济学模型中是一个重要的模块,主要为计算各部门需要的劳动力人数以及全社会劳动力总供求关系. 在我国已有的宏观计量经济学模型中,就业模块不处在关键路径上,它主要是为了核算各部门劳动者人数以作为生产方程、分配方程的解释变量. 而且由于我国就业行为不规范,受到非经济因素的严重影响,也很难建立真正意义的劳动力方程. 现有的各部门劳动力方程的形式为

劳动者人数 = f(前一年劳动者人数,新增生产规模,μ).

而新增生产规模一般用当年投资规模来表示,于是有

劳动者人数 = f(前一年劳动者人数,该部门当年投资额,μ).

第十,价格模块. 在设定价格模块时,首先要确定哪些价格是外生给定的,哪些是由模型内生的. 在完全市场条件下,价格是由供求关系决定的. 但即使在西方国家,也不存在完全的市场,国家必须对某些价格实行控制,如粮食价格. 根据价格形成机制,一方面需求拉动,一方面成本推动. 所以价格方程的解释变量应该从这两方面选择. 一般形式为

价格指数 = f(相关商品的价格指数,需求因素,供给因素,政策虚变量, μ).

例如,在"中国宏观计量经济学模型"中,城镇居民生活费用价格指数(PIU)方程为

$$\mathrm{PIU} = -1.073 + 0.840\,\mathrm{PIU}_{-1} + 1.030\,\mathrm{PIS} - 0.904\,\mathrm{PIS}_{-1} + 0.0108\,WS\,,$$
$$(-0.43)\quad(8.79)\qquad(25.29)\qquad(-9.85)\qquad(2.40)$$
$$R^2 = 0.994.\ (1953—1983)$$

其中,PIS 为社会商品零售价格总指数,表示对城镇居民生活费用价格指数的推动; WS 为工资总额,表示对城镇居民生活费用价格指数的拉动.

练习题

1. 需求函数有哪些基本特征? 其经济含义各是什么?
2. 消费函数有哪些基本理论假设? 其模型的一般形式是什么?

3. 生产函数的经济含义是什么？试述按照投入要素之间的替代弹性不同有哪些生产函数模型？

4. 什么是宏观计量经济学模型？它主要有哪些种类？

5. 发达市场经济国家和发展中国家的宏观计量经济学模型各有什么特点？

6. 指出下列模型中所要求的待估参数的经济含义和数值范围：

(1) 城镇居民食品类需求函数 $\ln V = \alpha_0 + \alpha_1 \ln Y + \alpha_2 \ln P_1 + \alpha_3 \ln P_2 + \mu$ 中的 $\alpha_1, \alpha_2, \alpha_3$（$V$ 为人均购买食品支出额；Y 为人均收入；P_1 为食品类价格；P_2 为其他商品类价格）.

(2) 消费函数 $C_t = \alpha_0 + \alpha_1 Y_t + \alpha_2 C_{t-1} + \mu_t$ 中的 α_1, α_2（C 为人均消费额，Y 为人均收入）.

(3) 两要素 CES 生产函数的近似形式

$$\ln Y = \ln A + \gamma t + m\delta \ln K + m(1-\delta)\ln L - \frac{1}{2}m\rho\delta(1-\delta)\left(\ln \frac{K}{L}\right)^2 + \mu$$

中的 γ, ρ, m（Y 为产出量；K，L 分别为投入的资本和劳动数量；t 为时间变量）.

7. 某人试图建立我国有色金属行业生产方程，选择如下变量及关系形式：

$$产出 = \alpha_0 + \alpha_1 固定资产原值 + \alpha_2 职工人数 + \alpha_3 电力消耗量 + \mu .$$

选择 1978 ~ 1996 年的数据为样本观测值，采用 OLS 方法估计参数，样本观测值的计量单位为：产出采用不变价计算的价值量，固定资产原值采用形成年当年价计算的价值量，其他采用实物量单位. 指出该计量经济学模型问题中可能存在的错误，并简单说明理由.

8. 选择两要素一级 CES 生产函数的近似形式建立中国电力行业的生产函数模型：

$$\ln Y = \ln A + \gamma t + m\delta \ln K + m(1-\delta)\ln L - \frac{1}{2}m\rho\delta(1-\delta)\left(\ln \frac{K}{L}\right)^2 + \mu.$$

其中，Y 为发电量；K，L 分别为投入的资本与劳动数量；t 为时间变量. 以时间序列数据为样本.

(1) 指出模型对要素替代弹性的假设，并指出它与 C－D 生产函数、VES 生产函数在要素替代弹性假设上的区别.

(2) 指出模型对技术进步的假设，并指出它与下列生产函数模型

$$\ln Y = \ln A + \gamma t + \alpha \ln K + \beta \ln L + \mu$$

在技术进步假设上的区别.

(3) 如 Y，L 的样本数据采用实物量，问能否直接采用统计年鉴中固定资产原值数据作为 K 的样本数据？为什么？

(4) 如用 OLS 方法估计参数，通常容易违背哪一类基本假设？

9. 某工业企业资料如表 7.14 所示.

表 7.14

年份	总产出 Y（万元）	职工人数 L（人）	资本金 K（万元）	年份	总产出 Y（万元）	职工人数 L（人）	资本金 K（万元）
1978	457.71	175.77	203.93	1984	584.04	206.57	268.53
1979	493.62	177.73	207.02	1985	661.58	211.61	321.18
1980	514.72	184.32	207.93	1986	722.38	213.15	442.27
1981	518.84	189.86	214.37	1987	777.11	212.57	208.06
1982	524.72	195.27	222.55	1988	895.98	213.61	576.11
1983	536.63	199.00	242.96	1989	1027.78	213.05	660.11

（1）试用线性生产函数、C－D 生产函数、规模报酬不变的 C－D 生产函数，以及 CES 生产函数 4 种方法分别估计该企业的生产函数.

（2）对上述估计结果进行讨论. 你将选择哪一个估计结果作为最终选取的模型呢？

10. 表 7.15 给出了 2000 年中国城镇居民人均可支配收入与分类商品的消费支出资料.

表 7.15

项目	困难户	最低收入户	低收入户	中等偏下户	中等收入户	中等偏上户	高收入户	最高收入户
Y	2 325.1	2 653.0	3 633.5	4 623.5	5 897.9	7 487.4	9 434.2	13 311.0
C_1	1 172.8	1 256.6	1 524.5	1 748.9	1 960.8	2 215.6	2 458.6	2 847.0
C_2	166.7	190.1	279.1	375.1	504.7	627.8	760.4	933.5
C_3	106.2	118.5	184.3	256.9	376.3	526.4	780.5	1219.8
C_4	140.7	162.7	198.9	247.8	300.3	373.8	442.7	638.3
C_5	124.6	142.7	212.5	281.3	353.2	487.1	628.2	876.6
C_6	258.2	286.8	390.2	469.2	597.6	758.8	925.4	1224.0
C_7	280.6	301.4	368.2	407.8	471.0	578.9	681.6	864.7
C_8	70.8	81.3	117.2	161.0	230.8	326.5	425.1	646.7

表中 Y 为可支配收入；C_1 为食品类；C_2 为衣着类；C_3 为家庭设备用品及服务类；C_4 为医疗保健类；C_5 为交通通信类；C_6 为娱乐、教育文化服务类；C_7 为居住类；C_8 为杂项商品与服务类.

(1)求上述8类商品与服务的线性需求函数;

(2)求扩展的线性支出系统需求函数模型;

(3)测算该地区对各种商品的边际消费倾向、需求的收入弹性、需求的自价格弹性与需求的互价格弹性.

11. 以下列国民经济主要宏观指标为内生变量,设计一个中国宏观计量经济学模型(不需要估计),并保证模型具有可识别性. 内生变量为:国内生产总值GDP,财政收入 TR,居民收入 Y,企业收入 P,最终消费总额 C,资本形成总额 I,全社会固定资产原值 K.

附录　统计分布表

一、标准正态分布表

例：$P(z>1.0)=0.1587$.

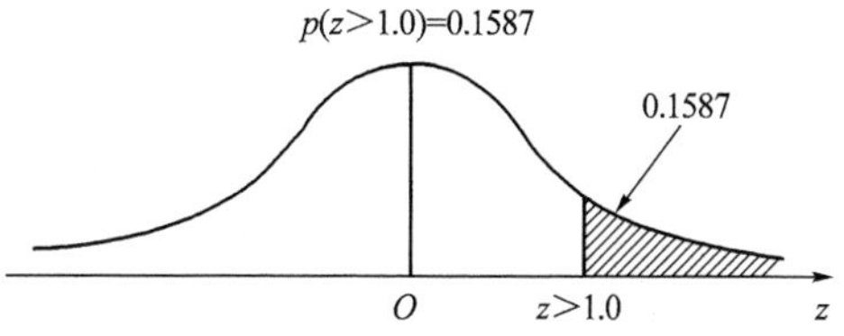

z	0.00	0.01	0.02	0.03	0.04	0.05	0.06	0.07	0.08	0.9
0.0	0.500 0	0.496 0	0.492 0	0.488 0	0.484 0	0.480 1	0.476 1	0.472 1	0.468 1	0.464 1
0.1	0.460 2	0.456 2	0.452 2	0.448 3	0.444 3	0.440 4	0.436 4	0.432 5	0.428 6	0.424 7
0.2	0.420 7	0.416 8	0.412 9	0.409 0	0.405 2	0.401 3	0.397 4	0.393 6	0.389 7	0.385 9
0.3	0.382 1	0.378 3	0.374 5	0.370 7	0.366 9	0.363 2	0.359 4	0.355 7	0.352 0	0.348 3
0.4	0.344 6	0.340 9	0.337 2	0.333 6	0.330 0	0.326 4	0.322 8	0.319 2	0.315 6	0.312 1
0.5	0.308 5	0.305 0	0.301 5	0.298 1	0.294 6	0.291 2	0.287 7	0.284 3	0.281 0	0.277 6
0.6	0.274 3	0.270 9	0.267 6	0.264 3	0.261 1	0.257 8	0.254 6	0.251 4	0.248 3	0.245 1
0.7	0.242 0	0.200 9	0.235 8	0.232 7	0.229 6	0.226 6	0.223 6	0.220 6	0.217 7	0.214 8
0.8	0.211 9	0.209 0	0.206 1	0.203 3	0.200 5	0.197 7	0.194 9	0.192 2	0.189 4	0.186 7
0.9	0.181 4	0.181 4	0.178 8	0.176 2	0.173 6	0.171 1	0.168 5	0.166 0	0.163 5	0.161 1
1.0	0.158 7	0.156 2	0.153 9	0.151 5	0.149 2	0.146 9	0.144 6	0.142 3	0.140 1	0.137 9
1.1	0.135 7	0.133 5	0.131 4	0.129 2	0.127 1	0.125 1	0.123 0	0.121 0	0.119 0	0.117 0
1.2	0.115 1	0.113 1	0.111 2	0.109 3	0.107 5	0.105 6	0.103 8	0.102 0	0.100 3	0.098 5
1.3	0.096 8	0.095 1	0.093 4	0.091 8	0.090 1	0.088 5	0.086 9	0.085 3	0.083 8	0.082 3
1.4	0.080 8	0.079 3	0.077 8	0.076 4	0.074 9	0.073 5	0.072 1	0.070 8	0.069 4	0.068 1
1.5	0.066 8	0.065 5	0.064 3	063 0	0.061 8	0.060 6	0.059 4	0.058 2	0.057 1	0.055 9
1.6	0.054 8	0.053 7	0.052 6	0.051 6	0.050 5	0.049 5	0.048 5	0.047 5	0.046 5	0.045 5

续表

z	0.00	0.01	0.02	0.03	0.04	0.05	0.06	0.07	0.08	0.9
1.7	0.046 6	0.043 6	0.042 7	0.041 8	0.040 9	0.040 1	0.039 2	0.038 4	0.037 5	0.036 7
1.8	0.035 9	0.035 1	0.034 4	0.036 6	0.032 9	0.032 2	0.031 4	0.030 7	0.030 1	0.029 4
1.9	0.028 7	0.028 1	0.027 4	0.026 8	0.026 2	0.025 6	0.025 0	0.024 4	0.023 9	0.023 3
2.0	0.022 8	0.022 2	0.021 7	0.021 2	0.020 7	0.020 2	0.019 7	0.019 2	0.018 8	0.018 3
2.1	0.017 9	0.017 4	0.017 0	0.016 6	0.016 2	0.015 8	.015 4	0.015 0	0.014 6	0.014 3
2.2	0.013 9	0.013 6	0.013 2	0.012 9	0.012 5	0.012 2	0.011 9	0.011 6	0.011 3	0.011 0
2.3	0.010 7	0.010 4	0.010 2	0.009 9	0.009 6	0.009 4	0.009 1	0.008 9	0.008 7	0.008 4
2.4	0.008 2	0.008 0	0.007 8	0.007 5	0.007 3	0.007 1	0.006 9	0.006 8	0.006 6	0.006 4
2.5	0.006 2	0.006 0	0.005 9	0.005 7	0.005 5	0.005 4	0.005 2	0.005 1	0.004 9	0.004 8
2.6	0.004 7	0.004 5	0.004 4	0.004 3	0.004 1	0.004 0	0.003 9	0.003 8	0.003 7	0.003 6
2.7	0.003 5	0.003 4	0.003 3	0.003 2	0.003 1	0.003 0	0.002 9	0.002 8	0.002 7	0.002 6
2.8	0.002 6	0.002 5	0.002 4	0.002 3	0.0023	0.002 2	0.002 1	0.002 1	0.002 0	0.001 9
2.9	0.001 9	0.001 8	0.001 8	0.001 7	0.001 6	0.001 6	0.001 5	0.001 5	0.001 4	0.001 4
3.0	0.001 3	0.001 3	0.001 3	0.001 2	0.001 2	0.001 1	0.001 1	0.001 1	0.001 0	0.001 0

二、χ^2 分布表

例:对于自由度 $v=10$,$p(\chi^2>15.99)=0.10$.

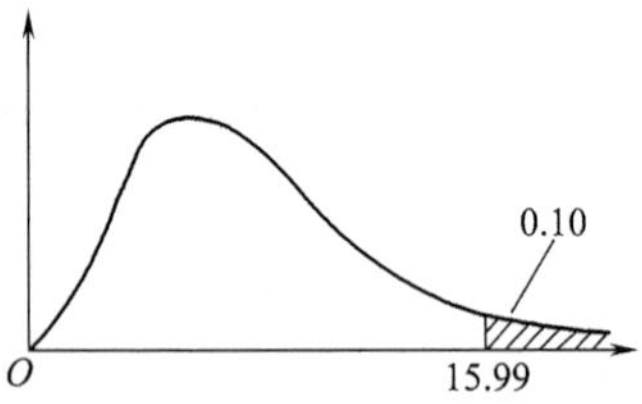

v \ α	0.99	0.975	0.95	0.90	0.75	0.50	0.25	0.10	0.05	0.025	0.01	0.005
1	0.0^3157	0.0^3982	0.0^293	0.015 8	0.102	0.455	1.323	2.71	3.84	5.02	6.63	7.88
2	0.020 1	0.050 6	0.103	0.211	0.575	1.386	2.77	4.61	5.99	7.38	9.21	10.60
3	0.115	0.216	0.352	0.584	1.213	2.37	4.11	6.25	7.81	9.35	11.34	12.84

续表

v \ α	0.99	0.975	0.95	0.90	0.75	0.50	0.25	0.10	0.05	0.025	0.01	0.005
4	0.297	0.484	0.711	1.064	1.923	3.36	5.39	7.78	9.49	11.14	13.28	14.86
5	0.554	0.831	1.145	1.610	2.67	4.35	6.63	9.24	11.07	12.83	15.09	16.75
6	0.872	1.237	1.635	2.20	3.45	5.35	7.84	10.64	12.59	14.45	16.81	18.55
7	1.239	1.690	2.17	2.83	4.25	6.35	9.04	12.02	14.07	16.01	18.48	20.3
8	1.646	2.18	2.73	3.49	5.07	7.34	10.22	13.36	15.51	17.53	20.1	22.0
9	2.09	2.70	3.33	4.17	5.90	8.34	11.39	14.68	16.92	19.02	21.7	23.6
10	2.56	3.25	3.94	4.87	6.74	9.34	12.55	15.99	18.31	20.5	23.2	25.2
11	3.05	3.82	4.57	5.58	7.58	10.34	13.70	17.28	19.68	21.9	24.7	26.8
12	3.57	4.40	5.23	6.30	8.44	11.34	11.85	18.55	21.0	23.3	26.2	28.3
13	4.11	5.01	5.89	7.04	9.30	12.34	15.98	10.81	22.4	24.7	27.7	29.8
14	4.66	5.63	6.57	7.79	10.17	13.34	17.12	21.1	23.7	26.1	29.1	31.3
15	5.23	6.26	7.26	8.55	11.04	14.34	18.25	22.3	25.0	27.5	30.6	32.8
16	5.81	6.91	7.96	9.31	11.91	15.34	19.37	23.5	26.3	28.8	32.0	34.3
17	6.41	7.56	8.67	10.09	12.79	16.34	20.5	24.8	27.6	30.2	33.4	35.7
18	7.01	8.23	9.39	10.86	13.68	17.34	21.6	26.0	28.9	31.5	34.8	37.2
19	7.63	8.91	10.12	11.65	14.56	18.34	22.7	27.2	30.1	32.9	36.2	38.6
20	8.26	9.59	10.85	12.44	15.455	19.34	23.8	28.4	31.4	34.2	37.6	40.0
21	8.90	10.28	11.59	13.24	16.34	20.3	24.9	29.6	32.7	35.5	38.9	41.4
22	9.54	10.98	12.34	14.04	17.24	21.3	26.0	30.8	33.9	36.8	40.3	42.8
23	10.20	11.69	13.09	14.85	18.14	22.3	27.1	32.0	35.2	38.1	41.6	44.2
24	10.86	12.40	13.85	15.66	19.04	23.3	28.2	33.2	36.4	39.4	43.0	45.6
25	11.52	13.12	14.61	16.47	19.94	24.3	29.3	34.4	37.7	40.6	44.3	46.9
26	12.20	13.84	15.38	17.29	20.8	25.3	30.4	35.6	38.9	41.9	45.6	48.3
27	12.88	14.57	16.15	18.11	21.7	26.3	31.5	36.7	40.1	43.2	47.0	49.6
28	13.56	15.31	16.93	18.94	22.7	27.3	32.6	37.9	41.3	44.5	48.3	51.0
29	14.26	16.05	17.71	19.77	23.6	28.3	33.7	39.1	42.6	45.7	49.6	52.3
30	14.95	16.79	18.49	20.6	24.5	29.3	34.8	40.3	43.8	47.0	50.9	53.7

三、t 分布表

例：自由度 $v=10$，$p(t>1.812)=0.05$，$p(t<-1.812)=0.05$.

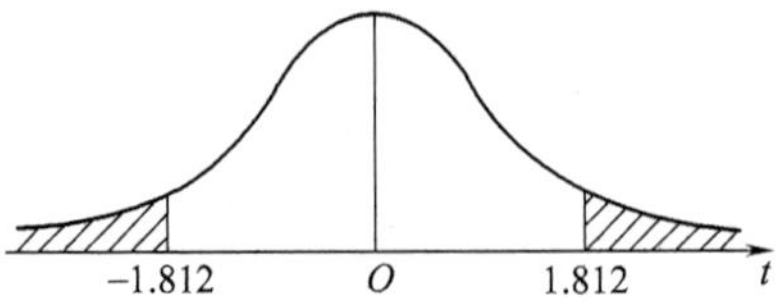

v \ α	0.25	0.20	0.15	0.10	0.05	0.025	0.01	0.005	0.000 5
1	1.000	1.376	1.963	3.078	6.314	12.706	31.821	63.657	636.619
2	0.816	1.061	1.386	1.886	2.920	4.303	6.965	9.925	31.598
3	0.765	0.978	1.250	1.638	2.353	3.182	4.541	5.841	12.941
4	0.741	0.941	1.190	1.533	2.132	2.776	3.747	4.604	8.610
5	0.727	0.920	1.156	1.476	2.015	2.571	3.365	4.032	6.859
6	0.718	0.906	1.134	1.440	1.943	2.447	3.143	3.707	5.959
7	0.711	0.896	1.119	1.415	1.895	2.365	2.998	3.499	5.405
8	0.706	0.889	1.108	1.397	1.860	2.306	2.896	3.355	5.041
9	0.703	0.883	1.100	1.383	1.833	2.262	2.821	3.250	4.781
10	0.700	0.879	1.093	1.372	1.812	2.228	2.764	3.169	4.587
11	0.697	0.876	1.088	1.363	1.796	2.201	2.718	3.106	4.437
12	0.695	0.873	1.083	1.356	1.782	2.179	2.681	3.055	4.318
13	0.694	0.870	1.079	1.350	1.771	2.160	2.650	3.012	4.221
14	0.692	0.868	1.076	1.345	1.761	2.145	2.624	2.977	4.140
15	0.691	0.866	1.074	1.341	1.753	2.131	2.602	2.947	4.073
16	0.690	0.865	1.071	1.337	1.746	2.120	2.583	2.921	4.015
17	0.689	0.863	1.069	1.333	1.740	2.110	2.567	2.898	3.965
18	0.688	0.862	1.067	1.330	1.734	2.101	2.552	2.878	3.922
19	0.688	0.861	1.066	1.328	1.729	2.093	2.539	2.861	3.883
20	0.687	0.860	1.064	1.325	1.725	2.086	2.528	2.845	3.850
21	0.686	0.859	1.063	1.323	1.721	2.080	2.518	2.831	3.819

续表

α / v	0.25	0.20	0.15	0.10	0.05	0.025	0.01	0.005	0.000 5
22	0.686	0.858	1.061	1.321	1.717	2.074	2.508	2.819	3.792
23	0.685	0.858	1.060	1.319	1.714	2.069	2.500	2.807	3.767
24	0.685	0.857	1.059	1.318	1.711	2.064	2.492	2.397	3.745
25	0.684	0.856	1.058	1.316	1.708	2.060	2.485	2.787	3.725
26	0.684	0.856	1.058	1.315	1.706	2.056	2.479	2.779	3.707
27	0.684	0.855	1.057	1.314	1.703	2.052	2.473	2.771	3.690
28	0.683	0.855	1.056	1.313	1.701	2.048	2.467	2.763	3.674
29	0.683	0.854	1.055	1.311	1.699	2.045	2.462	2.756	3.659
30	0.683	0.854	1.055	1.310	1.697	2.042	2.457	2.750	3.646
40	0.681	0.851	1.050	1.303	1.684	2.021	2.423	2.704	3.551
60	0.679	0.848	1.046	1.296	1.671	2.000	2.390	2.660	3.460
120	0.677	0.845	1.041	1.289	1.658	1.980	2.358	2.617	3.373
∞	0.674	0.842	1.036	1.282	1.645	1.960	2.326	2.576	3.291

四、*F* 分布表

例：自由度 $v_1=5, v_2=10, p(F>3.33)=0.05$，$p(F>5.64)=0.01$.

注：表中的数字下面的是 1% 的显著水平，上面的为 5% 的显著水平.

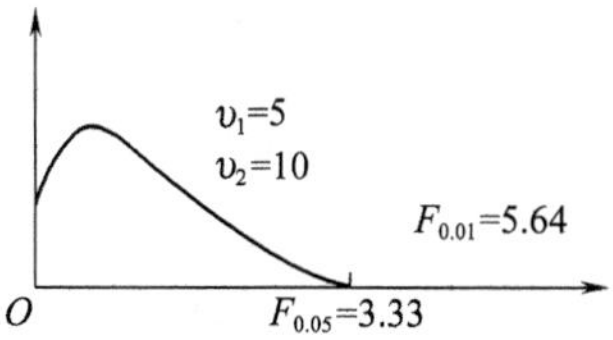

v_1 / v_2		分子自由度											
		1	2	3	4	5	6	7	8	9	10	11	12
分母自由度	1	161	200	216	225	230	234	237	239	241	242	243	244
		4 052	4 999	5 403	5 625	5 764	5 859	5 928	5 982	6 022	6 056	6 082	6 106
	2	18.51	19.00	19.16	19.25	19.30	19.33	19.36	19.37	19.38	19.39	19.40	19.41
		98.49	99.00	99.17	99.25	99.30	99.33	99.34	99.36	99.38	99.40	99.41	99.42
	3	10.13	9.55	9.28	9.12	9.01	8.94	8.88	8.84	8.81	8.78	8.76	8.74
		34.12	30.82	29.46	28.71	28.24	27.91	27.67	27.49	27.34	27.23	27.13	27.05

续表

v_2 \ v_1		分子自由度											
		1	2	3	4	5	6	7	8	9	10	11	12
分母自由度	4	7.71	6.94	6.59	6.39	6.26	6.16	6.09	6.04	6.00	5.96	5.93	5.91
		21.20	18.00	16.69	15.98	15.52	15.21	14.98	14.80	14.66	14.54	14.45	14.37
	5	6.61	5.79	5.41	5.19	5.05	4.95	4.88	4.82	4.78	4.74	4.70	4.68
		16.26	13.27	12.06	11.39	10.97	10.67	10.45	10.27	20.15	10.05	9.96	9.89
	6	5.99	5.14	4.76	4.53	4.39	4.28	4.21	4.15	4.10	4.06	4.13	4.00
		13.74	10.92	9.78	9.15	8.75	8.47	8.25	8.10	7.98	7.87	7.79	7.72
	7	5.59	4.74	4.35	4.12	3.97	3.87	3.79	3.73	3.68	3.63	3.60	3.57
		12.25	9.55	8.45	7.85	7.46	7.19	7.00	6.84	6.71	6.62	6.54	6.47
	8	5.32	4.46	4.07	3.84	3.69	3.58	3.50	3.44	3.39	3.34	3.31	3.28
		11.26	8.65	7.59	7.01	6.63	6.37	6.19	6.03	5.91	5.82	5.74	5.67
	9	5.12	4.26	3.86	3.63	3.48	3.37	3.29	3.23	3.18	3.13	3.10	3.07
		10.56	8.02	6.99	6.42	6.06	5.80	5.62	5.47	5.35	5.26	5.18	5.11
	10	4.96	4.10	3.71	3.48	3.33	3.22	3.14	3.07	3.02	2.97	2.94	2.91
		10.04	7.56	6.55	5.99	5.64	5.39	5.21	5.06	4.95	4.85	4.73	4.71
	11	4.84	3.98	3.59	3.36	3.20	3.09	3.01	2.95	2.90	2.86	2.82	2.79
		9.65	7.20	6.22	5.67	5.32	5.07	4.88	4.74	4.63	4.54	4.46	4.40
	12	4.75	3.88	3.49	3.26	3.11	3.00	2.92	2.85	2.80	2.76	2.72	2.69
		9.33	6.93	5.95	5.41	5.06	4.82	4.65	4.50	4.39	4.30	4.22	4.16
	13	4.67	3.80	3.41	3.18	3.02	2.92	2.84	2.77	2.72	2.67	2.63	2.60
		9.07	6.70	5.74	5.20	4.86	4.62	4.44	4.30	4.19	4.10	4.02	3.96
	14	4.60	3.74	3.34	3.11	2.96	2.85	2.77	2.70	2.65	2.60	2.56	2.53
		8.86	6.51	5.56	5.03	4.69	4.46	4.28	4.14	4.03	3.94	3.86	3.80
	15	4.54	3.68	3.29	3.06	2.90	2.79	2.70	2.64	2.59	2.55	2.51	2.48
		8.68	6.36	5.42	4.89	4.56	4.32	4.14	4.00	3.89	3.80	3.73	3.67
	16	4.49	3.63	3.24	3.01	2.85	2.74	2.66	2.59	2.54	2.49	2.45	2.42
		8.53	6.23	5.29	4.77	4.44	4.20	4.03	3.89	3.78	3.69	3.61	3.55
	17	4.45	3.59	3.20	2.96	2.81	2.70	2.62	2.55	2.50	2.45	2.41	2.38
		8.40	6.11	5.18	4.67	4.34	4.10	3.93	3.79	3.68	3.59	3.52	3.45

续表

v_2 \ v_1		分子自由度											
		1	2	3	4	5	6	7	8	9	10	11	12
分母自由度	18	4.41	3.55	3.16	2.93	2.77	2.66	2.58	2.51	2.46	2.41	2.37	2.34
		8.28	6.01	5.09	4.58	4.25	4.01	3.85	3.71	3.60	3.51	3.44	3.37
	19	4.38	3.52	3.13	2.90	2.74	2.63	2.55	2.48	2.43	2.38	2.34	2.31
		8.18	5.93	5.01	4.50	4.17	3.94	3.77	3.63	3.52	3.43	3.36	3.30
	20	4.35	3.49	3.10	2.87	2.71	2.60	2.52	2.45	2.40	2.35	2.31	2.28
		8.10	5.85	4.94	4.43	4.10	3.87	3.71	3.56	3.45	3.37	3.30	3.23
	21	4.32	3.47	3.07	2.84	2.68	2.57	2.49	2.42	2.37	2.32	2.28	2.25
		8.02	5.78	4.87	4.37	4.04	3.81	3.65	3.51	3.40	3.31	3.24	3.17
	22	4.30	3.44	3.05	2.82	2.66	2.55	2.47	2.40	2.35	2.30	2.26	2.23
		7.94	5.72	4.82	4.31	3.99	3.76	3.59	3.45	3.35	3.26	3.18	3.12
	23	4.28	3.42	3.03	2.80	2.64	2.53	2.45	2.38	2.32	2.28	2.24	2.20
		7.88	5.66	4.76	4.26	3.94	3.71	3.54	3.41	3.30	3.21	3.14	3.07
	24	4.26	3.40	3.01	2.78	2.62	2.51	2.43	2.36	2.30	2.26	2.22	2.18
		7.82	5.61	4.72	4.22	3.90	3.67	3.50	3.36	3.25	3.17	3.09	3.03
	25	4.24	3.38	2.99	2.76	2.60	2.49	2.41	2.34	2.28	2.24	2.20	2.16
		7.77	5.57	4.68	4.18	3.86	3.63	3.46	3.32	3.21	3.13	3.05	2.99
	26	4.22	3.37	2.98	2.74	2.59	2.47	2.39	2.32	2.27	2.22	2.18	2.15
		7.72	5.53	4.64	4.14	3.82	3.59	3.42	3.29	3.17	3.09	3.02	2.96
	27	4.21	3.35	2.96	2.73	2.57	2.46	2.37	2.30	2.25	2.20	2.16	2.13
		7.68	5.49	4.60	4.11	3.79	3.56	3.39	3.26	3.14	3.06	2.98	2.93
	28	4.20	3.34	2.95	2.71	2.56	2.44	2.36	2.29	2.24	2.19	2.15	2.12
		7.64	5.45	4.57	4.07	3.76	3.53	3.36	3.23	3.11	3.03	2.95	2.90
	29	4.18	3.33	3.93	2.70	2.54	2.43	2.35	2.28	2.22	2.18	2.14	2.10
		7.60	5.42	4.54	4.04	3.73	3.50	3.33	3.20	3.08	3.00	2.92	2.87
	30	4.17	3.32	2.92	2.69	2.53	2.42	2.34	2.27	2.21	2.16	2.12	2.09
		7.56	5.39	4.51	4.02	3.70	3.47	3.30	3.17	3.06	2.98	2.90	2.84
	32	4.15	3.30	2.90	2.67	2.51	2.40	2.32	2.25	2.19	2.14	2.10	2.07
		7.50	5.34	4.46	3.97	3.66	3.42	3.25	3.12	3.01	2.94	2.86	2.80
	34	4.13	3.28	2.88	2.65	2.49	2.38	2.30	2.23	2.17	2.12	2.08	2.50
		7.44	5.29	4.42	3.93	6.61	3.38	3.21	3.08	2.97	2.89	2.82	2.76
	36	4.11	3.26	2.86	2.63	2.48	2.36	2.28	2.21	2.15	2.10	2.06	2.03
		7.39	5.25	4.38	3.89	3.58	3.35	3.18	3.04	2.94	2.86	2.78	2.72
	38	4.10	3.25	2.85	2.62	2.46	2.35	2.26	2.19	2.14	2.09	2.05	2.02
		7.35	5.21	4.34	3.86	3.54	3.32	3.15	3.02	2.91	2.82	2.75	2.69

续表

	v_2 \ v_1	分子自由度											
		1	2	3	4	5	6	7	8	9	10	11	12
分母自由度	40	4.08	3.23	2.84	2.61	2.45	2.34	2.25	2.18	2.12	2.07	2.04	2.00
		7.31	5.18	4.31	3.83	3.51	3.29	3.12	2.99	2.88	2.80	2.73	2.66
	42	4.07	3.22	2.83	2.59	2.44	2.32	2.24	2.17	2.11	2.06	2.02	1.99
		7.27	5.15	4.29	3.80	3.49	3.26	3.10	2.96	2.86	2.77	2.70	2.64
	44	4.06	3.21	2.82	2.58	2.43	2.31	2.23	2.16	2.10	2.05	2.01	1.98
		7.24	5.12	4.26	3.78	3.46	3.24	3.07	2.94	2.84	2.75	2.68	2.62
	46	4.05	3.20	2.81	2.57	2.42	2.30	2.22	2.14	2.09	2.04	2.00	1.97
		7.21	5.10	4.24	3.76	3.44	3.22	3.05	2.92	2.82	2.73	2.66	2.60
	48	4.04	3.19	2.80	2.56	2.41	2.30	2.21	2.14	2.08	2.03	1.99	1.96
		7.19	5.08	4.22	3.74	3.42	3.20	3.04	2.90	2.80	2.71	2.64	2.58
	50	4.03	3.18	2.79	2.56	2.40	2.29	2.20	2.13	2.07	2.02	1.98	1.95
		7.17	5.06	4.20	3.72	3.41	3.18	3.02	2.88	2.78	2.70	2.62	2.56
	55	4.02	3.17	2.78	2.54	2.38	2.27	2.18	2.11	2.05	2.00	1.97	1.93
		7.12	5.01	4.16	3.68	3.37	3.15	2.98	2.85	2.75	2.66	2.59	2.53
	60	4.00	3.15	2.76	2.52	2.37	2.25	2.17	2.10	2.04	1.99	1.95	1.92
		7.08	4.98	4.13	3.65	3.34	3.12	2.95	2.82	2.72	2.63	2.56	2.50
	65	3.99	3.14	2.75	2.51	2.36	2.24	2.15	2.08	2.02	1.98	1.94	1.90
		7.04	4.95	4.10	3.62	3.31	3.09	2.93	2.79	2.70	2.61	2.54	2.47
	70	3.98	3.13	2.74	2.50	2.35	2.23	2.14	2.07	2.01	1.97	1.93	1.89
		7.01	4.92	4.08	3.60	3.29	3.07	2.91	2.77	2.67	2.59	2.51	2.45
	80	3.96	3.11	2.72	2.48	2.33	2.21	2.12	2.05	1.99	1.95	1.91	1.88
		6.96	4.88	4.04	3.56	3.25	3.04	2.87	2.74	2.64	2.55	2.48	2.41
	100	3.94	3.09	2.70	2.46	2.30	2.19	2.10	2.03	1.97	1.92	1.88	1.85
		6.90	4.82	3.98	3.51	3.20	2.99	2.82	2.69	2.59	2.51	2.43	2.36
	125	3.92	3.07	2.68	2.44	2.29	2.17	2.08	2.01	1.95	1.90	1.86	1.83
		6.84	4.78	3.94	3.47	3.17	2.95	2.79	2.65	2.56	2.47	2.40	2.33
	150	3.91	3.06	2.67	2.43	2.27	2.16	2.07	2.00	1.94	1.89	1.85	1.82
		6.81	4.75	3.91	3.44	3.14	2.92	2.76	2.62	2.53	2.44	2.37	2.30
	200	3.89	3.04	2.65	2.41	2.26	2.14	2.05	1.98	1.92	1.87	1.83	1.80
		2.39	4.71	3.88	3.41	3.11	2.90	2.73	2.60	2.50	2.41	2.34	2.28
	400	3.86	3.02	2.62	2.39	2.23	2.12	2.03	1.96	1.90	1.85	1.81	1.78
		6.70	4.66	3.83	3.36	3.06	2.85	2.69	2.55	2.46	2.37	2.29	2.23
	1 000	3.85	3.00	1.61	2.38	2.22	2.10	2.02	1.95	1.89	1.84	1.80	1.76
		6.66	4.62	3.80	3.34	3.04	2.82	2.66	2.53	2.43	2.34	2.26	2.20
	∞	3.84	2.99	2.60	2.37	2.21	2.09	2.01	1.94	1.88	1.83	1.79	1.75
		6.64	4.60	3.78	3.32	3.02	2.80	2.64	2.51	2.41	2.32	2.24	2.18

续表

v_2 \ v_1	分子自由度											
分母自由度	14	16	20	24	30	40	50	75	100	200	500	∞
1	245	246	284	249	250	251	252	253	253	254	254	254
	6 142	6 169	6 208	6 234	6 258	6 286	6 302	6 323	6 334	6 352	6 361	6 366
2	19.42	19.43	19.44	19.45	19.46	19.47	19.47	19.48	19.49	19.49	19.50	19.50
	99.43	99.44	99.45	99.46	99.47	99.48	99.48	99.49	99.49	99.49	99.50	99.50
3	8.71	8.69	8.66	8.64	8.62	8.60	8.58	8.57	8.56	8.54	8.53	8.53
	26.92	26.83	26.69	26.60	26.50	26.41	26.35	26.27	26.23	26.18	26.14	26.12
4	5.87	5.84	5.80	5.77	5.74	5.71	5.70	5.68	5.66	5.65	5.64	5.63
	14.24	14.15	14.02	13.93	13.83	13.74	13.69	13.61	13.57	13.52	13.48	13.46
5	4.64	4.60	4.56	4.53	4.50	4.46	4.44	4.42	4.40	4.38	4.37	4.36
	9.77	9.68	9.55	9.47	9.38	9.29	9.24	9.17	9.13	9.07	9.04	9.02
6	3.96	3.92	3.87	3.84	3.81	3.77	3.75	3.72	3.71	3.69	3.68	3.67
	7.60	7.52	7.33	7.31	7.23	7.14	7.09	7.02	6.99	6.94	6.90	6.88
7	3.52	3.49	3.44	3.41	3.38	3.34	3.32	3.29	3.28	3.25	3.24	3.23
	6.35	6.27	6.15	6.07	5.98	5.90	5.85	5.78	5.75	5.70	5.67	5.65
8	3.23	3.20	3.15	3.12	3.08	3.05	3.03	3.00	2.98	2.96	2.94	2.93
	5.56	5.48	5.36	5.28	5.20	5.11	5.06	5.00	4.96	4.91	4.88	4.86
9	3.02	2.98	2.93	2.90	2.86	2.82	2.80	2.77	2.76	2.73	2.72	2.71
	5.00	4.92	4.80	4.73	4.64	4.56	4.51	4.45	4.41	4.36	4.33	4.31
10	2.86	2.82	2.77	2.74	2.70	2.67	2.64	2.61	2.59	2.56	2.55	2.54
	4.60	4.52	4.41	4.33	4.25	4.17	4.12	4.05	4.01	3.96	3.93	3.91
11	2.74	2.70	2.65	2.61	2.57	2.53	2.50	2.47	2.45	2.42	2.41	2.40
	4.29	4.21	4.10	4.02	3.94	3.86	3.80	3.74	3.70	3.66	3.62	3.60
12	2.64	2.60	2.54	2.50	2.46	2.42	2.40	2.36	2.35	2.32	2.31	2.30
	4.05	3.98	3.86	3.78	3.70	3.61	3.56	3.49	3.46	3.41	3.38	3.36
13	2.55	2.51	2.46	2.42	2.38	2.34	2.32	2.28	2.26	2.24	2.22	2.21
	3.85	3.78	3.67	3.59	3.15	3.42	3.37	3.30	3.27	3.21	3.18	3.16
14	2.48	2.44	2.39	2.35	2.31	2.27	2.24	2.21	2.19	2.16	2.14	2.13
	3.70	3.62	3.51	3.43	3.34	3.26	3.21	3.14	3.11	3.06	3.02	3.00
15	2.43	2.39	2.33	2.29	2.25	2.21	2.18	2.15	2.12	2.10	2.08	2.07
	3.56	3.48	3.36	3.29	3.20	3.12	3.07	3.00	2.97	2.92	2.89	2.87
16	2.37	2.33	2.28	2.24	2.20	2.16	2.13	2.09	2.07	2.04	2.02	2.01
	3.45	3.37	3.25	3.18	3.10	3.01	2.96	2.89	2.86	2.80	2.77	2.75
17	2.33	2.29	2.23	2.19	2.15	2.11	2.08	2.04	2.02	1.99	1.97	1.96
	3.35	3.27	3.16	3.08	3.00	2.92	2.86	2.79	2.76	2.70	2.67	2.65

续表

分母自由度 v_2 \ 分子自由度 v_1	14	16	20	24	30	40	50	75	100	200	500	∞
18	2.29	2.25	2.19	2.15	2.11	2.07	2.04	2.00	1.98	1.95	1.93	1.92
	3.27	3.19	3.07	3.00	2.91	2.83	2.78	2.71	2.68	2.62	2.59	2.57
19	2.26	2.21	2.15	2.11	2.07	2.02	2.00	1.96	1.94	1.91	1.90	1.88
	3.19	3.12	3.00	2.92	2.84	2.76	2.70	2.63	2.60	2.54	2.51	2.49
20	2.23	2.18	2.12	2.08	2.04	1.99	1.96	1.92	1.90	1.87	1.85	1.84
	3.13	3.05	2.94	2.86	2.77	2.69	2.63	2.56	2.53	2.47	2.44	2.42
21	2.20	2.15	2.09	2.05	2.00	1.96	1.93	1.89	1.87	1.84	1.82	1.81
	3.07	2.99	2.88	2.80	2.72	2.63	2.58	2.51	2.47	2.42	2.38	2.36
22	2.18	2.13	2.07	2.03	1.98	1.93	1.91	1.87	1.84	1.81	1.80	1.78
	3.02	2.94	2.83	2.75	2.67	2.58	2.53	2.46	2.42	2.37	2.33	2.31
23	2.14	2.10	2.04	2.00	1.96	1.91	1.88	1.84	1.82	1.79	1.77	1.76
	2.97	2.89	2.78	2.79	2.62	2.53	2.48	2.41	2.37	2.32	2.28	2.26
24	2.13	2.09	2.02	1.98	1.94	1.89	1.86	1.82	1.80	1.76	1.74	1.73
	2.93	2.85	2.74	2.66	2.58	2.49	2.44	2.36	2.33	2.27	2.23	2.21
25	2.11	2.06	2.00	1.96	1.92	1.87	1.84	1.80	1.77	1.74	1.72	1.71
	2.89	2.81	2.70	2.62	2.54	2.45	2.40	2.32	2.29	2.23	2.19	2.17
26	2.10	2.05	1.99	1.95	1.90	1.85	1.82	1.78	1.76	1.72	1.70	1.69
	2.86	2.77	2.66	2.58	2.50	2.41	2.36	2.28	2.25	2.19	2.15	2.13
27	2.08	2.03	1.97	1.93	1.88	1.84	1.80	1.76	1.74	1.71	1.68	1.67
	2.83	2.74	2.63	2.55	2.47	2.38	2.33	2.25	2.21	2.16	2.12	2.10
28	2.06	2.02	1.96	1.91	1.87	1.81	1.78	1.75	1.72	1.69	1.67	1.65
	2.80	2.71	2.60	2.52	2.44	2.35	2.30	2.22	2.18	2.13	2.09	2.06
29	2.05	2.00	1.94	1.90	1.85	1.80	1.77	1.73	1.71	1.68	1.65	1.64
	2.77	2.68	2.57	2.49	2.41	2.32	2.27	2.19	2.15	2.10	2.06	2.03
30	2.04	1.99	1.93	1.89	1.84	1.79	1.76	1.72	1.69	1.66	1.64	1.62
	2.74	2.66	2.55	2.47	2.38	2.29	2.24	2.16	2.13	2.07	2.03	2.01
32	2.02	1.97	1.91	1.86	1.82	1.76	1.74	1.69	1.67	1.64	1.61	1.59
	2.70	2.62	2.51	2.42	2.34	2.25	2.20	2.12	2.08	2.02	1.98	1.96
34	2.00	1.95	1.89	1.84	1.80	1.74	1.71	1.67	1.64	1.61	1.59	1.57
	2.66	2.58	2.47	2.38	2.30	2.21	2.15	2.08	2.04	1.98	1.94	1.91
36	1.98	1.93	1.87	1.82	1.78	1.72	1.69	1.65	1.62	1.59	1.56	1.55
	2.62	2.54	2.43	2.35	2.26	2.17	2.12	2.04	2.00	1.94	1.90	1.87
38	1.96	1.92	1.85	1.80	1.76	1.71	1.67	1.63	1.60	1.57	1.54	1.53
	2.59	2.51	2.40	2.32	2.22	2.14	2.08	2.00	1.97	1.90	1.86	1.84

续表

v_2 \ v_1	分子自由度											
分母自由度	14	16	20	24	30	40	50	75	100	200	500	∞
40	1.95	1.90	1.84	1.79	1.74	1.69	1.66	1.61	1.59	1.55	1.53	1.51
	2.56	2.49	2.37	2.29	2.20	2.11	2.05	1.97	1.94	1.88	1.84	1.81
42	1.94	1.89	1.82	1.78	1.73	1.68	1.64	1.60	1.57	1.54	1.51	1.49
	2.54	2.46	2.35	2.26	2.17	2.08	2.02	1.94	1.91	1.85	1.80	1.78
44	1.92	1.88	1.81	1.76	1.72	1.66	1.63	1.58	1.56	1.52	1.50	1.48
	2.52	2.44	2.32	2.24	2.15	2.06	2.00	1.92	1.88	1.82	1.78	1.75
46	1.91	1.87	1.80	1.75	1.71	1.65	1.62	1.57	1.54	1.51	1.48	1.46
	2.50	2.42	2.30	2.22	2.13	2.04	1.98	1.90	1.86	1.80	1.76	1.72
48	1.90	1.86	1.79	1.74	1.70	1.64	1.61	1.56	1.53	1.50	1.47	1.45
	2.48	2.40	2.28	2.20	2.11	2.02	1.96	1.88	1.84	1.78	1.73	1.70
50	1.90	1.85	1.78	1.74	1.69	1.63	1.60	1.55	1.52	1.48	1.46	1.44
	2.46	2.39	2.26	2.18	2.10	2.00	1.94	1.86	1.82	1.76	1.71	1.68
55	1.88	1.83	1.76	1.72	1.67	1.61	1.58	1.52	1.50	1.46	1.43	1.41
	2.43	2.35	2.23	2.15	2.06	1.96	1.90	1.82	1.78	1.71	1.66	1.64
60	1.86	1.81	1.75	1.70	1.65	1.59	1.56	1.50	1.48	1.44	1.41	1.39
	2.40	2.32	2.20	2.12	2.03	1.93	1.87	1.79	1.74	1.68	1.63	1.60
65	1.85	1.80	1.73	1.68	1.63	1.57	1.54	1.49	1.46	1.42	1.39	1.37
	2.37	2.30	2.18	2.09	2.00	1.90	1.84	1.76	1.71	1.64	1.60	1.56
70	1.84	1.79	1.72	1.67	1.62	1.56	1.53	1.47	1.45	1.40	1.37	1.35
	2.35	2.28	2.15	2.07	1.98	1.88	1.82	1.74	1.69	1.62	1.56	1.53
80	1.82	1.77	1.70	1.65	1.60	1.54	1.51	1.45	1.42	1.38	1.35	1.32
	2.32	2.24	2.11	2.03	1.94	1.84	1.78	1.70	1.65	1.57	1.52	1.49
100	1.79	1.75	1.68	1.63	1.57	1.51	1.48	1.42	1.39	1.34	1.30	1.28
	2.26	2.19	2.06	1.98	1.89	1.79	1.73	1.64	1.59	1.51	1.46	1.43
125	1.77	1.72	1.65	1.60	1.55	1.49	1.45	1.39	1.36	1.31	1.27	1.25
	2.23	2.15	2.03	1.94	1.85	1.75	1.68	1.59	1.54	1.46	1.40	1.37
150	1.76	1.71	1.64	1.59	1.54	1.47	1.44	1.37	1.34	1.29	1.25	1.22
	2.20	2.12	2.00	1.91	1.83	1.72	1.66	1.56	1.51	1.43	1.37	1.33
200	1.74	1.69	1.62	1.57	1.52	1.45	1.42	1.35	1.32	1.26	1.22	1.19
	2.17	2.09	1.97	1.88	1.79	1.69	1.62	1.53	1.48	1.39	1.33	1.28
400	1.72	1.67	1.60	1.54	1.49	1.42	1.38	1.32	1.28	1.22	1.16	1.13
	2.12	2.04	1.92	1.84	1.74	1.64	1.57	1.47	1.42	1.32	1.24	1.19
1 000	1.70	1.65	1.58	1.53	1.47	1.41	1.36	1.30	1.26	1.19	1.13	1.08
	2.09	2.01	1.89	1.81	1.71	1.61	1.54	1.44	1.38	1.28	1.19	1.11
∞	1.67	1.64	1.57	1.52	1.46	1.40	1.35	1.28	1.24	1.17	1.11	1.00
	2.07	1.99	1.87	1.79	1.69	1.59	1.52	1.41	1.06	1.25	1.15	1.00

五、DW 检验上下界表

5% 的上下界

n	$k=2$		$k=3$		$k=4$		$k=5$		$k=6$	
	d_L	d_U	d_L	d_U	d_L	d_U	d_L	d_U	d_L	d_U
15	1.08	1.36	0.95	1.54	0.82	1.75	0.69	1.97	0.56	2.21
16	1.10	1.37	0.98	1.54	0.86	1.73	0.74	1.93	0.62	2.15
17	1.13	1.38	1.02	1.54	0.90	1.71	0.78	1.90	0.67	2.10
18	1.16	1.39	1.05	1.53	0.93	1.69	0.82	1.87	0.71	2.06
19	1.18	1.40	1.08	1.53	0.97	1.68	0.86	1.85	0.75	2.02
20	1.20	1.41	1.10	1.54	1.00	1.68	0.90	1.83	0.79	1.99
21	1.22	1.42	1.13	1.54	1.03	1.67	0.93	1.81	0.83	1.96
22	1.24	1.43	1.15	1.54	1.05	1.66	0.96	1.80	0.86	1.94
23	1.26	1.44	1.17	1.54	1.08	1.66	0.99	1.79	0.90	1.92
24	1.27	1.45	1.19	1.55	1.10	1.66	1.01	1.78	0.93	1.90
25	1.29	1.45	1.21	1.55	1.12	1.66	1.04	1.77	0.95	1.89
26	1.30	1.46	1.22	1.55	1.14	1.65	1.06	1.76	0.98	1.88
27	1.32	1.47	1.24	1.56	1.16	1.65	1.08	1.76	1.01	1.86
28	1.33	1.48	1.26	1.56	1.18	1.65	1.10	1.75	1.03	1.85
29	1.34	1.48	1.27	1.56	1.20	1.65	1.12	1.74	1.05	1.84
30	1.35	1.49	1.28	1.57	1.21	1.65	1.14	1.74	1.07	1.83
31	1.36	1.50	1.30	1.57	1.23	1.65	1.16	1.74	1.09	1.83
32	1.37	1.50	1.31	1.57	1.24	1.65	1.18	1.73	1.11	1.82
33	1.38	1.51	1.32	1.58	1.26	1.65	1.19	1.73	1.13	1.81
34	1.39	1.51	1.33	1.58	1.27	1.65	1.21	1.73	1.15	1.81
35	1.40	1.52	1.34	1.58	1.28	1.65	1.22	1.73	1.16	1.80
36	1.41	1.52	1.35	1.59	1.29	1.65	1.24	1.73	1.18	1.80
37	1.42	1.53	1.36	1.59	1.31	1.66	1.25	1.72	1.19	1.80
38	1.43	1.54	1.37	1.59	1.32	1.66	1.26	1.72	1.21	1.79
39	1.43	1.54	1.38	1.60	1.33	1.66	1.27	1.72	1.22	1.79
40	1.44	1.54	1.39	1.60	1.34	1.66	1.29	1.72	1.23	1.79
45	1.48	1.57	1.43	1.62	1.38	1.67	1.34	1.72	1.29	1.78
50	1.50	1.59	1.46	1.63	1.42	1.67	1.38	1.72	1.34	1.77
55	1.53	1.60	1.49	1.64	1.45	1.68	1.41	1.72	1.38	1.77

续表

n	k=2		k=3		k=4		k=5		k=6	
	d_L	d_U	d_L	d_U	d_L	d_U	d_L	d_U	d_L	d_U
60	1.55	1.62	1.51	1.65	1.48	1.69	1.44	1.73	1.41	1.77
65	1.57	1.63	1.54	1.66	1.50	1.70	1.47	1.73	1.44	1.77
70	1.58	1.64	1.55	1.67	1.52	1.70	1.49	1.74	1.46	1.77
75	1.60	1.65	1.57	1.68	1.54	1.71	1.51	1.74	1.49	1.77
80	1.61	1.66	1.59	1.69	1.56	1.72	1.53	1.74	1.51	1.77
85	1.62	1.67	1.60	1.70	1.57	1.72	1.55	1.75	1.52	1.77
90	1.63	1.68	1.61	1.70	1.59	1.73	1.57	1.75	1.54	1.78
95	1.64	1.69	1.62	1.71	1.60	1.73	1.58	1.75	1.56	1.78
100	1.65	1.69	1.63	1.72	1.61	1.74	1.59	1.76	1.57	1.78

1%的上下界

n	k=2		k=3		k=4		k=5		k=6	
	d_L	d_U	d_L	d_U	d_L	d_U	d_L	d_U	d_L	d_U
15	0.81	1.07	0.70	1.25	0.59	1.46	0.49	1.70	0.39	1.96
16	0.84	1.09	0.74	1.25	0.63	1.44	0.53	1.66	0.44	1.90
17	0.87	1.10	0.77	1.25	0.67	1.43	0.57	1.63	0.48	1.85
18	0.90	1.12	0.80	1.26	0.71	1.42	0.61	1.60	0.52	1.80
19	0.93	1.13	0.83	1.26	0.74	1.41	0.65	1.58	0.56	1.77
20	0.95	1.15	0.86	1.27	0.77	1.41	0.68	1.57	0.60	1.74
21	0.97	1.16	0.89	1.27	0.80	1.41	0.72	1.55	0.63	1.71
22	1.00	1.17	0.91	1.28	0.83	1.40	0.75	1.54	0.66	1.69
23	1.02	1.19	0.94	1.29	0.86	1.40	0.77	1.53	0.70	1.67
24	1.04	1.20	0.96	1.30	0.88	1.41	0.80	1.53	0.72	1.66
25	1.05	1.21	0.98	1.30	0.90	1.41	0.83	1.52	0.75	1.65
26	1.07	1.22	1.00	1.31	0.93	1.41	0.85	1.52	0.78	1.64
27	1.09	1.23	1.02	1.32	0.95	1.41	0.88	1.51	0.81	1.63
28	1.10	1.24	1.04	1.32	0.97	1.41	0.90	1.51	0.83	1.62
29	1.12	1.25	1.05	1.33	0.99	1.42	0.92	1.51	0.85	1.61
30	1.13	1.26	1.07	1.34	1.01	1.42	0.94	1.51	0.88	1.61
31	1.15	1.27	1.08	1.34	1.02	1.42	0.96	1.51	0.90	1.60
32	1.16	1.28	1.10	1.35	1.04	1.43	0.98	1.51	0.92	1.60
33	1.17	1.29	1.11	1.36	1.05	1.43	1.00	1.51	0.94	1.59
34	1.18	1.30	1.13	1.36	1.07	1.43	1.01	1.51	0.95	1.59
35	1.19	1.31	1.14	1.37	1.08	1.44	1.03	1.51	0.97	1.59
36	1.21	1.32	1.15	1.38	1.10	1.44	1.04	1.51	0.99	1.59
37	1.22	1.32	1.16	1.38	1.11	1.45	1.06	1.51	1.00	1.59
38	1.23	1.33	1.18	1.39	1.12	1.45	1.07	1.52	1.02	1.58

续表

n	$k=2$		$k=3$		$k=4$		$k=5$		$k=6$	
	d_L	d_U	d_L	d_U	d_L	d_U	d_L	d_U	d_L	d_U
39	1.24	1.34	1.19	1.39	1.14	1.45	1.09	1.52	1.03	1.58
40	1.25	1.34	1.20	1.40	1.15	1.46	1.10	1.52	1.05	1.58
45	1.29	1.38	1.24	1.42	1.20	1.48	1.16	1.53	1.11	1.58
50	1.32	1.40	1.28	1.45	1.24	1.49	1.20	1.54	1.16	1.59
55	1.36	1.43	1.32	1.47	1.28	1.51	1.25	1.55	1.21	1.59
60	1.38	1.45	1.35	1.48	1.32	1.52	1.28	1.56	1.25	1.60
65	1.41	1.47	1.38	1.50	1.35	1.53	1.31	1.57	1.28	1.61
70	1.43	1.49	1.40	1.52	1.37	1.55	1.34	1.58	1.31	1.61
75	1.45	1.50	1.42	1.53	1.39	1.56	1.37	1.59	1.34	1.62
80	1.47	1.52	1.44	1.54	1.42	1.57	1.39	1.60	1.36	1.62
85	1.48	1.53	1.46	1.55	1.43	1.58	1.41	1.60	1.39	1.63
90	1.50	1.54	1.47	1.56	1.45	1.59	1.43	1.61	1.41	1.64
95	1.51	1.55	1.49	1.57	1.47	1.60	1.45	1.62	1.42	1.64
100	1.52	1.56	1.50	1.58	1.48	1.60	1.46	1.63	1.44	1.65

注:n 是观察值的数目;k 是解释变量的数目,包括常数项.

参考文献

1. 李子奈，潘文卿. 计量经济学（第二版）[M]. 北京：高等教育出版社，2005.

2. 李子奈. 计量经济学[M]. 北京：高等教育出版社，2000.

3. 刘振亚. 计量经济学教程[M]. 北京：中国人民大学出版社，1997.

4. 赵国庆. 计量经济学[M]. 北京：中国人民大学出版社，2001.

5. 贺铿. 经济计量学[M]. 北京：中国统计出版社，2000.

6. 庞皓. 计量经济学[M]. 北京：科学出版社，2007.

7. 张定胜. 计量经济学[M]. 武汉：武汉大学出版社，2000.

8. 张晓峒. 计量经济分析[M]. 北京：经济科学出版社，2000.

9. 李子奈. 计量经济学—方法与应用[M]. 北京：清华大学出版社，1992.

10. 李子奈，叶阿忠. 高等计量经济学[M]. 北京：清华大学出版社，2000.

11. 谢识予，朱弘鑫. 高级计量经济学[M]. 上海：复旦大学出版社，2005.

12. D. F. 韩德瑞，秦朵. 动态经济计量学[M]. 上海：上海人民出版社，1998.

13. J. 约翰斯顿，J. 迪纳尔多著，唐齐鸣，费剑平，李春涛，何彦译，林少宫校. 计量. 经济学方法（第四版）[M]. 北京：中国经济出版社，2002

14. 罗伯特 S. 平狄克，丹尼尔 L. 鲁宾费尔德著，钱小军等译. 计量经济模型与经济预测[M]. 北京：机械工业出版社，1999.

15. L. R. 克莱因，T. W. 安德逊等著，中国数量经济学会编译. 经济计量学[M]. 北京：航空工业出版社，1990.

16. 古扎拉蒂著，林少宫译. 计量经济学（上、下册）[M]. 北京：中国人民大学出版社，2000.

17. A. H. 施图德蒙德著，王少平，杨继生，刘汉中等译. 应用计量经济学（第五版）[M]. 北京：机械工业出版社，2007.

18. 袁建文. 经济计量学实验[M]. 北京：科学出版社，2002.